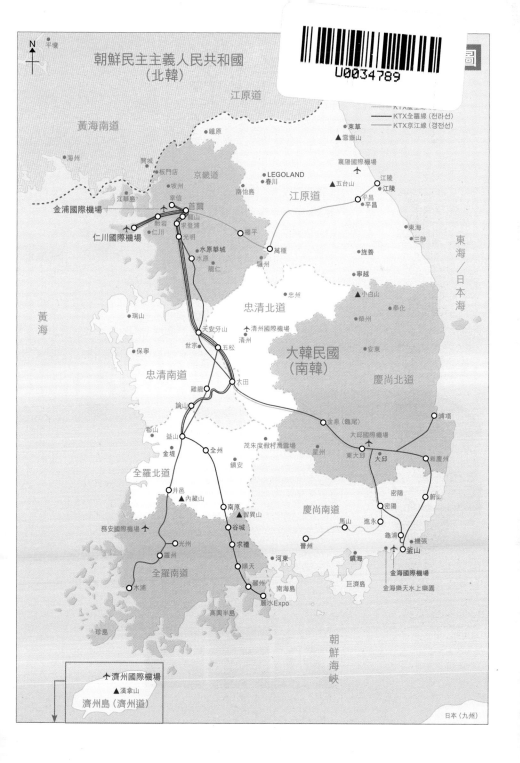

新作者序

經歷三年疫情，首爾已經有翻天覆地的改變。

許多商店都消失了，甚至數十年的老店也不能倖存，有些大廈甚至是整幢結業！但與此同時，明洞卻又重新擠滿了人潮，外國旅客拿著路邊攤小食的情景又再出現，也有不少店舖正在裝修，準備重新上路！

韓國人的笑容仍然隨處可見。

在通仁市場找食肆，親切的大叔會主動來帶路；走在北村，會有人主動跟我這個旅人閒聊，增添了旅途上的樂趣。

弘大的街道，魅力不減，吸引著大量年輕人；仁川已成為新的旅遊重點，無論優閒、娛樂、購物都配套齊全。

LEGOLAND開幕了，連青瓦台都開放了！首爾，正等待著我們到訪！

不要怕，首爾不單止有辣的食物，泡菜、辣炒年糕之外，還有海鮮、韓牛、五花肉、水冷麵、生牛肉拌飯、炸雞啤酒……真正有辣有不辣，只管去吃吧！

作者簡介
周頌文
電郵：
chowman7162@gmail.com

世上最幸福的事，莫過於有愛。感謝神讓我能一直做喜愛的文字工作，在傳媒及出版社工作多年，出版及編輯喜歡的刊物，題材涉獵衣、食、住、行、買、玩、睇，亦喜愛寫小說，更讓我一直以自助旅遊的方式走遍多國，今次能將經驗分享給大家，希望大家喜愛！

原作者序

오빠，來集郵吧！

世界愈來愈荒謬，打開電視臉書，盡是一則則引人發笑的新聞。從濟州到首爾，由攝氏30度到零下3度，長達一個月時間，正好暫時逃離喧囂紛擾。

自命哈日族，昔日對韓國總存在偏見。因緣際會，過去一年多次進出韓國，也交了無數韓國朋友，深入了解過後，發現韓國人原來跟香港人性格蠻相像的：一樣的急性子、怕麻煩。最欣賞韓國人的是：**工作固然認真，玩樂時更要認真。** 無論白天辦公時多嚴肅，晚上兩杯酒水到肚後一樣玩得瘋狂。縱使是潮流尖端時尚女王，假日一樣不忘與家人郊遊遠足。

為了這次旅程，出發前特意唸了半年韓文，再加上大堆K-Pop、韓國綜藝節目惡補，以為溝通會無障礙。怎料！**最有用的語言，原來是身體語言。** 一個真摯的笑容，熱情的擁抱，或是阿珠媽的直接「餵食」，勝過客套的千言萬語。

而眾多韓文生字中，「오빠」（Oppa，哥哥）堪稱萬能。筆者包車去採訪，司機大哥抱怨超時太多，叫一聲：「오빠」，竟然甜絲絲笑住繼續開車。在烤肉店、夜店、咖啡店，甚至板門店，只要一句：「오빠」，大家便會望着鏡頭笑，萬試萬靈，筆者也因而成功集郵！

作者簡介
戴保倫
專頁：
www.facebook.com/alwaystravels
IG：alwaystravels

男人名、女兒身，從事傳媒出版工作超過十年，出Trip旅人，走遍國境之南、太陽之西，先後出版過廿多本旅遊指南，包括I CAN旅遊系列的《首爾》、《釜山濟州》、《東京》、《京阪神》、《關西近郊》、《四國》、《沖繩》、《台北》、《高雄墾丁台南》、《台中》、《宜蘭花蓮台東》及《香港》，旅遊專題作品也散見各大媒體。

首爾 [contents]

「地圖碼」使用方法：
每個景點後面附有地圖碼，前半部分是該景點所在地圖的頁數；後半部分則是其位置的座標。

MAP: P.181 B2

地圖頁數 ——————— 地圖座標

＊本書所列價錢，除特別列明，均為韓圜（₩），現時港元兌換韓圜匯率約為 HK$100=KRW ₩ 16,400，或 KRW ₩ 1,000=HK$6.10。（書中所有價格僅供參考）

首爾話題新景點！

韓國的LEGOLAND為全亞洲最大。

話題新景點

春川 **全亞洲最大**

2022年5月開幕

LEGOLAND KOREA RESORT

全球第十個LEGOLAND就是建於春川，從首爾市區前往的話，車程只需約一個多小時。雖然受疫情影響而在2023年1至3月停運，但這個亞洲最大的LEGOLAND現已恢復接待遊客！佔地逾28萬平方米的樂園內，有超過40個遊樂、餐飲和購物設施，打卡點隨處皆是，LEGO迷務必朝聖！ **MAP: P.333 B1**

從市區到春川站，乘地鐵轉乘ITX有車費優惠，詳情請留意車站售票機旁的指示。

Tips

1. 園內不收現金，只接受信用卡等電子支付。
2. 園內有弄濕身子的遊樂設施，請做好濕身準備。
3. 不同日子的門票價格都有出入，請趁早於網上購票，盡享優惠。
4. 樂園酒店提供生日派對活動，須於入住前三天預訂。

Info

地址： 江原道春川市河中島街128
　　　 강원도춘천시하중도길128
電話： 033-815-2300（酒店）
營業時間： 1000-1800
　　　　　（部分日期延至2100關門）
入場費： 1 Day Admission Ticket成人
　　　　 ₩50,000起，小童₩40,000起；
　　　　 Annual Pass ₩169,000起（價格會
　　　　 因不同日期而有變動）
網址： www.legoland.kr/en
前往方法：
於「清涼里（청량리）」站乘ITX青春列車
（청춘）到「春川（춘천）」站1號出口，向
右步行約1分鐘轉乘免費穿梭巴士。車程約1
小時10分鐘，車費₩8,600。留意ITX不接受
使用T-Money，故請另行購票。旅客亦可乘
京春線到「春川」站，雖然其車費較便宜，但
車程要多1小時，不建議採用。
穿梭巴士的服務時間和班次會因不同日子而
改變，詳情請參閱官方網頁。如自駕的
話，園方提供大量免費車位，停車後轉乘穿
梭巴士即達樂園。

在正門迎接遊客的是一條正在進行工程任務的巨龍，好像告訴大家樂園仍在不斷擴建。

春川站

穿梭巴士站有註明當日的服務班次。

The BIG Shop內有大量產品出售，記得預留時間掃貨。

人仔旅行牌仔。
₩9,000

與BTS人仔合照機會難逢。

自由組合人仔三個裝。₩15,900

BRICK STREET

這裡是進入樂園的必經之地，主要建築是全園最大的購物中心The BIG Shop，店內幾乎可以找到所有LEGOLAND出售的產品，離開前必需預留足夠時間掃貨！另外樂園正與人氣樂團BTS舉行聯乘活動，全隊BTS防彈少年團的等身大人仔任遊客打卡合照，不容錯過！園區亦設有室內機動遊戲LEGO Factory Adventure Ride，讓你化身人仔，體驗LEGO的生產過程。

LEGO Factory Adventure Ride的外貌像一間小工廠。

BRICKTOPIA

區內適合兒童的設施特別多，如旋轉木馬Brick Party、降落傘Monkey Climb、咖啡杯Dj's Dizzy Disco Spin和小火車DUPLO Express等。還有可以自行設計LEGO和忍者現場表演，不容錯過的是高43米的旋轉觀景塔LEGOLAND Lookout，只需身高達120厘米就可以登塔，飽覽整個樂園及附近的河川風光！

只需掃描椅子右上角的QR code便可以玩AR大合照。

小朋友和大人都喜歡的旋轉「積」木馬。

區內商店門外的大型人仔頭，亦是打卡熱點。

登上高塔360度飽覽樂園景色。

Royal Joust讓你變身中世紀騎士。

LEGO CASTLE

以中世紀城堡和騎士為主題，重點設施是驚險刺激的過山車The Dragon！想靜態一點的，可以改玩Royal Joust，騎乘在積木戰馬上，沿鐵路遊覽這個中世紀城市。

只要身高達120厘米就可以獨自挑戰過山車。

睡在路邊守衛還會發出鼻鼾聲。

LEGO NINJAGO WORLD

是繼日本之後亞洲的第二個忍者主題區，建築充滿東瀛風格，區內處處有忍者的踪影供大家打卡。重點設施是室內4D機動遊戲LEGO NINJAGO The Ride，另外還有小型攀石牆等忍者鍛鍊遊戲，商店更有販賣忍者主題商品，齊齊變身忍者。

忍者人仔處處可尋。

造型可愛的忍者公仔。
₩39,500

巨大的機械忍者是打卡重點。

岸上的遊人都可以向海盜船發射水砲。

PIRATE SHORES

　　來到這個以海盜為主題的園區，無論如何都要玩Splash Battle，遊客坐上真正的海盜船，與軍隊打水戰！岸上的其他遊客更可利用岸上的水砲向船上的人作出攻擊，要做好濕身的心理準備！另外還有海盜船Anchors Away都令人膽戰心驚。

園區唯一提供熱狗的食店。₩5,000（汽水₩3,000）。

體驗一下海盜船的離心力。

LEGO CITY

　　可能是最受LEGO迷歡迎的園區，是以積木建設的小城市，有消防學校為題的Fire Academy、機場主題的LEGO CITY Airport、水上設施Wave Racers和Coast guard Academy、駕駛學校Driving School、警署、火車站LEGOLAND Express等，記得要預留多些時間在這裡！

Fire Academy可親身坐上消防車接受滅火訓練。

乘坐LEGOLAND Express小火車環繞市鎮。

記得跟瑪莉蓮夢露合照。

有時間的話可看一齣4D電影。

不要錯過駕駛積木車的機會。

景福宮及青瓦台。

雲海台。

MINILAND

　　位於樂園正中央位置的，就是著名的微縮影區，以LEGO砌成的城市風光。當然會有以韓國各地為主題的作品，包括景福宮、濟州島、釜山、首爾、汝矣島等。

汝矣島國會議事堂。

獨有主題客房
LEGOLAND HOTEL

　　酒店有四大主題客房，分別是忍者、海盜、王國和朋友主題，每個主題都設有適合一家大小的家庭套房。住客可獲迎客禮品外，更可以在樂園開放後30分鐘內使用Fastrack服務！

　　酒店一些活動專供住客體驗，例如LEGO Creative Workshop、冒險樂園Adventure PlayScape、水上樂園Water Play、兒童樂園Kids Ground及Disco Elevator、Minifigure Wall等，當然有賣店Little Big Shop讓你買個夠。

　　膳食方面，樂園內設有BRICKS FAMILY RESTAURANT及skyline Lounge，供應早午晚餐之餘，更提供生日派對服務，只須於入住酒店前最少三天在網上成功預約，你的客房就會變成生日派對房間，除了有朱古力甜甜圈生日蛋糕、生日橫額、皇冠等派對裝置，還會提供生日小禮物、飲品及零食（費用₩110,000，年票持有者₩99,000）。

除正門外，酒店的另一出口設於園區內的正門旁邊。

海盜主題房。
（官方網頁圖片）

Info

房價：Pirate Premium 約₩360,000；Kingdom Premium 約₩360,000；LEGO NINJAGO Premium Corner 約₩510,000；LEGO Friends Premium 約₩934,000。

早鳥優惠：提前預訂有20%折扣，包早餐，年票持有人可享額外10%折扣（以五人家庭為基準）請留意網上公佈的優惠日期。

青瓦台自駕巴士（청와대 자율주행버스）
為配合青瓦台開放而引來的大批遊客，2022年12月22日起推出了青瓦台自駕巴士「青瓦台A01線」服務，以連接地鐵「景福」站與青瓦台。目前車費全免，但上車時仍需以交通咭拍咭。巴士共有19個座位，所有乘客必須繫上安全帶。全程途經5個車站，順序是最近地鐵「景福宮」站4號出口的的景福宮站（孝子路口）、國立故宮博物院、青瓦台、春秋門、國立民俗博物館。

═Info═

運行時間	周一至五0900-1700（暫停1200-1300）
休息	周六、日及假日
班次	每15分鐘一班（0900-1000每分鐘30分鐘一班）

Tips

提提你

1. 正門每天派發的門票有限，建議及早安排行程。
2. 青瓦台範圍大，但沒有商店，只有一個供水站，記得自備飲料和防曬用品。
3. 設有輪椅及嬰兒車借用服務，入園後即可借用。

景福宮 首次開放前總統府

青瓦台（청와대）　| 2022年5月開放 |

2022年3月，剛當選南韓總統的尹錫悅便宣佈，會把總統辦公室搬離青瓦台。到了5月10日他正式上任時，青瓦台便正式開放給遊人參觀。而韓國著名男星Rain（鄭智薰）便是第一個在青瓦台舉行演唱會的人，大家可以在Netfilx的節目TAKE ONE（終極一曲）上重溫。現時青瓦台亦會不時舉辦一些音樂活動，讓公眾參與。

一直以來是韓國政治核心的青瓦台，自南韓1948年建國後便是總統府所在地，遊客可以親眼目睹在電視出現過的總統前辦公室、會議室，除青瓦台主體建築外，遊客還可以一併參觀鄰近的總統官邸、迎接外賓的迎賓館和常春齋、供奉神明的七宮、種植了百年古樹的綠地院，以及通往北嶽山的登山路。

MAP：P.192 B1

沒有當地電話號碼進行網上預約的遊客，可於每天0900 和 1330到正門排隊領取即日門票。

未正式開門便有大批遊客排隊入場。

場內只見一個免費水站，遊客宜自備飲料。

遊客只需到預約台登記便可借用輪椅或嬰兒車。

═Info═

地址：首爾市鐘路區青瓦大路1
　　　서울종로구청와대로1
電話：1522-7760
開放時間：0900-1800（12-2月0900-1730），閉館前30分鐘停止入場。
休息：逢周二，若周二是假日則順延一天（不時會因舉辦活動而閉館，請參閱官方網頁。）
入場費：免費。網上預約門票只供本地電話號碼人士使用，遊客可於每天0900 和 1330在正門的綜合信息中心索取門票（條碼手帶），每次名額500人。
網址：www.opencheongwadae.kr
前往方法：地鐵3號線「景福」站3號出口，步行約17分鐘。或地鐵3號線「景福」站4號出口，步行往景福宮方向，於「景福宮站（孝子路入口）」轉乘青瓦台A01（自動駕駛巴士），於「青瓦台」站下車。

青瓦台前面的一片空地，正是Rain舉行演唱會的地方。

甫進入青瓦台就會看見氣派十足的大禮堂。

青瓦台本館（청와대 본관）

　　這裡就是大家以往不時在電視看見的青瓦台主樓建築，以往是總統工作的地方。結構以木為主的兩層建築，充滿傳統宮殿風格，屋頂以150,000塊青瓦建成，主樓建築分為左右兩部份，各有數個大廳，還有一些充滿韓國特色的家具擺設，值得大家細意觀看。

日常辦公的地方。

青瓦台的前世今生
青瓦台實際的建築日期不明，第一份書面記錄則可追溯到1104年，高麗王朝肅宗在當地建立宮殿。至朝鮮王朝世宗8年（1426年）在青瓦台遺址上建造了景福宮的後花園，增設書賢亭、鍊武場和考宮場。
到1592年日本入侵時，青瓦台被毀，到1865年才重建。到了1910-1945年日本殖民統治期間，青瓦台一帶曾被用作舉辦萬國博覽會（1937-1939），後來興建了日本總督府，日後改稱慶武台。大韓民國成立後（1948年），慶武台成為總統府，至尹寶善擔任總統後，基於總統府藍色的瓦屋頂，故正式取名為青瓦台至今。最近一次修建是在1991年。

提提你

中央大堂有樓梯上二樓，樓梯的牆上有一幅巨型的朝鮮半島地圖。

太宗室擺放了歷任總統的畫像，然後就是歷任第一夫人/丈夫的畫像。

傳統的陳設之間，也有現代的繪畫藝術。

大樓內擺放了不少古董家具。

左邊的是韓國的太極旗，右邊是代表總統的藍色鳳凰旗，牆上也刻上了總統的鳳凰徽章。

總統招待實客的地方，例如接見國家隊代表或市民。

青瓦台旁邊就是舊宮殿的遺址，青瓦台於1991年建好後，曾作為日本總督官邸及美軍總部的舊宮便被拆除。

總統官邸（대통령 관저）

　　在青瓦台的左邊，走一段斜路後，便到達總統官邸。這裡是從前總統和家人居住的地方，把私人和辦公的生活空間區分開來。官邸是傳統木建築結構，甚具韓式宮廷風格。遊人目前只可以圍繞官邸參觀，室內空間並未開放。

話題新景點

總統府正門仁壽門。

官邸是木造建築，遊人只能在室外參觀。

常春齋（상춘재）

　　這裡常被用作舉行儀式活動和非正式會議，例如接待外國政要。有傳統韓式建築之外，附近的風景十分優美，有廣闊庭園和小橋流水。首任總統李成晚在位時（1948-1960年），正名為常春齋。於1983年翻新，佔地近418平方米。

除了小橋流水，不同季節更有紅葉和櫻花觀賞。

常春齋屬傳統韓式建木造建築。

綠地院（녹지원）

　　有超過120種樹木，公園中央有估計樹齡達170年的松樹。這裡古時是舉行文武考試的地方，現時每逢節日都會吸引大量遊人來遊玩。

林蔭路兩旁有供人休息的坐椅。

庭園有百年古樹和為紀念前總統而種植的樹木。

Tips I Can
1. 假日人潮甚多，用餐時間會限制在1小時30分鐘內。
2. 雖然花園地方寬廣，但不設泊車位。

延南洞 **魔女宅急便主題餐廳** 2022年10月開幕

Koriko Cafe（코리코카페）

MAP: P.096 B1

韓國第一家獲吉卜力授權的《魔女宅急便》主題Cafe，就位處於年輕人聚集的弘大Cafe勝地延南洞的北部。雖然距離車站較遠，但仍吸引了大批琪琪（KiKi）迷來朝聖。

兩層的建築塗上淺黃色外牆，加上紅色的簷篷，除了有一個偌大的露台外，還有一個寬闊的花園，穿過花園門口後，就會看見經典的麵包店場景，黑貓吉吉（JiJi）就坐在櫃台上。進入玄關，所有裝飾都根據電影設定而佈置，令人感覺像是進入了電影的場景之中。

不要錯過街道上的入口，掛上了跟電影相似的小招牌。

廚窗交給小黑貓吉吉看守。

吉吉和白貓莉莉（Lily）的棉花糖。₩4,000/個

在地面櫃台點餐後，可選擇坐在這層或到二樓雅座用餐。

《魔女宅急便》角色茶葉套裝。₩18,000

地面設有小商店，主要售賣《魔女宅急便》為主的商品，當中有些是獨家周邊商品，不容錯過。

Info

地址：首爾麻浦區成美山路165-7
（延南洞223-96）
서울마포구성미산로165-7
（연남동 223-96）
電話：02-338-8865
營業時間：1100-2000（最後點餐1930）
消費：約₩20,000/位
網址：www.instagram.com/cafe_koriko
前往方法：地鐵2號線、京義中央線「弘益大學」站3號出口，步行約15分鐘。

二樓起居主題雅座

　　點餐後，可選擇登上二樓雅座用餐。即使因為人太多而沒有安排你到二樓，也要找機會（例如到二樓的洗手間時）上去參觀。你會發覺像是置身於琪琪的家中，有睡房、廚房、客廳等的陳設，就像成為她的客人一樣。天氣好的話，選坐寬闊的露台用餐實在不錯。

話題新景點

提提你

吉吉朱古力蛋糕（₩4,000）及Green Grapes Ade（₩7,500）

廚房陳設當中，發現了琪琪的帶帶。

食品都是以電影角色為造型，當中更有些是店鋪限定的食品，很快便會售罄。

到處都可找到琪琪的蹤影。

梯間的一幅玻璃燈箱，是必影的景點之一。

牆紙和小擺設都十分用心。

這裡是琪琪的睡房嗎？

Lemon Blueberry。₩5,800

Tips
1. 想影多幾次相，就記得分開付款。因為每張收據都會有免費影相的QR code。
2. 只接受信用卡付款。

店鋪位於轉角處，放置了卡通人物和巨型壁畫，容易找到。

明洞 嘆咖啡兼免費影貼紙相 2022年10月開幕

Café Swith SOL

MAP: P.103 D2

由新韓銀行打造的「新韓朋友」角色主題Café，進入門口已經是重要的打卡位，透過多幅巨型電視幕牆，營造出科幻感覺。明亮開揚的店內，隨處可見可愛的角色造型裝置，均以環保、互助為主題，店內聘用了聾啞人士工作，以貫徹關愛共融的宗旨。除售賣咖啡、麵包和蛋糕之外，店內亦設有商店，以全自助販賣機的模式運作，讓你隨時隨意選購心頭好。

購買飲品或食品後，記得保留收據，因為每張收據都附有一個QR code，可以到貼紙相機自拍一次。影完相後不僅有相片可帶走留念，如果輸入電話號碼的話，更會收到相片的電子版本，真正有得食又有得玩。

Café旁邊就是新韓銀行。

甫入店內便是幾幅大型電視屏幕。

餐廳面積大，隨處可見可愛卡通人物。

側門入口介紹了八位新韓朋友。

Info

地址：首爾市中區明洞街43號
서울중구명동길43
電話：070-7779-2039
營業時間：0800-2100
休息：逢周一
消費：約W10,000 / 位
前往方法：地鐵4號線「明洞」站6號出口，步行約5分鐘。

飲品和食物的選擇頗多。

Roasted Almond Latte（₩5,000），伯爵茶檸檬蛋糕（前：₩3,200），松露藍乳酪金塊（後：₩2,800）。

巨型Moli doll。₩30,000

新韓朋友水杯。₩10,500

不要錯過憑收據可免費拍照一次的貼紙相機。

店內設有售賣新韓朋友產品的區域。

貼紙相機有中、英、日、韓語選擇，操作簡易。

017

門面雖然不大，但色彩很搶眼。

門外擺放SM娛樂近期熱推的Artist Chocolate，以旗下藝人作主題。

店內以藝人組合分門別類佈置。

ARTIST CHOCOLATE

明洞 SM韓星周邊店　　2023年3月開幕

　　尋找K-POP明星產品以後不用到處找了，明洞這家K-POP主題店就位於明洞的中心地帶，店內售賣最新的韓流商品，包括韓國大型娛樂公司SM Entertainment旗下的偶像如BTS、tomorrow x together、NCT、Super Junior、AESPA、Red Velvet等。除了STARFOX ARTIST CHOCOLATE及BTS角色公仔「TinyTAN」的產品之外，還有唱片、影集、文具、時鐘、周邊商品出售，fans記得去掃貨。 MAP: P.103 D4

以MV《Butter》為主題的TinyTAN動畫時鐘。₩28,000

朱古力印上了藝人的肖像，另有一片隨機放置的磁鐵，成為fan收藏的目標。₩19,000

有齊BTS七位成員的「TinyTAN」LED時鐘。₩58,000

除了朱古力，當然還有大量其他周邊。

BTS x LEGO的人仔已成為非賣品。

各款不同地區版本的BTS Photobook。₩30,000

Info

地址： 首爾市中區明洞8路11
　　　　서울중구명동8나길11
電話： 010-8457-7781
營業時間： 1000-2200
前往方法： 地鐵4號線「明洞」站6號出口，步行約3分鐘。

即繪人像漫畫

2022年3月開幕

Acorn Caricature（도토리 캐리커쳐）

只需要約5分鐘時間，畫師就會即場為你繪畫一幅Q版的人像漫畫，又或是為寵物繪畫，價錢只需₩7,000。每逢晚上或假日都吸引大量人排隊光顧。Acorn Caricature原本是一家畫室，由於他們的黑色marker速畫漫畫大受歡迎，便開始在短期攤位和店鋪為客人繪畫人像漫畫。雖然在延南洞有兩家店，但大家都愛聚集在位於半地下店，遊客最好選擇在閒日或日間到來，讓畫家有較充裕時間用心繪畫。

MAP: P.096 B3

店內擠滿年輕男女等待畫師繪畫。

簡單明快的筆觸，大受歡迎。

捕足到人氣藝人的神髓。

畫師會先與客人溝通，了解客人的需求，簡單的英語沒有問題。

── Info ──

延南洞總店
地址：首爾市麻浦區東橋路38街34
　　　서울마포구동교로38길34
電話：0507-1373-2903
營業時間：1200-2100（1600-1700休息）
收費：個人₩7,000，情侶₩19,000，
　　　大型₩35,000
網址：www.instagram.com/uncles_painting
前往方法：地鐵2號線、機場總、京義中央
　　　線「弘益大學」站3號出口，步
　　　行約7分鐘。

人氣打卡點！

自2013年進行改善工程後，松月洞就搖身一變成為人見人愛的童話村。

仁川 穿梭於童話街道

松月洞童話村（송월동 동화마을）

位於仁川的童話村，是近年受歡迎的打卡勝地。附近總共11條街道都以童話為主題作出不同的佈置，包括有經典的迪士尼改編的法國童話《美女與野獸》，英國童話《愛麗絲夢遊仙境》和《傑克與魔豆》等，除了壁畫外，大部分建築物都有按童話內容而作出裝飾，大家可以一邊觀、賞打卡，一邊重溫童話故事的內容。

童話村內有一間視覺藝術館Trick Art Story，可說是遊客必遊之地，館內有四大主題，分別是錯覺、互動、黑暗和鏡像，緊張又有趣。 **MAP：P.291 A1-B1**

看到可愛熊貓打卡位，就知道到達童話村了。

五顏六色的街道，充滿歡樂氣氛。

《木偶奇遇記》中的小木偶。

大樹頭旁邊還看見蜘蛛俠的身影。

幾乎所有建築物都有童話佈置。

Info

地址： 仁川市中區童話村街38（松月洞3街）
　　　　 인천광역시중구동화마을길38
電話： 032-760-6480
網址： www.icjg.go.kr/tour
前往方法： 地鐵1號線或水仁盆唐線「仁川」站3號出口，步行約7分鐘。

這家商店提供租借校服拍影服務，讓你回到八十年代。

《美女與野獸》位處童話村深處。

《愛麗絲夢遊仙境》主題佈置。

OZ cafe有出售日本動漫精品及一番賞。

若有點累就別走上彩虹階梯了。

視覺藝術館Trick Art Story，入場費成人
₩6,000，青少年₩4,000，兒童免費。

電線杆都變成了《傑克與魔豆》中的魔豆。

Trick Art Story必須
有兩人或以上才可
進場。

由英文字母P（Platform）和I（Incheon）組成A（Art）的標誌，代表藝術的交流；主題用橙色代表重生，創造和熱情。

仁川 紅磚牆與藝術品交織
Incheon Art Platform（인천아트플랫폼）

　　仁川藝術平台的紅磚高牆和倉庫建築，多次成為韓劇取景場地，包括《鬼怪》、《Dream High》和韓孝珠主演的電影《The beauty inside》（港譯：我的變身男友），亦成為人們的打卡熱點。

　　這裡由13座建築物組成，包含了1930至40年代和1883年仁川開港後的建築遺產，其中一幢是舊日本郵政件及航運公司大樓，已被列為韓國國家註冊文化遺產。建築物翻新後被活化成畫廊、劇院、工作室、展覽廳、表演廳、生活文化中心等，提供展覽、表演和教育等各種藝術和文化項目，更提供藝術家駐留項目，以支持各類型的韓國和海外藝術家從事創意和研究活動，令這裡成為藝術家和市民自由交流的藝術文化空間。 **MAP：P.291 A2**

A幢是建於1902年的兩層紅磚建築，現在是仁川生活文化中心。

H幢建於1943年，設有咖啡室供遊人休息。

水管形狀的坐椅。

G幢現時用作公共工作室及藝術家的住所。

┃Info┃

地址：仁川市中區濟物良路218街3
　　　（海安洞1街）
　　　인천시중구제물량로218번길3
　　　（해안동1가）
電話：032-760-1000
開放時間：24小時（展覽和表演場地請參閱官方網頁）
網址：https://inartplatform.kr
前往方法：地鐵1號線或水仁盆唐線「仁川」站1號出口，步行約8分鐘。

處處可尋的藝術作品。

置於E幢外的木船藝術作品「When Thinking about Old Days」，是藝術家Yang Jung-uk於2020年的創作，讓人懷緬兒時景色。

貨櫃箱造型的坐椅，配合這裡作為開放港口的歷史背景。

C幢是建於1948年的大型倉庫，現時用作表演廳。

特色建築經常成為電視、電影的取景場地。

銅像是紀念1883年後仁川變成繁華的貿易港後，當時有不少從事貨物裝卸及搬運工作的苦力。

韓國近代文學館。

龍山 透視天際的爽意空間

Noop Cafe

　　這裡除了是處處有打卡位的cafe，更是晚上消閒飲酒的好地方。餐廳位於大廈的最高層，佔地寬廣，第一層有櫻花樹區，是室內打卡的好地方，另一邊有桌球枱，讓大家一展身手。走出廣闊的戶外露台，可以看見一個個透明小屋，無論晴天雨天都可以欣賞戶外景色。更可再上一層樓，在天台閒坐區眺望南山塔一帶的首爾景色，是黃昏至晚上的消閒好地方。

MAP: P.217 E3

餐廳營業至凌晨，當然以夜景作招徠。

餐廳位於大廈最高層，建議從地下停車場乘升降機前往。

透明小屋以首爾塔為背景。

Apple Mango Yogurt Smoothie ₩8,500

餐廳提供咖啡、茶、沙冰和啤酒等飲料。Hoegaarden ₩8,500

室內地區有四張英式桌球，須另外付費。

沿梯級到天台有舒適的沙灘椅。

店內提供意粉和薄餅，Crunch Potatoes Pizza ₩21,500

室內大型投影屏幕，可以一起觀看球賽。

Info

地址：首爾市龍山區新興路26街20
　　　서울용산구신흥로26길20
電話：02-790-0789
開放時間：1200-2400
消費：約₩20,000/位
前往方法：
地鐵4號線「淑明女大」站5號出口，轉乘綠色村巴（小巴）「龍山02」，車程約10分鐘，在「新興教會前」（신흥교회앞）站下車，沿斜路向上步行約1分鐘即達。

北村 在韓屋中享受西式餐點

MAP: P.155 C5

Onion Cafe安國店（어니언 안국）

Onion的第三間分店開設在安國站，是由過百年的傳統韓屋改建而成，開業後馬上吸引不少遊客慕名而來，無論早午餐都經常要排長龍，基本上由排隊入座、排隊選購食物、以至等候餐飲，等候一小時以上是必要的心理準備。但如果選擇外賣的話，就可免卻等候入座的時間，在庭園範圍內坐下進食，同樣有韓屋風味。

食物方面，人氣打卡甜品是該店signature的雪山蛋糕Pandoro，由香草豆、糖霜和牛油製成，切開就會發覺並非那種空氣蛋糕，而是密度高，但入口溶化。山脈形狀的外層與內裡形成不同口感，甜度視乎你蘸多少糖霜，好食！還有許多鹹甜食品，留待大家去發掘。

一大清早便出現的人龍，韓屋門口一直排到庭園外。

餐廳保留了四合院模式的建築。

別以為是茄子，其實是加了墨魚汁的芝士薄餅Black Cheese Bomb，要趁熱食。
₩5,500

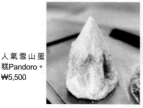

人氣雪山蛋糕Pandoro。
₩5,500

茄子蕃茄薄餅Eggplant & Tomato pizza。
₩5,000

不想等太耐的話，可選擇外賣在戶外用餐。

Info

地址：首爾市鐘路區桂東街5
서울시 종로구 계동길 5
電話：070-7543-2123
營業時間：周一至五0700-2200，周六、日及假期0900-2200（最後點餐2130）
網址：http://onionkr.com
前往方法：地鐵3號線「安國」站3號出口，步行約3分鐘

Matcha Fromage Cake抹茶
奶油蛋糕。₩13,000

延南洞 叢林中的璀璨燈火
清水堂共鳴(청수당공명)

　　隱藏於延南洞的餐廳，門口是一片叢林、流水和掛在樹上的竹燈籠，共同營造出綠意盎然的空間，尤其在晚上，在燈籠透射出柔和燈光之下，幽靜的氣氛，令這裡成為打卡的勝地。

　　店內提供的餐飲和點心亦甚具藝術感，是回復體力和精神的好地方。

到了夜晚又另有一番景色。

MAP: P.096 A1

─Info─
地址：首爾市麻浦區延南洞239-48
　　　서울 마포구 연남동 239-48
電話：070-7791-7972
營業時間：1100-2200（最後點餐2100）
網址：www.instagram.com/
　　　cheongsudang_yunnam
前往方法：地鐵2號線、京義中央線或機場
　　　　　線「弘益大學」站3號出口，步
　　　　　行約11分鐘。

近年流行的工業廢墟風。

可供打卡的地點相多充足。

聖水洞 混凝土建築風 **MAP: P.271 C1**
Onion Cafe聖水店(어니언 성수)

　　目前Onion在首爾已開設四間門市，分別位於聖水站、彌阿站、安國站和鐘路5街站的廣藏市場。而聖水站這間以混凝土建築廢墟為主題的店，可說是這間cafe的發跡地。室內每個角落都是由灰色混凝土及磚瓦堆砌而成，配上鮮艷的甜點的，確另有一番韻味。穿過荒廢的後園，沿梯級而上，就是豁然開朗的天台茶座，與安國店完全是另一種風味。

提供的食品與其他分店雷同。

─Info─
地址：首爾市城東區峨嵯山路9街8
　　　서울 성동구 아차산로 9길 8
電話：070-4353-3238
營業時間：周一至五0800-2200，周六、日
　　　　　及假期1000-2200（最後點餐
　　　　　2130）
網址：http://onionkr.com
前往方法：地鐵2號線「聖水」站2號出
　　　　　口，步行約5分鐘。

靠近T0廣場設有旅客服務中心，場內還有步道串連各個儲油槽。

昔日的巨型儲油槽，現在改造成各式展館、劇場、交流中心等，斑駁的外牆訴説風傷。

人氣打卡點 世界盃體育場

世界盃體育場 藝術儲油槽
文化儲備基地（문화비축기지）

座落梅峰山腳下、世界盃公園旁的新興藝術村，原為「麻浦石油儲備基地」的廢棄工業設施，2002年因日韓世界盃舉行而關閉，經民間保育運動，2017年終搖身一變成為文化空間。佔地廣達150萬平方呎，足足有22個足球場大小。昔日6個巨型儲油槽，現在被改造成劇場、交流中心、多功能展館等，內有歷史展覽、Café等。配合周圍綠地，逢周末和夏天還有文青市集、林間野餐夜市、節日慶典等舉行。頹廢風的美景，成為韓國服裝品牌造型照和網美的取景勝地。

MAP: 封底摺頁

入口處置有文化儲備基地韓文名字巨型看板，乃一大打卡位。

T0廣場旁邊設有遊樂設施，這個木製半圓，坐在其上感覺像海盜船。

園內綠意盎然，隨處可見藝術裝置，像這個由多個喇叭組成的雕塑，還會播放音樂。

「世界杯體育場」站2號出口，左轉上手扶梯，再依指示繞過世界盃體育場即達。

基地一隅建有貨櫃屋村，逢逢周末或夏日都有文青市集和夜市。

── **Info** ──

地址：首爾市麻浦區繪山路87（城山洞）
　　　　서울시 마포구 증산로 87
電話：02 - 376 - 8410
開放時間：公園24小時、
　　　　　　儲油槽內部1000 - 1800
休息：（儲油槽內部）逢周一
網址：http://parks.seoul.go.kr/template/sub/culturetank.do
前往方法：地鐵6號線至「世界杯體育場」站2號出口，左轉上手扶梯，依指示步行約10分鐘。

社區中心×Café
T6

基地內最大型的儲油槽,外牆利用T1和T2解體後的鋼板,重新組裝而成。內有教室、會議室、展覽廳等交流空間,1樓還有營業至晚上的TANK 6 Café。還可沿旋轉斜坡登上儲油槽頂,一睹槽頂天空。

樓高4層的巨型儲油槽,鏽蝕的外牆鋼板,其實來自解體後的T1、T2儲油槽。

1樓是TANK 6 Café,內部樓底挑高,極富空間感,提供飲料和輕食。

TANK 6 Café內裝以水泥地配原木家具,還放滿巨型Bear Bear給你打卡。

旅客可沿旋轉斜坡,從1樓走到儲油槽頂,沿途也有小型展覽。

登上儲油槽頂,可一睹槽頂的圓形天空,乃韓國品牌造型照的取景熱點。

---Info---

營業時間: TANK 6 Café 1000 - 1900
休息: 逢周一

館內設有大型燈光投影Show,旅客可從平台眺望,光影交錯感覺夢幻。

很喜歡這一組展品,頭盔全是參與改造工程的工程人員,寫滿感人說話。

展品介紹「麻浦石油儲備基地」,由工業重地蛻變成藝術村的歷史。

基地故事館
T5

基地內第2大儲油槽,介紹「麻浦石油儲備基地」、從工業重地到變身藝術村的40年歷史,不乏多媒體互動展品,包括大型燈光投影Show,最重要是免費參觀。

大幅修復的儲油槽,外牆繪上迷彩,跟背後的頹垣敗瓦,形成對比。

館內不乏多媒體互動展品,包括這自拍裝置,還可下載到手機。

《花遊記》玻璃屋
T1

李昇基退伍後第一齣主演韓劇《花遊記》的取景地,乃劇中的重要場景。解體後的儲油槽,現在加建玻璃屋頂,可欣賞梅峰山的岩盤地形。

加建的玻璃屋頂和外牆,展露出梅峰山原來的岩盤地形,牆上還有人形塗鴉。

T1 玻璃屋乃李昇基韓劇《花遊記》中的重要場景,建築本身也很美。

打卡樓梯
T3

完整保留昔日的儲油槽,可從斑駁的外牆一窺油槽原貌,鏽跡斑斑的鐵樓梯,一度成為打卡熱點,但由於鏽化嚴重,現在已禁止進入。

沿著儲油槽而建的鐵樓梯,一度成為打卡熱點,由於鏽化嚴重,現在已禁止進入。

廢墟般的入口,內裡卻別有洞天。

打卡舞台
T2

沿斜坡自然地形而築成的儲油槽,現在改造成露天劇場,以及室內劇場。

舞台下高低不平的水泥方塊,就變成觀眾席,也是打卡熱點。

露天劇場面積偌大,儲油槽的弧形外牆,還有絕佳擴音效果。

展館中心
T4

基地的複合式文化空間兼展館,改造時特別保留儲油槽原來的內部空間,加上參天樑柱,像置身原木森林。

展館內部刻意保留儲油槽的原貌,無數參天樑柱,打造原木森林。

架空的水泥石屎方體,感覺極富設計感,現在是園內的展館中心。

近年大熱的粉紅亂子草（Pinkmuhly），花穗呈羽毛狀，遠看如粉色雲霧。

山徑兩旁開滿比人還高的紫芒花，在太陽折射下，透出淡淡的紫色光芒。

世界盃體育場 | 紫芒花海
天空公園（하늘공원）

整個世界盃公園，由天空公園、和平公園、蘭芝漢江公園、彩霞公園、蘭芝川公園5個公園組成。其中天空公園佔地210萬平方呎，因位處蘭芝島最高點而得名，每逢秋季，紫芒花海、掃把草、粉紅亂子草輪番盛放，初春還有波斯菊花海，乃韓妞的IG打卡勝地！

MAP: P.封底摺頁

秋季紫芒花盛放時，天空公園會舉行「首爾紫芒慶典」，晚上還有燈光效果。

每年秋季都是紫芒草的花季，漫山遍野一片白茫茫，隨風擺動，景致浪漫。

登頂夾道的步道，一直通往碗形的展望台，登頂可俯瞰漢江至北漢山一帶美景。

Info
- **地址**：首爾市麻浦區上岩洞 482
  서울시 마포구 상암동 482
- **開放時間**：0700～日落後2小時（紫芒慶典期間0700 - 2200）
- **網址**：http://parks.seoul.go.kr/template/sub/worldcuppark.do
- **前往方法**：地鐵6號線「世界盃體育場」站1號出口，沿梯級登山約30分鐘；或轉乘接駁車上山，單程₩2,000。

世界盃體育場

2002年，為第17屆「韓日世界盃」而建的足球場，現在是韓國足球聯盟「K - League」和「FC首爾」隊的專用球場，附設足球主題博物館、購物中心、表演劇場、大型量販店與電影院等。

MAP: P.封底摺頁

Info
- **地址**：首爾市麻浦區世界盃路240
  서울시 마포구 월드컵로 240
- **網址**：www.sisul.or.kr/open_content/worldcup
- **前往方法**：地鐵6號線「世界盃體育場」站1或2號出口。

特別為2002年，第17屆「韓日世界盃」而建的足球場。

世界盃體育場旁的Football Club FAN PARK，附設「FC首爾」的專門店。

圓形玻璃屋設計的溫室，乃全韓國最大，種有來自全球、3,100多種植物。

麻谷 韓國最大溫室花園

首爾植物園（서울식물원）

　　2019年5月正式開園，座落首爾江西區，佔地超過538萬平方呎、足足70個足球場大，比汝矣島公園還要大2倍。園區分為「開放林」、「主題園」、「湖水園」和「濕地園」4個主題區。焦點是韓國最大溫室，以圓形玻璃屋設計，內有熱氣球裝飾，種有來自全球12城市、共3,100多種植物。除了溫室，植物文化中心內還有植物圖書館、種子和植物研究所、Cafe和記念品店等。

MAP: 封底摺頁

園內設有植物研究所、圖書館，還有Cafe和記念品店等等。

濕地園區有精緻的木棧道貫穿，可近距離觀賞濕地生態。

植物園周邊有大型湖泊，還有噴泉和特別燈光造景。

佔地超過538萬平方呎的綠化地帶，足足有70個足球場大。

園內種滿四季花卉，滿園春色，還有傳統韓屋、庭園等美景相伴。

Info

地址: 首爾市江西區麻谷東路161
　　　서울시 강서구 마곡동로 161
電話: 02 - 2104 - 9711
開放時間: 公園24小時；植物園0930 - 1800
　　　　　（1700停止售票）
　　　　　冬季（11-2月）提早一小時關閉
　　　　　及停止售票。
休息: 公園全年無休；植物園逢周一
門券: 成人₩5,000，13-18歲₩3,000，
　　　　6-12歲₩2,000
網址: https://botanicpark.seoul.go.kr
前往方法: 機場鐵路、地鐵9號線「麻谷渡口」站3或4號出口。

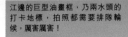

江邊的巨型油畫框，乃兩水頭的打卡地標，拍照都需要排隊輪候，厲害厲害！

韓劇《她很漂亮》中，池晟俊（朴敘俊）向金惠珍（黃正音）求婚一幕，就在畫框取景。

人氣打卡點　兩水

浪漫打卡勝地
兩水頭（양평두물머리）

位於源自金剛山的北漢江、與源自金臺峰的南漢江的兩水相交處，因而得名。古時設有碼頭，曾是韓國中部的水路交通樞紐。清晨瀰漫的水霧、老舊的碼頭、江邊楊柳等，構成如畫般的優美景致，因《她很漂亮》、《原來是美男》等多齣韓劇取景而爆紅，更是婚照的拍攝熱點。江邊開滿特色小吃攤，附近還有蓮花園「洗美苑」，以及兩水鐵橋自行車道等景點，適合周末小旅行。 **MAP: P.032**

兩水頭嚴禁下水、露營、垂釣等，冬天江面結冰，但切勿嘗試踏入冰面，以免意外落入冰河中。

兩水頭一隅，開滿大小咖啡店，坐在露天座位賞景，格外寫意。

小吃街附近有一大型溫室花園，專售造型可愛的小盆栽。

兩水鐵橋自行車道
京義・中央線 경의・중앙선
K130 兩水 양수 Yangsu
北漢江
單車租貸站
兩水5日市場
入口
新兩水大橋
洗美苑
洌水舟橋
洗美苑售票處
兩水頭
N

旅客可沿江邊步道走往洗美苑，沿途是大片蓮花池，夏季盛放時更美。

兩水頭四季景致各異，春夏綠意盎然、秋季紅葉流丹，冬天則白雪皚皚。

Info

地址：京畿道楊平郡兩水面兩水里　경기도 양평군 양서면 양수리
網址：https://tour.yp21.go.kr/chinese/index.do
前往方法：首爾地鐵京義中央線「兩水」站（K130）1號出口，步行20分鐘，若轉乘的士車費約₩3,000，1號出口也有單車租賃。

其實兩水頭範圍不大，但江畔種滿參天大樹，風景超浪漫。

冬季江面會結冰，四周植物像被定格凝住似的，但切記勿踏進冰面。

兩水曾是韓國中部的水路交通樞紐，現在仍然保留昔日的古碼頭。

夏天旺季時，碼頭的古帆船或會駛到江中漫遊，乃攝影迷至愛。

兩水頭現場其實是一片泥地，強烈建議別穿布鞋來。

清晨水霧瀰漫的江邊，乃兩水頭另一名景，如雪似煙，像置身於夢境中。

江畔有3顆400年樹齡的欅樹，彷彿同根而生，每年4至5月開花。

江邊其實長滿蓮花，地上偶見被採的蓮蓬。

兩水小吃街

兩水頭東端有攤檔街，沿江邊開滿各式小吃攤，附近還有座椅可供休息。

其中一檔售賣長形的米餅，軟糯煙韌的糯米餅，包住流心楓糖或芝士。₩2,000

必吃兩水名物「蓮葉熱狗」

「蓮葉熱狗」是兩水頭最人氣的小吃，特大帳蓬外排滿長長人龍。

加了蓮葉汁的炸熱狗，味道其實跟一般的沒分別，但外脆內綿密的確好吃。₩3,000

兩水 打卡蓮花園
洗美苑（세미원）

　　兩水頭附近、以水生植物為主題打造的著名公園，名字出自「觀水洗心、觀花美心」的古語。佔地廣達200萬平方呎，設有6座池塘，長滿蓮花、水蓮、菖蒲等植物，四季花團錦簇，風景清幽脫俗，尤以每年夏季盛放的蓮花最有名。

MAP：P.032

園內隨處可見有趣的石雕、亭台樓閣、韓屋建築，風景優美。

靠近入口處有一條紅葉步道，紅葉流丹，景致浪漫。

洗美苑入口有一古石池，乃古時遊人離開蓮花池後的洗腳池。

冬季沒有蓮花盛放，但園內建有偌大的水池溫室，一樣鳥語花香。

最有趣的是，園內步道皆以洗衣板為造型，呼應公園的名字。

由兩水頭步往洗美苑，會經過一條「洌水舟橋」，由數十艘古船串連而成的木橋，行走其上搖擺不定，但有趣。

─Info─
地址：京畿道楊平郡楊西面兩水路93
　　　경기도 양평군 양서면 양수로 93
電話：031 - 775 - 1835
開放時間：0900 - 1800
　　　　　（7-8月達0900 - 2000）
休息：9-6月逢週一（如假日將順延一天）
入場費：成人 ₩5,000、
　　　　小童及65歲以上長者 ₩3,000
網址：www.semiwon.or.kr
前往方法：首爾地鐵京義中央線「兩水」站
　　　　　（K130）1號出口，步行15分鐘。

兩水 《Doctors》浪漫鐵橋
兩水鐵橋自行車道（양수철교자전거길）

　　原名「北漢江鐵橋（북한강철교）」，因韓劇《Doctors》、女團GFRIEND的《NAVILLERA》MV取景而爆紅。橫跨北漢江的舊鐵橋，全長約560公尺，每隔一個區段就有一格玻璃地板，可以透視橋下風景。

MAP：P.032

兩水鐵橋原名「北漢江鐵橋」，現已改成自行車道。

女團GFRIEND的《NAVILLERA》MV，也是在鐵橋取景的。

《Doctors》中，朴信惠伸出雙手這經典一幕，不是人人做到吖！

★ I Can
Tips

兩水站一出即有自行車租借所，租車需要押證件，收費約₩3,000／小時、雙人車₩5,000／小時、電動自行車₩8,000／小時
營業時間：0900 - 1800

自行車道入口處還有打卡位。

─Info─
地址：京畿道楊平郡 兩水面
　　　경기도 양평군 양서면
前往方法：首爾地鐵京義中央線「兩水」站
　　　　　（K130）1號出口，步行20分鐘。

仁川 **巨型圍棋**　MAP: P.035

青蘿湖公園（청라호수공원）

有展示牌讓大家重溫劇中的經典場面。

追蹤韓劇場景

　　在劇中宋慧喬飾演的女主角文同珢，與鄭星一飾演的河度領，就是在公園裡的青蘿樓（청라루）前面下圍棋。後來李到晛飾演的男主角朱如炡，也在這裡與河度領下棋。劇中有左右兩個巨型圍棋盤，拍劇後便清拆了，但由於電視劇大熱，有關方面便在一側重建棋盤，並在旁邊放置了桌椅，供市民玩圍棋。

　　青蘿公園佔地遼闊，環繞著中央湖泊的緩跑徑，亦曾是《鬼怪》的拍攝場地。湖畔有多種水上活動設施，風景亦十分優美，是當地日優閒的好去處。

青蘿湖公園

[地圖]
機場線青蘿國際城站
湖濱公園（호수공원）站
青蘿樓（청라루）
清蘿湖1號停車場
青蘿湖公園（청라호수공원）
N

場邊有讓人玩圍棋的地方。

緩跑徑也成為《鬼怪》的拍攝場景。

公園範圍甚廣，中央湖畔還有很多水上活動設施。

Info

地址：仁川市西區青蘿大路204
　　　인천 서구 청라대로 204
電話：032-456-2739
開放時間：24小時
網址：www.insiseol.or.kr/park/cheongna
前往方法：仁川1號線「青蘿國際城」站，轉乘藍色巴士2-1號（永宗方向），車程約11分鐘，在「湖濱公園」（호수공원）站下車，步行約4分鐘抵達。

首爾鴨寮街
世運商街(새운전자상가)

《黑道律師文森佐》

MAP: P.136 A2

商場內部有如走進深水埗的電腦商場。

劇中描述收藏了大批黃金的地方，就是在這幢大廈的地底，這裡亦是主要的拍攝場地。宋仲基飾演的男主角文森佐，與全汝彬飾演的女主角洪車英，就是在大廈前面的廣場參加派對。

世貿商街是韓國最早的綜合性電子商場，韓國首間電腦製造商 TG Sambo Computer和COMMAX都是在這裡發跡，這裡目前仍是電子、電器設備的集中地。商街於1968年落成，2015年開始重建，更新了便利顧客的設施，遊人亦可順道到旁邊的清溪川散步。

大廈外的廣場下方，正是清溪川流經之處。

Info

地址：首爾市鐘路區清溪川路159
　　　서울시종로구청계천로159
電話：02-2271-2344
開放時間：0900-2000（各商店或有不同）
休息：周日及公眾假期
網址：http://sewoonplaza.com
前往方法：仁川1、3或5號線「鐘路3街」站12號出口，步行約4分鐘。

男女主角的相遇
G Guesthouse階梯(G게스트하우스)

《梨泰院Class》

劇中男主角朴世路（朴敘俊飾）與女主角趙以瑞（金多美飾）在第三集相遇的階梯。劇中看見階梯的盡頭有幢大廈外牆畫滿了塗鴉，就是G旅舍所在，這裡也是劇中張根秀（金東希飾）住在考試旅館（考試院，고시텔）的場景。G旅舍有齊一般的洗衣、廚房、WiFi等設備，並提供免費早餐，距酒吧區只需約4分鐘步程。

MAP: P.216 B2

主角相遇的小平台。

Info

地址：首爾市龍山區博光路60街14-38（梨泰院洞131-11）
　　　서울용산구보광로60길14-38（이태원동131-11）
電話：02-795-0015
房價：Twin Room ₩65,000/位起，4 Bed Dorm Mixed ₩38,000/位起
網址：http://gguest.com
電郵：gguest4u@gmail.com
前往方法：地鐵6號線「梨泰院」站3號出口，步行約3分鐘。

「童話酒店」真身
束草樂天度假村（Lotte Resort Sokcho）

劇中宋慧喬出任CEO的「童話酒店」，真身就是位於束草的「樂天度假村」。三面環海，每家房間都有無敵海景，更附設航海主題的大型水上樂園、Infinity pool、野外營地，以及大量餐飲設施。難得房價不算貴，網上評價也不錯。 **MAP: P.344 B1**

村內附設航海主題的大型水上樂園，足不出戶也夠玩。

度假村擁有270度無敵大海景，還有Infinity pool。

最大賣點是所有房間都有無敵海景，部分甚至有雙邊窗。

Info

地址：江原道束草市大浦港路 186 号
　　　대한민국 강원도 속초시 대포동 대포항길 186
電話：033 - 634 - 1000
房價：Deluxe Double ₩295,000 / 晚起
　　　Deluxe Family Twin ₩324,000 / 晚起
網址：https://www.lotteresort.com/sokcho/en/about
前往方法：首爾高速巴士客運站乘往束草的高速巴士，車程約2.5小時，再轉乘5分鐘的士即達。

援交旋轉木馬
月尾島My Land（마이랜드）

2020年的Netflix原創劇（인간수업，台譯：人性課外課），由金東熙和鄭多彬主演（分別飾演吳智洙、書敏熙），講述模範高中生經營援交事業的故事。此劇雖然在香港不太出名，但卻在美國成為當年Netflix最高收視第九位。劇中出現的旋轉木馬，就是在月尾島的遊樂場「My Land」之內。這個遊樂場亦是韓國綜藝節目經常取景的地方，遊客玩樂之餘，亦可一嚐偶像的玩樂體驗。 **MAP: P.291 A2**

欄杆上掛上劇照。

My Land內另有許多刺激的機動遊戲。

旋轉木馬收費：成人₩6,500、小童₩5,500。

Info

地址：仁川市中區月尾島234街7
　　　인천중구 월미로234번길7
電話：02-2271-2344
開放時間：1000-2200，
　　　　　周末及假日1000-0100
入場費：免費（按各機動遊戲收費）
網址：www.my-land.kr
前往方法：仁川1線、水仁盆唐線「仁川」站1號出口，在「仁川站（中華街）」站轉藍色巴士2或10號線，車程約10分鐘，在「月尾島（City Tour）」站下車，步行約3分鐘。

《每個瞬間都是你》圖書館
智慧之林（지혜의숲）

《金秘書為何那樣》

英俊與微笑閱讀《每個瞬間都是你》的地方，其實是位於京畿道坡州市的圖書館咖啡廳。2014年開館，共有3館，保存數萬本由韓國不同出版社捐贈的書，高至天花的書牆打卡度極高！

MAP：P.303 A1

館內藏書約有數萬本，都由韓國不同出版社所捐贈。

圖書館附設咖啡廳，落地玻璃外牆，引盡天然光。

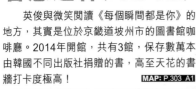

英俊與微笑同遊的圖書館，高至天花的書牆，極具氣勢。

Info

地址：京畿道坡州市匯東街145（文發洞524-3）
　　　경기도 파주시 회동길 145（문발동 524-3）
電話：031-955-0082
開放時間：1館1000-2000、2館1000-2000
　　　　　（Cafe Pascucci 8:30開始營
　　　　　業）、3館 1000-2000
網址：http://forestofwisdom.or.kr
前往方法：地鐵2、6號線「合井」站8號出
　　　　　口，徒步約5分鐘至「HOLT兒童
　　　　　福利會」轉乘2200號紅色巴士，
　　　　　至「Eunseo橋十字路口」站下
　　　　　車，再徒步約6分鐘。

約會的階梯
3‧1運動階梯

《金秘書為何那樣》

英俊假公濟私帶微笑去大邱出差時，2人約會走過的階梯。其實是1919年「韓國3‧1獨立運動」的爆發地。只有短短90級的石階梯，但登上梯頂可俯瞰大邱市區美景，包括著名的桂山洞聖堂。

只有短短90級的寧靜石階梯，100年前卻是獨立運動場景。

階梯附近一帶，已劃為歷史步道，途經多棟西式舊建築。

當日，參與運動的學生，為避開日本的監視而聚集東山洞這條階梯。

登上梯頂可俯瞰大邱市區美景，還途經一所古樸教堂。

Info

地址：大邱廣域市中區東山洞261
　　　대구광역시 중구 동산동 261
前往方法：東大邱巴士客運站轉乘的士前
　　　　　往，車程約18分鐘。

第一次召喚鬼怪的海邊
注文津 (주문진)

《孤單又燦爛的神－鬼怪》

金高恩的秘密基地，第一次召喚到鬼怪的海邊，是位於江原道江陵市的「注文津」。自劇集播出後即成打卡勝地，每日都有拿着蕎麥花來拍照的情侶，假日更大排長龍，現在已發展到有人提供花束租借服務。

MAP: P.333 C1

注文津位於江陵市的最北端，附近有海水浴場和港口，向以水質佳見稱。

BTS專輯《You never walk alone》封面，以及《春日》MV，其實也在注文津取景。當日的車站已拆除，但當地政府已在原址重新打造「防彈公車站」。

注文津夏天是避暑勝地，附近有多座燈塔，拍照一流。

─Info─
地址：江原道江陵市注文津邑橋項里 81 - 32
　　　강원도 강릉시 주문진읍 교항리 81 - 32
前往方法：
1. 東首爾巴士客運站 搭乘高速巴士，至「注文津客運站」，再轉乘的士直達。
2. 「清涼里」站轉乘Korail至「江陵」站下車，再轉乘300號巴士，至「注文津海水浴場」，再步行約10分鐘。

鬼怪和地獄使者的家
雲峴宮洋館 (운현궁 양관)

《孤單又燦爛的神－鬼怪》

劇中鬼怪和地獄使者所住的西洋大宅，其實是位於雲峴宮的「東國洋館」，又名雲峴宮洋館，乃1912年日本為懷柔朝鮮皇室而建造的，以巴洛克風格打造。現在是德成女子大學鐘路校區的終身教育院，多齣韓劇如《明成皇后》、《宮：野蠻王妃》亦曾在這裏取景。

MAP: P.155 D6

巴洛克風格的「東國洋館」，正是鬼怪和地獄使者所住的西洋大宅。

園內的庭園有點荒廢，但秋季紅葉盡染，即成拍照秘景。

由於是古蹟，故只能在外面參觀，大門位置是必影位

─Info─
地址：首爾市鐘路區雲泥洞 114 - 10
　　　（三一大路464）
　　　서울시 종로구 운니동114 - 10（삼일대로 464）
電話：02 - 766 - 9090
開放時間：夏季（4 - 10月）0900 - 1900；
　　　　　冬季（11 - 3月）0900 - 1800
休息：逢周一
網址：www.unhyeongung.or.kr
前往方法：地鐵3號線「安國」站4號出口，徒步約3分鐘。

跟都敏俊喝咖啡
學林茶坊（학림다방）

《來自星星的你》

這是劇中都敏俊（金秀賢飾）和張英牧律師（金昌完飾）經常下棋喝茶的地方。1956年開業的老咖啡店，昔日是首爾大學生與文人學者，討論政治的勝地，洋溢濃濃的書卷味。內部環境古色古香，斑駁而退色的木家具和閣樓包廂，散發懷舊氛圍，媲美都教授那400年的愛。主打Hand Drip精品咖啡，老闆更珍藏大量絕版黑膠唱片，顧客可以隨意點唱。除了《星星》，其實《繼承者們》、《穿透屋頂的High Kick》及《2天1夜》都有來取景。 **MAP: P.206 C2**

咖啡館位於房子的2樓，從左邊的樓梯拾級而上即達。

充滿歲月痕跡的窗框、木地板、閣樓與家具，加上優美的古典音樂和咖啡香，難怪戲裏戲外都充滿味道。

Strong Coffee，老闆手沖時已香氣撲鼻，恰到好處的酸度，味道馥郁香濃而餘韻悠長。₩6,000

《星星》中，都敏俊和張律師的座位位於閣樓下的窗邊，由於太多粉絲爭相拍照，現在座位長期放着「訂座」牌子。

Info
地址：首爾市鐘路區大學路119
（明倫4街94 - 2）2樓
서울시 종로구 대학로119
（명륜4가94 - 2）2층
電話：02 - 742 - 2877
營業時間：1000-1100（最後點餐1000）
網址：www.hakrim.pe.kr
消費：約₩6,000 / 位
前往方法：地鐵4號線「惠化」站3號出口，步行約1分鐘。

李敏鎬天台屋
Namsan Artmonstay

《藍色海洋的傳說》

《藍色海洋》劇中李敏鎬的家，是位於南山的新民宿「Artmonstay Guesthouse」。2016年開幕，11間客房由雙人、3人到家庭套房都有，附開放式廚房與閣樓，空間感十足。李敏鎬（許俊在）的「家」就位於天台，附設BBQ陽台，更可眺望南山首爾塔。雖然天台屋只是劇組臨時搭建的場景，但劇集播放後仍然保留，供住客免費參觀。 **MAP: P.121 A2**

11間客房以Duplex Suite Family最大，附閣樓與開放式廚房。

民宿座落明洞站，位置超就腳。

Info
地址：首爾市中區退溪路20巷42
서울시 중구 퇴계로20나길 42
電話：010-9893-2393
房租：
閣樓全層（4人入住）假日約₩140,000，
平日約₩150,000
網址：www.airbnb.co.kr/users/
show/55652615
前往方法：地鐵4號線「明洞」站3號出口，徒步約6分鐘。

劇中李敏鎬（許俊在）的「家」位於天台，劇集結束後，天台屋供住客免費參觀。

首爾站店LOTTE Mart位於地鐵站上蓋，還可順道逛旁邊的LOTTEE OUTLETS。

首爾爆買超市！

首爾站 零食最強

MAP: P.129 A2

LOTTE Mart 首爾站店（롯데마트）

　　韓國第一大龍頭連鎖超市，其中首爾站店最受旅客歡迎，因為位置超就腳，購物滿₩30,000還可退稅，全首爾就只得蠶室店及這家提供退稅服務，並備有普通話店員、EMS郵寄專櫃等，故店內碰口碰面都是港、台、日旅客。超市佔地兩層，由於「樂天」本身是製菓公司，故LOTTE Mart的零食選擇特別齊特別多，要掃手信必來朝聖！

Tips

韓國超市掃貨攻略：

1. LOTTE和e-mart購物滿₩30,000可辦理退稅，記得帶備護照，並到櫃台登記。

2. 首爾超市已不提供塑膠袋，請自備購物袋。大型超市都設有自助包裝台，提供免費的紙箱，以及膠帶、剪刀等工具。

3. 一般超市都會有ATM、投幣式Locker，顧客服務中心更提供外幣兌換。

4. 大型超市會有EMS郵寄專櫃，但收費較郵局貴，而且郵寄後便不能退稅。

一入門口就有外國人最愛的十大商品，不用煩惱買甚麼手信。

主要的化妝品牌子都可以找到。

拉麵的種類多不勝數。

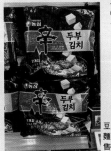

豆腐泡菜辛拉麵，一包四個售₩6,150。

各款KANU即沖咖啡，8包裝₩4,150、10包裝₩4,790、24包裝₩12,100。

Info

地址：首爾市中區蓬萊洞2街122「LOTTE OUTLETS」2 - 3 / F
서울시 중구 청파로 426 (봉래동2가,서울역 (철도청))
電話：02 - 390 - 2500
營業時間：1000 - 0000
休息：每月第2、4個周日
網址：http://company.lottemart.com
前往方法：地鐵1、4號線「首爾」站1號出口，乘搭扶手電梯上2樓的右手邊。

★I Can
Tips
1. 時間充裕的話，可乘店內的兩部升降機先到12樓，再慢慢沿梯級而下。
2. 想集中火力，建議由5樓開始往下掃貨，因為藥妝、數碼產品、玩具精品和食品都集中在這幾層。
3. 收款台設在地面，分自助付款和人手付款兩邊付款。

宜在上午人流較少的時間光顧。

每層都分門別類，顧客可避免浪費時間。

5樓主要售賣零食和飲品。

純胡椒拉麵。₩1,500

首爾爆買超市

明洞 **12層人潮店**　MAP: P.103 E4

Daiso 明洞店（다이소）

　　韓國的Daiso雖然與日本是同一個品牌，但實際上卻是獨立經營，商品幾乎完全不同，₩1,000件價格更便宜，還有大量韓國限定的精品，當中不乏季節限定，或跟其他品牌聯乘。明洞店由開幕初期只經營8層，到疫情時縮減至5層，但現在已全面恢復過來，合共12層樓面按商品類別區分開來，售賣的商品五花八門，除了較大路的零食、化妝品之外，還有旅遊、體育、汽車、工藝、園藝、寵物、衛浴等用品，基本上與大型百貨公司無異。

塑膠枯版。₩1,000

韓國製造護手霜。₩1,000

治療足貼。₩1,000

露營用品又齊又便宜，輕巧的小摺枱只需₩5,000

BTS口罩。₩1,000

━━━ **Info** ━━━

地址：首爾市中區退溪路134-1（南山洞3街）
　　　서울시중구퇴계로134-1（남산동3가）
電話：02-318-6017
開放時間：1000-2200
網址：https://shop.daiso.co.kr
前往方法：地鐵4號線「明洞」站1或2號出口，步行約1分鐘。

042

新村 **抵買新貴**

MAP: P.199 B1

No Brand 西大門新村店 (노브랜드 서대문신촌점)

　　是韓國新世界百貨旗下品牌e-mart的超市，以抵買、款式多、質素佳見稱。除售賣零食等超市商品外，亦兼賣護妝和漢堡包等食肆，分店遍佈首爾大街小巷，廣受當地人和遊客歡迎。店內護膚品、化妝品也有不少，由潔臉、保濕、防曬護理，以至近年大受歡迎的氣墊粉底、保濕面膜也一應俱全，而且價錢比起其他零售店分分鐘平一半！

caption:

大量拉麵、拌麵選擇，價廉物美。

燒酒的種類多又便宜。

三養好味道拉麵₩4,980/5包；八道拌麵₩3,700/4包

真露200毫升膠樽裝。₩1,130

即沖咖啡亦十分抵買。₩5,980/20包

Info

地址：首爾市西大門區明物街32號
　　　　서울 서대문구 구명물길32
電話：02-362-9560
開放時間：1000-2200
休息：逢每月第二、四個周日
網址：https://emart.ssg.com/specialStore/nobrand/main.ssg
前往方法：地鐵2號線「新村」站3號出口，步行約5分鐘。

祭基洞 韓國第二大

HOME PLUS 東大門店（홈플러스）

　　隸屬「三星集團」的連鎖折扣店，也是韓國第二大規模的超市，全國分店超過110間。首爾市以東大門店最大，營業時間也最長，連地庫樓高9層，佔地超過14,200平方呎，1樓設有大型Foodcourt、服裝部，甚至珠寶店；2樓則有家電廣場、唱片店等。超市位於地庫1至2層，雖然裝潢較老舊，但售價便宜，且常有震撼的減價貨品，韓劇《原來是美男》也曾在此取景。

MAP: 封底摺頁

Tips ☆ I Can

1. 從前是24小時營業，但現在已改為凌晨12時關門。
2. 1樓入口位置設有投幣式Locker。
3. B2/F 設有ATM。

地庫一層設有藥房和美容美甲店，地庫二層還有SKIN FOOD、THE FACE SHOP、EDUTE HOUSE分店。

各式三養杯麵，任選₩800 / 個、₩3,000 / 5個，超抵！

即食牛骨湯，原價₩4,500，特價₩3,600。

3.7kg的大包裝泡菜，原價₩29,800，特價₩19,800。

50片裝大紫菜，只售₩8,000！買來派街坊也划算。

8支裝香蕉牛奶，原價₩8,500，特價₩6,800。

1樓設有大型Foodcourt，價格超便宜，附近居民也常來晚餐，還有各式連鎖快餐店。

自助包裝台設於1、3至5樓，都有提供大型紙箱，方便旅客打包。

Info

地址： 首爾東大門區龍頭洞33 - 1號
서울시 동대문 구천호대로133 (용두동, 홈플러스동대문점)
電話： 02 - 2173 - 8000
營業時間： 1000-2400
休息： 每月第2、4個周一
網址： www.homeplus.co.kr
前往方法： 地鐵2號線「龍頭」站3號出口

e-mart 清溪川店 (이마트)

　　韓國「新世界集團」旗下的連鎖折扣店，清溪川店位於東大門附近的黃鶴洞住宅區。連地庫樓高3層，佔地超過15,867平方呎，附設大型美食街、韓妝美容櫃、旅行社，甚至有Salon和Spa Center。特別以外國遊客為對象，設有熱門手信區，經常舉辦促銷活動，還有外語店員駐場。

MAP: 封底摺頁

各式串燒只₩1,250起，很多附近住的韓國人都買來作下酒物。

韓式餃子麵，附湯和配菜，水準普通，但勝在超級便宜，背包客至愛！₩3,900

超巨型柚子茶，只售₩9,900，平絕首爾！

5,940

牛骨湯辛拉麵杯麵，6包裝只售₩5,940！

Info

地址： 首爾市中區黃鶴洞2545號
　　　서울시 중구 청계천로400 (황학동，롯데캐슬베네치아)
電話： 02 - 2290 - 1234
營業時間： 1000-2300
休息： 每月第2、4個周日
網址： www.shinsegae.com
前往方法： 地鐵2號線「新堂」站2號出口，往清溪川方向徒步約10分鐘。

首爾爆買超市

mise en scene的護髮系列備受港台美容達人推崇，在 e - mart售價最便宜。秀髮修護液只₩10,000

水果部選擇豐富，秋天盛產的韓國大柿，只₩3,580 / 一盒4個

地庫2層設有大型美食街，收費超便宜，還有STARBUCKS、漢堡王等連鎖店。

姊妹們注意！e - mart有大量特惠裝的漢方衛生巾發售，售價最低廉。₩9,900

各式辛拉麵都是成箱成箱的發售。30包₩18,100

急凍食品櫃專區面積特別大，原支人參₩2,668起！

首爾
必買超市手信！

OTTOGI 辣芝麻拉麵
₩3,880/4包

農心 白虹洞勁道Q麵
（微辣拌麵）
₩4,212/4包

KANU Triple Shot Latte
即沖咖啡
₩14,380/30包

KANU Tiramisu Latte
即沖咖啡
₩12,100/24包

KANU 即沖美式咖啡
₩1,000/10包

Market O
布朗尼朱古力蛋糕
₩4,400/12件

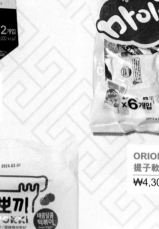

ORION My Gumi
提子軟糖
₩4,300/6包

YOPOKKI甜辣味炒年糕
₩3,800/包

LOTTE Binch
歐洲風味半朱古力餅
₩5,500/盒

Dong-A Gold Cappuccino
咖啡糖
₩1,000/包

HBAF 烤粟米杏仁
₩7,900/包

HBAF 芥末杏仁
₩7,900/包

農心 辛拉麵（炒麵）
₩5,600/4包

CROWN 牛油窩夫
₩4,400/盒

農心 醬王（炸醬麵）
₩7,200/4包

腰、背部用汗蒸貼
₩2,000/盒

腹部用汗蒸貼
₩2,000/盒

橙味及可樂味有汽珍寶味
₩1,500/包

香蕉牛奶
約₩1,300

益力多軟糖（樂天版大包裝）
₩2,480

CROWN 芝士夾心餅
₩1,000/盒

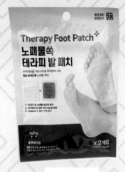

治療足貼
₩1,000/包

Maxim Mocha Gold
Mild咖啡
₩1,000/20包

Slow Village 馬格利
（純米酒）
₩2,900/支

鋁製酒碗
₩1,900/個

KOPIKO 無糖咖啡糖
₩1,790/包

KOPIKO Cappuccino
咖啡糖
₩1,790/包

農心 辣刀削麵
₩8,200/4包

八道 夾縫拉麵
₩6,350/5包

八道 炸醬麵
₩4,980/4包

首爾必逛
藥妝店!

韓版莎莎
Olive Young (올리브영)

自1999年起，Olive Young 便成立了第一家店，迄今更成為韓國最大型連鎖藥妝店，全國分店超過1,200間。單是明洞區，便已有四、五間分店，不論那個時時段，都見到店內充滿人潮來選購護膚化妝品。大型的Olive Young更佔地兩層，除了有護膚品、化妝品及化妝工具專區，尚有香水專區、男士護膚品專區等等。由於店內受歡迎產品眾多，不少容易缺貨，因此不一定能在同一間店買齊心水貨品。鍾意扮靚的，建議預留多點時間多逛數間舖。 MAP: P.103 D2

最新的明洞本店佔地兩層，乃明洞必逛！

Olive Young人流勁多，但熱賣貨品經常缺貨，幸好在明洞有多間分店。

Tips

1. 購物滿₩30,000可退稅，退稅櫃位於2樓。
2. 官方網頁有很多產品減價資訊和Coupon可供下載。

GLOBAL TAX FREE

Info
Olive Young 明洞旗艦店
地址：首爾特別市中區明洞街 53
　　　서울중구명동길53
電話：02-736-5290
營業時間：1000-2230
網址：www.oliveyoung.co.kr
前往方法：地鐵4號線「明洞」站8號出口，步行約5分鐘。

主打獨家細牌 MAP: P.102 C4
ARITAUM

前身為「Hue Place」，屬韓國第一大化妝品集團「Amore Pacific」旗下，除有旗下品牌如Laneige外，也有一些受港人歡迎的品牌如IOPE、Espoir、Etude等。除此自外，Aritaum亦推出了自家品牌的化妝工具如粉樸、化妝掃，選擇又多又便宜！

店內常有獨家發售的限定版，連專門店也未必有售。

疫情後分店大減，最近明洞的分店要去到會賢地下街。

Info
Aritaum會賢店
地址：首爾市中區小公路58會賢地下街C1-2
　　　서울 중구 소공로 58 회현지하상가 다-1,2호
電話：02-755-8165
營業時間：1100-2000
網址：www.aritaum.com
前往方法：地鐵4號線「明洞」站5號出口，步行約5分鐘。

人氣韓妝推介!

彩妝界的藝術家
Too Cool For School

MAP: P.102 C2

除明洞路這間分店外，明洞忠武路也有分店。

2009年創立，不靠明星代言，以包裝可愛創新為賣點。為了打造創新多元化的形象，品牌常與不同領域的藝術家合作，以建立生活美學的新指標。而產品多以便攜式包裝為主，方便學生OL上課上班時補妝。彩妝又以俏皮的Sharp Color為主，走型格路線。不過不要以為包裝吸引便會很貴；事實上，品牌無論是護膚或是化妝品，價錢均十分相宜。

彩妝其一系列為美術課系列，將唇膏、眼影包裝成美術課顏色筆。

Marshmallow Puff立體粉撲是品牌熱賣產品，頂部尖尖的部分用來上遮瑕膏。₩5,000

Info
- **地址：** 首爾特別市中區明洞街26號1樓110號
  서울시 중구 명동길 26，1층 110호
- **電話：** 02-779-0447
- **營業時間：** 1100-2100
- **網址：** www.toocoolforschool.com
- **前往方法：** 地鐵4號線「明洞」站6號出口，步行約5分鐘。

平版M.A.C
Banila Co.

MAP: P.103 D3

品牌於2005年成立，並已在超過22個國家、12,000家店舖設有銷售網絡。品牌產品是針對亞洲人肌膚研發，申世景、少女時代成員金泰研及Running Man的宋智孝亦曾成為品牌代言人。其招牌產品有CC Cream及Covericious Ultimate白色氣墊粉底。

banila co.專門店在明洞屹立多年。

Covericious Ultimate 白色氣墊粉底：防曬度高，能使膚色明亮，令肌膚更光滑。

Info
- **地址：** 首爾市中區明洞8街38（明洞2街52-22）
  서울중구명동8길38（명동2가52-22）
- **電話：** 02-775-1022
- **營業時間：** 1200-2100
- **網址：** www.banila.com
- **前往方法：** 地鐵4號線「明洞」站6號出口，步行約1分鐘。

潮人追捧
3 Concept Eyes (3CE)

MAP: P.226 B2

Tips I Can

注意3CE櫃台只有Sample，想買必需將商品名稱和顏色告訴店員取貨，再拿到收銀處付款。

韓國著名潮流服裝店「Style NANDA」於2009年推出的彩妝品牌，並以顏色彩度高兼包裝有型而深受潮人追捧。代表作為九宮格眼影盤，而絲絨霧面唇彩更被選為韓國必買的化妝品之一。

招牌Lip Gloss顏色選擇極多，全是女生最愛的糖果色系。

3CE影城旗艦店位於林蔭路，外觀極具型格，內裡打造成仿如置身電影片場化妝間的感覺，令人目不暇給。

STYLE NANDA乃韓國著名潮流服裝品牌，3CE受港台美容Blogger力推而紅爆網絡，店員都忙到「黑面」！

Info
- **地址：** 首爾市江南區狎鷗亭路8號22
  （新沙洞533-2）
  서울시강남구압구정로8길22
  （신사동533-2）
- **電話：** 02-544-7724
- **營業時間：** 11:00-22:00
- **網址：** https://stylenandaen
- **前往方法：** 地鐵3號線、新盆唐線「新沙」站8號出口，步行約12分鐘。

頂級韓方美容

MAP: P.245 C2

雪花秀/Sulwhasoo (설화수)

　　無需多作介紹的頂級韓方美容名牌，1967年創立，標榜以人參等名貴藥材提煉，能令肌膚再生，一向是名媛熟女的至愛。雪花秀只在樂天百貨專櫃及機場內的樂天免稅店有售，以美元定價，韓國售價約為香港的6至7折！

Tips
購物滿US$500才有贈品。

潤致煥活肌底基本護理7件套裝。US$159

免稅店限定產品，First Care（兩支裝）。₩173,000

滋盈肌本日常護膚兩件套。US$87

Info

售賣點：樂天百貨專櫃、機場內的樂天免稅店

網址：www.sulwhasoo.com

面膜專門店

Mediheal

MAP: P.103 4D

　　成立了十多年的Mediheal注意到現代女性生活忙碌，因而銳意打造品牌成為一個簡單、快捷、可滿足所有護膚需要的面膜專家。已在全球熱賣超過四億塊面膜的Mediheal旗艦店設在明洞。入到店內便見到250款獨特的面膜。產品有去角質、收細毛孔、舒緩敏感及保濕、美白等功效外，連淨化肌膚的備長炭面膜、刺激面部穴位的穴位按摩面膜都有，非常創新。而且產品價錢抵，由十多元至三十多元已可入手一塊面膜，啱晒鍾意有選擇的你。

面膜款式達200多款，價錢實惠，₩4,000已有交易。

多款面膜均只在韓國發售，在香港沒有出售。

深海補水黑面膜（一盒5片），當時減價只售₩10,000。

Info

地址：首爾市中區明洞8街14
　　　서울중구명동8나길 14
電話：02-318-1762
營業時間：1200-2000
網址：https://mediheal.com
前往方法：地鐵4號線「明洞」站6號出口，步行約2分鐘。

蝸牛專門店

MAP: P.103 D3

TONYMOLY

　　於2006年創立的TONYMOLY為港人所熟悉，由韓國紅到在港開多間分店，全靠蝸牛系列如清爽、修復力強的蝸牛面膜外，尚有蝸牛全效修護系列護膚品都大受歡迎。雖然在香港有專門店，但怎也不及在韓國買便宜。韓國價錢約為香港的七折。

貨品售價一般大約是香港分店的七折。

在韓劇中，常見主角最愛在面上「碌下碌下」的按摩精華捧在這裡亦有售。這支2XR膠原蛋白精華捧可改善鬆弛及減退細紋，以及增加肌膚彈性。₩32,000

Info

地址：首爾市中區明洞10街18-1
　　　（明洞2街51-5）
　　　서울중구명동10길17-1（명동2가）
電話：070-4159-7020
營業時間：1000-2300
網址：http://tonystreet.com
前往方法：地鐵4號線「明洞」站6號出口，步行約3分鐘。

必買護膚美妝！

Banila Co. Clean It Zero 卸妝膏

　　Clean It Zero經典人氣卸妝膏長年成為熱賣人氣落妝產品，因為卸妝徹底乾淨，用完其他卸妝用品再用佢，依然能將化妝品殘留的妝容徹底清除，就連防水睫毛液卸潔效果亦十分好，用後感覺十分清爽，加上價錢大眾化，一瓶仲可以用好耐，性價比十分高。

粉紅色經典版卸妝膏長期熱賣（₩18,000），產品之後推出了三款其他功能版，如右邊這款Mandarin-C提亮版（₩22,000）。

Abib
Gummy sheet mask
Heartleaf sticker

Abib 魚腥草口香糖面膜

　　除了護理棉片外，Abib的面膜也是人氣熱賣，當中的魚腥草口香糖面膜更是皇牌產品。由於敷上面極為貼服，猶如口香糖的黏貼度緊貼肌膚，因此面膜保濕、消炎成份能有效完全吸收至肌底內。產品另具有鎮靜肌膚及收毛孔等功效。

面膜獨有設計能配合不同臉型，十分貼臉，保濕鎖水功能強勁。₩4,000

KAHI 萬用護膚棒

　　韓劇中成日見到主角使用的「護膚棒」，以由《鬼怪》金高銀所代言的KAHI最受歡迎，連范冰冰都愛用。只要碌下額頭、碌下塊面，同碌下頸以及虎紋位，除可幫助撫平細紋外、保濕以及肌膚暗啞等問題一次過解決。護膚捧細支方便攜帶出街，化妝後仍可繼續使用。

由《鬼怪》女主角金高銀任代言人。

產品含三文魚膠原蛋白，令皮膚更有彈性。₩24,900

Abib 魚腥草舒緩護理棉片

　　韓國不少品牌推出了護理棉片，其中這款Abib以雙面設計，具去角質和保濕功效的魚腥草舒緩護理棉片可說在一眾集突圍而出，連人氣韓國綜藝「瑞鎮食堂」女主角鄭裕美也有使用。魚腥草具鎮靜及消炎作用，先以凹凸一面敷上面孔可去除角質，然後再反轉以平滑一面敷面作保濕補水功用，一物兩用，抵買便宜。盒內還細心附送小鉗，使用時更衛生。

筆者購買時剛推出特惠裝，由一瓶80片增加至140片。₩39,000

ROUND LAB 1025獨島化妝水

　　呢支長年好賣的化妝水含有豐富礦物質，用後感覺清爽，並且能潔淨肌膚。爽膚水內所含的甘蔗萃取物能幫助去角質以及去除暗啞膚色。

獨島化妝水在Olive Young長期高踞銷售三甲位置的爽膚水。₩15,000

Too Cool For School Egg Mousse Pack白滑雞蛋泡沫面膜

　　賣出超過千萬支的白滑雞蛋泡沫面膜由於產品不帶刺激性及無防腐劑，因此深受歡迎。產品含蛋黃及蛋白成分，用法簡單：只需要唧出泡沫，然後塗抹於乾的面上，待一至三分鐘後，泡沫消失了，以清水洗淨即可。用後你會感覺到皮膚白滑咗，毛孔細緻咗，摸一摸塊面已經令你樂上半天。

原價₩12,000，當時做特價只需₩9,600。

Dr.G 積雪草舒緩修護保濕修護霜

　　由宋仲基代言、一年四季都適用的舒緩保濕霜長期斷貨熱賣。其積雪草成分除幫助抗痘及紓緩泛紅肌膚外，即使經過疫情面對長期帶口罩、引致皮膚敏感等問題亦能修復。由於質感清爽容易推開，皮膚極容易吸收，因此即使有暗瘡、皮膚容易敏感等人士亦能使用。

在Olive Young經常缺貨，不知是否與宋仲基代言有關？₩38,000

Mediheal 茶樹精華面膜

　　只需數元一塊的茶樹精華面膜是遊韓必買產品。一聽已知茶樹油可幫助消炎殺菌及消退暗瘡，而這款面膜使用效果非常好，痘痘可以好快清除。

一盒五片只售₩3,900，勁抵！

Goodal 維他命C美白淡斑保濕精華

　　有曾手部邊傷過，面上有黑斑的用家均表示使用這款含維他命C的精華一段時間後，淡斑及美白效果明顯。其Citrus Tangerina (Tangerine) 提取物：有助於減少皮膚色素；而且產品不含有害化學物質，可安心使用。

優惠套裝買30ml裝送10ml裝及淡斑精華面膜一片。₩43,000

Isoi Blemish Care Serum
淡斑護理玫瑰精華液

　　這款水狀質地、不油膩的淡斑精華於Olive Young 精華榜長期蹺於首位，產品帶有玫瑰香味，可令精神鬆弛，其保加尼亞玫瑰精華油有助改善不均勻膚色、為皮膚補水，是必買的美白精華。

三枝裝₩41,500，單買一支要₩23,600。

WAKEMAKE 16色眼影盤

　　16色眼影盤共有數個色調供你選擇，除了平日返工返學可塗上平實色調營造裸妝外，盒中帶有閃粉的色系可供你平日約會、出席盛會加添奪目效果。重中之重是，眼影粉非常幼滑，即使用手指輕輕塗上眼影，毋須任何技巧也能輕易駕馭，讓你成為一位美目達人。

眼影粉非常幼滑，十分好用。₩23,800

有多隻顏色選擇，部分經
常缺貨。₩8,400

Rom&nd 絲絨霧彩唇軸

　　啞光效果以及絲絨質地令唇妝帶點
模糊色彩，而且感覺不會令嘴唇乾燥，
易於塗抹，色彩更能持久一整天。

Banila Co. IT Raidant CC Cream

　　護膚、防曬及底妝三合一，質感清新自然，
而且非常貼妝。其獨特的水溶性配方能長時間滋
潤肌膚，並成為店內熱銷產品之一。

₩25,000/支

espoir捲翹睫毛膏

　　當一眾女生時常為睫毛液甩色、化開而煩惱不
己的時候，epsoir防水睫毛液既防甩色，持久力亦
高，而且塗抹後感覺自然，睫毛液不會結塊，所以不
少用家用過後都回購再回購，而且價錢廉宜，性價比
十分高。

₩18,400/支

JUNG SAEM MOOL Essential Skin
裸色氣墊 粉餅

　　或許香港人對這個牌子不熟悉，但這位宋慧喬、全智賢
御用的星級化妝師Jung Saem Mool，所推出的品牌氣墊粉
餅，深受日韓少女歡迎。上妝後效果自然、貼薄，並且令膚
色充滿光澤，因此大受歡迎。

₩33,600/盒

首爾

特色市場漫遊！

雖然市場內地板濕滑，但整體規劃完善整齊，從早到晚都見到辛勤工作的阿珠媽。

鷺梁津 | 首爾最大水產市場

鷺梁津水產市場（노량진수산시장）

　　首爾市中心最大的水產批發市場，佔地廣達2,353平方公尺，已有近90年歷史。2016年遷至旁邊的新大樓，地方更光猛，同樣集合超過830家海產店，每天均有350 - 400噸、來自東海、西海和南海捕獲的新鮮海產空運到這裏，保證最新鮮。

　　比日本築地漁市場更為優勝的地方是，這裏一年365日無休，且幾乎24小時營業。旅客在市場挑選完海鮮，可拿到加工餐廳烹調。必吃推介包括長腳蟹、魚生、魔鬼魚、活章魚、鮑魚等數之不盡，《來自星星的你》中千頌伊（宋慧喬飾）都有來過！

MAP：P.259 C3

場內的商號都提供即劏即食刺身。

在地鐵站7號出口直行，穿過行人隊道後再上電梯即達水產市場。

海波蘿（海鞘的一種）可說是韓國一帶海域的特產，韓國人和日本人都十分喜歡。

當地人喜歡把帶子弄成一串串來兜售。

《來自星星的你》中，千頌伊最愛吃的「海腸」（刺蟲），據說有壯陽功效，但其味道連韓國人也不是人人接受到。

店員手起刀落，緊記切魚時要走開一點，以免誤中飛彈出來的魚血。

刺身併盤價錢由₩60,000至₩120,000不等。

━ Info ━

地址：（新大樓）
　　　　首爾特別市銅雀區Nodeul路674
　　　　서울시 동작구 노들로 674
電話： 02 - 815 - 2000
營業時間： 批發拍賣0100 - 結束；
　　　　　　市場0130 - 2200；
　　　　　　餐廳約1200 - 2300
網址： www.susansijang.co.kr
前往方法： 地鐵1號線「鷺梁津」站7號出口，穿過地下通道即達。

姊妹海鮮檔
大信水產（대신수산）

樣子慈祥的老闆娘懂普通話，還會說幾句廣東話，海鮮種類繁多又特別生猛，最重要取價老實。只要告之檔主預算，她便會幫你盡量發辦。

Info
地址：鷺梁津水產市場 1樓直銷店冷凍87號
　　　　노량진수산시장 1층 냉동87호
電話：010-2380-7971

日間通常由老闆娘的妹妹打理。

韓劇內經常看見生吃八爪魚的畫面，其實當地人一般只會切碎來吃。₩10,000/三隻

老闆娘會說幾句廣東話，份外親切，手上的阿拉斯加長腳蟹只售₩100,000！

海鮮加工食堂
또순이 회양념

2樓的加工餐廳收費各異，要留意加工費是按位計還是按食物計算。這間傳統食堂，有懂普通話的店員，阿珠媽烹飪技巧又一流。入場先收取每人₩4,000，加工費每公斤收₩8,000，烹調前都會先報價，童叟無欺。

傳統韓式食堂格局，入門口先脫鞋，內部席地而坐，鄰桌韓國男人都喝得面紅紅。

吃剩的蟹蓋和蟹糕蟹汁也不要浪費，可加錢做成炒飯，飯粒混有紫菜和芝麻，超惹味！

Tips
I Can

常用煮法韓文：
蒸（찜）炒（볶음）烤（굽다）刺身（회）

現烤鮮鮑魚（전복），烤至剛剛好，味道鮮甜又軟糯。

吃剩的魚頭魚尾和魚骨，則可加工做成辣海鮮湯，超級鮮甜！

Info
地址：鷺梁津水產市場 刺身中心 2樓
　　　　노량진수산시장 회센터 2층
電話：02 - 815 - 9880
營業時間：約1200 - 0000
入場醫料費：每位₩3,000

惡臭「魔鬼魚」刺身

韓國人的至愛「魔鬼魚刺身」，當地稱之為「魟魚」（홍어），源自全羅道的傳統製法會經醃製發酵，散發嗆鼻的阿摩尼亞味，直接點說即是尿味，但韓國人卻視為極品！傳說昔日有貴族被皇帝放逐到小島上，因為沒肉吃，於是抓了魟魚，埋進木灰裏面發酵，說吃起來有肉味，後來更變成進貢皇帝的珍品。吃時會配上泡菜或五花腩，愈嚼愈有勁。若你能吃，你就是真正的韓國人了！

國產魟魚刺身₩20,000一碟。

最道地的吃法是，夾上一片陳年泡菜和五花腩，令口感變得更複雜，但味道依舊濃烈！

提提你

首爾特色市場漫遊

不少商店都有出售活皇帝蟹，每公斤約售
₩75,000。

可樂洞 一站式採購農水產品

可樂農水產市場 （가락농수산물도매시장）

　　位於江南區的可樂洞，是首爾最大的農產和海鮮批發市場，佔地543,451平方米，年交易量達230萬噸。市場內農水產都分門別類，水產乾濕貨、蔬果、凍肉、以至人參都有售賣。晚上10時至清晨是批發商的競投時間，白天則是零售。水產都是由海岸連夜直送，每晚凌晨2至4時進行競投，雖然海產種類不及鷺梁津多，但價格相對便宜，比市面大約便宜10-20%，而且遊客較少，更地道。

　　由於市場已有逾40年歷史，有關方面便在毗鄰興建了「可樂Mall」（가락몰），以應付需求。可樂Mall佔地達210,958平方米，賣點是可以在相對舒適的環境下，一站式選購來自可樂市場的新鮮商品，亦有食肆、藥店、便利店等設施。**MAP: 封底摺頁**

選購海鮮後可到附近的食肆加工烹調。一頓皇帝蟹連蝦、蠔、扇貝，連工包料只需約₩400,000。

可樂Mall的正門旁邊就是地鐵站出口。

Info

批發市場
地址: 首爾市松坡區良才大路932
　　　（可樂洞600）
　　　서울 송파구 양재대로 932
　　　（가락동600）
電話: 02-3435-0400
營業時間: 水果、海鮮類24小時，
　　　　農產類0400-2200
休息: 逢周日、元旦及中秋
網址: www.garak.co.kr
前往方法: 地鐵8號線（蠶室 - 莫蘭）或地鐵3號線（太和 - 梧琴）在「可樂市場」站2號出口，步行約7分鐘。

可樂Mall（가락몰）
地址: 可樂產市場旁
電話: 02-3435-1000 / 02-3435-0400
營業時間: 24小時（各店或有個別營業時間，一般商店0800-2000、餐廳1100-2300）
網址: http://garakmall.garak.co.kr
前往方法: 地鐵8號線（蠶室 - 莫蘭）或地鐵3號線（太和 - 梧琴）在「可樂市場」站1或2號出口。

場內有不少刺身併盤發售。
₩60,000至₩120,000

新鮮水果送禮自奉皆宜。

購買海產乾貨時要意是否本地出產。

1樓綠色區的「Santa Fe」，專售美國古物，老闆H.S.Cho能說簡單英語，對舊物認識良多，跟他說話可學到很多知識。

Tips

1. 買古董舊物可以殺價，大約可講到7、8折左右，視乎閣下的牙力。
2. 購買貴價的古董或電器，可向舖主要求收據。
3. 場內提供免費Wi-Fi。

新設洞 古董雜貨尋寶地 Wi-Fi

首爾風物市場（서울풍물시장）

　　座落東大門附近的「新設洞」，樓高兩層，集合過百商戶，乃韓國最大的跳蚤市場，《Running Man》都以這裏為任務場所。主打古董舊物、二手雜貨、傳統工藝等。場內以顏色來劃分成10大區，如綠區的舊家具、橙區是古着等，附設偌大的道地小吃區，甚至有DJ駐場播音樂。

　　由於韓國曾被日本殖民統治，加上有大量美軍駐守，遺下大量30至50年代的古董潮物，計有多不勝數的古董相機、8米厘攝錄機、歐西黑膠唱片、唱盤、美軍軍服、樂器等等，件件都是潮人最愛的收藏品！最重要是售價比日本或香港還要便宜，絕對是淘寶秘點！

MAP: 封底摺頁

筆者在這裏忍不住買了一部日本東芝的手提式黑膠唱盤，現在還能播放，正！₩180,000

極品古董堆滿舖，天花還有大量舊旅行箱，喜歡美式懷舊的可上他網頁細看。

筆者買了一部夢寐以求的Kodak 8米厘雙鏡部攝錄機，上鍊部分還能運作，講價後售₩160,000。

一步出「新設洞」站9號出口，即見地上的指示，其實只要跟着人潮走便可。

市場樓高兩層，集合過百商戶，外圍露天位置還有售賣大型雕像的攤檔。

2樓小吃區旁設有DJ室，大播韓國與歐西懷舊金曲，場內甚至有免費Wi-Fi提供。

Info

地址：首爾東大門區新設洞109-5
　　　（千戶大路4街21）
　　　서울시 동대문구 신설동 109-5
電話：02-2232-3368
營業時間：1000-1900（食堂1000-2200）
休息：逢周二
網址：www.instagram.com/
　　　seoulfolkfleamarket
前往方法：地鐵1號線「新設洞」站9號出口，沿指示往南方向步行約5分鐘即達。

首爾特色市場漫遊

市場佔地廣達100,000平方米，建有天幕，日曬雨淋都可照常購物。

祭基洞 首爾最便宜人參市場
京東市場（경동시장）

位於藥令市場對面的大型市場，源於韓戰後經濟蕭條、物資短缺，京畿道及江原道一帶農民於是將農作物運到祭基洞一帶擺賣。佔地廣達100,000平方米，2004年曾大規模翻新，加建上蓋，內部規劃井然。包含藥令和傳統市場兩部分，其中藥令市場乃首爾最主要的人參市場，由於直接向農夫的攤主購買，故人參價格也是最低。至於傳統市場，則主打水果、藥材和穀物，價格也相當低廉，回程前來買水果作手信一流。市場內更設有京東市場青年購物中心（경동시장청년몰），連同美食廣場，以迎合年輕人的消費口味。 **MAP:** 封底摺頁

超大粒栗子，乃秋季盛產。

最便宜的1年參，一支（근）只售₩4,000，韓國人會用來日常煮湯食用。

人參分為最便宜的1年參，到最貴的6年參，不過地攤一般只售平價貨，名貴的請到巷中的店舖購買。

售賣人參的攤販多聚集市場中央的十字路口，都來自京畿道及江原道一帶的農民，故都不會說英語。

京東市場就位於藥令市場對面，入口處還有大門面，相當易找。

肥美的韓國青瓜，韓國人多用來做泡菜。₩2,000 / 3條

柿乾乃韓國特產，非常便宜，比香港藥材店那些鋪滿白色粉沫的柿餅清甜十倍。₩8,000 / 盒

Info

地址： 首爾東大門區祭基洞，龍頭洞一帶
서울 동대문구 제기동,용두동일대
電話： 02 - 967 - 8721
營業時間： 0900 - 1700（1200 - 1300休息）
休息： 逢周日
網址： https://smartstore.naver.com/kd_market
前往方法： 地鐵1號線「祭基洞」站2號出口，首爾藥令市場旁邊。

首爾特色市場漫遊

市場內有上百家人參店或攤檔，肥大的六年人參在陽光低下發出閃閃金光！
1kg₩93,000、3kg₩8,000

全國最大韓醫藥材市場

首爾藥令市場（서울약령시장）

　　韓國以高麗參馳名，這裏正是全國最大的韓醫藥材市場。早在韓戰後的60年代已形成，因位處「清涼里火車站」旁，乃連接藥材的主要產地——江原道的交通樞紐，全國三分二的藥材都從這裏批發及轉運。只要一步出車站，即可聞到從四面八方飄來的藥材味，從大街到小巷，聚集了上千家藥材店、藥房與韓醫院，馬路旁還有櫛比鱗次的藥材攤販，售賣人參、蜂蜜、乾果、殼物乾貨，以及榆樹皮、松樹葉等韓醫藥材，而且價格比市面低廉。要買人參糖、韓茶做手信，必來這裏入貨。每日都人聲鼎沸，充滿活力。

MAP：封底摺頁

靈芝也是傳統韓茶的一種，市場內更是隨處可見。

韓國傳統市場以「合」為單位，「一合」相當於180ml。

集中在中央路的藥材攤販，都是來自全國各地的藥農，帶來最新鮮的當地農產，售價都很便宜。

傳統韓醫多用樹皮、樹葉、種子、樹根等入藥，像榆樹皮、漆樹皮、松樹葉、木棉枝都很常見。

多千奇百怪的藥材都有，如仙人掌，韓國原生品種能在-20℃生長，傳統韓醫相信有美容功效。

場內還有預先包裝好的韓茶原料、乾果和殼物，方便又衛生。五味子₩10,000／包、山茱萸₩18,000／包

藥令市場原址，昔日為朝鮮王朝時期的普濟院所在，乃貧苦大眾上門求醫的地方，現在則是全國最大的韓醫藥材市場。

「麥茶」乃韓國最普及的飲料，有消膩排毒等功效，可在市場購買原料回家自泡。

首爾特色市場漫遊

Info

地址： 首爾市東大門區藥令中央路10（祭基洞）
　　　서울시 동대문구 약령중앙로 10（제기동）
電話： 02 - 969 - 4793
營業時間： 約0900 - 1830
休息： 每月第1、3個周日
網址： http://seoulyak.com
前往方法： 地鐵1號線「祭基洞」站2號出口，步行約3分鐘。

弘大「FREE MARKET」乃首爾市內最大、且最聞名的藝術市集，吸引各國旅客慕名而來，每次都人山人海！

弘大 首爾最大手作市集
弘大自由市場 / FREE MARKET
(홍대프리마켓)

2002年開始，逢周六於弘大對面小公園舉行的露天市集，主打年輕藝術家或手作人自家製的創意小飾物、手工藝品，甚至音樂和繪畫。英文名稱「FREE MARKET」並非串錯字，而是取其「自由市場」之意，志在交流和推動創意。每次約有30多個攤檔，由於所有參加者事前都經過嚴格審批，並且註冊登記，因此作品水準極高，而且價廉物美。市集舉行期間還有免費音樂或藝術表演，熱鬧如嘉年華！

MAP: P.073 D3

弘大希望市集 / HOPE MARKET (희망시장)
除了周六的「FREE MARKET」，其實同一地點逢周日還有舉行「HOPE MARKET」，乃全國第一個手作市場，只售D.I.Y的手作小物，不過其實性質相若。

Info
電話：02-337-8837
舉行時間：每年3-11月逢周六、日
　　　　　1430 - 1930
休息：每年12-2月及雨天
網址：www.rainbowmarket.kr

提 提你

FREE MARKET逢周六下午於弘大正門對面的兒童公園舉行，園內布滿Graffiti。

攤主有大學生、也有手作人，更不乏遠道來參展的海外藝術家。

攤檔所售的作品必須為自家創作，但場內也有少量二手書籍發售。

弘大FREE MARKET當日會有「Afternoon Stage」，由新晉歌手或地下樂團表演，儼如露天演唱會。

演唱的表演者隨時成為明日之星，喜歡的可買張CD以作鼓勵。

Info
地址：首爾市麻浦區西橋洞 359
　　　서울시 마포구 와우산로21길 19 - 3
　　　（西橋洞）
電話：02 - 325 - 8553
舉行時間：每年3至11月 逢周六1300 - 1800
休息：每年12至翌年2月，以及雨天
網址：www.instagram.com/artfreemarket
前往方法：地鐵2號線「弘大入口」站9號出口，弘大正門對面的弘益文化公園內。

首爾特色市場漫遊

064

高溫汗蒸房達83℃，韓國人竟然可以在內睡覺。

好玩韓國
文化體驗！

東大門 韓式桑拿「汗蒸幕」 體驗1

東大門SPAREX（스파렉스）

韓國著名的24小時營業汗蒸幕店，在首爾有兩間分店，當中以最就腳的東大門Good Morning City（早安城）分店最受遊客歡迎。清晨飛抵首爾後，又未能入住酒店，便可到此休息一下。店內設有傳統火汗蒸幕、黃土窯等不同汗蒸幕窯和蒸汽房，亦可選用不同的浴場和按摩池，還有食堂、健身室、按摩椅、兒童遊樂場等設施，是體驗韓式生活和消除疲勞的好地方。

MAP：P.137 D2

前台對面設有放手提電話的儲物櫃。

韓國人嫌不夠熱，還會披着麻毡在窯內焗汗，怕熱者切勿仿效！

坐完飛機未食早餐的話，可以在美食廣場醫肚（拉麵₩5,000）。

汗蒸幕後必喝冰涼的甜米露（₩4,000），還有煙燻和木炭烤的兩款雞蛋（₩2,000/2隻）。

有多種不同溫度的房間，可以逐一嘗試，但喝酒後兩小時不宜使用汗蒸房。

SPAREX位於早安城地庫3層。

Info
地址：首爾市中區獎忠壇路247地庫B3
　　　서울 중구 장충단로 247 지하3층
電話：02-2273-2777
營業時間：24小時
收費：0500-2000 ₩12,000、
　　　2000-0500 ₩15,000
其他服務：行李寄存₩20,000
網址：www.instagram.com/sparexddp
前往方法：地鐵2或4號線「東大門歷史文化公園」站14號出口即達Good Morning City。

好玩韓國文化體驗

韓服體驗注意：
1. 試穿時請勿拍照。
2. 每位客人可獲2次試穿機會，額外試穿需付試穿費₩2,000／次。
3. 建議先電郵預約，列明姓名、日期、時間和人數。電郵：onedayhb@naver.com
4. 韓服內，夏天建議穿短袖、明亮顏色，材質薄的上衣；冬天建議穿衛衣打底。切忌穿着高領及深色衣服。
5. 逾期歸還，需付₩10,000罰款＋₩4,500／小時。
6. 穿着韓服，到景福宮、昌德宮、德壽宮、雲峴宮、以及南山谷韓屋村參觀，一律免入場費。

IG上有大量韓服韓妞的打卡照！

韓服店位於2樓，入口就在齋洞超市旁邊。

收費：
本租金₩24,000／4小時、₩32,000／24小時、延長費用₩5,000／1小時
特殊飾品租金₩2,000（王冠、藝妓帽、書生帽等）
每套韓服出租需附上押金50,000及護照副本；或押金10,000及護照正本。

北村 一日韓服體驗 體驗2
Oneday Hanbok

　　韓妞最愛IG打卡，最近更興起「一日韓服」，穿着全套傳統韓服，穿梭各大古蹟與秘景的照片，美如婚紗相一樣。原來身穿韓服，到景福宮、昌德宮等古宮參觀，都一律免收入場費，自命「韓粉」的你怎能不試。

　　北村、仁寺洞、景福宮一帶都有很多韓服租賃店，推介位於北村的「Oneday Hanbok」，2014年才開幕，韓服簇新時尚，服務人員也通曉中、英文。

MAP：P.155 C4

■Info■
地址：首爾市鍾路區齋洞12 2／F
　　　서울시 종로구 재동 12, 2층
電話：070 - 4202 - 4310
營業時間：0900 - 1900（最後出租1800）
網址：www.onedayhanbok.com
前往方法：地鐵3號線「安國」站2號出口，往北村方向步行約15分鐘，齋洞超市2樓。

好玩韓國文化體驗

韓服租賃流程：

韓服選擇超多，有男女裝也有童裝，從妃嬪、皇后到情侶裝俱備，每位客人可試穿2套。

店內備有更衣室和化妝間，服務人員會指導穿着方法。

短髮女生可佩戴髮飾；長髮女生則宜編粗辮子，店方會提供基本飾物，亦可付費租借。

穿好韓服，填好租借合同後，就可出街拍照。

安國 泡菜D.I.Y **體驗3** **MAP: P.154 C3**

首爾泡菜文化體驗館
(서울김치문화체험관)

Tips
1. 報名請提早一天以電郵預約，1人也能參加。
2. 課堂上所做的泡菜沒添加防腐劑，可食用一個月，但請放冰箱儲存。

體驗課約1小時，上課前有免費韓服體驗，學員可隨便拍照。通曉普通話及英語的導師，已預先準備好材料並示範，學員則跟着做，步驟簡單易學，即使從未下廚的男生也應付自如，甚有成功感。完成後可以把製成品帶回家，導師還會提供食譜，好讓學員回家照着做。

製作步驟：

1 **材料** 除了主角大白菜（即黃芽白／紹菜），還有白蘿蔔、韭菜和蔥，導師已預先把大白菜浸泡過一夜鹽水。

2 **調味料** 調味料包括辣椒粉、糖、蒜、生薑、魚露、糯米漿、芝麻，最重要是粉紅色的韓國蝦醬。

3 **拌勻** 加入調味料後要充分拌勻，還要按摩，好讓味道完全滲透。

4 完成後，導師會將學員的泡菜放入鋁紙袋密封保存，還會細心地寫上名字及食用期限。

導師極懂製造氣氛，每完成一個步驟，便指示學員拍照留念，還會教學員擺出各式韓風Pose。

Info

地址： 首爾市鐘路區桂東路102
서울시종로구계동길102
電話： 02-318-7051
營業時間： 1030 - 1900
體驗時間： 0930、1400（約1小時）
費用： ₩45,000（茶點、泡菜製作連真空包裝、泡菜食品）
網址： www.kimchischool.net
預約： 於官網約或電郵
kimchischool@naver.com
前往方法： 地鐵3號線「安國」站3號出口，步行約9分鐘

玩家評語：
香港人學員
Jason & Winnie

導師超懂搞氣氛，不停指示我們拍照，好好玩！

好玩韓國文化體驗

韓國
賞花情報！

春櫻

韓國各地櫻花期情報

地區	預計花開期（約）
濟州	3月20日
釜山	4月1日
慶尚南道（鎮海、河東）	4月2-3日
全羅南道（光州、麗水）	4月10日
京畿道（仁川、愛寶樂園）	4月18日
首爾（汝矣島、石川湖）	4月18日
江原道（南怡島、江陵）	4月20日

*以上預測僅供參考。

花期：

每年3月底至4月中旬，從最南端的濟州島率先綻放，接着逐漸往北開遍整個韓國，最後才到首爾，櫻花初開後約5-7日最燦爛。每年的花都不同，韓國氣象廳每年3月初便會公布該年的櫻花開花期預測。

網址：www.weather.go.kr/w/index.do

賞櫻熱點：

汝矣島櫻花祭

汝矣島輪中路是首爾市最長的櫻花大道，馬路兩旁種滿1,600棵櫻花樹，每年4月上旬都會舉辦大型慶典，為期一星期，屆時會有民族歌舞、馬術和音樂表演，街上還有各式道地小吃攤，比新年更熱鬧！

■地點：首爾市永登浦區汝矣西路（國會議事堂後方）一帶
■網址：www.ydpcf.or.kr

晚上，櫻花大道還有特別燈光效果，夜櫻別有一番美！

南山公園

首爾市的南山公園也是賞櫻熱點，最大賣點是有N Seoul Tower首爾塔做背景。

■地址：首爾市龍山區南山公園

釜山南川洞櫻花隧道

南川洞本是釜山的住宅區，全長約700公尺的馬路種滿巨型王櫻樹，遮天蔽日的櫻花儼如櫻花隧道，落櫻時景致更美，但觀賞時要小心車輛。

■地點：釜山南川洞

余佐川櫻花道的景致，帶點京都的古典。

鎮海軍港節櫻花慶典

每年3月底到4月初，慶尚南道昌原市的鎮海都會舉行韓國最大的櫻花慶典，期間會有K‑Pop歌手表演、巡遊、煙花匯演等。尤以余佐川櫻花道、慶和火車站、海軍士官學校、長福山雕刻公園等賞櫻點最聞名。

■地點：慶尚南道昌原市鎮海區
■網址：http://jgfestival.or.kr

慶和火車站夾道的櫻花樹，曾被CNN選為「韓國50個必遊景點」。

河東十里櫻花路

除了鎮海，慶尚南道另一賞櫻勝地，從花開市集到雙溪寺之間，夾道開滿延綿10公里的櫻花樹，被譽為「韓國最美公路」。

詳細介紹見後文P.358

■地點：慶尚南道河東郡 花開面塔里至大成里
■網址：http://tour.hadong.go.kr

其餘賞櫻勝地：
首爾兒童大公園、石湖村、慶熙大學

南怡島

因韓劇《冬季戀歌》而聞名，向來也是韓國情侶的拍拖勝地。擁有長長的楓樹和銀杏樹道，紅紅黃黃的楓葉鋪滿一地，美得沒法形容。

■地址：京畿道加平郡加平邑南怡島

秋葉

花期：

每年10至11月初，先由北部逐漸染紅，漸漸往南紅下去，最後到濟州島，紅葉期可長達一個月。同樣，韓國氣象廳每年秋天前也會公布紅葉預賞期。

網址：www.weather.go.kr/w/index.do

賞楓熱點：

南山公園

不止櫻花，南山公園的紅葉景致也絕美，特別是乘搭南山纜車登上首爾塔時，居高臨下，放眼萬山楓葉飄紅，美得令人目眩！

■地址：首爾市龍山區南山公園

景福宮

朝鮮五大宮闕中規模最大的景福宮，古典庭園內擁有參天大樹，紅葉處處景色怡人。但其實園內的銀杏更絢麗，把天空染成一片金黃色。

■地址：首爾特別市鍾路區社稷路9巷22（弼雲洞）

其餘賞櫻勝地：
景福宮、雪嶽山國家公園、內藏山楓林隧道、智異山國家公園、漢拏山國家公園

梨大、延大、弘大

3所大學校園內的西式古典建築，與紅葉相映成趣，別有一番風景。

■地址：首爾市西大門區新村洞、大峴洞

韓國各地楓期情報	
地區	預計花開期（約）
濟州	10月中旬
釜山	10月尾
慶尚南道（伽倻山）	10月尾
全羅南道（智異山）	10月中旬
京畿道（仁愛寶樂園）	10月尾
首爾（南山、梨大）	10月尾
江原道（南怡島、雪嶽山）	10月中至下旬

*以上預測僅供參考。

活力大學區
弘大（홍대）

　　以韓國最著名的藝術學院——弘益大學（簡稱弘大）為中心，街上隨處可見學生的塗鴉。每逢周末舉行的手作市集「Free Market」，給年輕設計師展現創意，體現弘大的藝術創意。區內大街小巷開滿特色小店和時尚Café，街上不時有音樂表演，洋溢濃濃文藝氣息。晚上，藏身地牢或巷弄的夜店大播強勁音樂，又變成熱鬧的夜蒲點，從早到晚充滿年輕人的活力與朝氣！

交通 地鐵2號線（239）、京義‧中央線（K314）、機場線（A03）「弘益大學」站；地鐵6號線「上水」（623）站。
＊舊版地圖「弘益大學」站會寫成「弘大入口」站。

銀杏樹路

沿臥牛山路北走，是弘大著名的「美術預備校通」，路上開滿美術學校和畫具店，但最吸引還是馬路兩旁有參天的銀杏樹夾道，每逢秋季便一片金光。

N

麻浦區
마포구

東橋洞
동교동

MOMENT COFFEE

E - Land
Butter
SHOOPEN
CGV
SPAO

9 KFC

LINE FRIENDS STORE

MONO HOUSE

L7

弘大前觀光中心

地下鐵2號線 경의철 2호선

西橋路 (서교로)

東橋路 (동교로)

RYSE

Converse

ARTBOX

egg drop

機場巴士站

麻浦海鷗
(마포갈매기)

希望市場路攤

橋村炸雞 (교촌치킨)

楊花路 (양화로)

A Land

943 KING'S CROSS

朝鮮時代

時空間

C•U

西橋洞
서교동

西橋洞教會

秀KTV

Hotel The Designers

What it isNt

nb

Mecenatpolis Mall

南山虎

Sangsangmadang
(KT&G 상상마당)

哈哈達金鐘國的401烤肉店

EVANS

臥牛山街 (와우산기)

Le Petit Four

Homeplus

合井 합정 Hapjeong

尹氏密防 (尹氏密房)

酒吧街

合井 합정 Hapjeong

KOBEKYU

地下鐵6號線 지하철 6호선

大興路 (대흥로)

合井洞
합정동

(623) 上水 상수
Sangsu

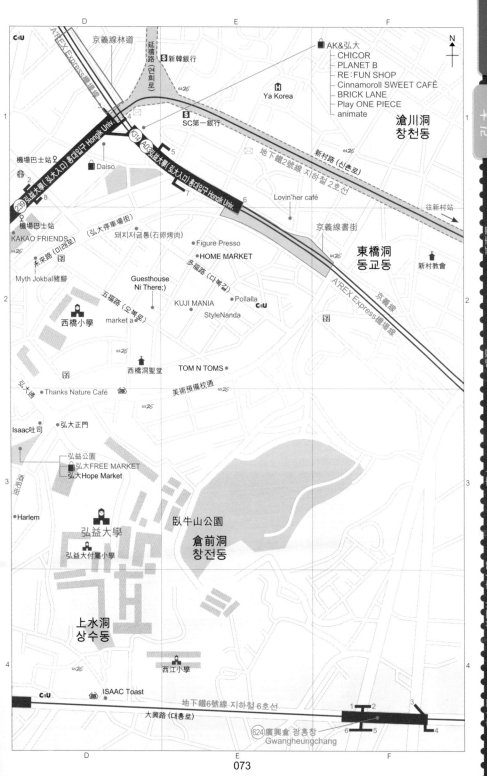

C・U

A'REX EXPRESS機場線

京義線林道

延禧路 (연희로)

新韓銀行

AK&弘大
- CHICOR
- PLANET B
- RE：FUN SHOP
- Cinnamoroll SWEET CAFÉ
- BRICK LANE
- Play ONE PIECE
- animate

滄川洞
창천동

N

Ya Korea

SC第一銀行

機場巴士站

弘大入口 홍대입구 Hongik Univ.

A03弘大入口 홍대입구 Hongik Univ.

Daiso

地下鐵2號線 지하철 2호선

新村路 (신촌로)

往新村站

239弘益大學 弘大入口 홍대입구 Hongik Univ.

機場巴士站

KAKAO FRIENDS

Lovin'her café

東橋洞
동교동

京義線書街

新村教會

弘大停車場街

돼지저금통 (石卵烤肉)

Figure Presso

HOME MARKET

多福路 (다복길)

Myth Jokbal豬腳

未來路 (미래로)

Guesthouse
Ni There;)

五福路 (오복로)

market a

KUJI MANIA

Pollalla

StyleNanda

C・U

西橋小學

西橋洞聖堂

TOM N TOMS

美術預備校通

弘大通

Thanks Nature Café

Isaac吐司

弘大正門

弘益公園

弘大 FREE MARKET

弘大 Hope Market

酒吧街

Harlem

臥牛山公園

倉前洞
창전동

弘益大學

弘益大付屬小學

上水洞
상수동

西江小學

C・U

ISAAC Toast

地下鐵6號線 지하철 6호선

大興路 (대흥로)

624 廣興倉 광흥창
Gwangheungchang

A'REX Express機場線

京義線

弘大潮流新場
AK & 弘大（AK&홍대）

　　由韓國老字號百貨AK Plaza開設，以年輕人為對象的一站式購物中心。樓高16層，商場部分佔據了低層，集合數十家商號，函蓋潮流服飾、美妝、生活雜貨與餐飲。 **MAP: P.073 D1**

人氣連鎖生活用品店「BUTTER」位於二樓。

樓高16層，商場部分佔1至5樓，集合最人氣的潮流商品和食肆。

地面層有著名文具精品店ARTBOX。

韓國年輕人也喜愛日本食品，這家位於地面的巨型章魚燒店「BAKUDANYAKI」（炸彈燒）經常排長龍。

Info

地址：首爾市麻浦區楊花路188
　　　서울마포구양화로188
電話：02-789-9800
營業時間：1100-2200
網址：www.instagram.com/akplaza_
　　　hongdae
前往方法：地鐵2號線「弘益大學」站4號出
　　　口對面。

連鎖韓妝店
CHICOR

　　2016年創立的連鎖化妝品店新貴，背後由新世界百貨策劃，主打MAC、植村秀、BOBBI BROWN等外國品牌，以及韓國美妝達人PONY、MAKE UP FOREVER、3CE等話題韓妝。總店位於江南，弘大店特設Beauty To Go專區，專售知名品牌的縮小版，外遊試用一流。

CHICOR主打外國品牌，以及專業的韓妝品牌。

意大利名牌牙膏「MARVIS」，被譽為牙膏中的愛瑪氏。小支裝₩5,500

BOBBI BROWN迷你版LUXE唇膏，旅行時用一流。2支裝₩40,000

Info

地址：AK&弘大 1 / F
電話：02-789-9810
網址：www.chicor.com

韓國女生最注重牙齒衛生，PANTONE電動牙膏、牙刷組合。₩9,900

特設Beauty To Go專區，專售知名品牌的縮小版，外遊試用一流。

迎賓的是穿上女僕服的玉桂狗。

店內有寬闊的拍照空間。

Sanrio主題餐廳
Cinnamoroll SWEET CAFE (시나모롤 스위트카페)

　　餐廳由Sanrio其中一位人氣角色長耳神奇小狗Cinnamoroll（玉桂狗）做主角，全店都以其主題顏色——粉藍色為主，餐廳亦提供玉桂窩夫等配合主題的菜式。除了café外，店內還設有佈置得美輪美奐的打卡大廳，旁邊還有專賣店，全部都是玉桂狗的精品和文具，難怪此店由2022年6月開幕至今，仍吸引大批fans前來朝聖。

附設的專門店面積雖然不大，但玉桂狗的商品種類十分多。

餐廳專賣有耳杯。₩20,000

杯蓋（₩8,000）和貼紙（₩10,800/24枚）。

毛公仔。₩10,000

┌Info┐
地址： AK&弘大2/F
營業時間： 周一至五1130-2200，
周末及假期1030-2200
（最後點餐2100）
網址： www.instagram.com/
sweetcafe_cinnamoroll

韓式現代紳士
BRICK LANE

　　商場開業至今一直駐紮在4樓的服裝店，以現代英國紳士為主題，有別於一般韓牌，有強烈復古風格，優雅又不失時尚感。質量上乘，還能找到許多「Made in Korea」的單品。

短袖針織外套。₩29,000

┌Info┐
地址： AK&弘大4/F
營業時間： 1100-2200
網址： www.instagram.com/bricklane_
hongdae

韓國品牌
Archive Bold
939

mahagrid帽。
₩34,000

年輕街頭風格
PLANET B

　　代理了多個外國品牌服飾，走年輕街頭、休閒便服路線，價格亦不算太貴，吸引不少韓國年輕人光顧。

TonyHawk電玩
T恤。₩39,000

┌─Info─┐
地址：AK&弘大2/F
營業時間：1100-2200
網址：https://planetbstore.com

韓牌格仔鋪
RE:FUN SHOP (리펀샵)

　　格仔鋪即是寄賣店，店名也玩食字「refund shop」的發音，可謂切合經營方針。格局跟日本秋葉原的格仔鋪差不多，都是待你選中心愛的商品後，就可以請店員替你從箱裡拿出來。箱內的貨品有新有舊，有些甚至是罕有貨品，至於是否以炒價發售，就要看看你的運氣了。

特價品擺放在店中央位置。

雷姆公仔。
₩25,000

大量貨品需要些時間慢慢選購。

┌─Info─┐
地址：AK&弘大5/F
營業時間：1100-2200
網址：https://planetbstore.com

店內提供草帽讓你扮路飛。

路飛專門店
Play ONE PIECE

　　《海賊王》韓國的官方專門店，乘扶手電梯上到五樓，第一眼就會看到等身大的路飛和索柏公仔在迎接你。店內售賣大量《海賊王》精品，牆身貼了一張大型電影宣傳海報，顧客毋須購物，亦可以借用店鋪提供的草帽，變身路飛拍照留念。店外除放置了特價攤外，不還處還會發現娜美等其他成員的公仔，正等待fans與他們合照。

其他成員站在商場的另一邊。

當然少不了角色figure。

大量《海賊王》商品發售。

┌── Info ──┐
地址：AK&弘大5/F
營業時間：1100-2100
網址：www.instagram.com/play_one_
　　　piece

日本動漫專門店
animate 弘大店

　　日本大型動漫專門店「animate」的韓國其中一間分店，另一間店設在釜山。店內店外的裝修設計均與日本店無異，亦是售賣大量日本動漫精品、翻譯漫畫和CD，令你彷如置身秋葉原。

日本製的《SPY X FAMILY》角色立牌。
₩24,000

店的另一邊還有animate cafe，不時會有期間限定主題。

店內陳設與日本店無異。

┌── Info ──┐
地址：AK&弘大5/F
電話：02-3144-7357
營業時間：1100-2150
網址：www.animate-onlineshop.co.kr

自己設計鞋款
Converse 弘大店（컨버스）

3層高的Converse弘大店，最大特色是可以讓你自行設計喜歡的鞋款。顧客在一、二樓選購好商品，就可以到三樓計你的獨有款式。可供選擇的設計包括print、刺繡、雕刻、鞋帶、珠仔、銅釘等，款式十分多，又可以先在iPad預覽製成品，送男人或自己用都十分有紀念價值。

MAP：P.072 C2 客製中心位於三樓。

Tips
- 只接受在這家店買的指定鞋款。
- 製作時間需要1至4小時，視乎複雜程度而定。如果商品太多，可能要翌日才能完成，請預留足夠時間。

一和二樓是賣場。

顧客可選擇不同配飾。

必須在此店內購買鞋款才可享客製服務。

藍色鞋款。
₩99,000

Info
地址：首爾市麻浦區弘益路6街22
　　　서울시마포구홍익로6길22
電話：02-6952-1908
營業時間：1100 - 2200
網址：https://www.instagram.com/converse_hongdae
電郵：conversehdfs@gmail.com
前往方法：地鐵2號線、機場線、京義・中央線「弘益大學」站9號出口，步行約2分鐘。

總有一間在附近 **MAP：P.073 D1**
Daiso 弘大2號店（다이소）

近年Daiso在首爾不斷擴張，幾乎每個地鐵站都會有其蹤影。如果嫌明洞分店太多人，不妨到共有七層的弘大店，雖然貨品種類沒有那麼多，但受歡迎的零食、化妝、護膚、電子產品都一應俱全！

5樓食品部偌大，₩1,000零食糖果選擇多，掃手信一流。

韓國Daiso每季都有季節限定專櫃，春天就有一系列櫻花精品。櫻花瓣紙膠帶₩1,000

Info
地址：首爾市麻浦區棉花路182
　　　（東橋洞167-29）
　　　서울시마포구양화로182
　　　（동교동167-29）
電話：0507-1344-6016
營業時間：1000-2200
網址：https://shop.daiso.co.kr
前往方法：地鐵2號線「弘益大學」站4號出口。步行約2分鐘。

人氣神話豬腳

Myth Jokbal 弘大總店（미쓰족발 홍대본점）

弘大豬腳十分出名，這家就是其中之一有名的弘大豬腳店，當中以蒜香豬腳最受歡迎，二至三人可叫中份（₩41,000）、三至四人可叫大份（₩46,000）。原隻腳腳連骨解體上碟，把最美味的部位一片片排好放在最上面，整片放進口中，即時感到啖啖甘香而毫不油膩。伴碟的沙律菜新鮮清爽，與一併上菜的勁辣湯麵形成強烈對比。

Myth Jokbal於1987年創業，堅持豬腳要每天從市場新鮮購入，精心挑選國內出產的豬腳和大蒜，以獨有的秘方烹調而成。此店幾乎在全國都有分店，包括遊客較就腳的明洞店，該店設有午市餐單，一個人去食都沒問題。 **MAP: P.073 D2**

一個人吃的話，可以點追加豬腳的份量。₩25,000

店鋪面積有限，人多時需要取籌輪候。

不喜歡蒜蓉味的話，可以點原味。中₩39,000、大₩44,000。

除了大大碟的沙律外，還有湯麵和三款伴碟小菜，醬料也有三款口味。

┃Info┃

地址：首爾市麻浦區遊馬堂路123-1
　　　（東橋洞164-12）
　　　서울마포구어울마당로123-1
　　　（동교동164-12）
電話：0507-1381-2125
營業時間：1230-2400
消費：約₩25,000/位
前往方法：地鐵2號線、京義、中央線、機
　　　　　場線「弘益大學」站9號出口，
　　　　　步行約1分鐘。

日本動漫總匯 **MAP: P.073 E2**

Figure Presso Figure & Coffee, FP店（피규어프레소）

在弘大和瑞草分別有四間分店，是首爾較具規模的日本動漫店和網店，基本上所有動漫品牌，包括香港的Hot Toys也可以找到。除售賣動漫商品和一番賞外，也兼營咖啡室。FP店樓高兩層，地下是賣店，二樓則兼營咖啡店。

《Slam Dunk》整隊湘北figure。₩355,000

二樓是小小的咖啡室。

店內售賣的動漫商品種類也很多。

┃Info┃

地址：首爾市麻浦區臥山路29號48-11
　　　서울마포구와우산로29길48-11
電話：010-7105-9467
營業時間：周一至五1100-2100，
　　　　　周六、日1100-2200
網址：https://figurepresso.com
前往方法：地鐵2號線、京義、中央線、機
　　　　　場線「弘益大學」站7號出口，
　　　　　步行約3分鐘。

三層旗艦店

MAP: P.073 D2

Kakao Friends 弘大旗艦店（카카오프렌즈）

　　與LINE一樣，Kakao亦是韓國人常用的通訊軟件，而其代言角色Kakao Friends的受歡迎程度亦不亞於Line Friends。弘大的旗艦店共有四層，一樓和二樓是商店，地庫是特賣場，三樓則是café。甫進店門就會看見獅子Ryan的巨型公仔，而其他角色的公仔亦會出現在不同樓層，各位fans可以跟他們逐一合照。

Muzi和春植公仔。₩32,000/個

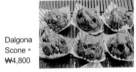
Dalgona Scone。₩4,800

三樓是餐廳。

大型電腦保護袋。₩25,000

LMC聯乘T恤。₩45,000

-Info-

地址：首爾市麻浦區楊花路162號
　　　　Good People Building
　　　　서울마포구양화로162좋은사람들빌딩
電話：02-6010-0104
營業時間：10:30 - 22:00
網址：https://store.kakaofriends.com/home
平均消費：約₩6,000 / 位起
前往方法：地鐵2號線、機場線、京義・中央線「弘益大學」站8號出口，步行約2分鐘。

一番賞專門店

MAP: P.073 E2

KUJI MANIA 弘大1號店（쿠지매니아）

　　店名由「くじ」和「まにあ」組成，前者代表「一番賞」後者代表「狂熱」，是當地售賣日本「一番賞」的專門店，就位於StyleNanda對面的一樓。沿樓梯的牆上已貼滿各種一番賞的海報，店內幾乎所有牆壁都貼滿了最新的得獎情況，如果不想靠運氣的話，也可明碼實價選購心頭好，當然價錢會比抽一次獎貴了。

《SPY X FAMILY》角色章（₩6,000至₩7,000）

店內也有售動漫精品，

抽獎費用由₩10,000至₩15,000不等。

-Info-

地址：首爾市麻浦區富山路29號22
　　　　（西橋洞334-11）
　　　　서울마포구우산로29다길 22
　　　　（서교동334-11）
營業時間：1200-2100
休息：1600-1700
網址：https://twitter.com/kuji_mania
前往方法：地鐵2號線、機場線、京義・中央線「弘益大學」站7號出口，步行約6分鐘。

必食馬卡龍cafe

MAP: P.072 C4

Le Petit Four Paris 弘大總店（르쁘띠푸）

作為韓國Blue Ribbon Survey連續十年推薦的甜品店，其必食甜點是有約十種口味的馬卡龍（macaron），還有多款草莓蛋糕都十分吸引。店內陳設了許多獎狀和外國傳媒報道的剪報，可見甜品有一定水準。堂食可點一杯Americano（₩5,000），再隨意選一款蛋糕，坐在窗邊悠閒享用。臨走時記得外賣馬卡龍，一盒15個只需₩34,500，延續美味。

堂食的話可以坐在窗旁邊喝蛋糕邊飲咖啡。

經典草莓千層酥。₩7,200

地面的入口只有一塊廣告牌，一不小心就會錯過。　一樓正門入口。

馬卡龍口味十分多，其他蛋糕也很吸引。　外賣馬卡龍一個₩2,300，15個₩34,500。

Info

地址：首爾市麻浦區窩山路62號2/F
　　　서울 마포구 와우산로62 2/F
電話：02-322-2669
營業時間：周一至六11:30-22:00，
　　　　　周日1230-2200
休息：春節及中秋節
網址：www.instagram.com/lepetitfour_paris
前往方法：地鐵6號線「上水」站2號出口，步行約3分鐘。

地下懷舊玩具店

MAP: P.073 E2

Pollalla（뽈랄라 백화점）

這家位於地庫1層的懷舊店，集合了各式古董玩具外，也有書籍、唱片、家居用品等。也許會有連日本也挖不到寶藏呢！

通往地庫的梯間有如時光隧道。

大量石之森章太郎figure。

少不了的Gundam產品。（強人₩5,500）

店內還有懷舊街機。

Info

地址：首爾市麻浦區窩山路29街27（西橋洞335-4）地庫B1
　　　서울 마포구 와우산로29길27（서교동335-4）B1
電話：02-3143-3392
營業時間：周五至日1200-2000
休息：周一至四
網址：www.instagram.com/pollalla_store
前往方法：地鐵2號線、京義・中央線、機場線「弘益大學」站7號出口，步行約5分鐘。

BT21坐鎮

MAP: P..072 C2

LINE FRIENDS 弘大旗艦店

除了固有成員外，LINE近年亦與其他單位合作推出商品，其中廣受愛戴的是將BTS（防彈少年團）七位成員化身成卡通人物的品牌「BT21」，另外與YG娛樂旗下組合Treasure合作的品牌「TRUZ」也很受歡迎，不少商品都賣到斷貨。由於弘大店的貨品種類最多最齊，打卡點亦十分多，成為了fans必到之地。

代表BTS成員金碩珍的RJ（左）和代表田柾國的COOKY的巨型公仔。

熊大香薰機。₩50,000

有大量BT21商品發售。

二樓主要售賣BT21和TRUZ的商品，地庫是cafe。

與MR.DONOTHING聯乘的T恤。₩39,000/件

┤Info├

地址：首爾市麻浦區楊花路141
（東橋洞160-5）
서울마포구양화로141
（동교동160-5）
電話：02-322-9631
營業時間：1230-2030
網址：https://store.linefriends.com
前往方法：地鐵2號線、京義 • 中央線、機
場線「弘益大學」站1號出口，
步行約1分鐘。

初雪怎能沒有它？

橋村炸雞（교촌치킨）

「下雪了，怎能沒有炸雞和啤酒呢？」多得《來自星星的你》，令韓國炸雞熱爆全亞洲。1991年創立的橋村（KYOCHON），是韓國最家傳戶曉的連鎖炸雞店之一，分店過千家，又名「校村炸雞」。他們表示所採用的都是韓國產鮮雞，以橄欖油現點現炸，連調料也由總公司研發，絕不使用化學調味劑。

MAP: P.072 C2

香辣雞，薄薄的炸漿口感酥脆，香辣惹味，佐以冰凍啤酒簡直一流。₩22,000

弘大店是最受旅客歡迎的一家，但韓國人一般會打電話叫外賣！

原味炸雞，皮脆肉嫩不油膩，還有絲絲的甜味及檸檬清香。₩19,000

┤Info├

地址：首爾市麻浦區楊花路16街6號
（西橋洞371-3）
서울마포구양화로16길6
（서교동371-3）
電話：02-338-1300
營業時間：1200 - 2400
網址：www.instagram.com/kyochon_
official
前往方法：地鐵2號線、京義 • 中央線、機
場線「弘益大學」站9號出口，
步行約5分鐘。

街頭藝術代表
What it isNt 弘大旗艦店

2000年由滑板高手Mark Gonzales創立的品牌，理念是「It may not be what you expected, but just try to appreciate it.」（它可能不是你所期望的，但即管嘗試去欣賞它。）是集街頭文化與藝術於一身的中高檔次品牌。店內隨處可見其代表標誌「黃色天使」的蹤影，男女服飾分置店的左右，主要集中售賣T恤和背包，簡約而具有街頭味道，廣受韓國年輕人歡迎。 MAP: P.072 C3

黑色短袖T恤。
₩45,000

灰色短袖T恤。
₩39,000

店內有售男女時裝、背包和帽子等配飾。

品牌的標誌「黃色天使」十分搶眼。

┌─Info─┐
地址： 首爾市麻浦區贊達利路26
（西橋洞367-12）
서울특별시마포구잔다리로26
（서교동367-12）
電話： 070-8848-3316
營業時間： 1200-2200
網址： www.wiisnt.com
前往方法： 地鐵2或6號線「合井」站3號出口，步行約7分鐘。

《Running Man》成員開設
哈哈&金鐘國的401烤肉店
（하하&김종국의401정육식당）

由《Running Man》成員HaHa（河東勳）和金鐘國合作經營的烤肉店，主打廣尚北道大邱式的烤大腸及五花腩肉，食材主要由濟州及大邱直送。招牌烤大腸肥美爽口，愈嚼愈油潤甘香，沒半點羶味。這裡也是著名的明星蒲點，用膳時遇見Running Man家族也不出奇！ MAP: P.072 C3

店內採自助烤肉，烤至半熟便可以將五花肉和大腸剪成小塊，直接蘸醬吃或以香葉加蘿蔔片包裹皆可。

牆上繪有HaHa最愛的牙買加雷鬼風格壁畫，食客都以年輕人為主。

人多時可選套餐，包括180g五花肉、180g豬頸肉、160g牛肋骨和160g牛腩肉。₩62,000

搖搖飯盒，男生飽肚必點，飯是紫米飯，佐以香辣的大醬湯更佳。₩5,000

┌─Info─┐
地址： 首爾市麻浦區山地路23
（西橋洞395-17）
서울 마포구잔다리로23
（서교동395-17）
電話： 02-325-0805
營業時間： 1600-0200
網址： www.instagram.com/401_restaurant
消費： 約₩15,000/位
前往方法： 地鐵2號線、京義・中央線、機場線「弘益大學」站9號出口，步行約12分鐘。

英倫風格磚牆大樓，晚上有燈光效果，襯托出古堡感覺。

店外有飛天掃帚供遊人乘騎。

地庫有幽靈出沒。

酒吧入口設在大樓的另一側。

《哈利波特》主題café

Tips 每人最低消費一杯飲料。

943 King's Cross Cafe

　　2018年11月開張，以《哈利波特》為主題的cafe兼酒吧。由地庫一層到四樓（五、六樓暫未開放），各有不同主題佈置，地面是點餐區，被佈置成奧利凡德魔杖店，顧客在這裡點餐及取餐後，便可以到其他樓層，選擇喜歡的用餐位置。記得要到四樓，那裡有提供霍格華茲的校服讓客人試穿，看看你喜歡做葛來芬多的學生，還是史來哲林的繼承者？餐廳提供的飲食也是以作品為主題製作，例如牛奶啤酒（₩9,500）、巫師綠茶（₩11,800），還有New York Cheese蛋糕（₩8,500）等。 MAP: P.072 C3

二人套餐連兩杯飲品Wizard Butter（左），Jelly Smoothie（右）。₩42,000

黑森林蛋糕（左）和天鵝絨蛋糕。₩8,500/件

餐廳一開門，點餐處就擠滿了人。

點餐處是奧利凡德魔杖店。

霍格華茲的大廳在三樓。

四樓充滿了聖誕氣氛。

有齊四個學院的校服可試穿。

Info

地址：首爾麻浦區楊花路16街24（西橋洞369-1）
　　　　주소마포구양화로16길24（서교동369-1）
電話：0507-1383-2112
營業時間：周一至四1130-2130、周五至日1000-2130（最後點餐2100）
消費：約₩20,000/位
網址：www.instagram.com/943kingscross
前往方法：地鐵2號線、京義‧中央線、機場線「弘益大學」站9號出口，步行約7分鐘。

084

自烤麵包套餐
MOMENT COFFEE（모멘트커피）2號店

Tips
1. 自助式服務，吃後請自行收執及交還烤爐。
2. 麵包請開小火烤，請勿直接烤牛油或半熟蛋。

日系風格裝潢的人氣Cafe，以自家製的厚蛋卷麵包、栗子麵包成名，在延南洞以及弘大入口站皆有分店，其中2號店提供獨家的烤麵包套餐（Yaki - pan set），附上小烤爐，給食客自己動手烤麵包，全份連半熟雞蛋、番薯溶和番茄果醬，有連濃湯和不連濃湯選擇。烤爐和麵包都小巧可愛，打卡度極高，即時熱爆IG。

MAP: P.072 C1

推介南瓜忌廉濃湯，濃厚creamy，用來蘸麵包吃一流。

店外有庭園露天座位。

烤麵包套餐（Yaki - pan set），一籃有8片小吐司，麵包鬆軟，烤至微焦最好吃。除了牛油粒，還有自家製番茄果醬，好玩又好吃。₩13,000（Cafe Latte ₩5,500）

Info
地址： 首爾麻浦區世界盃北路4街29
（東橋洞203 - 30）
서울시 마포구 월드컵북로4길 29（동교동203 - 30）
電話： 070-8860-5287
營業時間： 1000-2200
網址： www.instagram.com/moment___coffee
消費： 約₩10,000 / 位起
前往方法： 地鐵2號線、京義中央線、機場線「弘益大學」站1號出口，步行約4分鐘。

點餐流程：先點餐付款，Memu就貼在收銀櫃台旁邊。

新開話題飾物店
MAP: P.072 C3
時空間

去年新開的話題飾物店，1號店位於弘大正門，乃耳環專門店。2號店面積更大更靚，店外是低調灰磚牆；店內則是一排排高至天花、擺滿琳琅滿目飾品的格子櫃，打卡度極高。5萬多件飾品，函蓋耳環、手鍊、頸鍊、髮飾等，定價由₩8,000至₩15,000不等，還有少量服裝及雜貨發售。

設計風格包羅萬有，根據材料不同，有平也有貴。純銀珍珠耳環。

格子櫃擺滿各式其適的飾物，很多女生來到都開心得尖叫！

低調的灰磚牆店面，毫不起眼，但推開大門卻別有洞天。

飾品函蓋耳環、手鍊、頸鍊、髮飾等。

店內燈光昏暗，置滿一排又一排的格子櫃，每個都高至天花。

Info
地址： 首爾市麻浦區西橋洞369 - 4
서울시 마포구 서교동 369 - 4
電話： 070 - 4452 - 3660
營業時間： 1230 - 2300（周五1230 - 0000，周六1200 - 0000）
網址： www.instagram.com/sigonggan_official
前往方法： 地鐵2號線「弘益大學」站9號出口，步行約7分鐘。

E - Land

潮店新基地
E - Land

2014年底開幕、弘大入口站1號出口旁的綜合購物場，集合一眾年輕人至愛的品牌店和餐飲，包括人氣雜貨店Butter、廉價潮鞋店SHOOPEN，還有6層電影院，迅速成為弘大新地標。

MAP: P.072 C2

E - Land連地庫佔據9層，就在弘大入口站1號出口旁，位置超就腳。

―**Info**―
地址：首爾市麻浦區東橋洞159 - 8
　　　서울시 마포구 동교동 159 - 8
營業時間：1100 - 2300
前往方法：地鐵2號線「弘益大學」站1號出口直達。

韓版Flying Tiger
BUTTER（버터）

定位為「Fast Living」的韓國潮流雜貨店，其色彩繽紛的陳設與商品，令其自2014年創立後一直大受歡迎，分店愈開愈多！從家品、浴室用品、文具、美妝、以至旅行用品均一應俱全，就像哥本哈根人氣雜貨品「Flying Tiger」，但價格更親民，也更適合亞洲人品味。

店內有許多大型公仔，可隨意打卡。

Butter家族小物袋。₩15,000

貨品種類超多，連茶葉也有售。₩12,000/3包

一出門口就是地鐵站，十分便利。

―**Info**―
地址：E-Land 地庫B2
電話：02-338-5742
營業時間：1100-2200
網址：www.buttershop.co.kr

鞋版H&M
SHOOPEN

同樣在2014年成立，以鞋店版本的「Fast Fashion」為概念，男女裝俱備，從波鞋、高跟鞋、皮鞋到有禦寒功能的鞋都有售，亦兼售圍巾、帽子、襪子、背包等配件。雖沒有明星代言，但以時尚、廉價、款式多作招徠，深受年輕人追捧。

戶外涼鞋。₩39,900

鴨舌帽。₩25,900

不同風格與種類的男女裝鞋俱備，儼如「韓版H&M」。

―**Info**―
地址：E-Land 1/F
電話：02-338-5751
營業時間：周一至五1100-2300，
　　　　　周六、日1100-2300

輕型服裝店
market a （마켓에이）

　　最近幾年於弘大迅速冒起的廉價服裝店，以款式多、平價作招徠。顧名思義，內裝以「市場」為主題設計，男女裝、配飾鞋履俱備，設計風格簡潔輕鬆，但當季流行元素都有齊。除了自家品牌，還集合其他廉價韓牌。 **MAP: P.073 D2**

設計風格年輕得來，當季流行元素都有兼顧。

內裝以「市場」為主題設計，冰櫃內擺滿時令推介。

market a有特別的陳列方法，服裝都按顏色分類擺放，顏色控至愛。

韓國女生至愛的布鞋，襯學生look必備。

店面位於街角，貨品都擺放到街上。

Info
地址：首爾市麻浦區臥牛山路27街39 B1 - 1 / F / 서울특별시 마포구 와우산로27길 39 B1-1 / F
電話：070 - 4244 - 6925
營業時間：1200 - 2300
網址：www.instagram.com/market_a_official
前往方法：地鐵2號線「弘益大學」站8或9號出口，步行約8分鐘。

弘大最新後花園 **MAP: P.073 D1**
京義線林道 （경의선숲길）

　　原「京義線」鐵路地下化後，將地面6公里長的廢棄鐵道，重新規劃成綿長的綠化休憩公園。林道分成4段，包括一段舊鐵道、綿延1公里長的銀杏道，沿路綠樹成蔭、小橋流水，還有一望無際的大草地，每逢夏季晚上更變身「消夜野餐」勝地。

夏季林道綠意盎然，冬季鋪上白雪，但遊人依然未減。

林道兩旁開滿特色咖啡廳、個性小店和藝術工作坊，已成弘大人氣蒲點。

Info
前往方法：地鐵2號線「弘益大學」站3號出口即達。

文青公園 **MAP: P.073 E2·F2**
京義線書街 （경의선책거리）

　　2016年底增設，首爾首個以書為主題的公園，其實是「京義線林道」的延伸。話說麻浦區一直是首爾出版業重鎮，單是弘益大學區就有1,047家出版或印刷社，於是將其中一段京義線打造成「書街」，園內更設有14個火車廂形的迷你書店，滿滿文青風。

園內設有14個火車廂形的迷你書店，還有文學主題雕塑與步道。

書街全長250米，位於弘大入口站6號出口，至臥牛橋一段。

Info
地址：首爾市麻浦區窩山路37街35 / 서울시마포구와우산로37길 35
電話：02-324-6200
營業時間：1100 - 2000
休息：逢週一
網址：gbookst.or.kr
前往方法：地鐵2號線「弘益大學」站6號出口

韓星花園Café
Lovin'her Flower & Gallery Cafe (러빈허)

首爾近期大熱花園Cafe，其中弘大的Flortē此店乃韓妞的IG打卡名店！店子隱藏巷弄中，老闆娘本身是專業花藝師，故Cafe裏裏外外都被花草包圍，所有飲料都會附上小瓶花藝或公仔，還有免費花環髮飾供食客Selfie自拍，難怪IG爆紅！

MAP: P.073 E2

Greengrape Mojito，味道清爽，仔細看那冰塊原來是花朵造型。₩7,000

最喜歡入口旁的座位，可透過落地玻璃窗細看門前的櫻花樹。

門外的露天座位區，乃韓劇《戲子》的拍攝場地。

Cappuccino，每杯飲料都附上小瓶花藝，賣相超浪漫。₩5,000

店內隨處可見老闆娘的花藝裝飾，還有花環髮飾供食客自拍。

---Info---
地址： 首爾麻浦區22 新村路 6 街（東橋洞177-12）
서울마포구신촌로6길22（동교동177-12）
電話： 02-322-0122
營業時間： 1100-2000
網址： https://twitter.com/lovinherflower
前往方法： 地鐵2號線、京義・中央線、機場線「弘益大學」站6號出口，步行約3分鐘。

韓星至愛潮店
Style Nanda 弘大旗艦店 (스타일난다)

2004年成立的韓國No.1時裝網店，以風格多元、充滿街頭潮流觸覺，且定價合理見稱，每日瀏覽人次多達25萬，4minute、尹恩惠、IU、文根英等一眾潮人明星都是粉絲。2012年在弘大開設首間旗艦店，樓高3層，佔地1,320平方米，每層各有主題裝潢，7成貨品是自家品牌，包括性感女人味的Nanda Made、走型格路線的KKXX，以及超人氣韓妝3 Concept Eyes等。

MAP: P.073 E2

Style Nanda字樣金屬頭飾，最適合Party look！

店內不乏韓國女星最愛的浮誇之選，蠟溶造型Platform Boot。

佔地1,320平方米，每層各有主題裝潢，集齊Style Nanda旗下品牌。

---Info---
地址： 首爾市麻浦區窩山路29街23（西橋洞335-21）
서울시마포구와우산로29다길23（서교동 335-21）
電話： 02-333-9215
營業時間： 1100 - 2200
網址： www.stylenanda.com
前往方法： 地鐵2號線、京義・中央線、機場線「弘益大學」站7號出口，步行約5分鐘。

韓國藝術之源

弘益大學 (홍익대학교)

弘大校徽

1946年創立,是韓國最負盛名的私立大學,英文名為Hongik University,原名「弘文大學館」,以「弘毅人間」為校訓。韓戰期間,曾遷校至釜山,直到1955年才遷回校址。設有10個單科大學、40個學部、12個研究院及74個學科。當中,尤以藝術和設計系最聞名,很多著名的本土創意品牌、新晉藝術家,都來自弘大的畢業生。

MAP: P.073 D3

目前弘大校社還在不斷擴建中,足球場旁紅葉流丹。

弘益公園斜對面,是弘益大學的正門入口,建築物為弘大法學院教室。

━Info━

地址:首爾市麻浦區上水洞72 - 1
　　　서울시 마포구 와우산로 94
網址:www.hongik.ac.kr
前往方法:地鐵2號線「弘益大學」站9號
　　　　　出口,步行約15分鐘。

弘大創意基地

Sangsangmadang (KT&G상상마당)

2007年開幕的綜合文化大樓,韓文名稱意思是「想像中的庭園」,由韓國人參名牌「正官莊」出資建立,以發掘年輕藝術家,為新晉設計師提供展現創意的平台。連地庫樓高11層,內設多間展覽室、工作室、café、戲院與Live Hall。焦點是1樓的設計商店「Art Square」,集合200位本土設計師的創意作品,從文具家品到小型家電家具俱備,創意爆燈!**MAP: P.072 C3**

位於6樓的咖啡店「상상마당」擁有落地大玻璃窗,晚上會變身音樂紅酒吧。

很欣賞韓國設計師將環保、大自然元素融入作品中,不少都以廢物再利用。

創意作品從文具家品,到小型家電、家具都應有盡有,很多都很有韓式浪漫風格。

2樓現代美術展廳,每個月均會更換主題,展出新銳藝術家作品。(入場費₩1,000)

位於地面的設計商店「Design Square」,售賣韓國本地設計師作品。漫畫貼紙₩4,000/張,明信片₩2,000/張。

━Info━

地址:首爾麻浦區西橋洞367 - 5
　　　서울시 마포구 서교동 367 - 5
電話:02 - 330 - 6200
營業時間:1200-2100
休息:逢周一
網址:www.sangsangmadang.com
前往方法:地鐵2號線「弘益大學」站9號
　　　　　出口,沿弘大停車場街,步
　　　　　行約12分鐘。

Sangsangmadang又名「KT&G想像庭院」,大樓以不規則弧形線條的清水泥,包着玻璃外牆,已成弘大創意地標。

長龍西餐王
윤씨밀방（尹氏密房）

弘大夜生活多采多姿，早上一般都人流疏落，但這間半地下餐廳卻排著長長的人龍，原來是區內著名的西餐小店，水準一流卻定價便宜，成為街坊的心頭好。招牌菜蘑菇漢堡扒，肉汁鮮鮮甜，醬料微辣開胃，配雞蛋、白飯、沙律菜和麵包，麵包軟熟，蘸點醬汁後入口，口感又完全不同！再加一兜辣年糕，和免費任添的泡蘿蔔，勁滿足！ **MAP: P.072 C4**

長長的銀色煙囪十分搶眼。

店鋪位於半地下層，可同時體驗《上流寄生族》主角的生活。

室內裝飾簡單，卻給人一種休閒的感覺。

Info
地址：首爾市麻浦區上水洞411 - 6
　　　서울 서마포구 서교동411 - 6
電話：02-3143-4116
營業時間：周三至日1130 - 2100（1500-1600休息，最後點餐2000）
休息：周一及二
網址：www.instagram.com/olivebread9
前往方法：地鐵9號線「上水」站1號出口，步行約5分鐘。

人氣自烤吉列牛
MAP: P.072 C4
KOBEKYU（고베규카츠）

弘大爆紅食店，招牌菜有炸牛扒和白咖喱烏冬，前者選用35天乾式熟成牛肉，肉質超軟嫩，吉列外皮包裹着生肉，食客吃時再自行以熱石炙烤；後者的白咖喱其實是用薯仔打成的忌廉慕斯，一吃難忘！

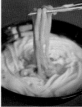
咖喱烏冬，用薯仔和忌廉等打成慕斯狀，入口綿滑而輕盈，跟咖喱相當配合。

店內提供4款套餐，其中Set 2包括2客240g炸牛扒、1客咖喱烏冬、前菜、白飯餐湯及飲料2杯。

店鋪位於二樓，有韓日語招牌。

吃時把牛肉放在熱石上，每邊烤10秒，加上芥末即可。

Info
地址：首爾市麻浦區西橋洞402 - 24 2 / F
　　　서울시 마포구 서교동 402 - 24 2층
電話：02 - 334 - 2015
營業時間：1130 - 2200
　　　　　（1500 - 1700午休）
網址：http://kobekyu.co.kr
平均消費：約₩20,000 / 位
前往方法：地鐵6號線「上水」站1號出口，步行約2分鐘。

烤橫隔膜肉

麻浦海鷗
（마포갈매기）

韓國著名連鎖烤肉店，店名兼招牌菜「갈매기」解作海鷗，並非烤海鷗肉那麼殘忍，而是指豬的橫隔膜肉，就是台灣人叫的「肝連肉」，肉質精瘦而口感彈牙。其餘招牌還有三層肉和烤豬皮。內部裝潢像韓國傳統路邊烤肉店般，烤盤跟姜虎東一樣附有烘蛋槽，烤肉時流出的油膩盡滲蛋中，蛋香四溢！

MAP: P.072 C2

麻浦海鷗（마포갈매기）即豬橫隔膜肉，烤的時間略久，口感爽脆彈牙，一點不油膩，用炭火來烤特別有風味。₩10,900

蛋漿內會加入泡菜碎，等待烤肉熟時先吃蛋，不然會太老。

麻浦在全韓有多間分店，水準穩定，最喜歡它份量不大，可以多試幾味菜。

豬皮（돼지껍딱），看似肥膩，其實是膠原蛋白，口感軟得來有嚼勁，一點不油，但要注意烤太熟會太韌。₩7,500

開放式裝潢，頭頂都有傳統的長長煙窗，不焗束。

―――Info―――
地址：首爾市麻浦區弘益路5號14（西橋洞355-1）
서울 마포구 홍익로5안길14（서교동355-1）
電話：02-322-1605
營業時間：1700-2300
休息：周三
網址：www.mapo92.com
消費：約₩15,000/位
前往方法：地鐵2號線、京義・中央線・機場線「弘益大學」站9號出口，步行約5分鐘。

韓屋村酒吧 **MAP: P.072 C3**

朝鮮時代（조선시대）

2018年開幕，以古朝鮮為主題的特色酒吧，內有矮城牆、瓦片韓屋頂、藥房、灶房等，儼如置身韓屋村。還特別設置古代牢房、行刑樣等，好讓食客打卡，充滿玩味。酒吧主打韓國傳統酒和米酒，還有各式佐酒韓食。

酒吧主打韓國傳統酒和米酒，注意五顏六色的韓酒，酒精度不低喔！

店內置有一個古代牢房，讓食客體驗坐牢、挨杖刑的滋味！

內部儼如迷你版的韓屋村，矮城牆、瓦片韓屋、燈籠通通有齊。

―――Info―――
地址：首爾市麻浦區弘益路3街44號 地下1樓
서울시 마포구 홍익로3길 44 지하1층
電話：010-9482-9185
營業時間：1730-0400
消費：約₩20,000/位
網址：www.instagram.com/joseon2018
前往方法：地鐵2號線、京義・中央線・機場線「弘益大學」站9號出口，步行約7分鐘。

首爾

弘大

延南洞

明洞

南山

首爾站‧南大門

東大門

Tips

1. 店內只有牛肋肉和鹽燒豬肉（₩13,000/200g）可以石卵烤。
2. 最少有二人同行才可入座。

雜錦菇盤（모듬버섯），雖然烤肉都有幾片附送，但用石卵來烤能保存原味，特別鮮甜多汁，即時Encore！₩6,000

內部是傳統烤肉店格局，以前是用傳統汽油筒烤肉的，最近改用新式烤桌。

牛肋條（소갈비살），正在表面焦香，但中心部分仍然粉嫩多汁，不似一般鐵板烤肉吃至尾會變得又硬又乾。₩17,000/200g

石卵烤肉店
돼지저금통

弘大區內烤肉店多如星宿，汰弱留強，不夠水準絕對做不下去！這家道地小店屹立弘大40多年，賣點是「수정옥돌생소금구이」，就是以石卵來烤。利用預先加熱的水晶玉石，烤肉受熱更均勻，也可防止烤肉時油漬四濺。跟一般鐵板烤肉比較，石烤肉沒那麼容易燒焦，肉汁亦不怕流失。這間傳統街坊小店，老闆有空時會跟客人喝兩杯，連鄰桌客人也有說有笑，氣氛輕鬆熱鬧，就是真正的韓國烤肉店！

MAP: P.073 D2

水晶玉石下面有炭火加熱，老闆擺滿生肉片後會倒入熱水，利用石的熱力和水蒸氣來烤肉，才能鎖住肉質的水份。

當肉開始熟時發出吱吱聲響，阿珠媽便會過來剪開牛肋條。因石頭跟肉會黏在一起，所以要用夾子翻動一下。

韓文店名解作「小豬儲蓄罐」，食客以年輕人為主，晚晚爆滿！

Info
地址：首爾市麻浦區西橋洞331-1
　　　서울시 마포구 서교동331-1
電話：02-323-6292
營業時間：1400-0200（最後點餐0100）
消費：約₩12,000/位起
前往方法：地鐵2號線「弘益大學」站7或8號出口，步行約5分鐘，停車場街小圓環附近。

《我們結婚了》約會點
Thanks Nature Café
（땡스네이처카페）

隱身商場地庫的咖啡店，環境綠意盎然，老闆在店內設置羊欄，兩隻羊咩咩就變成生招牌，更成為韓國綜藝節目《我們結婚了》中，酒窩夫妻的約會地點。環境浪漫，難得甜品也做得出色，招牌包括厚多士Honey Bread、Strawberry Waffle等。

MAP: P.073 D3

店內還貼滿當日《我們結婚了》酒窩夫妻約會時的劇照。

店外設有半露天茶座，擺滿花草植物，猶如城市綠洲。

兩隻羊咩咩的羊欄就在半露天茶座裏，女生都爭著和牠們拍照。

內部裝潢簡潔清新，牆上掛滿羊咩咩油畫，都出自弘大藝術系學生之手。

Info
地址：首爾麻浦區西橋洞486 西橋prgio商街B121
　　　서울시 마포구 서교동 486 서교平르지오상가 B121
電話：02-332-7470
營業時間：1200-2100
消費：約₩15,000/位
前往方法：地鐵2號線「弘益大學」站9號出口，弘大通中間。

可愛文具做手信
ARTBOX
(아트박스)

　　1984年成立，只要去過韓國都必定見過的知名文具店，分店遍佈全國。韓國文具向以設計可愛有趣，兼且價廉物美見稱，十元八塊已有交易，買來作手信一流。弘大有兩家分店，若嫌AK&弘大商場太擠擁的話，可光顧這間西橋洞分店，店內同時有售家品雜貨、飾物、化妝品、浴室用品等，不乏本地創意小物。

MAP: P.072 C2

文具以外，還有電子產品配件出售。

拖鞋都可以找到。₩11,900

可愛造型水樽。₩15,800

就連小小的電芯都十分有趣。₩2,800/4枚 AA

香水售價由₩7,900至₩12,900不等。

───Info───

地址：首爾市麻浦區弘益路19（西橋洞358-1）
　　　서울특별시마포구홍익로19
　　　（서교동358-1）
電話：010-2671-9928
營業時間：1000-2200
網址：www.poom.co.kr
前往方法：地鐵2號線、京義‧中央線、機場線「弘益大學」站9號出口，步行約5分鐘。

高級版ISAAC
EGG DROP (에그드랍)

　　2017年底創立的早餐店新貴，主打爆餡的滑蛋三文治，現點現做，入口嫩滑多汁，水準拍得住香港「澳牛」，目前已增至7款口味，像牛油果、煙肉芝士等也是招牌，加₩900還可轉蒜蓉包。再配上文青風包裝盒，打卡度極高，已被網友封為「高級版ISAAC」。分店已開至明洞、新村，但北村店附設堂座，可以坐低慢慢歎。

MAP: P.072 C2

採自助式服務，顧客需用點餐機下單（可付現金），再留意叫號。

7款滑蛋三文治，份量雖少，但餡料多，而且紙盒包裝也方便吃。

Avo Holic即是牛油果滑蛋三文治，牛油果跟滑蛋入口即化，香濃滋味。₩6,900（綠茶Latte ₩4,400）

───Info───

地址：首爾市麻浦區弘益路15（西橋洞358-104）
　　　서울마포구홍익로15
　　　（서교동358-104）
電話：02-6085-4371
營業時間：0800-2200
網址：www.eggdrop.co.kr
前往方法：地鐵2號線、京義‧中央線、機場線「弘益大學」站9號出口，步行約6分鐘。

弘大酒吧街

弘大區內酒吧夜店林立，音樂類型與風格各式其式，每當夜幕低垂便會傳來陣陣強勁音樂，氣氛熱鬧。其中環繞弘益大學的臥牛山路一帶，更是首爾著名的酒吧街，許多韓國知名DJ和獨立樂團也會在此演出。

MAP: P.072 C3 - C4;073 D3

弘大JAZZ Bar

音樂類型：JAZZ

CLUB EVANS

MAP: P.072 C3

弘大較為少有的Jazz Bar，開業10多年，每晚有不同風格的爵士樂手或音樂人輪流上台表演，氣氛輕鬆。酒吧本身也有為獨立爵士音樂人推出唱片，喜歡的可以買張支持下。

Info
地址： 首爾市麻浦區西橋洞407 - 3
　　　　서울시 마포구 서교동407 - 3
電話： 02-337-8361
營業時間： 2030-2240
消費： 入場費為₩15,000/人，另需點飲品。
　　　　（入場費可能會根據表演而變化）
網址： www.clubevans.com
前往方法： 地鐵2號線「弘益大學」站6號出口，沿臥牛山路南走至7 - 11右轉即達。

---

nb2常有大型偶像活動或主題party舉行，氣氛一流！

晚上10點門外已排起長長的人龍，由於時間尚早，客人主要是大學生。

地庫1層是大舞池，韓國夜店有個特別文化，就是大家跳舞都非常齊和專業，像預先綵排過一樣。

Tips
- 穿拖鞋、西裝或運動服不可進場
- 隨身手袋需要付費寄存

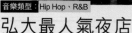

音樂類型：Hip Hop、R&B

弘大最人氣夜店

nb

MAP: P.072 C3

NB是弘大最享負盛名的夜店，由韓國著名偶像事務所「YG Entertainment」開設，經常舉辦與韓星共聚的Party，旗下藝人如2PM、BIGBAND的TOP等都時有光顧。NB位於臥牛山路的地下，佔地兩層，1樓是大型舞池、2樓有VIP區、吧台和看台區，音樂主打Hip Hop，特別多大學生和知名Dancer捧場，氣氛超棒！

地庫2層設有型格酒吧，也附設DJ打碟台和VIP區。

受大學生和Dancer歡迎，玩得極high！

場內有DJ駐場打碟，當然常有YG旗下藝人的歌曲！

Info
地址： 首爾市麻浦區西橋洞361 - 10
　　　　서울시 마포구 서교동 361 - 10
電話： 02 - 326 - 1716
營業時間： 周一至五2200-0600，
　　　　周六及日2130-0600
消費： 2300前入場費₩10,000/位，2300後₩10,000/位，包一杯飲品。
網址： www.instagram.com/clubnb_official
前往方法： 地鐵2號線「弘益大學」站6號出口，沿臥牛山路南走，經過弘益公園後不久便到。

弘大的後花園

延南洞（연남동）

沿京義線林蔭道北上，在城美山路旁邊，就是弘大的後花園「延南洞」。迂迴的巷弄間，滿是密密麻麻的老平房，由於租金便宜，漸漸吸引了不少藝術家或小店進駐，特色café、書店、小酒館和食肆雲集，形成了有名的延南洞咖啡街，晚上還聚集了不少大學生和遊人，但仍不失巷弄的和諧風情，與南部喧鬧的酒吧街形成強烈對比。

交通 地鐵2號線、京義中央線、機場線「弘益大學」（239）站。
*舊版地圖「弘益大學」站會寫成「弘大入口」站。

095

延南洞（연남동）

延南洞

偷閒咖啡座
Cafe YAWN

　　咖啡室給人一種想躲進去偷懶的氣氛，這跟店名「얀 yawn」（打呵欠）的意思很配合，再加上在以樹懶標誌，實在令人有忙裡偷閒的感覺。店外有寬闊的露天座位，顧客點一件蛋糕、喝一杯咖啡，想坐多久也沒有問題，店主有空時還會向客人搭訕。除了維也納咖啡是這裡的招牌菜外，這裡的Croiffle（格仔餅）和Browaie（布朗尼蛋糕）也是店長推介之選。 **MAP: P.096 B3**

懶洋洋的樹懶是這裡的標誌。

打翻了的雪糕雕塑。

巴斯克芝士蛋糕（₩6,800）及Café Latte。（₩5,800）

簡約的室內空間，讓客人隨意就坐。

───Info───
地址： 首爾市麻浦區東橋路34街6
　　　（延南洞260-48）
　　　서울마포구동교로34길6 (연남동260-48)
電話： 010-2557-3185
營業時間： 1300-2200
休息： 逢周一
消費： 約₩10,000
網址： www.instagram.com/cafeyawn
前往方法： 地鐵2號線、京義 • 中央線、機場線「弘益大學」站3號出口，步行約5分鐘。

打折韓國時裝
50% Sale Market （50% 세일마켓）

　　要買平價韓國時裝，不一定要半夜摸去東大門。這家小店大部分是韓國製造的時裝，而且價格廉宜，₩15,000就有交易，信用卡付款九折，現金付款更有八折。服式款式亦多，走年輕人路線，旁邊就是清水堂共鳴，嘆完cafe、打完卡過來買衫，一口氣滿足三個願望！ **MAP: P.096 A1**

文字T恤。（₩15,000）

以顏色分門別類，要花點時間慢慢選購，

針織背心。（₩15,000）

裙及褲款每件₩20,000。

───Info───
地址： 首爾市麻浦區延南洞239-49
　　　서울마포구연남동 239-49
營業時間： 1300-2000
前往方法： 地鐵2號線、京義 • 中央線、機場線「弘益大學」站3號出口，步行約5分鐘。

弘大
延南洞
明洞
南山
首爾站・南大門
東大門

人氣海鮮蓋飯
mibbedong（미쁘동）

MAP: P.096 B2

在延南洞晚晚大排長龍的食肆，是近年廣受韓國年輕人歡迎的日本菜。招牌菜mibbedong是一款海鮮混合蓋飯，將吞拿魚、三文魚、蝦、魷魚、三文魚籽、比目魚及蟹肉混合而成，一口就可以吃到多款海鮮的美味，感覺實在難以形容。食剩三分之一的時候，店員會把味噌湯加入飯碗，一下子便變成泡飯，還可以免費加湯和飯，一飯二食，好滿足。除了招牌蓋飯，還有海膽蓋飯（₩19,000）、蝦天婦羅蕎麥麵（₩15,000）都不妨試試。

食剩三分之一時，便可加入味噌湯變成泡飯。

招牌蓋飯
Mibbedong。
（₩15,000）

店鋪位於二樓，年輕人顧客較多。

未入黑，門外已出現人龍。

Info
地址： 首爾市麻浦區東橋路38街33-21 2/F
　　　（延南洞384-7）
　　　서울마포구동교로38길33-21 2층
　　　（연남동384-7）
電話： 0507-1350-1881
營業時間： 1100-2200（最後點餐2130）
休息： 逢周一
消費： 約₩18,000
網址： www.instagram.com/mibbedong_
　　　official
前往方法： 地鐵2號線、京義・中央線、機場線「弘益大學」站3號出口，步行約8分鐘。

打折韓國時裝
GREEM Cafe（그림카페）

MAP: P.092 A1

經典的黑白視覺餐廳，令你恍若置身漫畫世界當中，是當地男女以至遊客的打卡勝地，甚至成為婚禮場地，不少電視、電影也在此取景。現時在濟州、江陵和沙特阿拉伯的利雅得都開設了特許經營店。遊人需要光顧才能在室內拍照，招牌咖啡₩6,500，十分化算。

供人免費拍照的黑白椅子都被坐壞了。

黑白色的裝修令人有如置身漫畫世界。

Info
地址： 首爾市麻浦區成美山路161-10
　　　（延南洞223-14）
　　　서울마포구성미산로161-10
　　　（연남동223-14）
電話： 010-2612-8103
營業時間： 1200-2100（最後點餐2030）
休息： 逢周一
消費： 約₩10,000
網址： www.instagram.com/greem_cafe
前往方法： 地鐵2號線、京義・中央線、機場線「弘益大學」站3號出口，步行約13分鐘。

攝影熱點
東津市場(동진시장)

　　藏身延南洞巷弄中的的舊菜市場，早在50、60年代已營成，隨着時代轉變而荒廢，近年又被藝術家和大學生看中，改造成實驗藝術場地，逢周未有手作市集，不時還有藝術表演與活動。幽暗的市場內，乃保留昔日的陳設佈置，加上隨處可見古怪的藝術裝置，更有尋幽探勝味道，因而成為攝影迷的取景熱點。

MAP: P.096 C2

早在50、60年代已形成的「東津市場」，現在變成藝術實驗場地。

隨處可見古怪而富實驗性的藝術裝置，成為攝影熱點。

市場內仍有商店和檔販在工作，更添生活感。

燈光幽暗，加上懷舊味道，隨便一角都是美景。

場內擺滿汽水啤酒箱，配上韓文招牌，即成拍照美景。

Info
地址：首爾市麻浦區城嵋山路198
　　　（成美山路）
　　　서울시 마포구 성미산로 198
　　　（연남동）
前往方法：地鐵2號線、京義・中央線、機場線「弘益大學」站3號出口，步行約7分鐘。

文青風小市集
東津市場 MARKET(동진시장)

MAP: P.096 C2

　　逢周四至日，「東津市場」都會舉行手作市集，集結年輕藝術家的自創作品，雖然只得十數個攤檔，但少有遊客，且價格便宜。相比人滿為患的弘大自由市集，這裏更悠閒、更好逛，間中還有Live music表演，甚有文青風。

Tips
每月最後一個周六為農產食品市場。
舉辦時間：1100 - 1900

每次約有10至20個攤檔參與，採訪時遇上暴雪氣溫急降，故攤檔極少。

場內有多個不同風格的人像繪畫攤，攤主都是首爾大學的藝術系學生。

專售自家手作飾品的June，因為經常來港，所以會說廣東話：作品以金屬混合牛皮為主打。

牛皮金屬手串。
₩10,000起

市集就在東津市場舉行。

Info
地址：首爾市麻浦區城嵋山路
　　　（成美山路）198
　　　서울시 마포구 성미산로 198
　　　（연남동）
電話：070 - 8715 - 9893
舉辦時間：逢周四、五1500 - 2100；
　　　周六、日1200 - 1900
網址：www.facebook.com/makedongjin
前往方法：地鐵2號線、京義・中央線、機場線「弘益大學」站3號出口，步行約7分鐘。

隱世得獎咖啡店
MAP: P.096 C2

COFFEE LIBRE (커피리브레)

名字源自經典喜劇電影《Nacho Libre》，小巧的咖啡館，斑駁的水泥牆上，掛着普普風的摔角手面罩畫作。店主為專業烘豆師，精選自由貿易的有機高山豆來烘焙，曾獲「CoE」（Cup of Excellence）大獎，連世界咖啡師選拔賽也採用其咖啡豆，被「Sprudge」評選為8家韓國必嚐的自家烘焙咖啡品牌之一。

店名源自經典喜劇電影《Nacho Libre》，店內隨處可見摔角手擺設。

牆上掛着招牌普普風摔角手畫作。

其中一閣有一整排舊中藥櫃，放滿自家烘焙的咖啡豆。

內部仍保留原裝老屋格局，斑駁的水泥牆配舊吊扇，燈光幽暗，氣氛懷舊又糜爛。

Brewing Coffee，味道醇厚回甘，咖啡杯畫作也出自店主之手。₩4,000

Info

地址：首爾市麻浦區成美山路198（延南洞）
서울마포구성미산로198（연남동）
電話：02 - 334 - 0615
營業時間：1100 - 2000
網址：www.coffeelibre.kr
前往方法：地鐵2號線・京義・中央線・機場線「弘益大學」站3號出口，步行約8分鐘。

必食藍莓班戟
MAP: P.096 B2

HONEST PANCAKES

主打班戟（煎薄餅）的咖啡店，最多人點的是藍莓班戟（₩12,500），咖啡也十分好喝，點一杯Americano（₩4,500）伴食就相當合適。小店的位置比較偏僻，卻又是尋找寧靜的優閒好去處。

Info

地址：首爾市麻浦區東橋路38街13（延南洞390-64）
서울마포구동교로38안길13（연남동390-64）
電話：010-3239-5828
營業時間：1200-2200（最後點餐2130）
休息：逢周一
消費：約₩1,500
網址：www.instagram.com/honestpancakes
前往方法：地鐵2號線・京義・中央線・機場線「弘益大學」站3號出口，步行約8分鐘。

米芝蓮泰國麵館
MAP: P.096 B1

Tuk Tuk (뚝뚝누들타이)

由韓國人老闆和泰國人廚師合作經營的泰國菜，至2023年已連續七年獲得米芝蓮推薦的殊榮。使用泰國泰不可或缺的香茅、香菜、酸橙和椰奶等香料，呈現出獨特的酸辣口感，價錢亦不算貴，冬蔭功都只需₩16,000、泰式炒麵₩13,000，以米芝蓮餐廳來說是十分實惠。

店名「Tuk Tuk」取名自泰國的電單車的士。

Info

地址：首爾市麻浦區成美山路161-8二樓（延南洞223-15）
서울마포구성미산로161-8 2층（연남동223-15）
電話：0507-1400-5130
營業時間：1100-1530；1700-2100
休息：逢周三
消費：約₩20,000
網址：www.instagram.com/tuktuknoodle
前往方法：地鐵2號線・京義・中央線・機場線「弘益大學」站3號出口，步行約13分鐘。

購物天堂
明洞（명동）

🚇 交通 地鐵4號線「明洞」站(202)；或地鐵2號線「乙支路入口」站(424)。

位於首爾市的中心，人盡皆知的購物天堂，聚集韓國最當時得令的流行時尚、K‐pop文化，也是著名的化妝品牌激戰區，一如東京的新宿、香港的旺角、台北的西門町！

日治時代原是日人的聚居地，因而銀行、金融、證券機構林立。現在每日人流多達過百萬，街上碰口碰面都是來自世界各地的旅客，從早到晚萬人空巷、車水馬龍，體現韓國人的活力！

★I Can Tips

1. 由於明洞人流實在太多，建議跟同行朋友預先約定萬一失散後的集合地點。
2. 「中央街」乃明洞的心臟街道，街上有通曉中、英、日語的觀光中心職員駐守，可找他們問路。

N

往市廳站

1-1

202 乙支路入口 을지로입구 Euljiro 1 - ga

首爾廣場

Hotel President

新韓銀行

JCB Plaza

C•U

citi Bank

LOTTE Hotel Seoul
樂天酒店

樂天百貨(LOTTE)
樂天超市Lotte Mart
雪花秀

小公洞
소공동

Star Avenue 2號館

The Plaza Hotel

機場巴士站

The Westin Chosun Seoul

Stanford Hotel
Myeongdong

Myth Jokbal

國民銀行

C•U

Avenuel

機場巴士站

Olive Young

ibis Ambassador Seoul

小公洞地下商街

ABC-MART

C•U

明洞地下街

TOPTEN 10

LOTTE Young Plaza

FIFA 1904

Too Cool
for School

新韓銀行

NOON SQUARE
Roem
ALand
SPAO

WHOSFAN CAFÉ
KAKAO FRIENDS
MUJI
UNIQLO
LEGO

小公路（소공로）

南大門路（남대문로）

Renaissance
Music History

明洞2街（명동2가）

舊中國大使館

韓國銀行小公別館

南山洞3街
남산동3가

韓國銀行

正官庄

kt

首爾中央郵局

忠武路1街
충무로1가

too cool for
school

小公路
（소공로）

會賢地下街

SC第一銀行

Aritaum(會賢地下街)

Lotte mart 999 營養中心
（영양센터）

Isaac Toast

C•U

新世界百貨店（本館）
雪花秀
IOPE
HERMES

退溪路（퇴계로）

往會賢站

新世界百貨店(新館)

New Oriental

往南大門

A　　　　　　　B　　　　　　　C

102

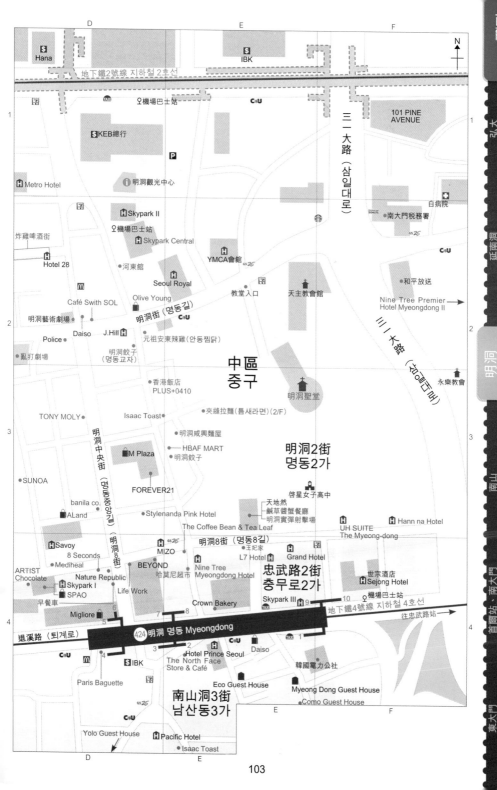

狗仔街頭服兼咖啡店

LifeWork 明洞店（라이프워크）

2018年創立的LifeWork，主打街頭服飾風格，瞬即成為環球名店，招牌狗仔更是人氣滿分。明洞megastore共有兩層，兼營時裝、生活用品及café。雖然服飾屬中檔路線，但Cafe的價錢卻相當親民，飲品和窩夫等小食都是大概₩4,000至₩6,000，實屬又買又食之選。**MAP: P.103 D4**

綠色短袖肚袋上衣。
₩159,000

cafe位於地庫1層。

2023年1月出道的男團8TURN成為品牌代言人。

招牌狗仔令人印象深刻。

┃Info┃
地址：首爾市中區退溪路123
　　　（忠武路2街65-9）
　　　서울중구퇴계로123（충무로2가 65-9）
電話：02-2032-9098
營業時間：1100-2100
網址：www.lifeworkstore.co.kr
前往方法：地鐵4號線「明洞」站6號出口，
　　　　　步行約1分鐘。

一個人的醬蟹

鹹草醬蟹餐廳（함초간장게장）

跟普通醬蟹不同，店家的醬油是用鹹草花提取物秘製，味道會多了一份鮮味，鹹草又名鹽角草，含豐富的礦物質和酶成分，有益健康又美味。這裏也是韓國少有提供一人份醬蟹的餐廳，雖不算便宜，但小菜道道精緻，絕對是獨遊之選！**MAP: P.103 E3**

「白飯的小偷」吃法：將白飯加進蟹蓋，佐以蟹膏、芝麻、紫菜拌勻，最重要是加點鹹草醬油，好吃至嗦手指。

位於地庫的鹹草醬蟹，就在天地然汗蒸幕旁邊。

醬花蟹套餐，包括8款小菜、韓式蒸蛋、白飯和海帶湯，一人份量剛剛好。一人份₩39,000

套餐包括醬花蟹、醬蝦各一隻，用鹹草醬油醃漬的醬蟹，味道的確比一般鮮味，單是醬油已夠佐飯。

┃Info┃
地址：首爾市中區明洞8街27 地庫1層
　　　서울중구명동8가길27지하1층
電話：02 - 318 - 1624
營業時間：1130-2200（最後點餐2100）
消費：約₩39,000/位
前往方法：地鐵4號線「明洞」站9號出口，
　　　　　步行約3分鐘即達。

THE NORTH FACE STORE & CAFE

THE NORTH FACE Myeong-dong Store

必買韓國線White Label

MAP: P.103 E4

The North Face Store & Cafe (노스페이스)

　　港人熟悉的美國品牌直營店，來到韓國，當然要買White Label系列啦！這是完全為了韓國市場而設的系列，充滿韓流風格，設計上除具運動功能外，亦更着重適合平日配襯穿著需要。必到的還有位於三樓的cafe，寬敞舒適的空間，憑窗俯瞰繁華的退溪路，十分寫意！推薦食品是Honey butter bread，香氣撲鼻，外貌似香港的西多士，但因為沒有加雞蛋及油炸，所以不會油膩，相反蜜糖味和牛油味十分突出，加上奶油和nuts，柔軟得來不失爽脆口感。

晚上整幢大廈會有燈光效果，十分搶眼。

位於三樓的cafe，可飽覽人來人往的退溪路。

紅色長袖羽絨。
₩790,000

綠色圓帽。₩49,000

高身水杯。
₩22,000

小型腰包。
₩59,000（前），
₩69,000（後）

由《海岸村Cha-Cha-Cha》女主角申敏兒代言的背包，售價約₩145,000。

White Label集中在地面發售。

地庫特賣場的營業時間是1100-2100，比其他樓層遲1小時開門。

Honey butter bread ₩4,000，Cafe Latte ₩5,000。

Info

地址：首爾市中區退溪路128
　　　　（南山洞2街1-2）
　　　　서울중구퇴계로128
　　　　（남산동2가1-2）
電話：02-3789-1003
營業時間：1000-2100（cafe 1000-1900）
網址：www.thenorthfacekorea.co.kr
前往方法：地鐵4號線「明洞」站2號出口。

自製韓風配飾

SUNOA (수노아)

`MAP: P.103 D3`

　　製作自家飾物用品的地方在香港也有，但要製作出具有韓流風格的作品，就要來這間店逛一逛。店內有過千種配飾選擇，全部手工精細，兼具韓流風格，當中不乏設計可愛的寵物圖案，就連COLLAR成員Candy（王家晴）和Day（許軼）都在電視節目《韓國留學DayDay晴》中揀到心頭好。

配飾的選擇相當多，估計有上萬款。

布製徽章的造型可愛，絕不老土。

Tips

製作步驟
1. 挑選喜歡的主體商品，例如匙扣帶、頸繩、手帶等。
2. 挑選喜歡的配飾，例如布章、車花等。
3. 結賬。
4. 用熨斗加熱，把配飾都接到商品上就完成了！但這個工序可能要花一點時間。

店鋪面積不大，隨時會擠滿人揀選心頭好。

首先要苦惱選擇要製作甚麼產品。牌仔每個售₩5,800至₩8,800不等，扣帶每條₩7,500。

小熨章每個₩2,000。

Info

地址： 首爾市中區明洞4街32
　　　　（明洞2街55-4）
　　　　서울중구명동4길32（명동2가55-4）
電話： 0507-1366-2387
營業時間： 1000-2200
網址： https://www.instagram.com/
　　　　sunoa.world/
前往方法： 地鐵4號線「明洞」站6號出口，步行約3分鐘。

韓版UNIQLO

SPAO 明洞店 (스파오)

`MAP: P.103 D4`

　　韓國國民服飾品牌，走優閒路線，並以合理價格發售，素有「韓國版UNIQLO」之稱。跟韓國偶像事務所「SM」合作，找來少女時代、Super Junior等旗下韓星代言而大紅。最近合作的是人氣男星姜丹尼爾（강다니엘）。

SPAO經常請韓流明星做代言人。

SPAO設計走優閒路線，無論定價和形象均跟UNIQLO相若。

走年輕人路線的UN JOUR T恤。₩19,900

Info

地址： 首爾市中區明洞8街15
　　　　（忠武路1街24-23）
　　　　서울중구명동8나길15
　　　　（충무로1가 24-23）
電話： 02 - 319 - 3850
營業時間： 1100 - 2100
網址： www.spao.com
前往方法： 地鐵4號線「明洞」站6號出口。

1至2樓主打3CE化妝品，2樓更是化妝間主題佈置，全線產品都歡迎任試用。

不能入住的…粉紅酒店
Stylenanda Pink Hotel

素有「韓版IT」之稱的Stylenanda，2016年於明洞新開的6層旗艦店，集服飾、美妝3CE與Cafe於一身。全棟粉紅色調外牆，以酒店為主題設計，裝潢超夢幻，每層都有驚喜布置，儼如裝置藝術展。頂層露天平台還置滿巨型枕頭和太陽椅，拍照打卡一流。**MAP：P.103 D3**

Tips
頂層露天平台冬季暫停開放。

3CE One Color Shadow，清爽「果汁妝」必備。

入口位置天井貫穿兩層，抬頭即見懸掛半空的大床和水晶吊燈。

每一層都有驚喜的布置，不論韓妹還是旅客，個個都排住隊瘋狂Selfie！

連貨架也以酒店行李車代替。

明洞新旗艦店樓高6層，整棟漆上女生最愛的粉紅色。

4樓洗衣房，旗下品牌NANDA MADE的服飾，尤以袋、襪、帽等小物最好買。

5樓的Pink Pool Cafe，主打一系列粉色調的甜點特飲，還有IG打卡熱選的棉花糖。

Info
地址： 首爾市 中區 忠武路2街 66 - 2
서울시 중구 충무로2가 66 - 2
電話： 02 - 752 - 4546
營業時間： 1100-2200
網址： http://stylenanda.com
前往方法： 地鐵 4號線「明洞」站7號出口，步行約5分鐘。

人龍從位於二樓的店鋪沿樓梯排至街上。

全店炭火燒烤，但室內空氣絕不混濁。

單點肉類均配疏菜或菇類，伴菜小菜和生菜也是必備。

貴價的內類，交給店員處理就最安心。 一定要點的醬牛排骨，醃得勁好味。₩42,000

靚肉燒埋畀你食
王妃家（왕비집）

位於二樓的明洞總店，每到晚上就會出現排隊人龍。主打炭火燒烤，並由店員負責在你面前處理，不怕烤燶肉，造成浪費。店鋪推介限量供應的是上等韓才腱肉（₩55,000），韓牛里脊肉也不妨一試（₩51,000），不可不試的還有醬牛排骨，及韓國菜必備的辣豆腐湯。雖然價錢比一般烤肉店高，但去旅行豪一次又何妨呢？

MAP: P.103 E4

Info
地址：首爾市中區明洞8街26 2/F
　　　（忠武路2街63-3）
　　　서울중구명동8가길26 2층
　　　（충무로2가63-3）
電話：02-3789-1945
營業時間：1000-1400，1700-2200
　　　　　（最後點餐2130）
網址：www.instagram.com/wangbijib_
　　　official
前往方法：地鐵4號線「明洞」站9號出口，
　　　　　步行約1分鐘。

《原來是美男》景點
明洞聖堂 **MAP: P.103 E3**

1892年奠基，1898年落成，樓高45米的尖頂式天主教堂，乃韓國首座磚砌的哥德式建築。莊嚴的西洋古典風格建築，跟周圍的現代繁華景觀形成強烈對比，一直是明洞的地標，也是韓劇《原來是美男》的取景地。

教堂用上20種紅、灰色磚契合而建。

Info
地址：首爾市中區明洞2街 1 - 8
　　　서울시 중구 명동길 74 (명동2가)
電話：02 - 774 - 1784
開放時間：0430 - 2130
網址：www.mdsd.or.kr
前往方法：地鐵4號線「明洞」站8號出口，
　　　　　步行約10分鐘。

廚房音樂秀 **MAP: P.103 D2**
明洞亂打劇場（명동난타극장）

1997年首演的「亂打」(Nanta)。以韓國傳統的四物遊戲曲調為背景，把廚房常見的鍋碗瓢盆打出節奏強勁的音樂秀，並穿插喜劇元素和特技表演。亂打在首爾有多個專用劇場，其中明洞劇場於2009年開幕，每日都有2至3場公演。

Info
地址：首爾市中區明洞巷26 (明洞2街)
　　　「UNESCO大廈」3樓
　　　서울시 중구 명동길 26 (명동2
　　　가) 유네스코빌딩 3층
電話：02 - 739 - 8288
演出時間：周二及三2000；周四及五
　　　　　1700、2000；周六及日
　　　　　1400、1700（或有變動，
　　　　　請於網上確認）
休息：逢周一
票價：VIP席₩66,000，S席₩55,000，
　　　A席₩44,000
網址：www.nanta.co.kr
前往方法：
地鐵2號線「乙支路入口」站5或6號出
口，國民銀行所在的「UNESCO」大
樓3樓。

時尚服飾總滙
MAP: P.102 C2 - C3

NOON SQUARE
(명동눈스퀘어)

NOON SQUARE連地庫樓高10層，除了潮流服飾品牌，還有戲院和各式人氣餐廳。

2009年開幕，前身為「YES AvaTar」商場，現在主攻中價潮流時尚品牌。包括ZARA、SPAO、CHARLES & KEITH，也有本地知名品牌如宋慧喬代言的Roem等。

Info
地址：首爾市中區明洞2街 83 - 5號
　　　서울시 중구 명동길 14 (명동2가)
電話：02 - 3783 - 5005
營業時間：1100 - 2200
前往方法：地鐵2號線「乙支路入口」站6號出口，LOTTE YOUNG PLAZA對面。

韓式少熟女
Roem

1991年創立的韓國5大女裝品牌，Roem在荷蘭語中是水仙花的意思，走浪漫高貴的少熟女風格，故找來宋慧喬，以及miss A的秀智出任代言人。

Info
地址：Noon Square 3/F
網址：www.roem.com

當紅時尚
ALand

Aland在疫情期間仍然屹立不倒，在明洞更擴張版圖，進佔五樓。雖然面積比明洞旗艦店小，但貨種應有盡有，不少更是本地設計師的作品。

Info
地址：Noon Square 5/F

白色T恤。₩49,000

年輕便服王
SPAO

有Aland就幾乎會見到SPAO的蹤影，與NIKE一同位處商場三樓。SPAO可說是大型休閒服「UNIQLO」的韓國版，所賣的服飾更年輕時尚，價錢亦很親民。

牛仔短裙。₩39,900

Info
地址：Noon Square 3/F

足協官方直銷店　`MAP: P.102 C2`
FIFA 1904 (왕이비집)

FIFA（國際足協）的官方商店，以推廣體育融入日常生活時尚。這裡出售的並非大路球衣，而是設計時尚的休閒服，不想跟全世界一樣穿那些大路球衣的話，這裡可以是你其中一個選擇。

藍色FIFA鴨舌帽。

內部設計以足球場為主題。

針織長袖上衣。₩49,000

Info

地址：首爾市中區明洞街20號（明洞2街55-1）
　　　서울중구명동길20（명동2가55-1）
電話：02-950-2848
營業時間：1030-2200
網址：www.cowellapparel.com
前往方法：地鐵2號線「乙支路1街」（乙支路入口）站5號出口，步行約4分鐘。

韓國人氣早餐店　明洞店 `MAP: P.102 C4`　淑明女大店 `MAP: P.103 E4`　明洞教堂店 `MAP: P.103 D3`
Isaac Toast (이삭토스트)

除了秘製的ISAAC醬料，連牛油也是特別訂製，味道格外濃郁。

超人氣的連鎖三文治專賣店，也是首爾人的早餐店，全國分店已超過900家。雖是外賣店，但早已紅遍網絡，每逢早上例必有外國旅客在排隊。美味的秘訣，全靠初代老闆娘所創的ISAAC醬料，以及那香濃的牛油。20多款三文治全是現點現做，熱烘烘的麵包烤至外脆內軟，配料更是豐富，大口咬下滋味更滿足！

麵包香脆的秘密：店員先在鐵板上塗滿牛油再烤麵包，包面自然特別香酥。

ISAAC醬料味道酸甜甜，帶點蜜糖香，愈吃愈開胃！

明洞三間店中，以最接近地鐵站的明洞店最多人光顧，不妨去其他分店避開人潮。

牛排奶酪吐司，配料包括漢堡扒、煎蛋、青瓜、椰菜絲和芝士，厚厚一大份。₩4,600

Info

地址：（明洞店）首爾市中區退溪路105（忠武路1街24-41）
　　　서울중구퇴계로105（충무로1가24-41）
　　　（淑明女大店）首爾市中區退溪路20街18（南山洞2街30-1）
　　　서울중구퇴계로20길18（남산동2가30-1）
　　　（明洞教堂店）首爾市中區明洞10街17-1（明洞2街3-9）
　　　서울중구명동10길17-1（명동2가3-9）
電話：02-752-3002
營業時間：平日0800－2230；周六0800－1200
休息：逢周日及假期
網址：www.isaac-toast.co.kr
消費：約₩5,000/位
前往方法：（明洞店）地鐵4號線「明洞」站5號出口，步行約1分鐘。（淑明女大店）地鐵4號線「明洞」站3號出口，步行約2分鐘。（明洞教堂店）地鐵8號線「明洞」站3號出口，步行約3分鐘。

10樓的免稅店化妝品部集合一眾韓妝品牌，故任何時間都人頭湧湧。

樂天百貨往酒店之間的通道，取名「Star Avenue」，展出韓流明星的簽名的手印。

明洞總店連地庫樓高14層，乃明洞人流最暢旺的購物地標。

Super Junior成員金希澈（희철）的掌印。

必逛免稅店 MAP: P.102 B1 - B2; C1 - C2

樂天百貨 總店（데백화점 본점）

　　1979年創立，乃韓國第2大百貨公司，明洞總店連地庫樓高14層，集合國內外的中、高檔品牌。重點包括地庫的樂天超市、號稱全國最大的Foodcourt，還有9至11樓的免稅店，特別是9 - 10樓的化妝品部，有齊雪花秀、Hanskin等韓妝品牌，由於以美金定價，有時會比街上專門店更便宜。

Info

地址：首爾市中區小公洞1
　　　서울시 중구 소공동1
電話：1577-0001
營業時間：百貨1030 - 2000；
　　　　　免稅店0930 - 2000
休息：（百貨）每月周一不定休；
　　　（免稅店）無休
網址：www.lotteshopping.com
前往方法：地鐵2號線「乙支路入口」站7號出口直達。

韓版「i.t」 MAP: P.103 D3

ALAND（에이랜드）

　　2006年創立、最近進駐香港的韓國著名潮流服飾Selected Shop，連時裝達人Wyman也曾點名推介。明洞總店連地庫樓高4層，網羅超過80個國際及本地設計師品牌，包括韓國品牌hyun&kyung、「色」等，尤其多本地新晉設計師精品，風格各異，價格亦豐儉由人，儼如韓國版「i.t」。3樓還有「跳蚤市場」，由服裝、飾物、文具、生活用品到二手家具俱備。

ALAND乃韓國著名潮流服飾店，素有韓版「i.t」之稱，專發掘本地年輕設計師的有趣新品。

AGIFE設於地面一旁，售賣特價商品。

Eel skin鰻魚皮小袋。
₩53,000

大學風衛衣。
₩59,000

Info

地址：首爾市中區明洞2街53 - 6
　　　서울시 중구 명동2가53 - 6
電話：02-3210-5900
營業時間：1000-2300
網址：www.instagram.com/aland_store
前往方法：地鐵4號線「明洞」站6號出口，徒步約5分鐘，American Apparel旁邊。

弘大 延南洞 明洞 南山 首爾站、南大門 東大門

輕鬆早餐之選 MAP: P.103 D4

Paris Baguette

　　傳說中韓國人不吃早餐，但其實是韓國人大多在家中吃早餐，看看韓劇便知道了，而且他們習慣吃飯！因此餐廳很少早餐供應，連退溪路的麥記都是中午才開業。幸好還有一些廣受韓國人歡迎的咖啡店，例如這間法式麵包店，同時供應咖啡和輕食，並有少量座位，最適合香港人食個快趣早餐。

早餐時段人流很多，要堂食就要等等座位了。

法式香腸包（₩4,300）及 Cafe Latte（₩4,500）

Info

地址： 首爾市中區退溪路118（南山洞1街1-4）서울중구퇴계로118（남산동1가1-4）
電話： 02-771-7734
營業時間： 周一至五0700-2200，周六0800-2100，周日0900-1800
網址： www.paris.co.kr
前往方法： 地鐵4號線「明洞」站4號出口。

人氣餃子王

明洞餃子（명동교자）

　　1966年創立的明洞老字號，招牌餃子現點現蒸，選用本地高級豬肉加上韭菜等，現點現蒸，粒粒大如小龍包，卻皮薄餡鮮，故從早到晚客似雲來。明洞一共有兩間店，這間舊店曾是韓劇《原來是美男》的取景地。

MAP: P.103 D2
MAP: P.103 E3

除總店外，同一條街還有一家分店，地方較大。

餃子（만두），一籠有10大粒，粒粒皮薄透光，口感比想像中實在，有濃郁麻油香，吃時蘸點辣醬一流。₩11,000

Tips
1. 店內進食流程：落單後先付款結賬，餐點才會送上。
2. 可免費添加飯或麵條。
3. 每人需點一客食品。

刀削麵，店內另一招牌，面層有肉碎，湯頭香甜，還有迷你版餃子。₩10,000

Info

地址： 首爾市中區明洞2街25-2 서울시중구명동2가25-2
電話： 02-776 5348
營業時間： 1030-2130
網址： www.mdkj.co.kr
消費： 約₩8,000/位
前往方法： 地鐵4號線「明洞」站8號出口，M Plaza後面。

北韓水冷麵

明洞咸興麵屋（명동함흥면옥）

　　40年老店，專售源自北韓咸興的水冷麵，以紅薯澱粉製成的細麵，口感煙韌軟糯，充滿嚼勁，味道酸酸的，愈吃愈開胃。另一招牌餃子湯，重點是那奶白色的牛骨湯，以15種材料熬煮而成，味道濃郁得沒話說。 MAP: P.103 E3

Tips
韓國人吃麵時，習慣以剪刀斷開長長的麵條，方便食用。

店家只提供水冷麵、生魚片和辣味的牛肉水冷麵3款。

免費附送的牛骨湯，在寒冬時，喝後全身暖和，更無限添飲呢！

餃子湯，那熬至奶白色的湯頭牛味濃而不羶，餃子餡料豐富飽滿，但互相糅合。

水冷麵（물냉면），紅薯細麵幼幼的但極煙韌軟糯，微微冰涼的湯頭酸酸的很開胃，口感清新，夏天吃一流。

Info

地址： 首爾中區明洞2街26-1 서울시중구명동10길35-19（명동2가）
電話： 02-776-8430
營業時間： 0930-2200
消費： 約₩8,000/位
前往方法： 地鐵4號線「明洞」站8號出口，步行約3分鐘。

重溫咖啡滋味
The Coffee Bean & Tea Leaf (커피빈)

首爾的咖啡店十分多，這家於1963年成立的美國跨國連鎖咖啡店，在二十多個國家均有分店，香港也在2014開了分店，可惜不敵疫情而結業了。來到首爾，不妨找機會試試不含咖啡因的咖啡，另外當中的柑桔巴斯克蛋糕，上層柑桔，下層芝士，雖然芝士味不太濃郁，但兩種味混合後會感到清新口味。

MAP: P.103 E4

明洞店十分寬敞，是吃早餐的好選擇。

Rice Blueberry Bagels（₩3,900）、Cafe Latte（₩5,800）。

柑桔巴斯克蛋糕（₩6,300），Hazelnut Americano（₩6,000）。

Info
地址：首爾市中區明洞10街52
　　　서울중구명동10길52
電話：02-522-7158
營業時間：周一至四0700-2300，
　　　　　周五0700-2400，周六0800-2400，
　　　　　周日0800-2300
網址：www.coffeebeankorea.com
前往方法：地鐵4號線「明洞」站8號出口，步行約1分鐘。

全城最辣辛拉麵
夾縫拉麵 (틈새라면)

由김복현先生於1981年、在明洞所創的即食麵店，現在全國分店已逾百間。明洞總店藏身小巷子內的大廈2樓，獨沽一味只賣自家製的「夾縫拉麵」（틈새라면），號稱全城最辣的辛辣拉麵，筆者就目擊過店員吃時也大叫：「好辣！」可想而知辣度非同小可，但辣得過癮！

MAP: P.103 E3

店內牆身和天花都貼滿客人留下的紙條，大部分都說：「好辣」！

Tips
1. 另有為不吃辣客人而設的普通拉麵「뽕게떡」。
2. 店內有免費自取的酸蘿蔔，可解辣。
3. 吃完麵，韓國人喜歡點一碗白飯拌入辣湯吃。

紅部隊（뽕부대），拉麵只得一種，但有不同配料，部隊拉麵配料有午餐肉、腸仔和豆芽，麵條比辛辣拉麵略幼，但一樣彈牙煙韌。第一口不覺辣，但其後辣味直沖上腦，吃得鼻水猛流，但愈吃愈起勁！₩4,500

店內所用的麵是獨家訂製，一般沒賣！

麵店就藏身這棟大廈的2樓。

Info
地址：首爾中區明洞2街4-1號「成元食堂」2樓
　　　서울시 중구 명동2가 4-1 (명동본점) 2층
電話：02 - 756 - 5477
營業時間：周一至五1000-2000，
　　　　　周六及日1100-2000
網址：www.teumsae.com
消費：約₩4,500 / 位
前往方法：地鐵4號線「明洞」站8號出口，姜虎東烤肉店旁小巷子內。

《米芝蓮》牛肉純湯
河東館 (하동관)

1939年開業的老字號，只賣牛骨湯，分為「一般」與「特級」兩種，一般只有牛肉；特級則加入內臟，味道更佳。用母牛肉、牛骨和蘿蔔長時間熬煮，80年來不變美味，吃時只加點鹽和蔥花調味，拌上白飯來吃已夠滋味，難怪獲《米芝蓮》評審推薦。

MAP: P.103 D2

特級牛肉純湯，牛柏葉、牛肚等也軟嫩彈牙，奶白色的湯頭醇厚甜美而順喉，拌成湯飯吃一流。₩18,000

點餐流程：顧客進店後先到櫃台點餐付款，收銀員會給你一張餐券，再跟服務員指示入座。

午市時間一位難求，經常1600前便賣完關門。

80年歷史的牛肉純湯店。

Info
地址：首爾市中區明洞9街12 (明洞1街)
　　　서울 중구 명동9가12 (명동1가)
電話：02 - 776 - 5656
營業時間：0700 - 1600
休息：每月第1、3個周日
網址：www.hadongkwan.com
消費：約₩12,000 / 位起
前往方法：地鐵2號線「乙支路入口」站5號出口，徒步約8分鐘。

鬧市玩燒鎗

MAP: P.103 E3

明洞實彈射擊場 (명동실탄사격장)

在香港要嚐試實彈射擊比較多手續要辦，但在這裡「燒鎗」的要求就相對簡單，兼有英語導師提供基本訓練，並且全程監督，十分安全。收費按鎗枝型號和子彈而定，十發子彈約₩40,000，鎗枝型號十分多，例如在二戰電影中看到的Walther P38半自動手鎗、Smith & Wesson 27左輪手鎗等。

從大廈旁邊的寫字樓大堂乘升降機到五樓才能到達靶場。

可選用自己喜歡的鎗款。

年滿14歲就可以體驗實彈射擊。

Info

地址：首爾市中區明洞8街27號陽光大廈3/F
서울중구명동8가길27선샤인빌딩 3
충복사
電話：02-777-6604
營業時間：1100-2000
收費：入門課程約40,000（14-18歲人士需由家長陪同參與）
網址：www.koreashootingclub.com
前往方法：地鐵4號線「明洞」站8號出口，步行約3分鐘。

過癮薯仔炆辣雞

MAP: P.103 D2

元祖 安東辣雞 (안동찜닭)

本是源自慶尚道安東地區的家常小菜，結果紅遍全國。尤以這家號稱「元祖」的連鎖專門店最人氣，只供應無骨燉雞、有骨燉雞和海鮮燉雞3款，招牌無骨燉雞，選用新鮮去骨雞肉，加上薯仔、辣椒、紅蘿蔔等配料燉煮。35cm直徑的巨型盤子上桌時大家都嚇了一跳，大班朋友圍着吃，你一塊我一塊談天説地，正是受歡迎的原因！

無骨燉雞（뼈없는찜닭），雞肉嫩滑，蔬菜甜味盡滲醬汁中，味道先甜後辣，那爽口軟糯的粉條更是入味，愈吃愈起勁。2人份約₩28,000

韓國人吃安東雞時喜歡佐以鍋巴湯，清淡一點正好中和雞的辣勁。₩3,000

放心，這裏跟明洞其他店一樣，都備有普通話店員和中文餐牌。

Info

地址：首爾市中區明洞2街2-22
서울시 중구 명동2가2-22
電話：02-310-9233
營業時間：1000-2000（1600-1700休息）
網址：www.honggane.kr
消費：約₩15,000/位
前往方法：地鐵4號線「明洞」站8號出口，近明洞街交界。

大熱NUTS專門店

MAP: P.103 E3

HBAF MART (바프마트)

HBAF（Honey Butter Almond Flavors）是香港勁受歡迎的蜂蜜牛油杏仁，在明洞繁華街開了多家專店，簡直是五步一樓十步一閣，獨孤一味賣杏仁、腰果等Nuts。專賣店的種類當然較超市齊備，而且價錢都比較平，難怪吸引大批遊客掃貨。

明洞有多家分店，較大的店會有大蜜蜂公仔作招徠。

多款口味都有得試食，一包只需₩7,900。

Info

地址：首爾市中區明洞10街25-1（明洞2街29-9）
서울중구명동10길25-1（명동2가29-9）
營業時間：0900-2400
前往方法：地鐵4號線「明洞」站8號出口，步行約3分鐘。

年輕版樂天
LOTTE young PLAZA

MAP: P.102 B2 - B3

2003年開幕，乃韓國首家針對年輕人客群的百貨店，連地庫樓高7層，網羅一眾時尚流行服飾，主打中、低檔年輕品牌，包括3CE、UNIQLO、MUJI等。更有與WHOSFAN合作的專門店，不時吸引大批fans聚集，天台有情侶主題花園供shopping行到累的顧客閒坐。

位於6樓的UNIQLO，價錢與香港相若，但款式略有不同。

LOTTE young連地庫樓高7層，弧形的玻璃幕牆常有特別裝飾，還有通道連接Avenuel和樂天百貨。

去春川LEGOLAND買漏手信的話，可在二樓的LEGO店補貨。

MUJI位於五樓，旅行爆唸的話可以來這裡看看，36L細唸₩249,000。

Info
地址：首爾市中區南大門路81（小公洞）
서울시 중구 남대문로 81（소공동）
電話：02 - 771 - 2500
營業時間：1030-2000
休息：逢周一
網址：www.lotteshopping.com
前往方法：地鐵2號線「乙支路入口」站7號出口，步行5分鐘，樂天百貨地庫有通道連接。

韓星主題cafe
WHOSFAN CAFE（후즈팬）

由K-POP粉絲平台Whosfan開設的實體咖啡店，café主題韓星會定期更換，採訪當日主題正是Apink，因此全店充滿Apink成員的照片和關連商品，還有幸運大抽獎。

可供fans自拍和留言給偶像。

大量主題商品發售。

幸運大抽獎，有機會獲得Apink的相片。

購買指定食品如Apink Caron（₩5,000），可獲Apink非賣品相片。另購買特飲（₩6,000）可獲贈Apink飲管。

Info
地址：LOTTE young PLAZA 2/F

獅子等你合照
KAKAO FRIENDS

大大隻獅子仔Ryan站在門前等你合照！雖然店鋪面積不是太大，但貨種卻很齊全，與韓國潮牌LMC合作的商品也有不少，容易揀到心頭好。

大量文具。（筆記簿₩3,500至₩5,000、行事曆₩6,000、小印章₩13,000）

LMC聯乘商品。（行李牌₩14,000、公仔扣₩15,000、貼紙₩5,000、矽膠小公仔₩15,000）

Info
地址：LOTTE young PLAZA地面

掃K-POP周邊

MAP: P.102 B2

Renaissance Music History
(르네상스 음악사)

　　在明洞地下街售賣K-POP周邊商品
和CD的專門店，大量新舊CD、海報、
月曆及應援物品任君挑選，而且價錢合
理，花點時間細意搜尋的話，隨時發掘
到心頭好。

大量舊CD，
任選五張只需
₩10,000。

周邊產品種類多，包括抱
枕、明信片、水杯等。
（相架₩20,000/個）

大量韓星座枱月曆。₩12,000/個

Info
地址：首爾市中區南大門路70-1
　　　（明洞地下街E-1號）
　　　서울중구남대문로70-1
　　　（명동지하쇼핑센터점 마-1호）
電話：02-777-4443
營業時間：1000-2100
前往方法：地鐵2號線「乙支路1街」（乙支路
　　　入口）站5號出口，步行約3分鐘。

平價版ZARA

8 Seconds

　　三星集團旗下的服裝店，
主打ZARA等品牌路線但價格
更廉宜。近年分店愈開愈多，
單是明洞已有兩間分店。「8
秒」的意思是說你會在八秒鐘
內被其時裝吸引，G-Dragon
（權志龍）曾擔任代言人。

MAP: P.103 D4

品牌定位介乎
ZARA與H&M
之間。

白色針織上衣。
₩49,900

藍色針織背心。
₩449,900

Info
地址：首爾市中區明洞8街3
　　　（忠武路1街24-3）
　　　서울중구명동8나길3
　　　（충무로1가24-3）
電話：070-7090-2231
營業時間：1030-2200
網址：www.ssfshop.com/8Seconds
前往方法：地鐵4號線「明洞」站6號出
　　　口，步行約1分鐘。

每季十大服裝

MAP: P.102 C2

TOPTEN 10 (탑텐)

　　中、下檔次的
速食時裝點，號稱
每季挑選十大休閒服
裝產品，以合理價錢
銷售。除年輕人款式
外，也提供四、五十
歲的中年人款式。

棉質橫間T恤兩件
₩29,900。

品牌走年輕人與中年人路線。

風褸。₩49,900

Info
地址：首爾市中區明洞街19
　　　서울중구명동길19
電話：02-779-8042
營業時間：周一至五1030-2030，
　　　周六及日1000-2230
網址：https://topten.topten10mall.com/kr
前往方法：地鐵2號線「乙支路1街」（乙
　　　支路入口）站5號出口，步行約
　　　4分鐘。

露天消食酒場
炸雞啤酒街

━━Info━━
地址： 首爾市中區明洞7街21
（明洞新藝術中心）
서울중구명동7길21
（명동아르누보센텀）
前往方法： 地鐵2號線「乙支路1街」
（乙支路入口）站5號出
口，步行約2分鐘。

明洞新藝術中心（명동아르누보센텀）一邊的地面一連開了八家炸雞店，晚上全部店鋪都把後門打開，放上露天桌椅後，這條街就搖身一變成為異常熱鬧的炸雞啤酒街。三五知己晚上來這裡吃啖炸雞、啤一啤，實在暢快！ **MAP: P.103 D2**

晚上五、六時已經開始有人流聚集。

歐巴炸鷄（오븐에빠진닭）

筆者最喜歡這間店的甜辣炸雞，甜辣味非常平衡，不太辣也不太甜，香甜脆滑！餐牌有中英日文，店員也懂說中文，點餐沒有難度。

店名意思是「烤箱裡的雞」。

半半炸雞，原味加甜辣味。₩24,000

━━Info━━
電話： 02-3789-5892
營業時間： 1130-0300
網址： www.oppadak.co.kr

bhc

雖然香港也有分店，但看見宋慧喬代言的照片，又會令人想試試到底韓國與香港的出品有沒有不同。當然，在韓國食，一定會覺得好味過在香港食啦。

半半炸雞，原味加甜辣味。₩20,000

炸雞伴上的醃蘿蔔也十分好吃。

━━Info━━
電話： 010-2076-9496
營業時間： 1200-2400
網址： www.bhc.co.kr

地庫便利店
哈莫妮超市（하모니마트）

曾盛極一時的大型超市，在疫後重新上路，明洞地庫這家店雖然規模不大，但勝在就腳而且營業時間長，成為不少旅客深夜入貨的好地方。就像一家較大型的便利店一樣，貨品種類不算多，集中售賣韓國食品、化妝品和日用品。 **MAP: P.103 E4**

位於地庫1層，地方也不算小。

AHC紓緩保濕面膜。₩7,800

韓星產品也有售，配合遊客需求。BTS照片卡套裝（Instagram）₩8,000，筆記簿₩4,500

━━Info━━
地址： 首爾市中區明洞10街58地庫
서울중구명동10길58 B1
營業時間： 0830-2230
前往方法： 地鐵4號線「明洞」站8號
出口，步行約1分鐘。

白種元炸醬麵

香港飯店PLUS+ 0410 (홍콩반점)

不要見有「香港」兩個字就以為是港式料理，其實是食炸醬麵、海鮮麵等的韓式中華料理店。由韓國著名食家白種元（백종원）主理，大大個嘜頭成為信心的標誌，分店遍佈全國，以平價炸醬麵作招徠，麵質彈牙夠煙韌，炸醬份量亦適中，性價比十分高。 **MAP:** P.103 D3

店鋪位於二樓。

大大個白種元海報，相信水準會有保證。

炸醬麵是招牌菜。₩6,000/碗

Info
地址：首爾市中區明洞10街13（明洞2街3-2）
서울중구명동10길 13 (명동2가 3-2)
電話：02-778-0410
營業時間：1130-2100
消費：約₩10,000/位
網址：https://start.theborn.co.kr/prebrand_detail.php?bc=26
前往方法：地鐵4號線「明洞」站8號出口，步行約3分鐘。

50年人參雞店

營養中心總店 (영양센터)

1960年創業的人參雞湯專門店，在全國有多家分店。新鮮全雞用人參炆制，雞內釀了糯米、紅棗，滾熱上菜連蘿蔔泡菜伴碟，份量十足。另外，電烤雞也是推介之選，非油炸，符合健康營養的宗旨。 **MAP:** P.102 C4

店員不太懂說中文，但可用英文溝通。

一排排的電烤雞也是該店的推介。
₩19,500/大隻

人參雞湯。₩18,500

Info
地址：首爾市中區明洞2街52（忠武路1街25-32）
서울중구명동2길52 (충무로1가25-32)
電話：02-776-2015
營業時間：1030-2230
消費：約₩20,000/位
前往方法：地鐵4號線「明洞」站5號出口，步行約2分鐘。

明洞街頭小吃
攻略！

幾乎整個明洞購物街都有小吃攤檔的蹤影，不妨試試傳統經典的魚糕（₩2,000）。

　　只要在黃昏時份走進明洞街與中央街一帶，就會發現街道兩邊都佈滿街頭小販攤檔，大部份售賣韓國特色小吃，例如辣炒年糕、魚糕、煎糖餅等，就算已吃過飯，肚子都會有空間容納各式各樣的美食！

焦糖烤餅（구운설탕）

因韓劇《魷魚遊戲》而全球知名的甜食。由砂糖內混合發酵粉煮成糖漿，倒在鐵板上壓成小圓餅狀，最後在中間印上心形等圖案。味道沒想像般甜，帶焦香，口感香脆！₩2,000

糖餅

傳統韓國飯後甜品，用低溫油炸，外層炸至金黃色，內裡是溶化了的糖漿，鹹甜口感共治一爐。除原味外，另有蔬菜（各₩2,000）、紅豆、烤肉蔬菜、芝士蔬菜（各₩3,000）等餡料選擇。

烤魷魚（쥐포／마른오징어）

有鮮魷魚和乾魷魚選擇，都現點現烤。韓國人真的很喜歡烤魷魚，不止旅行時搭車搭船吃，連看電影也會吃。₩5,000

炸薯片串

以原個薯仔切成薯片串，現買現炸特別香脆。₩5,000

雞蛋糕（계란빵）

放在鐵筒上烤的奶油蛋糕，每件都藏着一顆蛋，餅底烤至微脆，味道甜中有鹹，口感軟綿又實在。₩1,500

年糕香腸

經典韓國年糕與香腸配合，煙韌與爽脆的口感輪流交替，美味又飽肚，兩個人共享就剛剛好。₩4,000

提·提你

明洞早餐車

如果早餐想食飽些，可選擇這輛只在早上出現的街頭早餐車，提供與Isaac同類風格的烘三文治、紫菜飯卷及魚糕等食品，烘三文治有A、B、C、D四款選擇，餡料有雞蛋、火腿、芝士、野菜的組合，售價₩3,000至₩4,000。
MAP: P.103 D4

買早餐的人多，烤三文治基本要等十幾二十分鐘。

三文治餡料豐富，一定夠飽肚。

早餐車連韓國電視台都有介紹。

Info

地址：首爾市中區明洞8街52
　　　서울중구명동8길52
營業時間：0700-1000
前往方法：（Nature Republic門外）

弘大

延南洞

明洞

南山

首爾站 南大門

東大門

首爾中心花園

南山 (남산)

交通 地鐵4號線「明洞」站（202）；地鐵3、4號線「忠武路」站（331／423）。

提提你

韓國價錢寫法
由於韓圜銀碼大，很多店家習慣把價錢最後的「000」，以一畫代替，甚至索性以千為單位。如₩2,500會寫成「₩25／」或「₩2.5」，購物時請注意。

　　以「N Seoul Tower」首爾塔為重心的「南山洞」，位處首爾的正中央，毗鄰明洞與南大門，卻擁有29,000平方米的天然公園，初春時萬山櫻花、秋季則紅葉滿眼，美不勝收，為發展急速的首爾市注入新鮮空氣，儼如城市綠肺。

地圖區域

	A	B	C
1			
2			
3			

往會賢站（南大門）

退溪路 퇴계로

世宗 H

地鐵4號線 지하철 4호선

忠武路 충무로

424 明洞 명동 Myeongdong

423

331 大韓劇場

中部稅務署

Astorial Hotel

New Oriental

STATE TOWER

PRAIME TOWER

Pacific Hotel

Isaac Toast

南山小學校

南山洞3街
남산동3가

南學洞
남학동

忠正寺

入口

泉雨閣

傳統工藝館

南山洞1街
남산동1가

筆洞
필동

筆洞2街
필동2가

南山谷韓屋村
（남산골한옥마을）

Seoul Tower Ville

南山洞2街
남산동2가

南山Ormi
傾斜電梯

中國大使館
（領事部）

NamsanArtmonstay

Hill House H

南山纜車站

崇義女子中高校

崇義女子大學

藝場洞
예장동

小波街 （소파길）

南山公園街 （남산공원길）

南山公園梯級

南山纜車 「남산케이블카」

南山公園
（남산공원）

安重根義士記念館

南山3號隧道

南山烽燧台

八角亭

售票處

入口

N Seoul Tower
（N 서울타워）

首爾城廓

Roof Terrace

南山循環巴士站
（02・03・05號）

N

三一大路 （삼일대로）

退溪路 （소공로）

南山攬車路

崇明路 （소공로）

小公路 （소공로）

登山必經傾斜電梯

南山Ormi（남산오르미）

　　昔日要登南山，必須徒步走到位於山腰的南山纜車站，2009年增建了韓國首座室外傾斜式電梯「翶樂美」。全長140米，每次可載20人，只需2分鐘，便可以從小公路的南山3號隧道口廣場直達纜車站，全透明玻璃外牆的電梯，乘搭時已可俯視首爾市景。

在電梯內已能飽覽整個南山洞景致，算是為接下來的美景熱身。

「翶樂美」乃韓國首座室外傾斜式電梯，從小公路直登纜車站，全程不過2分鐘，假日旺季或需要排隊。

電梯外貌就跟平日乘搭的無異，只是乘客比較國際化而已。

MAP: P.121 A2

電梯顯示的樓層，就只有地面的1樓，以及纜車站所在的2樓。

乘搭位置就位於小公路的南山3號隧道竣工紀念塔廣場旁邊。

Info

乘搭位置： 南山3號隧道竣工紀念塔廣場（小公路）

營運時間： 0900-2400

收費： 免費

前往方法： 地鐵4號線「明洞」站4號出口，沿退溪路西行至State Tower，左轉小公路，再往南山方向徒步約10分鐘。

全長605米的南山纜車，配上背後滿山的紅葉流丹，美得出塵！

眼前的紅葉層巒疊嶂，跟後面的高樓大廈形成對比。天氣好時，遠至首爾城北也盡收眼底。

眼見如此美景，乘客都大讚：「Wonderful」，但3分鐘的車廂轉眼便過。

穿越南山紅葉
南山纜車（남산케이블카）

　　前往首爾塔，最方便當然是乘坐纜車。早在1962年已啟用，是韓國首個商用的纜車系統，全長605米，整趟車程只需3分鐘。

2008年重新營運，換上全透明玻璃車廂，每次可載48人。最大賣點是行車時能360度俯瞰南山公園美景，特別是每年秋天，腳下萬山紅葉美不勝收，跟置身公園內觀賞的紅葉，是兩個截然不同的視野。

從纜車車廂中俯瞰，腳下是滿山紅葉層林盡染，錯落有致，美得令人目眩！

MAP: P.121 A2 - A3

每輛纜車可載48人，約10分鐘一班，四面皆為透明的玻璃外牆。往返票有去程和回程兩截，乘搭第一程後請小心保存車票。

售票處位於纜車站1樓，購票後需乘電梯至3樓的乘搭處。

乘著纜車穿梭紅葉間，是另一番景致。

---Info---

地址：首爾市中區小波路83（會賢洞1街）
　　　서울시 중구 소파로 83
　　　（회현동1가）
電話：02 - 753 - 2403
營運時間：1000-2300（假日及周六、日視情況延長服務）
票價：成人往返₩14,000、單程₩11,000；
　　　兒童往返₩10,500、單程₩8,000；
　　　65歲以上₩10,500。
網址：www.cablecar.co.kr
*如假日人多，纜車將延長營運至0000。
前往方法：地鐵4號線「明洞」站4號出口，
　　　沿退溪路西行至State Tower，
　　　左轉小公路，往南山方向徒步至

南山公園內有6.7公里長的步道穿梭，每逢秋日便楓葉飄紅，韓國人都全家總動員登山賞楓，好不熱鬧！

春櫻秋葉美景
南山公園（남산공원）

南山舊名「木覓山」，海拔265公尺高，公園面積約29,000平方米，雖然山不高，但因為座落市中心，是故素為首爾市的象徵。向以景致優美見稱，園內擁有191種樹木與361種野生花草，一年四季景致各異，春天有櫻花，秋天還有紅葉滿山。除了首爾塔，園內還有5座朝鮮時代的烽燧台、八角亭，以及18,000米長的古城廓。 **MAP：P.121 B3**

朝鮮王朝開國初期建造的南山烽燧台，古時守衛若發現有敵人入侵，便會點燃煙火通報，現場有傳統服裝的守衛跟旅客合照。

韓國阿珠媽最喜歡坐在樹下野餐，興起還會唱歌！

枯竭的落葉，堆成心型後即成情侶的留影勝地。

春天一片櫻花海夾道的南山公園，又是另一種美景。

隨便一拍，已是美景！

南山纜車站往首爾塔有一段木樓梯，景致最美。

╺═Info═╸

地址：首爾市中區三一大路231（藝場洞）
　　　서울시 중구 삼일대로 231（예장동）
電話：02 - 3783 - 5900
開放時間：24小時
網址：http://parks.seoul.go.kr
前往方法：地鐵4號線「明洞」站3號出口，
　　　　　沿指示徒步登山（有點陡斜）；或
　　　　　乘坐南山纜車直接登山。

首爾浪漫地標

MAP: P.121 B3

N首爾塔 / N Seoul Tower (N서울타워)

原為首都圈的電波塔，1969年動工、1975年落成，1980年始開放公眾參觀，2005年耗資15億韓圜整修，乃首爾最著名的地標。

塔高236.7米，塔內共有5層，主要分為N Plaza、N Lobby及N Tower3部分，展望台位於2至3樓、5樓則有旋轉餐廳N.GRILL。每天日落西山後，還有大型燈光Show。儘管首爾塔本身

晚上，加上燈光效果的首爾塔景色更美，每晚7至12時，以「首爾之花」為名的6支探射燈，更會在天空中拼出鮮花盛開的圖樣。

不高，但因座落243公尺高的南山上，故居高臨下視野極佳，能360度盡覽首爾市景。

但真正令首爾塔聞名的，其實是它的浪漫背景，多得多齣韓劇，韓國情侶都認定這裏為約會勝地。自《來自星星的你》紅遍亞洲後，更變成情侶交往100日的紀念地，還要學都敏俊與千頌伊，在Roof Terrace鎖上永不分離的愛情鎖。

雪景中的首爾塔，傲雪凌霜又是另一番景致。

236.7米高的N首爾塔，原名南山塔，2005年時重修後才改名，「N」代表南山，也有「NEW」的重生意思。

Info

地址：首爾市龍山區南山公園巷105號（龍山洞2街）
서울시 용산구 남산공원길 105（용산동2가）
電話：02 - 3455 - 9277
展望台開放時間：
平日1030 - 2200，
周末及假日1000 - 2300
展望台門券：
13歲以上₩16,000、
3-12歲或65歲以上₩12,000
網址：www.nseoultower.co.kr
前往方法：乘坐南山纜車，再徒步約5分鐘。

掃首爾塔精品

N Plaza

首爾塔內設有精品店，分別是位於1樓和大堂的「N Gift Shop」和位於展望台的「THE BA:NG」。不單止售賣首爾塔精品，更有售賣各式愛情鎖、愛情信物、愛情馬賽克磚等。

首爾塔的官方精品都設計不俗，不妨買來作手信。

官方出品的「愛情鎖」，有12種顏色選擇，另有首爾熊選擇。

Info

位置：N Gift Shop 1樓、THE BA:NG 5樓
電話：N Gift Shop 02 - 3455 - 9256、
THE BA:NG 02 - 3455 - 9273
營業時間：T1 1030 - 2130，
T5 1030 - 2200，
5樓1200 - 2000

愛情鎖陽台
Roof Terrace

「N Plaza」2層設有戶外觀景台，無需門票都可參觀。這裏最聞名的，其實是欄杆上成千上萬，象徵永不分離的「愛情鎖」，《來自星星的你》中，都敏俊與千頌伊都有在此扣上一個。

成千上萬的愛情鎖，寫滿愛侶至死不渝的山盟海誓，表面斑斑的鏽跡，像見證愛的永恆。

位於2層的戶外觀景台鋪設木板地台，也能眺望首爾市景觀，勝在完全免費，欄杆都掛滿鎖扣，左邊的是電波塔。

Tips

由於情侶太多，欄杆早已無空間再扣上新鎖，於是在觀景台四周加建愛情樹，數量還在不斷增加。

─ Info ─
位置：P2

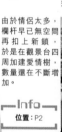

愛護環境，請勿將鑰匙往山下丟。

Tips

收銀處有Marker筆賣，寫好留言，店員會幫你貼上防刮花的貼紙，並在背面塗上膠水。

觀景台上到處都是浪漫的拍照背景，小情侶來到最開心！

獨家發售的磁磚「愛情馬克磚」，可以寫上留言貼在塔底的牆上。

首爾塔拼貼磁石瓷磚貼

Gift Shop後門對出，便是指定的磁磚張貼區，有效張貼期為一年。

首爾塔、首爾熊Pins

展望台居高臨下景致極佳，可眺望漢江與冠岳山江南一帶都市美景。

360度眺望首爾
展望台

┌─ Info ─┐
位置：3-4 / F

官方名稱為「數位展望台」，位於N Tower的3至4樓，能360度視野無阻地飽覽首爾市美景，最遠甚至可看到開城的松嶽山。每日黃昏時份，華燈初上的景致更美。

位於3至4樓的「數位展望台」，能將首爾市四面八方景致盡收眼底，還設有多台數碼望遠鏡。

要登上展望台，請從N Plaza廣場的樓梯往地庫，再乘搭高速電梯。

2樓的「藍天洗手間」設有落成大玻璃窗，乃全首爾景觀最好的洗手間。

展望臺台中央的Gift Shop可買到已貼上郵票的明信片，還有首爾塔圖案。

韓國人特別浪漫，等候電梯時，以及電梯天花都有美麗的燈光投影看。

展望台還設有「Love N Letter」郵箱，可在這裏寄張愛明信片，給遠方的至愛！

塔內到處都是代表愛情的造景，愛意滿瀉，難怪成為約會勝地！

居高臨下，從這角度更可看到首爾塔的投影。

蓮花池旁建有大型涼亭「泉雨閣」，簷上裝飾精緻，跟旁邊艷紅色的紅葉互相輝映！

傳統文化示範村

MAP: P.121 C1 - C2

南山谷韓屋村（남산골 한옥마을）

正門入口

　　1988年開幕的韓屋主題公園，佔地8,000平方米，園內6棟傳統家屋，都是從首爾各地遷來並加以修復，昔日屋主皆為官吏貴族，內部還有展出舊家具擺設，能一窺朝鮮時代的生活。附設工藝展覽館、傳統茶館，又不時舉行各種藝術展覽，更有以及偌大的傳統庭園，特別是紅葉季節景致更怡人。

　　庭園內設有「首爾千年時間囊」，是首爾建城600年（1994年）時設位，存放600件代表市民生活的文物，預定在2394年11月29日打開。而周六、日在「民氏之家」更不時會舉行傳統韓國真正婚禮，

寬勳洞閔氏家屋，擁有首爾少有的廚、卧室並排結構，內部還有韓服體驗，收費₩3,300。

婚禮服務接受網上預約，1小時的基本費用為₩1,200,000（不包括額外服務費）。

昔日韓屋常見景觀——一整排的醬缸，加上矮牆後的紅葉，便是韓國傳統美景。

傳統工藝展示館旁廣場有各式傳統遊藝試玩，看阿珠媽投壺時多認真！

韓屋村乃首爾熱門的婚照拍攝地，秋日紅葉季節時更多。

傳統庭園內的紅葉美極了！

園內設傳統茶館，品嚐傳統韓茶香之餘，還可穿着韓服拍照。

Info

地址： 首爾中區筆洞2街84－1
　　　　 서울시 중구 필동2가 84－1
電話： 02 - 2264 - 4412
開放時間： 0900 - 2100；冬季
　　　　　　（11月至3月）0900 - 2000
休息： 周一
入場費： 免費
網址： http://hanokmaeul.seoul.go.kr
前往方法： 地鐵3、4號線「忠武路」站3、
　　　　　　 4號出口（韓國之家入口）。

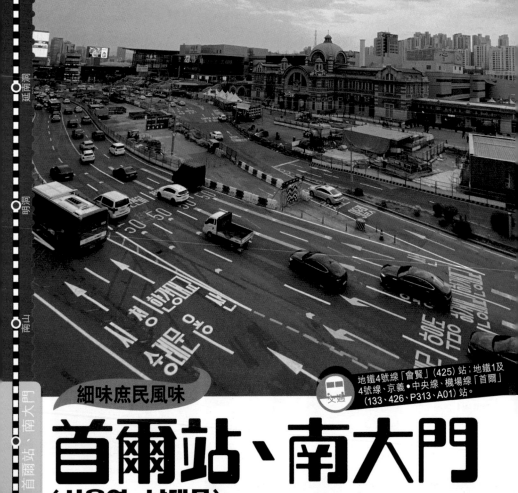

細味庶民風味

地鐵4號線「會賢」(425) 站；地鐵1及4號線、京義‧中央線、機場線「首爾」(133、426、P313、A01) 站。

首爾站、南大門
(서울역、남대문)

　　座落首爾站與明洞之間，與東大門齊名的大型傳統市集，已有600多年歷史。跟東大門不同，南大門都是小本經營的店攤，售賣日常用品、廉價服飾、廚房用具、民俗工藝、土特產等，尤以價格便宜見稱。旅客必買的人參、紫菜、柚子蜜、工藝品應有盡有，價格更比大型超市便宜。橫街小巷還聚集各式道地庶民小吃，比明洞更道地更便宜。

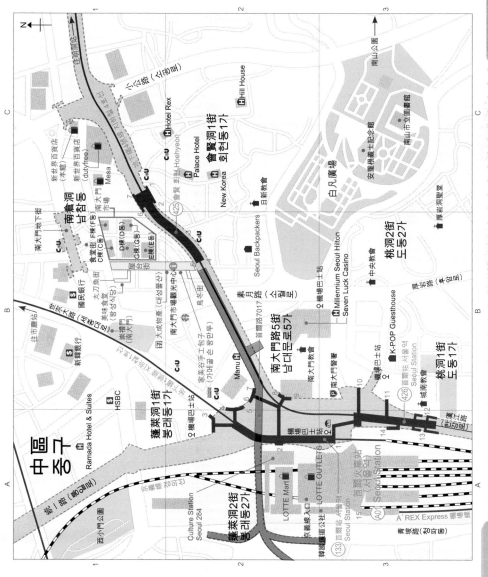

登上首爾路，可俯瞰整個首爾舊車站，以及市中心車水馬龍美景。

空中花園步道
首爾路7017（서울로7017）

　　原為1970年建成的高架行車天橋，停運多年，2017年活化成高架行人道兼空中花園。「70」指高架橋建築的年份，「17」則是指改建年份。全長1.7公里的空中步道，連接首爾站至會賢站，串連17條行人天橋，從首爾站走至會賢站南大門市場只需20分鐘。橋上設有5個主題空間，沿途種滿四季花卉，還有咖啡店、食店、紀念品店和兒童遊樂設施，晚上更有燈光效果，儼如城市綠洲。**MAP：P.129 A2、B2**

會賢站入口和橋中央，都設有café、洗手間或遊客服務中心。

沿途設置645個花圃、種滿24,085株花草樹木，名副其實的城市綠州。

全長1.7公里的空中花園步道，連接首爾站至會賢站，走畢全程約需20分鐘。

橋上設有大量休憩和兒童遊樂設施，包括跳跳床、DIY木偶劇院等。

⌐Info⌐
前往方法：地鐵1、4號線、機場鐵道「首爾」站2號出口；或「會賢」5號出口。

道地風味 **MAP：P.129 B1、B2**
南大門屋台街

　　地鐵會賢站5號和6號出口前，聚集了大量路邊攤，日間售賣日用品雜貨，晚上則變身成道地小吃的屋台街，由魚板、烤肉串、辣炒年糕、現切水果盤，到現炒海鮮、煎餅都應有盡有，而且售價便宜又道地，儼如露天美食廣場，本地人也愛來喝酒聊天。

每到傍晚，攤販便開始在行人專用通道擺設枱櫈，有齊枱布、暖爐，坐得舒服。

小吃選擇極豐富，攤主都醒目地貼滿中英日語菜牌，溝通絕無難度。

⌐Info⌐
營業時間：約1700 - 2300
前往方法：地鐵4號線「會賢」站5號出口即達。

市中心唯一折扣場
LOTTE OUTLETS

2013年開幕，座落首爾車站上蓋，乃樂天首間位於首爾市中心的Outlet。樓高3層，集合140個韓國本土及外國品牌，價格比市價便宜3到7成。當中尤以鞋履、手袋和戶外用品最具睇頭。像OL最愛的平底鞋品牌 Le Bunny Bleu有7折，The North Face更低至4至7折，旁邊還有LOTTE Mart，可一拼掃貨。

MAP: P.129 A2

二樓有潮牌What it isNt。

樓高3層，面積雖不及位於驪州或坡州的Premium Outlet，勝在就腳方便。

1樓以本土化妝品牌、鞋履和手袋的專櫃為主。

Info
地址：首爾市中區漢江大路405
　　　서울시 중구 한강대로 405
電話：02 - 6965 - 2500
營業時間：1030-2100
網址：www.lotteshopping.com/store
前往方法：首爾火車站上蓋，地鐵1、4號線「首爾」站2號出口，步行約2分鐘。

懷舊車站變展場
Culture Station Seoul 284

MAP: P.129 A2

Tips

場地歡迎拍照，但部分藝術展不准拍攝，可先向現場服務員查詢。

前身為1925年落成的舊首爾火車站，由日本建築師Tatsuno Kingo設計，充滿昭和時期的華麗歐式風格。2004年新首爾站啟用後一度荒廢，直到2011年始修復成文化空間，取名為「文化車站284」，內部極力保持原貌，昔日的候車室和貴賓室，改建成大大小小的展覽室，散發濃濃的懷舊味道，加上免費開放，已成攝影迷的秘密取景地。

舊首爾站擁有圓形拱頂和半圓形的玻璃天窗，充滿文藝復興的建築風格。

館前還豎有4.9米高的姜宇奎銅像，乃朝鮮末期的著名韓國獨立運動家。

車站最初名為南大門站，1925年車站大樓落成後改名京城站，直至韓國光復後才改為「首爾」站，見證歷史變遷。

Info
地址：首爾市中區統一路1號
　　　서울시 중구 통일로1 번지
電話：02 - 3407 - 3500
開放時間：1100-1900
休息：逢周一、春節及中秋節
入場費：免費
網址：www.seoul284.org
前往方法：地鐵1、4號線「首爾」站2號出口前面。

災後重生
南大門
（남대문）

Info
地址：首爾市中區世宗大路40號（南大門路4街）
　　　서울시 중구 세종대로 40 (남대문로4가)
開放時間：0900 - 1800
休息：逢周一
前往方法：地鐵4號線「會賢」站5號出口，步行約10分鐘。

原名「崇禮門」，始建於1396年，乃朝鮮時代漢城四座城門中規模最大，被視為「國門」，更屬「韓國第一號國寶」。2008年遭縱火焚燬，僅存石造城基，歷時5年修復，斥資270億韓圓，終在2013年重開。

MAP: P.129 B1

崇禮門在花崗岩的基座上搭載，堅固木結構的建築分為上下兩層，乃韓國第一號國寶。

廉價雜貨市場
南大門市場（남대문시장）

　　佔地6萬多平方米，由C至G棟5座購物大樓組成，聚集了10,172家批發零售商，售賣廉價服裝、童裝、廚房用品、民俗工藝品、布藝寢具、土產食品、日用雜貨等，由於很多店家都直接從生產商入貨，故價格特別便宜。原本每棟各有主題，但現在分類已不清晰。整括而言，C棟主打工藝和廚具、D棟主打家品雜貨、E棟主打飾物雜貨、F和G棟則主打童裝。

MAP: P.129 B1

5座購物大樓從60、70年代起相繼落成，連同周邊橫街的路邊攤，也統稱為南大門市場。

韓國人煮即食麵用的銅煲。₩5,000起

韓國傳統搓澡專用的手套，有效清除死皮。₩8,000 / 10個

Info
地址：首爾市中區南大門市場4街21 (南倉洞)
　　　 서울시 중구 남대문시장4길 21 (남창동)
電話：02 - 753 - 2805
營業時間：約2300 - 翌日0400
休息：逢周日
前往方法：地鐵4號線「會賢」站5號出口，步行約3分鐘。

人參專門店
大成物產（대성물산）

　　南大門有很多售賣人參的特產店，其中開業20多年的大成最受本地人推崇，老闆會說流利普通話，取價又公道。人參製品種類最多，由原支鮮人參、參茶、參酒、參糖，到人參番梘、人參洗面乳都應有盡有。

MAP: P.129 B2

柚子茶，獨立包裝更方便，當果醬塗麵包餅乾更佳。₩8,000 / 一盒20包

紅參片，功效最強，可以直接吃或泡茶都得。₩25,000 / 200g

參茶沖劑，韓國人都當日常飲用。₩5,000 / 一盒50包

除了人參製品，店內還有售紫菜、松茸等特產。

Info
地址：首爾市中區南倉洞 50 - 12
　　　 서울시 중구 남창동 50 - 12
電話：02 - 757 - 6421
營業時間：24小時
前往方法：地鐵4號線「會賢」站5號出口，南大門市場觀光中心斜對面。

長龍肉包大王
家美谷傳統手工包子
（가메골 옛날 손 왕만두）

　　1978年開業，南大門家傳戶曉的長龍包子店，日韓電視台都多次介紹。包子每15分鐘出爐一次，薄薄的包皮包着滿滿的豬肉、粉絲和椰菜餡，入口鮮甜多汁，韓國人都10個、20個的買走，據說可日賣13,000個！

MAP: P.129 B2

Info
地址：首爾市中區崇仁1洞56 - 59
　　　 서울시 중구 숭인1동56 - 59
電話：02 - 755 - 2569
營業時間：0800 - 2000
休息：逢周日、農曆新年及中秋
網址：https://smartstore.naver.com/gamegol
前往方法：地鐵4號線「會賢」站5號出口，南大門市場觀光中心斜對面。

家美谷最近在附近多開一家分店，但店前人龍依舊不減，厲害！

門前幾個阿珠媽都不停手蒸包子，包子每個都飽滿碩大，真材實料。

手工包子，熱呼呼新鮮出爐，包皮薄至透光，肉餡鮮甜帶胡椒香，口感濕潤，的確會吃上癮。₩5,000 / 5個

回春牙帶魚
太刀魚街

南大門有一條著名的「太刀魚街」，「L」形的小巷，開滿十多二十家賣太刀魚鍋的小食堂。太刀魚即我們叫的牙帶魚，銀白色魚身像把武士刀，日本人會叫牠「太刀魚」，肉質柔軟，並含豐富的鎂、維生素D、鈣及DHA，可預防老年痴呆、增強記憶力及改善高血壓。韓國人喜歡將牠煮成辣魚鍋，更是日本旅客的至愛。**MAP: P.129 B1**

「太刀魚街」位置就在南大門市場D棟對面小巷中，入口隱蔽，但裏面別有洞天！

━Info━
地址： 首爾市中區南倉洞
　　　 서울시 중구 남창동
前往方法： 南大門市場D棟對面小巷。

電視台推介辣魚鍋
美味食堂（왕성식당）

太刀魚街內的傳統食堂，格局大同小異，這家1988年開業的小店，是韓國電視台和日本旅遊雜誌都大力推介，連TVBS的《食尚玩家》也曾介紹。招牌太刀魚鍋2人份才₩16,000，附石鍋煮蛋、紫米飯、泡菜等，相當抵吃。魚肉柔軟細緻，味道香辣，重點是一齊燉煮的蘿蔔，盡吸魚肉的精華，入口即化，一片已能佐一大碗米飯！
MAP: P.129 B1

魚鍋已預先燉好，客人下單，阿珠媽再加大蒜、蔥粒滾熱。

太刀魚鍋（갈치조림），熱呼呼原鍋上桌，魚肉雖然多骨，但軟嫩細緻，那入口即化的蘿蔔更是鮮甜無比，辣得起勁。

店內貼滿阿珠媽接受韓國電視台訪問的照片。

店面極不顯眼，筆者也是靠其他店主引路才找到。

━Info━
地址： 首爾市中區南倉洞34-49
　　　 서울시 중구 남창동34-49
電話： 02-752-9476
營業時間： 0600-2000
消費： 約₩10,000/位
前往方法： 太刀魚街中段，紅黃色燈箱招牌。

韓國首間百貨店
新世界百貨 總店
（신세계백화점본점）

　　1930年創立的「新世界」，為韓國第一間百貨公司，南大門總店建築前身為日本殖民時代的三越百貨所在。走高檔路線，分為新舊兩館，本館主打中高檔名牌，焦點是化妝品部，有齊雪花秀、IOPE等人氣韓妝品牌。新館樓高15層，地庫設有大型超市，較多貴價選擇，有點像香港的City'super。

MAP: P.129 C1

地庫的大型超市跟同門的E-mart相若，但較高檔，眼見客人都是打扮亮麗的太太。

1樓是外國名店的集中地，還有專為外國旅客而設的詢問處。

甜品部有大量本地及外國著名品牌專櫃，看得筆者口水猛流。

本館前身為日本殖民時代的三越百貨，充滿歐式建築特色，3樓設有通道連接新館。

Info
- 地址：首爾市中區忠武路1街52-5號　서울시 중구 회현동1가 52-5
- 電話：02-1588-1234
- 營業時間：周一至四1030-2000；周五至日1030-2030
- 休息：每月一次周一不定休
- 網址：www.shinsegae.com
- 前往方法：地鐵4號線「會賢」站7號出口，步行約5分鐘。

廉價服飾批發
南大門 MESA （남대문 메사）

　　南大門著名的廉價服飾批發市場，樓高22層，但批發商場只佔1至3樓，老實說服裝設計老土，絕不能跟東大門媲美，勝在極便宜，8樓還設有Foodcourt。

MAP: P.129 C1

Info
- 地址：首爾市中區南大門市場10巷2（會賢洞1街）　서울시 중구 남대문시장10길 2（회현동1가）
- 電話：02-2128-7800
- 營業時間：周一至六1000-2300，周日1000-2000
- 休息：每月第1、3個周日
- 前往方法：地鐵4號線「會賢」站7號出口，步行約2分鐘。

細心找，仍有少量便宜筍貨。

現點現搓
烏冬街

　　會賢站5號出口前有一條小巷子，乃南大門著名的烏冬街。窄長的小巷開滿十數家麵店，而且清一色由阿珠媽打理，烏冬都是現點現搓現煮，口感特別軟糯彈牙，每家湯頭都略有不同。

MAP: P.129 B2

烏冬麵約₩4,000-5,000，還提供拼飯等餐點，充滿道地風味。

烏冬街入口隱秘，要留心找找。

Info
- 營業時間：約0800-2200
- 前往方法：地鐵4號線「會賢」站5號出口旁邊。

購物不夜城
東大門
（동대문）

早在19世紀初，已是首爾市內最大的市場，尤以價廉物美的服飾而馳名。東大門成衣出口量更位列全球第四，每件成衣從設計、造版、生產加工到銷售都可在一周內完成，每星期都有3,000件新服裝推出市場，體現韓國速度！

以興仁門路為分界，西面主要是零售市場；東面則是批發市場。一般購物商場晚上10點便關門，但東大門批發街卻從晚上營業到清晨，愈夜愈熱鬧，變成購物的不夜城！

除了服飾，區內還有主打小吃特產的傳統市場——廣藏市場，自「東大門設計廣場」落成後，更令東大門的服裝設計一躍成全球焦點，熱鬧到極點。

交通 地鐵1、4號線「東大門」（128）站；地鐵2、4、5號線「東大門歷史文化公園」（205／536）站；地鐵1號線「鐘路5街」（129）站；地鐵2、5號線「乙支路4街」（204／535）站。

東大門購物注意！
1. 以興仁門路為分界，零售商場集中西面；批發市場則位於東面。
2. 零售商場都營業至清晨，但注意暑假期間會有幾天不定休。
3. 絕大部分零售店舖不設更衣室，出發前最好度清自己的尺寸。

提提你

N

D　　　E　　　F

鐘路5街
종로5가

清溪川6街
청계천6가

乙支路6街
을지로6가

(421)東大門
동대문
Dongdaemun

(128)東大門
동대문
Dongdaemun

(127)

(636)東廟前
동묘앞
Dongmyo

鐘路（종로）

東大門教堂

C•U

東大門（興仁之門）

東大門文具玩具街

e-mart 24

東大門

東廟市場

東大門綜合市場

東大門商場

新清溪衣料商街

清溪川（청계천）

JW Marriott
（JW萬豪）

平和市場

Hyundai DUTY FREE

南平和市場

ART PLAZA

The OT

Hyundai City Outlets

DOOTA
MALL

Maxtyle

光熙市場

Migliore

第一平和市場

TEAM204

馬場路（마장동）

Hello apM

東大門運動場紀念館

apM

廣熙小學

Goodmorning City

東大門歷史館

apM Luxe

SPAREX

東大門歷史
文化公園

NUZZON

新堂洞
신당동

(635)新堂 신당 Sindang

東大門設計廣場
（DDP）
동대문역사문화공원
Dongdaemun History & Culture Park

城廓

DDP Fashion
Mall

Designer Club

(205)

乙支路7街
을지로7가

漢陽中學

國民銀行

漢陽工業高校

退溪路（퇴계로）

地下鐵2號線 지하철2호선

東橫Inn

礦場巴士站

光熙門

C•U

中區
중구

舞鶴洞
무학동

apM Place

光熙洞2街
광희동2가

光熙門教堂

京東教堂

(422)東大門歷史文化公園
동대문역사문화공원
Dongdaemun History & Culture Park

新堂1洞
신당1동

往青丘站

C•U

豬腳街

獎忠洞1街
장충동1가

獎忠教堂

獎忠體育館

D　　　E　　　F

137

懷舊拼石地磚、格子天花，加上昏黃的水晶吊燈，彷彿回到上世紀的花樣年華。

店內有太極堂麵包造型貼紙，免費任取。

老牌糕點店
太極堂（태극당）

　　1946年創立，首爾家傳戶曉的麵包糕點店，標榜以純生牛乳製作，一直是韓國人過年過節的送禮佳品。總店樓高兩層，樓上烘焙工場；樓下是麵包店、咖啡店和自助和堂食區，內部仍保留40年代懷舊裝潢，漢字招牌，加上雕花座椅、水晶吊燈，吸引網美打卡之餘，麵點也高水準。招牌包括鎮店的雪糕夾餅、糯米糍、蜂蜜蛋糕、忌廉麵包等等。

MAP：P.136 C4

雪糕夾餅，即是我們熟悉的 Monaka，採用自家農場乳牛奶製，奶味特別香，推介！
₩2,500

rice romia cookie 有三款口味。
₩2,100/個

內部仍保留40年代懷舊裝潢，吸引韓國藝人、網美來打卡。

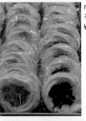

罐裝咖啡餅及 Cheese Sable。
₩7,900/罐

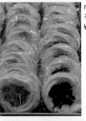

奶油泡芙麵包。₩3,200/個

─Info─
地址：首爾市中區獎忠洞2街189‑5
　　　　서울시중구장충동 2가 189번지 5호
電話：02‑2279‑3152
營業時間：0800‑2100
網址：www.taegeukdang.com
前往方法：地鐵3號線「東大入口」（322）站2
　　　　　號出口，步行約1分鐘。

短短兩個街口的批發街，開滿120家文具和玩具店，很多都以巨型動漫人偶作招徠。

玩具雜貨天堂
東大門文具玩具街（동대문 문구완구거리）

東大門批發街應有盡有，靠近東廟前站的「文具玩具街」，早在60年代已形成，150 - 200公尺的小巷，竟集合近120家文具和玩具店，尤以玩具最多，由外國進口的LEGO、Kitty、日本動漫Figure，到Line Friends、KAKAO等韓國品牌都有，售價超便宜。還有售文具、戶外運動裝備、派對用品等，一直是韓國媽媽開學和長假的入貨熱點，小心同行小朋友high翻天！

MAP: P.137 E1:F1

露營用摺枱，大₩28,000，中₩25,000。

韓國製行山杖，₩75,000。

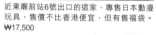

近東廟前站6號出口的這家，專售日本動漫玩具，售價不比香港便宜，但有售福袋。₩17,500

文具批發也是滿街滿巷，也有專賣LEGO的店。

KAKAO FRIENDS memo紙，特價₩2,000。

街上還有多家戶外運動裝備店，戶外摺模₩4,000張，排隊必備。

部分玩具店沒有標價，顧客可自行到櫃台掃Barcode查看價格。

---Info---
地址：首爾市鍾路區鍾路52街36（昌信洞）서울시 종로구 종로52길 36（창신동）
營業時間：0800 - 1900
休息：周六及日（視乎不同商店）
前往方法：地鐵1號線「東大門」站4號出口，徒步約6分鐘；6號線「東廟前」站6號出口，徒步約3分鐘。

139

東大門購物地標
Hyundai City Outlets

現代百貨集團2016開設的全新大型商場，雖然名字叫Outlets，但其實是百貨公司。座落Doota!旁邊，連地庫樓高11層，雲集超過200家商戶，全是當今韓國最人氣的話題店，地庫的餐廳也甚強。商店包括有50年歷史的雪糕老店「百味堂」、大型文具及書店「Hottracks」等，已成為首爾最受歡迎的購物地標之一。 `MAP: P.137 D2`

地庫2層是美食廣場「h' Kitchen」，有多家韓日西餐廳。

Info

地址： 首爾市中區奬忠壇路13街20
　　　 서울시 중구 장충단로13길 20
電話： 02 - 2283 - 2233
營業時間： 周一至四1030-2100，
　　　　　 周五至日1030-2130
網址： www.ehyundai.com
前往方法： 地鐵2、4、5號線「東大門歷史文化公園」站14號出口；或地鐵1、4號線「東大門」站4號出口，步行約3分鐘。

50年雪糕老店
百味堂（백미당）

在首爾有多間分店，嚴選優質有機牛奶和有機咖啡豆，製作出達100種口味的奶製品，著重天然無添加，所以其雪糕特別濃郁，麵包特別軟熟，有些更是每日限量供應。

雲利拿雪糕。₩4,500

這間分店還有熱食供應，奶油芝士條和熱狗各售₩4,800。

Info

地址： Hyundai City Outlets地庫B1
網址： https://1964baekmidang.com

韓國內外時裝
BIND（백미당）

理念是與顧客綁定、團結、連合（Bind）在一起，售賣韓國本地及外國品牌服飾，讓你一次過選購如NASTY FANCY CLUB、Jeep、What it isNt、AAA等品牌，不用四處找。

mahagrid短袖T恤。₩39,000

Info

地址： Hyundai City Outlets地庫B1
網址： https://bindstore.kr

韓式單車用品
DODICI

　　韓國著名單車服飾用品店，除售賣單車衫褲鞋外，也有售單車配件，如坐位、踏板頭盔、護目鏡等，款式時尚而實用，成為不少單車友的至愛。

男女裝風褸。₩98,000

─Info─
地址：Hyundai City Outlets地庫B1
網址：https://dodici.co.kr

相機變時裝
KODAK（코닥）

　　美國的相機品牌柯達，隨著數碼相機盛行而轉型，推出時尚服裝店，並在首爾開設了多家分店，成功殺出一條血路，成為年輕人時尚品牌。

四色小背包。₩89,000/個

同時有多款KODAK時裝，短袖T恤售價約₩59,000至₩119,000不等。

KODAK Mini Shot 2，相機及打印二合一。
₩169,000

─Info─
地址：Hyundai City Outlets 7/F
電話：02-2283-2731
網址：https://hilightbrands-kodak.co.kr

韓版「誠品」
Hottracks（핫트랙스）

　　簡單來說就像是「誠品」的韓國版，售賣文具、精品、玩具、書籍、電子產品等，充滿休閒及文化氣息，當中有不少是韓國設計、韓國製作的商品，而且售價廉宜，是買手信的另類選擇。

店鋪空間十分寬廣。

背生字的練習簿，韓國製₩4,500。

不少文具書簿都是韓國製造，筆記簿₩9,500。

─Info─
地址：Hyundai City Outlets地庫B1
電話：02-738-9961
營業時間：1030-2100
休息：春節及中秋節
網址：www.hottracks.co.kr

首爾

弘大

延南洞

明洞

南山

首爾站　南大門

東大門

港人至愛潮場

MAP: P.137 D2

DOOTA MALL
（두타몰） 零售

連地庫樓高12層，乃東大門最大的服飾零售商場，一直是遊客至愛的掃貨熱點。男女童裝、鞋履配飾俱備，雖然定價稍高，且不易殺價，但整體設計較同區商場的時尚而高檔。地庫除美食廣場外，亦設售賣Chanel、Gucci等名牌的「MOPIECE」，一至五樓則售賣化妝品、時裝、運動服等，六樓至十三樓就是連接着Hyundai Department Store免稅店。

韓國設計品牌GRAPHISTEMAN.G。

HEAL主打年輕便服。

正門前的廣場常有大型活動舉行，營業至午夜，大可盡情血拼！

大量新晉本地品牌，很多都是全手工製作，吸引不少香港時裝店來這裡入貨。

商場內裝潢比同區商場時當得多，通道闊落好逛，還設有休息室和試身室。

Info

地址：首爾市中區獎忠壇路275（乙支路6街）
서울시 중구 장충단로 275（을지로6가）
電話：02-3398-3333
營業時間：商場1030-2400，
美食廣場1030-2100
休息：逢周五2300至翌日1900
網址：www.doota-mall.com
前往方法：地鐵1、4號線「東大門」站8號出口，步行約4分鐘。

人氣免稅店 零售

MAP: P.137 D2

Hyundai Duty Free Department Store

從地面正門進入，便可直上六至十三樓，正是與DOOTA MALL相連的樓層，那裡售賣名牌時裝、化妝品、珠寶、手錶，如Alexander McQUEEN、COACH、MICHAEL KORS等。十二樓則專售韓國化妝品，如Banila Co.、3CE、innisfree、too cool for school、Goongbe等韓國一線品牌，所以這層樓超級多人！

十二樓專賣韓國品牌化妝及護膚品。

七樓有售外國名牌化妝品。

各國名牌集中在六樓。

Info

地址：首爾市獎忠壇路275（乙支路6街）
6-13/F
서울중구장충단로275（을지로6가）
電話：02-2163-6215
營業時間：1230-2100
網址：www.hddfs.com
前往方法：地鐵1、4號線「東大門」站8號出口，步行約4分鐘。

韓國設計地標

東大門設計廣場
（DDP / 동대문디자인플라자）

MAP: P.137 D2

2014年開幕，原址為東大門運動場，佔地62,692平方米，歷時5年、斥資4,840億韓圜打造。由英國著名女建築師Zaha Hadid 操刀，以她的招牌流線形設計，光滑如鏡的銀色外牆，找不到一條直線，內部的窗戶、牆壁甚至樑柱，也全是曲線，猶如巨型的太空船，科幻的外形吸引韓劇韓星來取景，包括《來自星星的你》、2NE1的MV等。地下3層、地上4層，內有博物館、藝術中心，還有家食肆和商店，包括DDP design shop和Kakao Friends VR Shop。

內部也全以曲線和弧形構成，還有533米的羊腸通道，從頂層伸延至地下大堂。

頂部有大草坪覆蓋，間中還會舉辦音樂會等活動。

晚上，外牆的LED燈便會亮起，發出閃閃星光，感覺更加科幻。

DDP其實是「Dream、Design、Play」的縮寫，為推廣韓國設計而建，內設博物館、藝術中心，還有設計小店。

旁邊的「東大門歷史文化公園」也全面翻新，融入科幻元素，並置滿大型藝術雕塑。

Info

地址：首爾市中區乙支路281
　　　서울시 중구 을지로 281
　　　（을지로 7가 2 - 1）
電話：02 - 2096 - 0180
開放時間：1000 - 2100
網址：www.ddp.or.kr
前往方法：地鐵2、4、5號線「東大門歷史文化公園」站1號出口。

韓國版旺角中心

Hello apM
（헬로에이피엠 패션몰） 零售

連地庫樓高13層，主攻12至20歲年輕人市場，通道窄窄的較陳舊，整體風格也很像香港的旺角中心，勝在售價便宜兼款式多，超過700家商店，成功吸引十多二十歲的青少年顧客。 MAP: P.137 D2

Info

地址：首爾市中區獎忠壇路253
　　　서울시 중구 장충단로 253
電話：02- 6388-1114
營業時間：1020 - 0500
休息：逢周二及節慶日
前往方法：地鐵2、4、5號線「東大門歷史文化公園」站14號出口，步行約2分鐘。

廉價潮服多
東大門Migliore 零售
（동대문 밀리오레）

女裝上衫售價由₩13,000至₩15,000不等。

1998年開業，連地庫樓高11層，是東大門另一人氣商場，更是首家營業至清晨的零售商場。主攻年輕客群，內部有點陳舊，通道狹窄，有點像香港的旺角中心。但細心看，仍能找到不少便宜又時尚的衣物。場內部分店舖兼做零售和批發，一次過買多幾件會更便宜！

Migliore乃平價服飾的先驅，在全韓一共有7家分店，以商品多、價格低見稱！

MAP: P.137 D2

廉價衛衣和長褲只售₩15,000一件。

商場開業逾25年，內部裝潢少不免較老土，通道都窄窄的。

Info

地址：首爾市中區乙支路6街
　　　서울시 중구 장충단로 263
　　　（을지로6가）
電話：02-3393-2216
營業時間：1030 - 0430
休息：逢周一
網址：https://themigliore.com
前往方法：地鐵1、4號線「東大門」站8
　　　　　號出口，步行約5分鐘。

整齊好逛
Maxtyle （맥스타일） 零售

這間AWESOME PROM乃全場最看頭，設計有型時尚，風格是天團2NE1常穿那種。

唯一位於興仁門路東面的零售商場，2010年開幕，內部整齊墓理，人流較少，逛得更舒服。整體服裝走平價路線，店舖也兼做批發，故較容易殺價。大部分款式熟口熟面，但若然細心找，仍能發掘不少筍貨，據說香港潮人icon徐濠瑩都會來掃貨。

MAP: P.137 D2

連地庫樓高11層。

通道較Migliore闊落好逛，以平價女裝為主。

貴族風Pins小手袋，可斜孭或作Clutch兩用。

男裝高筒波鞋。

Info

地址：首爾市中區新堂洞773
　　　서울시 중구 신당1동 773
電話：02-2218-0087
營業時間：周一至五1000-0500
　　　　　（休息1800-2000），
　　　　　周六1000-1700，
　　　　　周日2000-0500
休息：逢周日、元旦、中秋，夏季不定休
網址：http://maxtyle.com
前往方法：地鐵1、4號線「東大門」站8
　　　　　號出口，步行約5分鐘。

琳琅滿目的串珠、扣子，看得人花多眼亂，首爾的服裝師也會來採購。

部分通道較狹窄，段帶從地下堆至天花板，看得人花多眼亂。

5樓是手作人的天堂，各式D.I.Y用的串珠、胸花、段帶、Lace等等通通有齊。

手作人天堂

東大門綜合市場
（동대문종합시장 쇼핑타운）

MAP: P.137 D1

1970年開幕，乃布料、服飾、飾品配件與婚禮用品的專門批發零售市場，韓國有80%的網緞交易都來自這裏，堪稱東方最大規模的單一市場。由A、B、C棟與購物城大樓組合而成，密密麻麻集合5,000多個店家。旅客來到，主要是採購D.I.Y手作材料和傳統韓服，價格便宜、選擇又多，簡直是手作人的天堂。場內不時看到托着大堆布匹的工人快步穿梭，或是邊吃飯邊招呼客人的阿珠媽，正好一窺韓國人工作時的實況。

場內還有大量現成的D.I.Y材料包，像手工娃娃、羊毛氈等。

1至2樓主要販賣布料、寢具被鋪和窗簾，很多韓國阿珠媽會來採購家居用品。

場內場外，不時看到托着大堆布匹的工人急速地穿梭，討生活從來不易！

4棟大樓彼此相連、場內附設美食街、銀行，也有投幣式Locker、休息室等設施。

Info

地址： 首爾市鐘路區鐘路266（鐘路6街）
　　　　서울시 종로구 종로 266（종로6가）
電話： 02 - 2262 - 0114
營業時間： 服飾布料0800 - 1800；
　　　　　　美食廣場0700 - 1800
休息： 逢周日
網址： www.ddm-mall.com
前往方法： 地鐵1、4號線「東大門」站9號出口。

韓國一號國寶

東大門（興仁之門）/동대문（흥인지문）

東大門正確名稱應為「興仁之門」，1396年落成，是朝鮮時代漢陽城四堵城門之一，為韓國第一號寶物。由於位處低矮平坦，所以面前築有半圓形的甕城保衛，呈現朝鮮後期建築的細膩與華麗。

MAP: P.137 D1

Info

地址： 首爾市鐘路區鐘路6街 69號
　　　　서울시 종로구 종로6가69
電話： 02-2148-1842
入場費： 免費
網址： http://tour.jongno.go.kr
前往方法： 地鐵1、4號線「東大門」站7號出口。

2層樓式的建築，中心有虹霓門，屋簷四面還有四坡式的屋頂。

東大門批發攻略

興仁門路東部，乃首爾著名的成衣批發街，區內約有近30棟批發商場、超過3萬家店舖，由於價格便宜又緊貼潮流，故中港台的時裝小店老闆都常來進貨！

特色是批發商場都在晚上8點後才開店，一直營業至第2日上午，愈夜愈熱鬧！原因是買家來自全國各地，為方便他們晚上進貨、第2天即時銷售，才會通宵營業。

學買家攞批發價

店舖一般只做批發，但隨着遊客愈來愈多，很多店舖現在也兼做零售，只是若你並非真正Buyer，是不會獲得批發價的，或者要同一間店買幾件才會有折扣。當然，很多人都會學買家攞批發價，至於成功與否，就要看你的演技了！

學Buyer秘訣：
1. 先從造型入手：大型購物袋、筆記簿和計數機乃買家必備，緊記I CAN旅遊書不要露面。
2. 動作方面，買家入貨一定不會照鏡拼拼，只會研究資料和查詢有多少顏色。

這個就是標準的買家Look，記住購物袋內要塞滿貨才夠逼真。

掃貨Tips：

a. 通宵營業
批發商場一般2000至翌日0900營業，大部分逢周六休息。

b. 2200出動
旅客最好選晚上2200至凌晨0100左右出動，因為1點後是批發的高峰期，店主沒空招呼散客。

c. 不設試身
話明是批發市場，當然不設試身，連拿上身拼拼也隨時招致店主責罵。

d. 現金消費
批發店只接受現金，或者付現金才有Discount。

e. 記得殺價
在東大門購物緊記殺價，一開始可殺價一半，最後成交價約7、8折，視乎閣下的牙力。

f. 托運戰利品
買了大堆衫褲可以暫放店內，離開時才一次過提走。商場地下和街上也有大量托運公司，不妨宅配回酒店，按每公斤收費，部分會以件計算。

批發商場一般通道狹窄，買家進貨時更是大包小包逼滿一地，請小心拌倒。

設計地標的設計廣場
DDP Fashion Mall 批發
（DDP패션몰）

是韓國唯一的公營購物中心，以扶助本土設計師開創自己的品牌。由於是公營場所，所以商戶的開支較少，令貨品的價錢更低，吸引大量本土設計師進駐。四層商場，四樓是工作室、影樓和休息室，一至三樓則是時裝店，每層都有近百間店，售賣韓國設計的時裝及配飾，真的會行到腳軟。 **MAP: P.137 E2**

三層商場有近三百家商店，花多眼亂，考驗買家眼光。

商場尚未開門，街上已放滿運貨用的車斗。

開門不久，已有見買家大手入貨。

Info

地址： 首爾市中區馬場路22（新堂洞251-7）
　　　서울시중구마장로 22
　　　（신당동251-7）
電話： 02-2290-6059
營業時間： 2010-0500
休息： 周五、六及公眾假期
網址： www.sisul.or.kr/open_content/ddpfm
前往方法： 地鐵2、4、5號線「東大門歷史文化公園」站1號出口，步行約6分鐘。

樓高7層，也是東
大門批發街的人氣
商場之一。

段帶圖案 One
Piece，設計高貴，
當Ball Dress都得。
₩39,000（未講價）

Denim牛仔布長褲，
流麗有型。₩58,000
（未講價）

每層面積不算大，且通道狹窄，但梯間裝潢
出奇地型格。

媲美弘大潮牌
Designer Club 批發

樓高7層，全女裝批發商場，價位比
U:US稍微便宜，同樣走年輕個性路線，有
幾間店的設計甚至媲美弘大潮牌，但價格便
宜，惟不是每間店都歡迎零售。

MAP: P.137 E2

場內還有手機充電器和免費
電腦，方便買家借用。

Info
- **地址**：首爾市中區新堂洞200 - 1
  서울시 중구 신당1동200 - 1
- **電話**：02 - 2233 - 2528
- **營業時間**：2000 - 0600
- **休息**：逢周六
- **前往方法**：地鐵2、4、5號線「東大門歷
  史文化公園」站2號出口，徒
  步約4分鐘，apM Luxe旁邊。

高檔批發場
apM Luxe 批發

2012年新開幕，樓高10
層，主打女裝及飾品。顧名思
義，裝潢和服飾設計也比apM略
為高檔，更附設Foodcourt，最
適合血拚中途吃宵夜。

MAP: P.137 E2

原址前身為
ZARA，2012
年才變身apM
Luxe。

Info
- **地址**：首爾市中區新堂洞199 - 17
  서울시 중구 신당1동199 - 17
- **電話**：02-2231-0930
- **營業時間**：2000-0500
- **網址**：www.instagram.com/apm_luxe
- **前往方法**：地鐵2、4、5號線「東大門歷
  史文化公園」站2號出口，徒
  步約4分鐘。

3層男裝
apM（에이피엠）批發

連地庫樓高8層的批發商
場，雖然女裝款式不及Designer
Club或U:US潮，勝在擁有3整層
的男裝，而且大都可作零售。

MAP: P.137 E2

地庫至3樓為女
裝，男裝則佔4
至7樓。

Info
- **地址**：首爾市中區新堂洞198 - 3
  서울시 중구 신당1동198 - 3
- **電話**：02-2250-2050
- **營業時間**：2000-0500
- **休息**：逢周六
- **前往方法**：地鐵2、4、5號線「東大門歷
  史文化公園」站2號出口，徒
  步約4分鐘。

元祖批發場
TEAM204 批發

東大門老牌批發商場，
1996年開業，舊稱「Migliore
Vallery」。地庫至22樓主打鞋
履，便宜到極，但要留意韓國鞋
的尺碼偏小。

MAP: P.137 E2

主打女裝及配
飾，款式有點老
土，勝在便宜！

Info
- **地址**：首爾市中區新堂洞204 - 79
  서울시 중구 신당1동204 - 79
- **電話**：02-2232-3604
- **營業時間**：2000-0500
- **休息**：周五0500至周六2000
- **前往方法**：地鐵2、4、5號線「東大門歷
  史文化公園」站2號出口，徒
  步約4分鐘。

小吃攤密密麻麻，琳琅滿目的小吃就擺在眼前，不懂韓文用手一指便成，放心！冬天時長木櫈底下都有暖氣，一點也不冷！

庶民風味小吃
廣藏市場（광장시장）

　　原名「廣長市場」，已有百年歷史，乃首爾市內最具代表性的傳統市場。源自19世紀初日本殖民侵略前，愛國商人們為抵抗日本經濟侵略而設。有8個足球場大，聚集5,000多個店攤，主要售賣布匹、綢緞、服飾、刺繡、日用品與農水產等，面積之大連韓國人也會迷路，《RUNNING MAN》便先後兩次在此取景。

　　重點是中央通道的「美食街」，雲集過百家售賣庶民小吃的攤檔，綠豆煎餅、麻藥飯卷、米血腸、生拌牛肉與煎餅，都是廣藏的馳名小吃，價格便宜又地道。每到下班時間，場內便逼滿來喝酒聊天的上班族，人聲鼎沸、氣氛熱鬧，正好體驗韓國人的道地生活！

MAP: P.136 B1

韓國傳統市場內必定會見到的「流動咖啡車」，乃攤販們的提神救星！

松茸，日本旅客必掃特產，新鮮生松茸。

食物乾貨主要集中北面2號入口一帶，各式魚乾煮湯一流。

市場外圍有不少水果攤。

從這個入口進去，便是中央通道的「美食街」。

昔日肉食名貴，一般平民百姓只能吃便宜的內臟，如豬頭肉、牛雜鍋、米血腸等。

泡菜店內可以找到各式生醃醬油蟹，售價比餐廳便宜很多，店主還會提供保鮮盒。

Info

地址：首爾鐘路區昌慶宮路88（禮智洞）
　　　서울시 종로구 창경궁로 88（예지동）
電話：02 - 2267 - 0291
營業時間：0900 - 1800
　　　　　（小吃攤0900 - 2300）
休息：商店 逢周日；美食街 全年無休
網址：www.kwangjangmarket.co.kr
前往方法：地鐵1號線「鐘路5街」站8號出口；或地鐵2、5號線「乙支路4街」站4號出口，步行約5分鐘。

《米芝蓮》生牛肉
Buchon（富村 / 부촌육회）

I Can Tips
1600 - 1700午休

首爾《米芝蓮》必比登推介，藏身廣藏市場的生牛肉胡同內，雖選用韓國混種牛，但肉質香濃，每天早上屠宰直送市場，新鮮得沒話說。招牌生拌牛肉，除了麻油和雪梨，鹹香中有一股清甜，還特別拌上生蛋黃和紫蘇葉同吃，更加倍牛滑嫩鮮味。而且價格不貴，牛肉拌飯最平₩9,000，全碟生牛肉加一碗飯亦只是₩19,000。

把白飯和大醬加入碗內，再與牛肉等食材一起拌均就可以吃了。

生拌牛肉，牛肉絲軟脸細緻，拌上生蛋黃更添滑嫩，還有一陣陣麻油紫蘇香，好吃。₩15,000

所有牛肉絲、肉片都由人手切絲，阿珠媽就在我旁邊手起刀落。

除了這家本店外，附近還有一間分店。

Info
地址：首爾市鍾路區鍾路200 - 12
　　　（廣藏市場內）
　　　서울시 종로구 종로 200 - 12
電話：02 - 2267 - 1831
營業時間：1130-2100（最後點餐2030）
休息：逢周一
消費：約₩7,000 / 位起
網址：https://bcyukhoe.modoo.at
前往方法：地鐵1號線「鍾路5街」站7或8號出
　　　　　口，徒步約2分鐘。

上癮麻藥血腸
태릉순대

Info
地址：동부A67호
　　　（東區A67）

「麻藥飯卷」乃廣藏市場名物，並非用迷幻藥煮成，而是取其一吃上癮之意。塗滿麻油的紫菜包着米飯、蘿蔔、醃蘿蔔等，最後撒點芝麻。呈一口大小，吃時蘸醬油和芥辣，比一般飯卷味道更香。

*韓語麻藥「김밥」：解作上癮。

麻藥飯卷（마약김밥），Finger size一口一件剛剛好，入口麻油香撲鼻。₩7,000 / 份

米血腸乃韓國男人至愛的下酒菜，但內臟腥味很重，外國旅客未必接受。₩10,000

阿珠媽不太懂英文，但與外國人溝通一樣無問題。

綠豆煎餅
누이네 빈대떡

Info
地址：동부A60호
　　　（東區A60）

廣藏市場另一名吃，將綠豆磨蓉，加入豆芽、肉碎或海鮮、蔥蒜等煎成厚厚的煎餅。現點現做，入口外脆而內軟，大大份相當飽肚，吃時蘸點洋蔥醬油可解膩。

綠豆煎餅（부침개），綠豆蓉中一般會混入豬油或牛肉，這檔則混有魷魚粒，口感更爽口彈牙，吃得出陣陣豆香。₩5,000 / 份

市場內賣綠豆煎餅的攤檔多達數十家，阿珠媽說她可日賣過千個！

現食的話，店員會把綠豆餅放進紙杯，這樣就不會燙手和燙口。

弘大
延南洞
明洞
南山
首爾站・南大門
東大門

登山用品街
鐘路5街 MAP: P.136 C1

東大門綜合市場西面的鐘路5街，乃首爾著名的「登山用品街」。韓國登山遠足風氣極盛，每年戶外休閒市場便高達50億美元，街上集合數十家戶外用品店，從爬山鞋、Gore - Tex外套，到露營用品俱備。以韓國本土品牌為主，由於競爭激烈，各店都以減價作招徠。

戶外服飾基本上都有折扣。

當然少不了遠足用品。

也有不少露營用品店。

Info

地址：首爾市鐘路區鐘路5街
　　　 서울시 종로구 종로5가
休息：逢周日
前往方法：地鐵1號線「鐘路5街」站5或6號出口，一隻雞街旁邊。

鮮美雞鍋長龍店
陳玉華奶奶一隻雞
（진옥화할매닭한마리）

I Can Tips

1. 泡菜可自由取用，但請勿浪費。
2. 枱上有醬油、醋、辣椒等，可自行調配蘸醬，但其實原味已很夠味。
3. 餐牌另有麵條、薯仔等配料，可加進湯裏煮。

東大門綜合市場附近有一條雞鍋街，街上開滿賣「一隻雞」的食堂，當中最人氣最好吃的，當然是1978年開業的一隻雞始創店。由老闆娘陳玉華發明的雞鍋，採用35日大的幼雞，原隻鮮雞雞上枱，再加入年糕、泡菜和蒜蓉，水滾後阿珠媽會來幫你剪成小塊。看似平平無奇，但雞肉超嫩滑鮮美，那湯頭更是清甜可口，絕對一吃上癮。 MAP: P.136 C1

雞鍋街數年前曾發生火警，店內重新裝修後比以前光猛，任何時間都座無虛席。

原隻新鮮幼雞上枱，皮薄肉滑且富彈性，那湯頭更是鮮甜，筆者和攝影師最後喝至一滴不留。₩22,000

泡菜可以自由取用，直接吃可能會略硬，但加入湯頭煮便美味無窮。

雞鍋上枱後要等10至15分鐘水滾，之後阿珠媽便會來幫你剪成小塊，並加入年糕等配料。

每逢飯市例必大排長龍，請先拿號碼牌排隊。

Info

地址：首爾市鐘路區鐘路5街265 - 22
　　　 서울시 종로구 종로5가 265 - 22
電話：02 - 2275 - 9666
營業時間：1000-0100（最後點餐 2230）
消費：約₩20,000／位
前往方法：地鐵1、4號線「東大門」站9號出口，往鐘路五街方向直走，至馬路口左轉，看到第一條巷子右轉直走。

米芝蓮北韓冷麵 MAP: P.137 D3

平壤麵屋（평양면옥）

平壤與咸興冷麵分別
平壤是北韓的首都，為水冷麵，湯汁多，味道清淡，通常會配上蘿蔔泡菜或肉片。咸興位於平壤的上方，特色是湯少，以粟米和番薯製成幼麵，多數會加上辣椒醬拌吃。

提提你

韓國傳統平壤冷麵以獎忠洞這間最正宗，並獲得2020年至2023年米芝蓮推介。老闆祖籍北韓平壤，韓戰時移居首爾，現在已傳承3代，味道絕對正宗。麵條以蕎麥和澱粉混合製成，彈牙帶筋道，湯頭則清淡爽口。

注意店名為韓文，只有「三代」兩個漢字。

餃子（만두），另一店內招牌，餃子每隻大如拳頭，包滿肉碎菜餡，食時可蘸辣醬，注意份量很大。₩8,000/三個

水冷麵（물냉면），湯頭本身沒有調味，吃時可自行加入芥末、醋、糖、辣椒等調味，麵條口感煙韌有勁。₩15,000

Info
地址： 首爾市中區獎忠洞一街26 - 14
서울시 중구 장충동1가 26 - 14
電話： 02 - 2267 - 7784
營業時間： 1100 - 2100
消費： 約₩15,000 / 位
網址： https://pyungyangmyunok.modoo.at
前往方法： 地鐵2、4、5號線「東大門歷史文化公園」站4號出口，步行約5分鐘。

總統至愛平壤菜館

又來屋（우래옥）

1946年開業，主營朝鮮平壤菜。尤以改良版的平壤冷麵馳名，獲得2023年米芝蓮推介。湯頭以牛肉熬煮24小時而成，香氣濃郁，味道清淡可口，歷任總統都曾是座上客，就連食家蔡瀾也大力推介。其餘招牌包括銅盆烤肉、平壤五目麵（韓語中指雞蛋）等。 MAP: P.136 B2

每到用膳時間就會大排長龍，要在門外取電子籌。

Info
地址： 首爾市中區昌慶宮路62 - 29（舟橋洞）
서울시 중구 창경궁로 62 - 29（주교동）
電話： 02 - 2265 - 0151
營業時間： 1130-2100（最後點餐2030）
休息： 逢周一
消費： 約₩12,000 / 位
前往方法： 地鐵2、5號線「乙支路4街」站4號出口。

井上雄彥都去食 MAP: P.136 C1

元祖奶奶傳聞的一隻雞（원소닭원할매소문난닭한마리）

這間店雖然沒有太多香港遊客光顧，門外亦沒有像附近的名店那麼多人排隊，但其實在海外都幾出名，早年已吸引了漫畫《Slam Dunk》的作者井上雄彥上門光顧。也有不少韓國電視節目如白種元的3大天王》（백종원의3대천왕）等。此店自1971年創業，已經繼承至第三代，除了一隻雞（₩28,000）之外，辣味的刀削肉（₩2,000）亦是該店的推介。

店內簡單的陳設，正是具有傳統韓食店的風味。

井上雄彥為店家繪畫了親筆畫留念。

Info
地址： 首爾市鐘路區鐘路40街25
（鐘路5街282-22）
서울 종로구 종로40가길25
（종로5가 282-22）
電話： 02-2279-2078
營業時間： 1030-2300
消費： 約₩20,000/位
網址： www.instagram.com/1sodak
前往方法： 地鐵1、4號線「東大門」站9號出口，步行約5分鐘。

50年滷豬腳

平安道豬腳店（평안도족발집）

Tips

東大入口站附近的獎忠洞，是首爾著名的「豬腳街」，集合十數間大大小小的豬腳店，當中以開業50多年的「平安道」最聞名。選用的豬腳均由農場直送，保證新鮮。美味的關鍵在於那陳年醬汁，放入豬腳滷煮2小時以上，膠質豐富，一點也不油膩。 **MAP: P.136 C4**

豬腳分為大中小及特大4款，₩30,000至₩50,000不等，人多吃較抵！

平安道已開業50多年，韓國電視台也常介紹。

豬腳（족발），豬皮爽口，肉質柔軟得來仍有嚼勁，一點不油膩，左上角的酸凍湯更有解膩作用。小份₩30,000

吃法跟烤肉一樣，將豬腳放到生菜裏，加上蒜片、泡菜和麵豉調味，包起來便大口吃下。

豬腳在韓國是家傳戶曉的下酒菜，晚飯時間未到，已見旁邊的上班族喝至面面紅紅。

Info

地址：首爾市中區獎忠壇路174 - 6（獎忠洞1街）
　　　서울시 중구 장충단로 174 - 6（장충동1가）
電話：02 - 2279 - 9759
營業時間：1100-2100
休息：逢週一
消費：約₩15,000 / 位
前往方法：地鐵3號線「東大入口」站3號出口，步行約5分鐘。

本地人的乾貨市場

中部市場（중부시장）

位於廣藏市場南面的大型海鮮乾貨市場，1957年落成，佔地近萬平方呎，集合2,000多個店攤，售賣海苔、魷魚、蝦乾、明太魚、韓菜、水果、茶菓等乾貨。兼做零售及批發，由於從產地直接運來，所以價格會比一般市場便宜20至30%，買手信土產最適合！ **MAP: P.136 B2**

新鮮巨蜂提子只售₩5,000 / 盆！

鮮曬柿乾是韓國特產，清甜到不得了。₩8,000 / 盒

味付即食海苔，入口脆卜卜，濃郁麻油香，₩5,000已有一大包。

各式花生、松子仁、合桃等堅果也很抵買，比香港便宜近一半！

Info

地址：首爾市中區乙支路36街35（五壯洞）
　　　서울시 중구 을지로36길 35（오장동）
電話：02 - 2267 - 5617（內線9）
營業時間：1100-2100
休息：逢週一
網址：www.jungbusijang.co.kr
前往方法：地鐵2、5號線「乙支路4街」站7或8號出口，徒步的5分鐘。

攤檔櫛次鱗比，檔主都很好人，會不停請你試吃。

首爾

三清洞、北村

市廳、光化門

仁寺洞

益善洞

景福宮、西村

梨大、新村

閒逛韓屋村
三清洞、北村
（삼청동）、（북촌）

　　座落景福宮與昌德宮之間，自古山明水秀、地靈人傑。古名「北村」，昔日是朝鮮時代兩班貴族居住的高級住宅區，統稱為「北村韓屋村」。因鄰近青瓦台總統府，過去土地曾被禁止買賣，令這傳統韓屋聚落，逃過都市發展而得以完整保留。

　　村內現存約900多棟韓屋，古樸高雅的氛圍，吸引藝術家和傳統工藝師進駐，迂迴曲折的巷弄間，特色小店、Café、傳統茶館、藝廊、文化體驗館也愈開愈多，最適合悠閒的散步慢逛，窺看600年歷史的迷人風景。

交通 地鐵3號線「安國」（328）站，徒步約5 - 10分鐘。

北村韓屋村「逢周日休息」
鑒於北村韓屋村的旅客實在太多，嚴重影響當地居民生活，由2018年7月1日起，北村路11街（北村八景一帶）韓屋村，只限周一至六1000 - 1700開放，逢周日更定為「巷弄休息日」。其實，任何時間旅客也應保持安靜，顧己及人，以免影響當地居民。

提提你

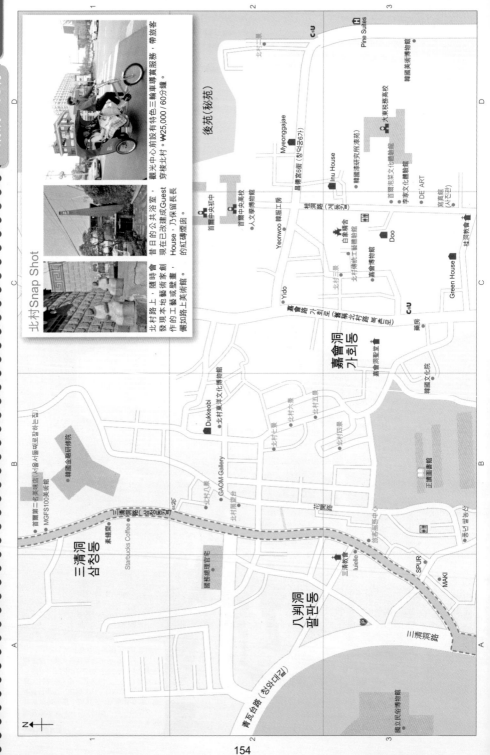

北村Snap Shot

北村路上，隨時會 發現本地藝術家創 作的工藝或壁畫， 擺如路上美術館。

昔日的公共浴室， 現在已改建成Guest House，乃保留長長 的紅磚煙囪。

觀光中心前設有特色三輪車導賞服務，帶旅客 穿梭北村。₩25,000／60分鐘。

後苑（秘苑）

三清洞 삼청동

八判洞 팔판동

嘉會洞 가회동

青瓦台路（청와대길）

三清洞路

Starbucks Coffee

首爾第二名美味店（서울두번째로맛있는집）

MGFS100美術館

美麗齋

三清湖洞

국무총리공관

國務總理官邸

lulelle

三清教會

SPUR

MAKI

韓國金融研修院

GAOM Gallery

北村八景

北村觀望台

Dukkeobi

北村東洋文化博物館

北村六景

北村七景

北村五景

北村四景

北村三景

嘉會洞聖堂

韓國文化院

正讀圖書館

旅客諮詢中心

花開路

國立民俗博物館

首爾中央初中

人文學博物館

北村文化中心

嘉會路

嘉會北村路（가회북촌로）

Yido

嘉會博物館

北村韓屋工藝博物館

嘉會博物館

白麟濟家

Doo

藥房

C·U

Green House

桂洞教會

Yeonwoo

韓尚洙刺繡工房

昌德宮街（창덕궁6가）

Myeonggajae

Inu House

首爾中央高校

首爾泡菜文化體驗館

李家茶研究所（茶苑）

DE·ART

夏貢館（사진관）

大東美藝高校

韓國美術博物館

Pine Suites

C·U

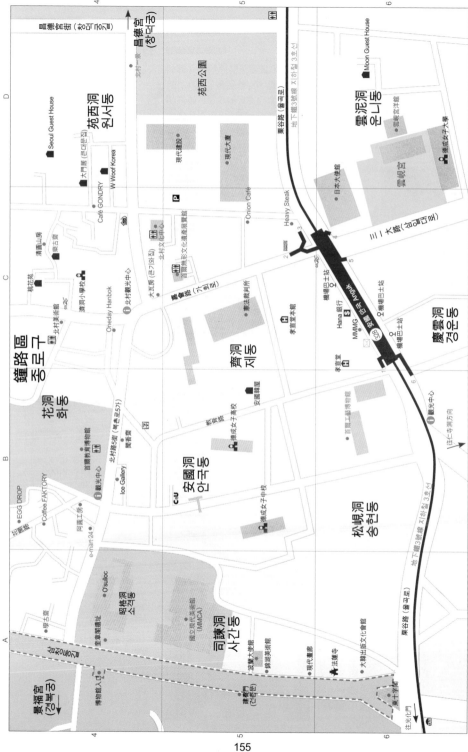

首爾

三清洞、北村

市廳、光化門

仁寺洞

益善洞

景福宮、西村

梨大、新村

鐘路區
종로구

花洞
화동

苑西洞
원서동

昌德宮街 (창덕궁길)

昌德宮
(창덕궁)

雲泥洞
운니동

慶雲洞
경운동

安國洞
안국동

齊洞
제동

松峴洞
송현동

司諫洞
사간동

昭格洞
소격동

苑西公園

Seoul Guest House

Moon Guest House

大門屋 (큰대문집)

W Woof Korea

Café GONDRY

桃花苑

清園山房

樂古齋

濟洞小學校

北村觀光中心

Oneday Hanbok

大瓦房

北村文化中心

現代建設

現代大寶

現代大廈

Onion Café

Heavy Steak

日本大使館

雲峴宮

德成女子大學

雲峴宮洋館

三一大路 (삼일대로)

栗谷路 (율곡로)

嘉會路 (가회로)

憲法裁判所

孝靖堂本館

孝靖堂

Hana 銀行

MMMG

ANGUK

樓塔巴士站

樓塔巴士站

觀光中心

首爾工藝博物館

德成女子中校

德成女子高校

安國韓屋

教育路

北村路5街 (북촌로5가)

聞香齋

首爾教育博物館

Ice Gallery

觀光中心

EGG DROP

Coffee FAKTORY

阿園工房

e-mart 24

O'sulloc

堂拿閣遺址

國立現代美術館 (MMCA)

波瀾美術館

錦湖美術館

大韓出版文化會館

現代畫廊

法蓮寺

建春門 (건춘문)

東十字閣

往光化門

景福宮
(경복궁)

博物館入口

博物館入口 (박물관입구)

栗谷路 (율곡로)

往仁寺洞方向

地下鐵3號線 安國站 3號出口

地下鐵3號線 安國站 3號出口

地下鐵3號線 安國站 3號出口

P

首爾

三清洞‧北村

市廳‧光化門

仁寺洞

益善洞

景福宮‧西村

梨大‧新村

北村風景精選
北村八景

MAP: P.154 - 155

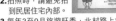

　　600年歷史的北村韓屋村，與鄰近的昌德宮建築群於1921年被列入世界文化遺產。小巷間縱橫交錯、層層疊疊，古意盎然，成為多齣韓劇的取景地，最適合徒步漫遊其中，細意發掘美好的風景。為方便旅客欣賞「北村韓屋村」的歷史建築，首爾市特地選出8個最具代表性、風景最優美的地點，合稱「北村八景」，並貼心地設置了拍照位置「Photo Spot」。八景位置分散，其中以5、6、7景最集中。

嘉會洞小路，是韓屋最密集之處，上段為「北村六景」；下段為「北村五景」，充滿歷史痕跡，登上斜坡頂還可飽覽北村美景，也是韓劇《需要浪漫2012》的取景地。

花開路頂設有「北村展望台」，居高臨下，可俯瞰整個北村韓屋村。

Info
地址：首爾市鐘路區嘉會洞、齋洞、三清洞、桂洞、苑西洞
　　　서울 종로구 가회동, 재동, 삼청동, 계동, 원서동
電話：北村文化中心 02-741-1033
網址：http://bukchon.seoul.go.kr
前往方法：地鐵3號線「安國」站2號出口北走，徒步約5 - 10分鐘。

免費北村地圖
北村文化中心
(북촌문화센터)

　　提供北村區內的旅遊情報，以及導覽服務。建議旅客遊北村前，先來這裏索取免費的北村旅遊地圖。其實，中心本身也值得參觀，原為朝鮮貴族的宅第，定期舉辦各式文化講座和體驗課程，周二至五上午1100會有英語免費導遊服務，講解此中心的建築、歷史和文化故事。

MAP: P.155 C4

中心由內宅、行廊和別館構成，整體結構保持原好，拍照一流。

記得拿一張北村旅遊地圖，有中英日語選擇。

北村

見到屋簷圖案的招牌，沿小巷前行即達文化中心。

中心有傳統韓式家居拍照背景。

Info
地址：首爾市鐘路區桂洞 105號
　　　서울시 종로구 계동길 37
電話：02-741-1033
開放時間：周二至五0900-1800；
　　　　　周六及日0900-1700
休息：逢周一
網址：http://bukchon.seoul.go.kr
前往方法：地鐵3號線「安國」站2號出口，徒步約5分鐘。

韓國工藝示範

MAP: P.155 C5

首爾無形文化遺產展覽館
(서울무형문화재교육전시장)

根據朝鮮時代法典《經國大典》的記載，昔日首爾原有138種「京工匠」，專為王室和衙門生產日常用品，這些傳統工藝流傳至今，就變成珍貴的非物質文化遺產。2005年開館的展覽館，正是為了弘揚韓國傳統工藝，每日邀請10多位工藝大師駐場示範，包括刺繡、民畫、醬缸、陶藝製作等，並不時舉辦體驗課程。

館內分為多個小房間，每日約有3至5位老工匠駐場作示範，每一位都是韓國知名的工藝大師。

館內的工匠都很隨和友善，但拍照前最好先打聲招呼。

另一位民畫大師，正示範繪畫傳統韓國窗框上的花紋，題材都離不開花草樹木。

當日巧遇能說日語的金萬熙師傳，他是韓國著名的民畫大師，擅長繪畫寓意吉祥的老虎，曾到台灣舉行個展。

Info

地址：首爾市鐘路區齋洞53-1
　　　서울시 종로구 재동 53-1
電話：02-745-6444
開放時間：展覽 1100-1700；
　　　　　工藝示範 1100-1600
休息：逢周一
入場費：免費
網址：www.seoulmaster.co.kr
前往方法：地鐵3號線「安國」站2號出口，北村三景附近。

《米芝蓮》醬油蟹
MAP: P.155 C4

大瓦房 (큰기와집)

以醬油生醃花蟹而成的「醬油蟹」，乃韓國著名高級涼菜，因為十分佐飯而有「飯之賊」美譽。40年歷史的大瓦房，正是首爾市最著名的醬油蟹專門店，連食家蔡瀾也大力推介。選用忠清道瑞山出產的花蟹，蟹膏味特別濃郁，配以秘製醬油、明太魚、牛肉、大蒜等配料，生醃7年而成。2016-2018年獲得韓國《米芝蓮》1星榮譽，遷至新店後，更接近地鐵站，並保留了舊店的門面。

天然松茸湯，以生薑和野菜同煮，味道清淡香甜，跟醬油蟹很配。₩35,000/位

吃完醬油蟹，店員還會附上酸甜的五味子茶，好讓你解膩。

Tips

醬油蟹套餐收費每位₩50,000至60,000/位不等，分中或大兩個份量，並有辣與原味選擇。

大瓦房最初主打宮廷料理，因醬油蟹太受歡迎，才變成專門店。

韓國人吃時會把一湯匙米飯放進蟹蓋，吸盡醬汁蟹皇的米飯，啖啖精華！

醬油蟹套餐，入口即化的蟹肉肉質甜滑非常，蟹膏味道更是濃郁，帶清香的醬油令蟹的鮮甜味提升，丁點腥味也沒有。₩53,000/位

Info

地址：首爾特別市鐘路區北村路22
　　　서울 종로구 북촌로 22
電話：02-722-9024
營業時間：周二至日 1130-2100
　　　　　（休息 1500-1730）
休息：逢周一
網址：https://blog.naver.com/keunkiwajip_0501
前往方法：地鐵3號線「安國」站2號出口，步行約2分鐘。

首爾

三清洞、北村

市廳、光化門

仁寺洞

益善洞

景福宮、西村

梨大、新村

一人滿足食牛扒

MAP: P.155 C5

Heavy Steak安國店
（헤비스테이크）

　　牛扒連鎖專門店，以相宜的價錢，讓你滿足鋸扒的慾望。一份large鐵板牛扒只需₩25,800，另外還有雞扒、漢堡扒鐵板餐，仲可以選擇加芝士的cheese steak，以及芝士意粉。基本配餐湯一杯，性價比高。

Regular Beef Steak ₩12,900

自助斟水拿餐具，鋸扒亦可加錢追加沙律、湯、飯、粟米等配菜。

┌─── Info ───┐

地址： 首爾市鐘路區栗谷路67
　　　 서울종로구율곡로67（계동146-2）
電話： 02-745-3309
營業時間： 1100-2100（最後點餐2030）
消費： 約₩15,000/位
網址： www.instagram.com/heavysteak_official
前往方法： 地鐵3號線「安國」站3號出口，步行約1分鐘。

道地小吃店 MAP: P.154 B3

풍년 쌀농산

　　本是傳統住宅區的北村，近年特色小店、主題Café與連鎖店愈開愈多，令傳統社區小店愈來愈少。幸好在花開路中段還有一家碩果僅存的小吃店，售賣辣炒年糕、魚板串等道地小吃，夏天還有冰凍的甜米釀。

辣炒年糕₩4,000 / 份

店內還設有座位，經常坐無虛席。

店面很有家庭式小店風味。

推介阿珠媽的炸年糕，外脆內軟綿，比傳統辣炒年糕更好吃。

┌─── Info ───┐

地址： 首爾市鐘路區花洞81-1
　　　 서울시 종로구 화동81-1
電話： 02-732-9081
營業時間： 1100-2000
消費： 約₩1,000 / 位
前往方法： 地鐵3號線「安國」站1號出口，花開路中段

首爾

三清洞‧北村

市廳‧光化門

仁寺洞

益善洞

景福宮‧西村

梨大‧新村

建築物外牆畫了巨型漫畫。

門外的長椅給人輕鬆的感覺。

友誼藝廊

MAP: P.154 B1

MGFS100美術館 (MGFS100 갤러리)

「MGFS」是My Good Friends的簡寫,「100」代表真誠及多樣化。美術館的意念是要成為你的一個不會改變的朋友,而不是快速隨意的消費品,透過MGFS100去結識不同的朋友。因此美術館給人的感覺就是親切和輕鬆,把從國內外挑選回來的作品介紹給人,讓大家成為朋友。

室內有畫廊及售賣藝術品的地方。

不定期舉行國內外藝術家的作品展。

---Info---
地址:首爾市鐘路區三清路122
　　　(三清洞28-24)
　　　서울종로구삼청로122
　　　(삼청동28-24)
電話:02-720-1220
開放時間:1030-1930(1300-1400休息)
休息:逢周一
網址:www.mgfs.co.kr
前往方法:地鐵3號線「安國」站3號出口,步行約1分鐘。

小王子畫廊

GAOM GALLERY (가온갤러리)

位處三清洞在一條山路旁,門外的小王子是畫廊的標記,不但可以欣賞館內的展品,更可一併欣賞北嶽山美景。看完北村八景,行到扻,不妨來這個充滿童話氣息的地方歇一歇。

MAP: P.154 B2

店主歡迎大家與小王子合照。

參觀畫廊更可同時欣賞窗外風景。

---Info---
地址:首爾市鐘路區北村路5街91
　　　(三清洞35-190)
　　　서울종로구북촌로5나길91
　　　(삼청동35-190)
電話:010-2880-0862
開放時間:1100-1800
休息:逢周一
網址:www.facebook.com/gaongallery
前往方法:地鐵3號線「安國」站2號出口,步行約15-20分鐘。

首爾

三清洞·北村

市廳·光化門

仁寺洞

景福宮·西村

梨大·新村

益善洞

首爾藝術地標

MAP: P.155 A5

MMCA / 國立現代美術館 首爾館
(국립현대미술관)

　　2013年開館，乃京畿道「國立美術館」的首爾新館，原址曾為宗親府與國防安全司令部所在地，佔地廣達52,125平方米，足足有6個標準足球場大！建築群包含多棟古蹟與新建築，主展館佔地3萬平方米，地下3層、地上3層，擁有8個大型展廳，還附設影像室、咖啡館等。建築師Mihn Hyun Jun巧妙地結合旁邊的古蹟，將過去的封閉空間，轉換成開放的藝術園地，一開幕即成話題。

美術館旁邊的韓屋，是建於朝鮮李氏王朝時期的政府部門，成為背景的一部分。

紅磚屋原為前國家防衛安全指揮部，現為美術館辦公室。

Tips

每小時參觀人數限制500名。

主館建築有一半隱身於地下，館前的廣場，甚至天台也是展廳，將藝術融入生活。

開幕展的焦點展品，名為《Home within Home within Home within》的藍屋，是藝術家Suh Do Ho，依照他在羅德島求學時的住所而建，裏面還有一座韓屋。

Info

地址：首爾市鐘路區三清路 30
　　　　서울시 종로구 삼청동30
電話：02-3701-9500
開放時間：1000 - 1800
　　　　　　（周三及六1000 - 2100）
入場費：綜合門票₩4,000
網址：www.mmca.go.kr
前往方法：地鐵3號線「安國」站1號出口，
　　　　　　步行約12分鐘。

浪漫的金屬飾品

阿園工房 MAP: P.155 B4

　　首爾著名的金屬工藝坊，由三姊妹於1983年創立，最先開在仁寺洞，現在北村一共有兩家店。將韓國人傳統的金屬餐具，延伸至家居擺設，所有金屬飾品皆為本地專業工匠人手打造，件件獨一無二，且充滿質感。以銅和銀為材質，題材都離不開大自然，風格浪漫，將古典與現代美結合，件件都是藝術品。

作品題材都離不開大自然的花鳥樹木。

門口牆身有很多金屬人臉鳥，每隻都不同表情。

金屬製小動物售價由₩30,000至₩140,000不等。

店內有大量以金屬製成的小物，帶點文青感覺。

Info

地址：首爾市鐘路區花洞99
　　　　서울시 종로구 화동99
電話：02 - 735 - 3482
營業時間：1000 - 1900
休息：逢周一
網址：www.ah - won.com
前往方法：地鐵3號線「安國」站2號出口，
　　　　　　花開路入口。

首爾

三清洞・北村

市廳・光化門

仁寺洞

益善洞

景福宮・西村

梨大・新村

老二紅豆粥

MAP: P.154 B1

首爾第二名美味店
(서울서둘째로잘하는집)

1976年開業的韓方藥茶老字號，老闆本身研究韓方醫藥，一心濟世為懷，開店賣十全大補湯、鹿角大補湯等藥茶，後來才加入紅豆粥等年輕人口味，卻反而變成招牌。歉稱首爾第二名美味店，也足見韓國人的儒家思想的根深柢固。

首爾第二在三清洞很有名，特別是冬季更加座無虛設。

十全大補湯，以人參、當歸、紅棗等10種藥材熬製，味甘但不算難喝，還有自家製糖薑片佐飲。

店內裝潢30多年來從未改變，很有懷舊味道。

紅豆粥，已成店內招牌，混有巨型原粒紅豆、白果和栗子，質感濃稠，味道甜中帶鹹。₩8,000

---Info---

地址：首爾市鐘路區三清洞28 - 21
서울시 종로구 삼청로122 - 1
(삼청동)
電話：02 - 734 - 5302
營業時間：1100-2030
消費：約₩6,000 / 位
前往方法：地鐵3號線「安國」站1號出口，沿三清洞路北走至韓國金融研修院附近。

中途休息站

MAP: P.155 B4

COFFEE FAKTORY

由一棵樓高3層的廢棄舊廠房改建，內部外露的水泥牆、樑柱，加上縱橫交錯的鋼鐵支架，更富原始工業味道。供應20多款咖啡或茶，採自助式服務、提供免費Wi - Fi，還有書籍任看，最適合中途休息上上網。

外賣自取咖啡一律₩3,000。

每層都有一排落地玻璃窗座位，乃韓國美眉專座，相當好看！

Sweet Potato Latte，有濃郁的番薯香，入口還有微微的質感，惟甜味略嫌過重。

晚上，外牆加上燈光效果，更美。

店內提供數款蛋糕，芝士蛋糕水準合格，Dutch Coffee也香濃。

---Info---

地址：首爾市鐘路區昭格洞109
서울시 종로구 소격동 109
電話：02 - 732 - 7656
營業時間：0800 - 2200
消費：約₩5,800/位
前往方法：地鐵3號線「安國」站1號出口，花開路中段。

小小的照相館內掛滿老闆及徒弟所拍的黑白照，以人像為主，都有一股溫馨感。

懷舊照相館

mulnamoo寫真館 （물나무 사진관）

　　位於桂洞路上的懷舊照相館，低調的門面令人想起韓國經典電影《八月照相館》。由韓國著名攝影師지화자開設，建築原為一棟廢棄的舊廠房，樓高兩層，內有偌大的咖啡店兼展館、工作室和影樓，照相館只佔1樓一角。提供傳統影樓的專業攝影，黑白照風格懷舊，並以人手逐張沖印，相片特別富質感，絕非現代數碼照片可媲美。若是新人，不妨來拍張獨特的結婚照，更顯珍貴！ **MAP: P.154 C3**

採訪時，咖啡店正展出老闆지화자的巨型人像攝影，跟四周的工業味內裝很相襯。

樓高兩層，1樓是咖啡店兼展館，2樓則是偌大的影樓。

店內展出老闆收集的舊相機，他更收藏了大量絕版菲林，簡直是攝影迷的樂園。

店長Martin曾留學澳洲，會說流利英語，他說之前也有香港人來拍照。

黑白照以120mm菲林相機拍攝，收費US$300，包8×10吋相片2張及相版。

除了各式尺寸的相紙，還可沖印成Fiber Paper，效果更富懷舊味道。收費US$30

照相館只佔1樓一角，低調的門面，甚有經典韓國電影《八月照相館》感覺。

Info

地址：首爾市鐘路區桂洞133 - 6
　　　서울시 종로구 계동133 - 6
電話：02 - 789 - 2231
營業時間：周三至日1030-1800
　　　　　（休息1230-1330）
休息：逢周一、二
網址：http://blog.naver.com/mulnamoo
前往方法：地鐵3號線「安國」站2號出口，
　　　　　　奉山齋對面。

首爾

三清洞‧北村

市廳‧光化門

仁寺洞

益善洞

景福宮‧西村

梨大‧新村

韓國手工帽子王
luielle

　　韓國著名手工帽子店，老闆Shirly Chon乃亞洲首位畢業於巴黎著名帽子學校「C.M.T」的帽子設計師。每頂帽皆為人手製，每款都擁有自己的名字，獨一無二。深受日韓名媛追捧，就連全智賢、阿Rain、BOA、朴恩惠、李孝莉等都是其粉絲。 **MAP: P.154 B3**

顧客可沿街角的樓梯登上位於二樓的店。

Tips

店內提供度身訂製服務，收費₩300,000起，製作期15天至一個月。

店面由一棟傳統韓屋改建而成，卻配上西式家具和水晶吊燈，展現老闆的獨特美學。

老闆Shirly Chon乃首位畢業於巴黎著名帽子學校的亞洲人，於全州還設有大型帽子博物館。

┤Info├

地址：首爾市鐘路區三清路75-1善香齋大廈2/F
　　　　서울종로구삼청로75-1선향재빌딩 2/F
電話：02-739-6236
營業時間：1030-1800
網址：http://luielle.com/ko
前往方法：地鐵3號線「安國」站2號出口，步行約13分鐘。

畫廊街地標
學古齋

　　高樹參天的三清洞路，素有「畫廊街」之稱，街上美術館、藝廊林立。其中1988年開館的學古齋，算是最聞名的一家，以「學古創新」為主題，分為傳統韓屋及現代洋樓兩座展館，展出並發售37位近代藝術家的作品，包括興宣大院君、金奎鎮等。 **MAP: P.155 A4**

現代洋樓頂的人形雕塑，已成三清洞路「畫廊街」的地標。

畫廊定期展出現代藝術畫作，免費入場。

┤Info├

地址：首爾市鐘路區三清洞50
　　　　서울시 종로구 삼청동50
電話：02 - 720 - 1524
開放時間：1000-1800
休息：逢周日及周一
網址：www.hakgojae.com
前往方法：地鐵3號線「安國」站1號出口，近北村路5街交界。

明信片每張₩2,000，三張₩5,000，六張₩10,000。

畫作的價錢幅幅不同，約由₩60,000起。

教授的水彩畫
DE'ART （북촌디아트）

由首爾設計大學教授兼插畫家 Jeon Gap Bae 以水彩畫繪畫的韓國美麗風景。他與家人經營畫廊，展出畫作，並製成不同大小的繪畫、精品及明信片，是留住北村美景的另一選擇。 **MAP: P.154 C3**

Info
地址：首爾市鐘路區桂東街100（桂洞49-1）
서울종로구계동길100（계동49-1）
電話：010-2880-0862
開放時間：1100-1900
網址：www.instagram.com/de_art_100
前往方法：地鐵3號線「安國」站3號出口，步行約9分鐘。

文青的深夜咖啡店
CAFÉ GONDRY

北村韓屋村內少有營業至深夜的咖啡店，一室懷舊家具，看似胡亂的搭配，其實極富個性。內部貼滿電影和本地劇團的宣傳海報，還有大量本地手作人寄賣的手工雜貨，甚受文藝界工作者喜愛，散發濃濃文青味道。 **MAP: P.155 C4**

白天門外設有露天茶座，跟晚上是完全不同的風格。

以舊木窗拼湊而成的吧台，跟一室懷舊懶洋洋的格調很搭。

Honey Orange Tea，店內提供多款自家製水果茶，推介香甜的蜜糖橙茶。

Vin Chaud，即法式玉桂熱紅酒（Mulled Wine），酒精已煮至蒸發掉，冬天喝後全身和暖。

Info
地址：首爾市鐘路區桂洞140-23 1樓
서울 종로구 계동 140-23 1층
電話：02-765-6358
營業時間：平日1130-2300；周六・日1200-0000
消費：約₩5,000/位
網址：www.instagram.com/cafe_gondry
前往方法：地鐵3號線「安國」站2號出口，桂洞路與北村路5街交界附近。

首爾

三清洞·北村

光化門

市廳·光化門

仁寺洞

益善洞

景福宮·西村

梨大·新村

政治文化重心
市廳、光化門
（시청、광화문）

以光化門廣場為中心，四周被行政機構與外國領事館包圍，自古已是首爾市的政治中心。韓國政府近年銳意打造成觀光區，歷史性地標與大型博物館比比皆是。貫穿市內的清溪川改善工程，更使首爾煥然一新！而毗鄰的「市廳」，則是文娛藝術表演、美術館與古蹟的集中地，文化藝術氣息濃厚。

交通 地鐵1、2號線「市廳」（132 / 201）站；地鐵5號線「光化門」（533）站。

세종대왕

혼천의

165

三清洞、北村
市廳、光化門
仁寺洞
益善洞
景福宮、西村
梨大、新村

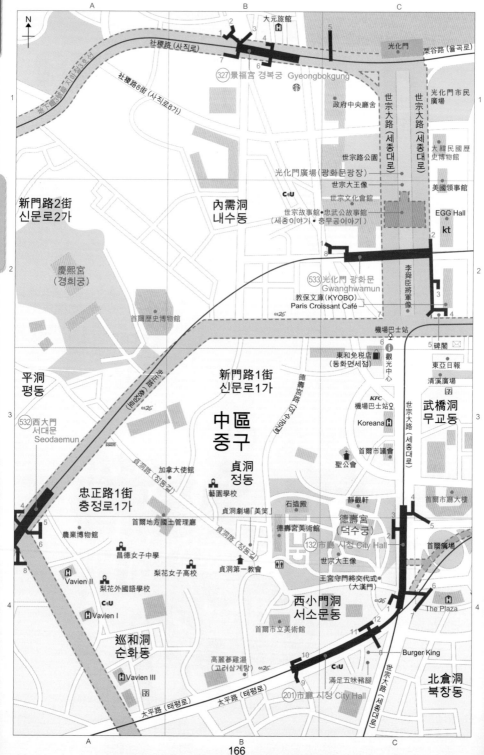

N

大元旅館

社稷路 (사직로)

光化門
栗谷路 (율곡로)

社稷路8街 (사직로8가)

㉛景福宮 경복궁 Gyeongbokgung

光化門市民
廣場

政府中央廳舍

世宗大路
(세종대로)

世宗大路
(세종대로)

大韓民國歷
史博物館

世宗路公園

光化門廣場 (광화문광장)

新門路2街
신문로2가

內需洞
내수동

世宗大王像

美國領事館

世宗文化會館

C&U

世宗故事館・忠武公故事館
（세종이야기・충무공이야기）

EGG Hall

kt

慶熙宮
(경희궁)

㉝光化門 광화문
Gwanghwamun

李舜臣將軍
像

首爾歷史博物館

教保文庫 (KYOBO)
Paris Croissant Café

機場巴士站

硬閣

平洞
평동

新門路1街
신문로1가

東和免税店
(동화면세점)

觀光中心

東亞日報

清漢廣場

㉜西大門
서대문
Seodaemun

中區
중구

德壽宮路（덕수궁길）

KFC
機場巴士站

Koreana H

武橋洞
무교동

世宗大路
(세종대로)

忠正路1街
충정로1가

貞洞
정동

加拿大使館

首爾市議會

聖公會

首爾市廳大樓

藝園學校

靜觀軒

首爾地方國土管理廳

貞洞劇場「美笑」

石造殿

德壽宮美術館

德壽宮
(덕수궁)

首爾廣場

農業博物館

貞洞路（정동길）

㉝市廳 시청 City Hall

昌德女子中學

梨花女子高校

貞洞第一教會

世宗大王像

Vavien II

梨花外國語學校

C&U

Vavien I

西小門洞
서소문동

王宮守門將交代式
(大漢門)

The Plaza

巡和洞
순화동

首爾市立美術館

Burger King

Vavien III

高麗蔘雞湯
(고려삼계탕)

世宗大路
(세종대로)

北倉洞
북창동

太平路 (태평로)

㉛市廳 시청 City Hall

滿足五味豬腳

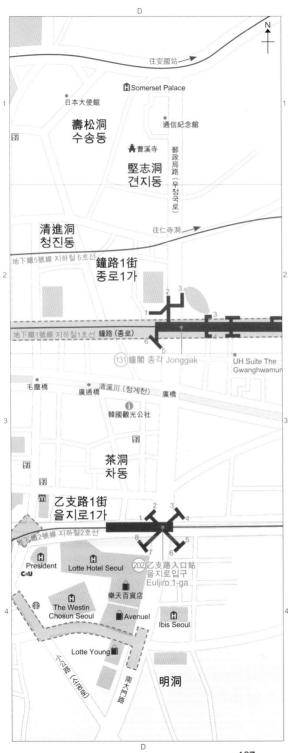

三清洞・北村

市廳・光化門

仁寺洞

益善洞・西村

景福宮・西村

梨大・新村

首爾

三清洞・北村

市廳・光化門

仁寺洞

益善洞

西村

景福宮

梨大・新村

大漢門原名「大安
門」，是宮廓的東門，
每日會上演3場王宮守
門將換班儀式，守衛
服飾跟景福宮不同。

落下的紅葉把通道染成橙黃
色，猶如金色地氈一樣。

西洋式賞楓宮殿
德壽宮（덕수궁）

　　始建於16世紀，原為成宗兄長
月山大君的宅邸，「壬辰倭亂」時因
為景福宮等都一一被燒毀，才將原
名「慶運宮」的德壽宮改建成宮殿。
乃李氏朝鮮王朝最後的宮殿，也是
唯一擁有近代建築、西式庭園及噴
水池的宮殿，每逢秋天便變成賞楓
名所。德壽宮正門的大漢門，每日
都會上演「王宮守門將換班儀式」，
雖然規模不及景福宮，但旅行團較
少，拍照較容易，逢周二更有騎馬
步操儀式。 **MAP: P.166 B3 - B4、C3 - C4**

中和殿御座正上方天花的藻室，可看到
一對金色的龍形雕塑，精緻非常。

德壽宮乃著名的賞楓名所，穿過大漢門便是
偌大的庭園，紅葉流丹。

新古典主義風格的
石造殿，是高宗的
寢室兼偏殿，殿前
築有韓國第一個噴
水池。

殿前廣場豎有排
列整齊的官階石
碑，是昔日文武
百官上朝站立的
位置。

―**Info**―
地址：首爾市中區南大門路1巷57（太平路
　　　2街）
　　　서울시 중구 남대문로1길 57（태평
　　　로2가）
電話：02 - 771 - 9951
開放時間：0900 - 2100（最後入場2000）
休息：逢周一
入場費：成人₩1,000，
　　　　7歲以上18歲以下₩500
網址：www.deoksugung.go.kr
前往方法：地鐵1、2號線「市廳」站2號
　　　　　出口。

靜觀軒，由俄羅斯建築師設計，西式柱子
上刻有韓國傳統花紋，高宗更會在裏面喝
咖啡，宴請外國使節。

中和殿，大韓帝國的正殿，原為重層建築，
1904年火災燒毀後以單層形式重建。

《宮》之離宮
慶熙宮 (경희궁)

朝鮮時代後期的離宮，即皇帝避難的地方，是唯一不收入場費的朝鮮王朝宮闕。始建於16世紀初，依山而建，規模龐大，最鼎盛時擁有100餘棟建築，因位於首爾西側，故又名「西闕」。日本統治期間幾乎把慶熙宮全部拆毀，改建為京城中學校，光復後改名「首爾高等學校」。韓劇《宮》以及《閣樓王世子》都曾在此取景。

慶熙宮一旁的庭園紅葉錯落有致，雖樹不夠高，但意境浪漫。

崇政殿前的廣場，也豎有排列整齊的官階石碑。

崇政殿，慶熙宮的正殿，曾移建到東國大學。

宮殿入口公園內置滿各式傳統石雕，以及古代經典的墨本。

興化門，慶熙宮的正門，先後被拆建為「博文廟」（紀念安重根刺殺伊藤博文）及新羅飯店的大門。

Info

地址：首爾市鐘路區新門路2街 1號
　　　서울시 종로구 새문안로 55 (신문로)
電話：02-724-0274
開放時間：0900-1800（最後入場1730）
休息：逢周一、1月1日
入場費：免費
網址：http://jikimi.cha.go.kr
前往方法：地鐵5號線「西大門」站4號出口，步行約7分鐘。

首爾最美散步道
貞洞路 (정동길)

德壽宮通往慶熙宮的石牆路，曾在建設交通部評審的「韓國最美的100條小路」中獲得金獎，被譽為「首爾最適合散步的街道」。全長1.4公里的紅磚路，兩旁盡是外國的領事館、學校、美術館和西式舊建築，沿路種滿參天大樹，路上不時看到藝術家擺賣油畫，充滿古雅的文藝氣息，浪漫到死！ MAP: P.166 A3、B3 - B4

近德壽宮圍牆一段，置有大量藝術雕塑，來自韓國藝術家Yi Hwan Kown的作品顛覆視覺感受。

地磚印有貞洞路一帶的古地圖，以及地標式建築。

西洋式紅磚建築，加上紅葉斜落，一時間錯覺身處英國倫敦街頭。

沿路都是外國的領事館、著名學校或美術館，文藝氣氛濃厚。

路上不時看到藝術家擺賣油畫，很多都以馬為題材，因為逢周二德壽宮的騎馬步操都會行經這裏。

Info

地址：首爾市鐘路區貞洞路
　　　서울시 종로구 정동길
前往方法：地鐵5號線「西大門」站5號出口，步行約7分鐘；或地鐵1號線「市廳」站1號出口。

朝鮮偉人廣場

光化門廣場 (광화문광장)

原為朝鮮王朝漢陽城（即首爾）的交通樞紐——「六曹街」，一直是政治行政機關聚集的重地。首爾市政府特別在原來16線的行車道中央，修建557米長的大型廣場，並於2009年啟用。廣場上豎有世宗大王和李舜臣將軍銅像，全是韓國人最尊敬的古代偉人，並經常舉辦各式文娛活動，地庫還有世宗故事館。多齣韓劇也曾在這裏取景，包括《城市獵人》、《仁顯皇后的男人》等。 **MAP: P.166 C1 - C2**

世宗大王銅像前還置有其3大發明的雕塑：地球儀、天象儀（日晷）、測雨台。

廣場中央豎有世宗大王銅像，基座側面刻有由世宗大王所創的韓國文字「hungul」。

廣場近鐘路交界處，豎有李舜臣將軍銅像，朝鮮時代因打敗日本軍而備受後世敬仰，其頭像更出現在₩100硬幣上，銅像下還有「12.23噴水台」。

廣場上有身穿傳統服飾的工作人員，為旅客解答問題，但大家只跟他合照。

廣場中央有偌大的草坪和花圃，而旁邊的市民廣場，逢冬天更會變身露天溜冰場。

---Info---
地址： 首爾市鐘路區世宗路
　　　서울시 종로구 세종로
開放時間： 24小時
網址： https://gwanghwamun.seoul.go.kr/main.do
前往方法： 地鐵5號線「光化門」站1或8號出口。

《夏日香氣》大劇院

世宗文化會館
(세종문화회관)

---Info---
地址： 首爾市鐘路區世宗大路175（世宗路）
　　　서울시 종로구 세종대로175（세종로）
電話： 02-399-1000
網址： www.sejongpac.or.kr
前往方法：
地鐵5號線「光化門」站1或8號出口，步行約5分鐘。

　1978年始建，2007年進行大規模的整修，內部擁有大劇院、小劇場、會議廳和美術館等的複合式文化藝術中心。其中世宗大劇場可容納3,022人，並擁有亞洲最大的風琴，專門舉辦國際級的文娛盛事，被譽為「世界十大劇場」。但對韓劇迷來說，最印象深刻還是廣場旁的大樓梯，乃《夏日香氣》的經典場景。 **MAP: P.166 C2**

廣場旁的大樓梯，正是《夏日香氣》的取景地。

百年韓國史

大韓民國歷史博物館
(대한민국역사박물관)

博物館旁便是美國領事館，故附近一帶守衛森嚴。

　2012年開館，介紹自19世紀末被迫開港至今的百年韓國歷史。樓高8層，包括4個常設展覽室，展出4萬多件珍貴展品，包括3.1獨立宣言書、6.25戰亡者遺物、模擬總統辦公室、PONY汽車等。場內還有咖啡廳、文化商品店和空中花園，最重要是免費參觀。 **MAP: P.166 C1**

---Info---
地址： 首爾市鐘路區世宗大路198
　　　서울시 종로구 세종대로198
開放時間：
周一、二、四1000-1800；
周三、六1000-2100
（閉館前30分鐘停止入場）
休息： 元旦、中秋
入場費： 免費
網址： www.much.go.kr
前往方法：
地鐵5號線「光化門」站2號出口，美國領事館旁邊。

好玩互動展品

世宗故事館・忠武公故事館
(세종이야기・충무공이야기)

位於光化門廣場地下，一次過集合韓國歷史上兩位顯赫偉人的主題館。2009年開館的世宗故事館，為紀念朝鮮王朝第四代王，由7個部分組成，利用大量多媒體互動展品介紹，一點也不悶。而2010年開館的忠武公故事館，則紀念在抗日戰爭中，擊退倭寇的朝鮮海軍將領——忠武公李舜臣，由6個部分組成，重點展品包括忠武公創造的鐵甲龜船、古代戰艦等，還附設4D體驗館。 **MAP: P.166 C2**

忠武公館的焦點展品——李舜臣將軍創造的1：2鐵甲龜船模型，旅客還可進入船艙內。

世宗大王解碼

朝鮮王朝第四代王（1397－1450年），名諱李祹，字元正。除了發明韓國文字，在科學、藝術、文化等都有莫大貢獻，包括下令編定朝鮮第一部農書《農事直說》、任用蔣英實發明水鐘、渾天儀和日晷等。被譽為朝鮮王朝最出色的國王，現在₩10,000韓國紙幣上也印有其畫像。

提提你

世宗大王銅像後方，有樓梯可通往世宗故事館和忠武公故事館。

介紹世宗大王發明的巨型天象儀，天花的萬天星星還會變幻萬千。

Info

> 地址：首爾市鐘路區世宗路81－3世宗文化會館B2樓
> 　　　서울시 종로구 세종대로81－3
> 電話：02－399－1114
> 開放時間：1000-1800
> 　　　　　（最後入場時間1800）
> 休息：逢周一
> 入場費：免費
> 網址：www.sejongstory.or.kr
> 前往方法：光化門廣場地下，世宗大王銅像後方有樓梯進入。

重生的首爾河

清溪川 (청계천)

Tips
文化遺產解說
預約：https://chinese.visitseoul.net/walking-tour/清溪川路綫/CNN000636

世宗時代始建的人工河，近代都市發展後卻變成排放污水的暗渠。2003年，時任首爾市長的李明博提出「重現清溪川」計劃，耗資9000億韓圜，重新挖掘河道，又架設橋樑、綠化環境，終將首爾人嗤之以鼻的暗渠，變成山青水秀的旅遊景點，更成為前總統李明博的最大政績！全長5.8公里，步行往返約3.5小時，景點主要集中在清溪川廣場一帶。

MAP: P.167 D3

河中設有「幸福許願池」，旅客都爭相投擲硬幣許願，晚上更會亮燈。

清溪川沿途建有大量新舊橋樑，其中「廣通橋」為世宗時所建的古橋。

清溪川廣場，位於清溪川復原的起點，豎有名為「Spring」的彈簧造型雕塑，出自瑞典前衛藝術家奧登柏格。

廣場附近築有4米高的2段式瀑布，晚上加上燈光效果更美。

河川中設有多道水中石台，乃拍照熱點，惟通過時請小心蹂躒。

Info

> 地址：首爾市中區太平路1街
> 　　　서울시 중구 태평로1가
> 電話：02-2290-7111
> 網址：www.sisul.or.kr/open_content/cheonggye
> 前往方法：地鐵1、2號線「市廳」站4號出口，往東亞日報大樓方向步行。

環保地標

首爾市廳大樓 (서울시청사)

　　位於首爾心臟地帶，旁邊的歐式舊大樓建於日治時期，已改建為首爾市立圖書館。2012年落成的新大樓，由意大利建築事務所iArc Architects設計，已成首爾的環保地標。連地庫樓高18層，全玻璃外牆採用三層超薄的中空玻璃，具有特強隔熱效果。樓頂突出的玻璃牆則運用了韓屋屋簷的建築原理，達到冬日採光保溫、夏季避光隔熱的效果，內部更建有世上最大的室內垂直庭園。內並附設有咖啡店、藝廊等，已成市民的消閒場所。 **MAP: P.166 C3**

流線形的新大樓，側面看像一隻耳朵，寓意政府能傾聽市民的聲音。

大樓前偌大的草坪便是「首爾廣場」，專門舉辦大型活動，包括Psy的露天演唱會。

━Info━
地址：首爾市中區世宗大路110
　　　서울시 중구 세종대로110
開放時間：0900-1800（1200-1300休息）
前往方法：地鐵1、2號線「市廳」站4或5號
　　　　　出口直達。

首爾發展史

首爾歷史博物館
(서울역사박물관)

MAP: P.166 A2

Tips I Can
持有首爾市立美術館入場券，可以折扣票價入場，購票日起1個月內有效。

　　籌備17年、2002年始開放，展出自朝鮮時代起的首爾發展史及傳統文化，《Running Man》也曾在些取景。樓高3層，分為朝鮮時代、大韓帝國時、日治時期及高速發展的首爾4個主題，旅客還可通過「體驗空間」，試玩朝鮮時代的娛樂玩意及科學儀器。

樓高3層，焦點展品包括1 / 1500首爾市縮影模型，還有大型紀念品店。

館前設有室外展示場，展出曾被毀損的光化門部分建築，還附有解說。

廣場上置有大韓帝國時期的古董電車，旅客還可登上車廂拍照。

━Info━
地址：首爾市鐘路區新門內路55 (新門路2街)
　　　서울시 종로구 새문안로 55 (신문로2가)
電話：02 - 724-0274
開放時間：0900-1800
　　　　　（最後入場時間1730）
休息：逢周一、1月1日
入場費：免費，展覽另付
網址：www.museum.seoul.kr
前往方法：地鐵5號線「西大門」站4號出口，
　　　　　沿忠正路步行約7分鐘，慶熙宮旁
　　　　　邊。

歐式紅葉庭園

首爾市立美術館
(서울시립미술관)

MAP: P.166 B4

　　原為90多年歷史的舊大法院，1988年開館，主打韓國現代美術，並舉辦世界知名畫家的作品展，包括畢卡索、馬蒂斯、梵高等。附設古典咖啡室及美術用品店。不過，最吸引還是美術館大樓本身，館前庭園種滿參天大樹，每逢秋天便紅葉通紅，更會舉辦露天音樂會，演奏古典、爵士樂等。

每逢秋天，館前的庭園便紅葉流丹，還有相襯的藝術雕塑，景致美極。

庭園內置滿大型雕塑，還有羊腸的步道穿梭，最適合散步。

前身為90多年歷史的舊大法院，充滿文藝復興的建築風格，成為拍照熱點。

━Info━
地址：首爾市中區西小門洞37號 (首爾中區
　　　美術館路30號)
　　　서울시 중구 덕수궁길 15 (서소문동)
開放時間：周二至五1000-2000；周六、日
　　　　　及假期1000-1900（3-10月）、
　　　　　1000-1800（11-2月）（閉館前1
　　　　　小時可入場）
休息：逢周一、春節
入場費：免費，展覽另付
網址：https://sema.seoul.go.kr
前往方法：地鐵1、2號線「市廳」站11、12
　　　　　號出口，朝德壽宮方向前行。

米芝蓮推介豬腳
滿足五味豬腳 (만족오향족발)

成立於1989年，由隱藏於小巷的小店，發展至今已有多家分店和加盟店，過去有六年（2017-18，2020-23）更獲得米芝蓮推介，被譽為首爾三大豬腳店之一。中份量的豬腳售₩36,000，足夠二人用。除豬腳外，也提供餃子湯、蒜蓉醬、捲心菜作伴食。

Tips
須兩人或以上才可點餐。

雖位處小巷，但店面大，還設二樓雅坐。

Info
地址： 首爾市中區西小門路134-7
（太平路2街318-1）
서울 중구 서소문로134-7
（태평로2가318-1）
電話： 02-753-4755
營業時間： 周一至五1130-2200，
周六及日1200-2200
消費： 約₩40,000/位
網址： www.manjok.net
前往方法： 地鐵1、2號線「市廳」站8號出口，步行約1分鐘。

參雞湯始祖
高麗蔘雞湯 (고려삼계탕)

首爾有兩家參雞湯名店，一家是景福宮的土俗村，另一家便是市廳站的「高麗蔘雞湯」。由李相林於1960年創立，自稱參雞湯專門店的始祖，由2017年起，連續七年獲得米芝蓮推薦。選用49天大的走地雄雞，脂肪少且肉質結實，每日由農場直送，保證新鮮。取出內臟，再將四年生的錦山人參、大棗和糯米等放入雞腔內熬煮，湯頭味甜而甘香。全首爾只得兩家店，位於西小門洞的總店樓高3層，從早到晚都擠滿各國旅客。

MAP: P.166 B4

西小門洞附近有一條參雞湯街，但最聞名的還是這家。

參雞湯，熱騰騰上桌，走地雄雞肉質結實而有彈性，湯頭清甜而帶人參甘香。₩19,000

參雞湯吃法
1. 參雞湯都是原汁原味燉煮，不經調味，享用前可加點鹽調味。
2. 雞肉可蘸鹽和胡椒粉吃，吃完的骨頭，則可放在桌上預備好的骨筒內。
3. 附送的小杯人參酒，可以直接喝，或者倒入參雞湯裏。

提提你

湯中的人參雖然不夠大支，但很有參味，入口甘甜！

總店樓高3層，2013年一度關門整修，重開後內裝比從前更光猛。

Info
地址： 首爾市中區西小門路11巷1(西小門洞)
서울시 중구 서소문로11길 1 (서소문동)
電話： 02 - 752 - 9376
營業時間： 1030-2100
休息： 假日
消費： 約19,000起
網址： www.krsamgyetang.com
前往方法： 地鐵1、2號線「市廳」站10號出口，往新村方向步行約50米，新韓銀行對面。

古董街尋寶

仁寺洞（인사동）

交通　地鐵3號線「安國」(328) 站；
地鐵1號線「鐘閣」(131) 站。

　　朝鮮時代，原是貴族和官員的聚居地，早種下芙蓉風雅的文藝因子。直至日本佔領韓國，貴族沒落，把家當字畫都拿出來變賣，於是造就成行成市的古董店。昔日貴族遺下的傳統韓屋，則變成道地風味的韓食餐廳與酒館。古雅的氛圍又吸引畫廊、工藝店陸續進駐。

　　現在的仁寺洞，以大街為中心，兩旁星羅棋佈的橫街小巷中，還隱藏各式藝廊、傳統茶屋、韓定食餐館、傳統酒館與工藝品店鱗次櫛比，值得細意發掘，穿梭其中猶如尋寶一樣，最能領略韓國生活文化。

174

首爾

三清洞‧北村

市廳‧光化門

仁寺洞

益善洞

景福宮‧西村

梨大‧新村

N

A B C

Anyoung Insadong
PLAY Line Friends
YG PLACE
KongKongY

328 安國 안국 Anguk

日本大使館

往三清洞方向

二老堂
遺物展示館

雲峴宮 (운현궁)

地下鐵3號線 지하철 3호선
栗谷路 (율곡로)

Gallery Je Je

鐘路警察署

三一大路 (삼일대로)

德成女子大學

慶雲學校

校洞小學校

天道教中央教會

Aeol Ssi Gu Plaza

gallery is 참!잘했어요
(童年回憶雜貨店)

耕仁美術館

慶雲洞
경운동

往益善洞 →

本粥 (본죽)
(2/F)

通訊紀念館

傳統茶院

宮 (궁)

鐘路區
종로구

首爾中央教會

Ssamziegil (쌈지길)
Misari
Soo Yeon Jae
Moony Music Box

山村 (산촌)

Crown Hotel Insadong

郵政局路
(우정국로)

木人博物館

仁寺洞街 (인사동길)

HiGuesthouse

新韓銀行

世林

仁寺洞Maru
泡菜間博物館

朴英淑窯

鐘路3街
종로3가
Jongno 3-ga

堅志洞
견지동

機場巴士站

Hotel Aventree Jongno

外換銀行

泰和館街 (태화관길)

Fraser Suites

樂園商街

里門雪濃湯
(이문 설농탕)

Center Mark Hotel

農協

國民銀行

企業銀行

地下鐵5號線 지하철 5호선

公平洞
공평동

勝洞教會

仁寺洞小吃攤

仁寺洞觀光中心

三一大路 (삼일대로)

塔洞公園
탑골공원

鐘路2街
종로2가

仁寺洞
인사동

鐘路Tower
(종로타워)

YMCA

機場巴士站

131 鐘閣 종각 Jonggak

地下鐵1號線 지하철 1호선

鐘路2街 (종로2가)

KFC

貫鐵洞
관철동

往南大門市場方向

普信閣

往明洞方向

注意：
「鍾路區」名字源自鐘閣站旁的大型鐘樓「普信閣」，
故正寫應為「鐘路區」(本書也一律寫為「鐘」)。但韓
國旅遊局使用「鍾路區」，民間地址則兩字皆有使用，
讀者上網搜查時要留意。

提提你

A B C

《宮》取景地
雲峴宮（운현궁）

原是「朝鮮王朝」興宣大院君的私宅，第26代國王高宗李熙便居住至12歲，也是他與明成皇后結婚的地方。日軍入侵時遭受嚴重損毀，現在僅存老安堂、老樂堂和二老堂3座建築，每年4月和10月都會進行宮庭婚禮表演。面積不大，年份也不算久遠，但因為擁有多棟西洋古樓，以及小巧精緻的庭園，每逢秋天便紅葉流丹，加上遊人較少，故成為首爾婚照的取景秘點，韓劇《宮 野蠻王妃》和《鬼怪》也曾在此取景。

MAP: P.175 C1

高宗登上王位後，便將雲峴宮大幅改建，並升格為宮闕。

庭園內的紅葉錯落有致，落葉更鋪成如地氈一樣。

園內的建築或有點荒廢，但卻是拍照的好地方。

巴洛克風格的「東國洋館」，乃《宮》中的王子別墅，座落雲峴宮庭園靠近德成女子大學。

Info

地址： 首爾市鐘路區雲泥洞114-10
　　　서울시 로구 운니동 114-10
電話： 02-766-9090
開放時間： 11-3月0900-1800；
　　　　　　 4-10月0900-1900
休息： 逢周一
網址： www.unhyeongung.or.kr
前往方法： 地鐵3號線「安國」站4號出口，徒步約3分鐘。

購物飲食重心
仁寺洞街

指鐘路2街至安國洞十字路口一段的大街，兩旁開滿傳統工藝手信店、藝廊、古董店等，還有創意地標「Ssamziegil」，兩旁小巷更隱藏各式道地酒館和食店。從早到晚遊人如鯽，熱鬧到不得了，故每日劃為行人專用區，逢周六、日下午更有仿古官員貴族出巡，從塔洞公園出發，沿大街一直走到安國站，場面浩大。

MAP: P.175 A2-B2-B3-C3

大街旁的小巷隱藏各式道地酒館和韓食店。

Info

行人專用時間： 1000-2200
貴族出巡表演： 逢周六、日1400-1600
前往方法： 地鐵3號「安國」站6號出口，徒步約3分鐘。

道地小吃匯集
仁寺洞小吃街

鐘閣站旅遊觀光中心對面有不少大牌檔聚集，售賣各式道地小吃，從烤魷魚、炒辣年糕、魚板，到現撈現烤海鮮俱備，₩5,000已足夠「掃街」！

MAP: P.175 C3-C4

眾攤檔中尤以這檔烤雞串最受歡迎，還排起長長的人龍。

空地的攤檔都有完善規劃，部分甚至設有座位。

烤雞串，現點現烤，夾有大蔥，雞肉嫩滑又惹味。₩2,000
烤熱狗腸，飽肚之選。₩4,000

Info

前往方法： 地鐵1號線「鐘閣」站11號出口，仁寺洞觀光中心對面。

北韓餃子女王 MAP: P.175 B2
宮（궁）

耕仁美術館對面的人氣餃子店，2017年至2023年連續7年獲米芝蓮必比登推薦。由祖籍北韓開城的任婆婆開設。以家鄉秘方炮製，餡料包括肉碎、豆腐、韭菜、綠豆芽等，跟明洞餃子不同，形狀呈半月形，但份量超大，抵吃非常！另一特色是廚房職員至今仍是全女班，真的有媽媽的味道。

小葫蘆年糕湯，像波子般大的年糕口感煙韌軟糯，配上清甜的湯很搭。

宮從早到晚人頭湧湧，店員都無停手猛包餃子。

開城湯餃，餃子飽滿豐碩，份量超大，女生根本吃不下一碗，附贈的酸蘸葡湯正好可以醒胃。₩13,000

Info

地址： 首爾市鐘路區寬勳洞30 - 11
　　　 서울시 종로구 인사동10길 11 - 3
　　　 （관훈동）
電話： 02 - 733 - 9240
營業時間： 1130-2130（LO 2040），
　　　　　 周日1130-2000（LO 1930）
休息： 元旦、春節、中秋節
網址： www.koong.co.kr
消費： 約₩9,000 / 位
前往方法： 地鐵3號「安國」站6號出口，
　　　　　　 Hana Art Gallery旁邊小巷直
　　　　　　 入，耕仁美術館對面。

傳統手工藝百貨 MAP: P.175 A1
Aeol Ssi Gu Plaza
（얼씨구마당）

位處仁寺洞大街入口，專售韓國傳統民族工藝手信，如木雕、韓紙娃娃、韓式金屬筷子、傳統絹袋等等，堪稱手工藝品百貨。勝在豐儉由人，甚受西方旅客歡迎。

木雕面具都來自慶尚南道，並以赤楊木雕刻而成。約₩40,000

Info

地址： 首爾市鐘路區寬勳洞103
　　　 서울시 종로구 관훈동 103
電話： 02 - 732 - 4213
營業時間： 1000 - 1900
前往方法： 地鐵3號「安國」站6號出口，
　　　　　　 仁寺洞大街入口。

百年牛肉湯
里門雪濃湯
（이문 설농탕）

「雪濃湯」即牛肉湯，傳統韓國農民為慶祝豐收才飲用。獲米芝蓮必比登推薦的里門，於1907年開業，選用全羅南道的新鮮牛骨和牛肉，熬煮超過15小時而成。湯呈奶白色，裏面還有少許牛肉塊和麵條，韓國人吃時會加上白飯，再撒一點蔥和鹽調味，喝後便全身暖和。

MAP: P.175 A3

雪濃湯（설농탕），呈奶白色的湯頭味道雖清淡，但精髓已盡滲湯中，牛味香濃，吃時可按喜好加鹽調味。₩13,000

內部空間闊落，泡菜都放在枱上自由拿取。

走至Center Mark Hotel，見到黃色的巨型招牌，往小巷前行即達。

Info

地址： 首爾市鐘路區堅志洞 88
　　　 서울시 종로구 견지동 88
電話： 02 - 733 - 6526
營業時間： 周一至六0800-2100；
　　　　　 周日0800-2000
休息： 1500-1630、元旦、春節、中秋節
消費： 約₩7,000 / 位
前往方法： 地鐵1號線「鐘閣」站3 - 1號出
　　　　　　 口，Center Mark Hotel旁邊。

地面市集攤檔不少都售賣文青小物。

食買玩集中地

看見熊大和James在涼亭便知道到埗了。

Anyoung Insadong
(안녕인사동) **MAP: P.175 A2**

　　2019年開幕的Anyoung Insadong，意思就是「你好！仁寺洞」。商場門外的韓式涼亭內有LINE FRIENDS坐鎮，歡迎你跟他們打卡合照。商場地面則是市集攤檔，售賣小店自製的服飾、精品和文創小物。商場分為美食街、時尚街和娛樂街三部分，有近40間商店，食買玩一次滿足。

在商場內的文同角落會找到LINE FRIENDS的蹤影。

┤Info┠
地址：首爾市鐘路區仁寺洞街49
　　　서울특별시 종로구 인사동길 49
營業時間：1000-2200
網址：www.instagram.com/
　　　anyounginsadong
前往方法：地鐵3號線「安國」站6號出口，
　　　步行約4分鐘。

PLAY Line Friends

　　店鋪雖然不大，但卻有巨型小雞莎莉在看門口，還有CHIMMY在吹口琴。也有不少BT21系列的商品發售，記得預留少許時間逛逛。

店內也兼售Pokemon精品，Pikachu迷你安睡燈。₩8,000

CHIMMY就是BTS成員朴智旻的化身。

巨型莎莉。

┤Info┠
地址：Anyoung Insadong地面
電話：02-6954-2940
網址：https://store.linefriends.com

YG PLACE

YG娛樂的官方專門店，售賣BLACKPINK、TREASURE、AKMU等旗下藝人的應援物品、服飾及玩具精品。

門外有巨型吉祥物KRUNK（크렁크）。

店鋪雖小但貨種十分多。

BLACKPINK figure ₩84,000

幾乎每個組合都有一個專櫃。

佈置得像女孩子的房間。

Info
地址：Anyoung Insadong 4/F
電話：02-6954-2891
營業時間：周一至六1030-2000，
　　　　　周日1030-1930
網址：www.ygselect.com

KongKongY（콩콩이 그림가게）

以繪畫貓為主題的貓咪專門店，藝術家把可愛的小貓及小狗畫作製成不同商品，包括環保袋、軟枕套、髮帶和杯等，當中有不少更是handmade貨品。

handmade手帕。₩11,000

明信片每張₩2,000

店外的黃色大貓十分搶眼。

貓文具盒。₩16,000

Info
地址：Anyoung Insadong 3/F
電話：0507-1416-9328
營業時間：周一至五1200-1800，
　　　　　周六1130-1900，
　　　　　周日1130-1800
網址：https://kongkongy.com

首爾

三清洞・北村

市廳・光化門

仁寺洞

益善洞

景福宮・西村

梨大・新村

Ssamziegil

紅磚外牆的商場，外面看像只有3層高，大大隻「人人」（韓文：ㅆ）字樣最搶眼！

由韓國建築師崔文奎設計，特別在以微斜的迴旋式通道，將各層的店舖串連起來，可一口氣逛勻全場。

頂樓有露天茶座和韓食Café，入口處掛滿情侶寫下的綿綿情話。

手作創意「人人廣場」
Ssamziegil (쌈지길)

MAP: P.175 B2

香港旅客都叫它「人人廣場」，其實「ㅆ」（讀音Sii）乃取其韓文名稱中的首個子音。2004年開幕，將仁寺洞由老氣的手信街變成創意地標！有別於一般首爾商場只得名牌連鎖店，以創意市集為主題，連地庫樓高5層，集合70多家特色小店和餐廳，尤其多手作人的創意小物，質素比弘大市集更高，地庫還有各式食店和手工藝體驗館。

廣場內有很多藝術裝置。

Info

地址： 首爾市鐘路區仁寺洞巷44（貫勳洞）
서울시 종로구 인사동길 44（관훈동）
電話： 02 - 736 - 0088
營業時間： 1030 - 2030
休息： 農曆新年及中秋
網址： https://smartstore.naver.com/ssamzigil
前往方法： 地鐵3號線「安國」站6號出口，徒步約7分鐘。

韓式醋雞麵
Misari
(미사리 밀빛 초계국수)

位於廣場地庫的麵店，主打韓國傳統的醋雞麵（초계국수），用鮮雞加入米醋熬製湯底，採用小麥刀削麵，一碗

自助形式供應泡菜、豆芽和醃蘿蔔。

份量有半隻雞，煮得骨肉分離但仍然嫩滑，刀削麵韌度適中，不會太腍，大量芽菜和椰菜增加清爽口感，配菜有無限供應的泡菜、豆芽和醃蘿蔔，十分豐富。

雞肉刀削麵。₩10,000

店門外放了孔劉等名人的簽名板。

Info

地址： samzigil地庫B1
電話： 02-737-5900
營業時間： 1030-2030
消費： 約₩12,000 / 位

可愛貓畫店
Soo Yeon Jae (수연재)

以韓國插畫家Soo Yeon Jae命名的店，出售作者繪畫的一系列小動物畫作及精品，當中尤以小貓主題最受歡迎，活現小貓的動態與休閒生活實況。產品種類繁多，除了海報及明信片外，還有眼鏡布、膠紙、日曆等。

小物袋。₩8,000

磁石貼。₩5,000

A4大小小貓布畫。₩6,000　明信片₩1,500一張。　軟枕套。₩45,000

— Info —
地址：Ssamzigil 3/F
電話：02-736-0088
營業時間：1030-2030
網址：www.instagram.com/sooyeonjae

自製BTS音樂盒
Moony Msuic Box (세험오르골)

讓你親手設計音樂盒的體驗店，可揀選經典音樂和日本動漫音樂之外，亦有K-POP如BTS的音樂盒，選好音樂盒後，就可以選擇裝飾的小配件，完成整個音樂盒所需大約₩30,000，就可以擁有獨一無二的音樂盒留念。

有數十款音樂與款式供選擇。

選擇有玻璃罩的音樂盒會貴₩14,000

除了BTS音樂盒，還有現成的龍貓音樂盒出售。

— Info —
地址：Ssamzigil地面
營業時間：1030-2030

雅俗共賞
gallery is (갤러리 이즈)

原木板外牆的大樓由日本建築師操刀，本身已極具禪意。

2008年成立的商業藝廊，大樓由日本建築師操刀，本身已極具禪意，連地庫樓高5層，展出的作品從古典到當代都應有盡有，且雅俗共賞。難得是職員都很有禮，不論旅客還是買家都會耐心介紹。 **MAP: P.175 A2**

畫廊定期舉行不同藝術家作品，此布油畫作品名稱：정(情)。

樓高5層，5個展廳展出不同風格的畫作，尤以本土藝術家為主。

— Info —
地址：首爾市鐘路區勳洞100 - 5
　　　　서울시 종로구 관훈동 100 - 5
電話：02 - 736 - 6669
開放時間：1000 - 1900
網址：www.galleryis.com
前往方法：地鐵3號「安國」站6號出口，徒步約4分鐘。

三清洞‧北村

市廳‧光化門

仁寺洞

益善洞

景福宮‧西村

梨大‧新村

「精進料理」解碼
所謂精進料理（Temple Cooking），即是高僧所吃的高級素菜，講究時令季節，以進食山野間當造的蔬菜五穀等，從而調理身體、滋養身心。

提提你

「山村定食」（산촌정식），包括季節前菜7小碟、天婦羅、炸野菜卷、綠豆涼粉、涼拌沙參、山菜雜燴、甜品等一共20道，不同季節菜單略有調整，不時不吃。午市₩33,000／位、晚市₩45,000／位

炸野菜卷（前），以菜葉包裹碎豆腐、菇等再炸，口感豐富香脆。後面的山菜雜燴則集合多種野菇，湯頭香甜。

《紐約時報》推介 韓式精進料理

山村 (산촌)

　　藏身小巷中的著名韓式「精進料理」餐廳，曾被《紐約時報》選為首爾必吃的10大餐廳，老闆金演植曾於深山修行18年，為推廣齋菜養生於1980年開設餐廳。只供應一款「山村定食」，午市拌飯收費每位₩15,000，寺廟套餐每位₩29,000，共20道菜，選用當季盛產的時令蔬菜，以及江原道深山的野菜，全是老闆親自挑選。別以為齋菜很悶，由於老闆本身還是一個藝術家，故每道菜賣相都精緻如藝術品，配合內部極具禪意的裝潢，視覺、味覺與感覺同時享受。

MAP：P.175　B2

門口的鞋櫃像藥材店的百子櫃般，美如設計師家具。

以綠豆和蕨造成的寒天涼粉，配上清香的芝麻和青瓜絲，口感清爽。

走過蜿蜒的小巷，才能找到山村。

店內充滿園林氣息。

就連餐巾和餐具也設計精緻。

餐廳本身為傳統韓屋，內部以佛教的蓮燈作裝飾，充滿禪意。

Info

地址： 首爾市鐘路區寬勳洞14
　　　서울시 종로구 관훈동 14
電話： 02 - 735 - 0312
營業時間： 午1200 - 1630、晚1700 - 2130（公演時間2000 - 2040）
網址： www.sanchon.com
消費： 約₩33,000／位
前往方法： 地鐵3號「安國」站6號出口，沿朴英淑窯旁邊的小巷前行即達。

韓式藝術庭園
耕仁美術館（경인미술관）

　　隱身小巷中，原為朝鮮皇朝貴族的宅第，包括創作「太極旗」的19世紀政治家──朴泳孝的私邸舊址。1983年開館，尤以寬大的韓式庭園而聞名，園內置立體雕像和裝置藝術品，每逢秋天便紅葉通紅，優雅得出塵！內有6間以獨立房舍改建而成的展館，展出不同主題風格的藝術，還有間傳統韓茶館，將傳統韓屋跟現代藝術，與自然風景融合得天衣無縫。

MAP: P.175 B2

庭園內置滿各式藝術雕塑，跟落下的紅葉構成另一幅美景。

位於第3展覽廊外的大型銅雕，與大自然完美協調。

第2展覽廳是韓國首座利用自然採光的玻璃展館，以大型作品為主。

6間展館各有主題，每星期都有新展品，由繪畫、雕塑到陶藝都有。

第5展覽廳為面積最小的一間，充滿禪意的原木板外牆，跟背後的紅葉輝映。

━━ Info ━━
地址：首爾市鐘路區寬勳洞30 - 1
　　　서울시 종로구 관훈동30 - 1
電話：02 - 733 - 4448
開放時間：1000 - 1800
入場費：免費
休息：元旦、春節、中秋節
網址：www.kyunginart.co.kr
前往方法：地鐵3號「安國」站6號出口。

韓式庭園茶座
傳統茶院
（전통다원）

　　跟耕仁美術館同樣聞名的附屬茶館，由傳統韓屋改建，擁有人字形的屋頂、屋檐和長廊，還有露天庭園茶座，環境古樸清幽。供應人參茶、五味子茶、紅棗茶等近20款傳統韓茶，邊喝茶邊欣賞窗外紅葉，耳邊傳來陣陣韓國傳統音樂，極富詩意。

MAP: P.175 B2

茶館保留傳統韓屋特色，還附設偌大的庭園茶座。

正門前置滿巨型醬缸。

雙和茶，以8種藥材熬製10小時，味道甘苦，可加蜂蜜拌勻，對感冒有特效，隨茶附贈口感軟糯的炸米菓。
₩8,000

雜錦米糕₩5,000，味道沒想像中甜，口感軟糯；花梨茶₩7,000，甜味清淡，對氣管和皮膚都有益。

茶館的貓咪在庭園睡午覺。

內部裝潢古樸雅致，有西式座椅也有傳統韓式Ondol暖炕房，尤其受日本旅客歡迎。

━━ Info ━━
地址：首爾市鐘路區寬勳洞30 - 1
　　　서울시 종로구 관훈동30 - 1
　　　경인미술관내전통다원
電話：02 - 730 - 6305
開放時間：1030-2250
休息：元旦、春節及中秋節
網址：www.kyunginart.co.kr
消費：約₩8,000 / 位
前往方法：地鐵3號「安國」站6號出口，
　　　耕仁美術館內。

童年回憶雜貨店

參!잘했어요 MAP: P.175 A2

店名「참!잘했어요」意思是「Very good job」，是韓國小學老師在學生功課中蓋的嘉許印章。此懷舊小店賣的，正是韓國人的集體回憶！如懷舊零食、整人小道具、着衫紙公仔、玩具、貼紙等，通通都是你我他的兒時最愛。

D.I.Y焦糖脆餅套裝，連煮糖的煎鍋、糖和圖案模俱備。₩12,000

自家出品的懷舊印章，包括招牌「參!잘했어요」。各₩3,000

韓國小學教科書圖案Postcard，用半透明牛油紙印刷。各₩1,000

滿舖的懷舊零食和小玩意，全是兒時回憶！

Info
地址： 首爾市鐘路區寬勳洞71
　　　서울시 종로구 관훈동71
電話： 02 - 736 - 5142
營業時間： 1000 - 2000
前往方法： 地鐵3號「安國」站6號出口，Ssamziegil旁邊。

《流星花園》粥店

本粥（본죽）

韓國著名連鎖粥品店，分店超過1,000家，其中誠信女大分店更是韓版《流星花園》中，女主角金絲草打工的地方。強調選用新鮮健康食材，現點現煮，除了傳統的南瓜粥、紅豆粥等，還有蟹肉起司粥及泡菜章魚粥等創新口味。

MAP: P.175 A2

仁寺洞店位於2樓，座位不多，顧客需先到櫃台點餐。

蔬菜粥，味道清甜，吃法是先吃一口原味，再拌勻粥面的海苔醬和芝麻，味道即時昇華。₩9,500

Info
地址： 首爾市鐘路區寬勳洞155 - 1 2樓
　　　서울시 종로구 관훈동 155 - 1번지 2층
電話： 02 - 722 - 6288
營業時間： 1000 - 2000
網址： www.bonif.co.kr
消費： 約₩6,500 / 位
前往方法： 地鐵3號「安國」站6號出口，Ssamziegil斜對面2樓。

小型藝術館 MAP: P.175 A2

Gallery JeJe
（갤러리 재재）

不時會有本地和外國的藝術畫作展出，當中不乏新秀，而且部分可以出售，價錢有平有貴，你的心頭好隨時會升價百倍。

畫廊地方不算很大。

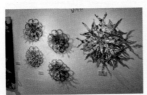

除畫作外，也有裝置藝術。

Dreaming Cat

Info
地址： 首爾市鐘路區仁寺洞路55-2
　　　서울 종로구 인사동길 55-2
電話： 02-723-6578
營業時間： 1100-1900
網址： www.instagram.com/galleryjeje_official
前往方法： 地鐵3號線「安國」站6號出口，步行約2分鐘。

新版「人人廣場」
仁寺洞Maru（인사동마루）

2014年底開幕的複合式商場，分為6層高的本館及4層高新館，以「Made in Korea」為主題，堪稱「新版SSamziegil」（人人廣場）！

60多家店舖，主打傳統韓國工藝、手作品牌、本地藝術品等，還有韓菜館和泡菜博物館。 **MAP: P.175 B2**

1樓主打傳統工藝品，2、3樓則主打雜貨；服飾則集中新館3樓。

2014年底開幕的「仁寺洞Maru」，定位像是「新版SSamziegil」，但特色工藝品較多。

╶╴Info╶╴
地址： 首爾市鐘路區仁寺洞街35 - 4
　　　서울시 종로구 인사동길 35 - 4
電話： 02 - 2223 - 2500
營業時間： 1100 - 2000（餐廳1030 - 2300）
前往方法： 地鐵3號線「安國」站6號出口，
　　　　　步行約5分鐘。

全新泡菜館
泡菜間博物館（Museum KimchiKan）

原位於COEX Mall的「泡菜博物館」，2015年遷至仁寺洞Maru。佔地3層，透過數碼遊戲介紹泡菜的製作過程，還有展出韓國各地，以至世界各地的醃漬蔬菜。重點是附設烹飪教室，提供泡菜製作體驗和試吃。

館內有泡菜供旅客試吃。

6樓設有烹飪教室，全程約40分鐘，學員可親手製作大白菜泡菜帶回家。

館內提供各式蔬菜印章，給你創作獨一無二的明信片。

利用數碼投影技術，介紹泡菜各種資訊，且有中英日語介面。

其中一閣展出韓國各地，以至世界各地的不同泡菜，包括少見的蒜頭和蓮藕。

仁寺洞Maru分為「Free Exhibition」及「Cultural Complex」兩幢大樓，泡菜間博物館位於後者。

╶╴Info╶╴
地址： 仁寺洞Maru 4 - 6 / F
電話： 02 - 6002 - 6456
開放時間： 周二至周日1000-1800
　　　　　（閉館前30分鐘停止入場）
休息： 逢周一、春節、中秋節及聖誕節
入場費： 成人₩5,000、
　　　　　8 - 18歲₩3,000、小童₩2,000
網址： www.kimchikan.com

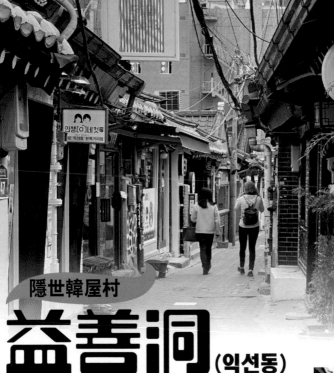

恬靜的老區現在仍有200多家居民，參觀拍照時請保持安靜。

隱世韓屋村
益善洞 (익선동)

最近迅速竄紅的「益善洞」，藏身「鍾路3街」站旁邊，現在仍保存着過百間、近百年歷史的韓屋，昔日原是貧民住宅區，狹窄的巷弄，加上斑駁的紅牆，歷盡滄桑。由於租金便宜加上歷史感，被年輕藝術家和潮人看上，將殘破老韓屋活化成個性小店、特色餐廳與Cafe，更跟原來的民居結合，交織成充滿生活感的新興潮區。

MAP: P.187

見證歷史的老韓屋，加上個性小店，新舊交融的味道，變成潮人文青的打卡勝地。

入口第一間韓食屋門口，有免費的遊玩地圖可索取。

益善洞巷弄間，不時發現藝術的塗鴉或裝置，令小區瀰漫藝文氣圍。

窄長的巷弄內，隱藏大量特色小店，靜待你來發掘。

益善洞日夜風景截然不同，白天的寧靜Café，晚上會變成小酒館。

地鐵「鍾路3街」站4號出口對面，「CU」便利店旁小巷直入便是益善洞。

Info

地址：首爾市鍾路區益善洞
　　　서울시 종로구 익선동

前往方法：地鐵1、3、5號線「鍾路3街」站4號出口，對面小巷直入。

首爾

三清洞・北村

市廳・光化門

仁善洞

益善洞

景福宮・西村

梨大・新村

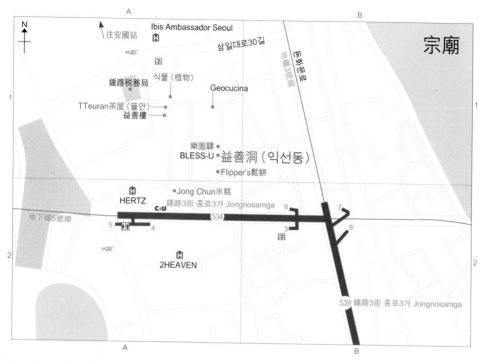

宗廟

A / B

往安國站
Ibis Ambassador Seoul
삼일대로30길
GS25
식물（植物）
鍾路稅務局
Geocucina
TTeuran茶屋（뜰안）
益善樓
樂園驛
BLESS-U 益善洞（익선동）
Flipper's鬆餅
Jong Chun米糕
鍾路3街 종로3가 Jongnosamga
HERTZ
C·U
534
6
7
8
地下鐵5號線
GS25
5 4
3
2HEAVEN
539 鍾路3街 종로3가 Jongnosamga
地鐵3號線
돈화문로

N

祖母真傳米糕
Jong Chun （떡가게종춘）

　　創立於1975年的糕點店，以祖母真傳製法的米糕最出名，近年推出多款新口味，成為本地人喜愛的小食店，亦是送禮佳品，不過食用期有限，帶返香港就要快些送給人了。 **MAP: P.187 A2**

Castella米糕
₩1,600

紅豆蓉米糕₩3,700

豆蓉米糕₩1,500

Info

地址：首爾市鍾路區敦化門路11街34-6（洛原洞120-1）
　　　서울종로구돈화문로11길34-6（낙원동120-1）
電話：0507-1318-4969
營業時間：1100-2200
網址：www.instagram.com/jongchun_iksun
前往方法：地鐵1、3、5號線「鍾路3街」站4號出口，步行約1分鐘。

首爾

三清洞‧北村

市廳‧光化門

仁寺洞

景福宮‧西村

梨大‧新村

益善洞

改造時，店主特意將破落的屋頂瓦片砌成的牆壁，紋理豐富，充滿質感。

其中一邊加建地台和玻璃斜頂，配合傳統韓式座席，氣氛更慵懶。

嬉皮士Cafe
식물（Sik Mui / 植物）

　　首家進駐益善洞的Cafe，老闆Louis原在倫敦任職攝影師，2014年回流，決心將益善洞打造像像東倫敦的嬉皮士Cafe。取名「植物」，源自人與自然共生的理想烏托邦。Louis將4間小韓屋打通，但樑瓦窗框都原汁原味保留，還用屋頂的破爛瓦片砌成牆壁，再配不同風格的家具。白天氣氛慵懶；晚上變身爵士音樂酒館，變成文化人和潮人愛店，包括張根碩等韓星。

MAP: P.187 A1

Girl，Espresso混朱古力和Baileys甜酒，入口滑順香濃又有深度。₩7,000

Tiramisu，口感輕盈綿密細緻，水準不俗。₩7,000

店主將4間破落韓屋打通，保留樑柱與破牆，加上玻璃屋頂引入陽光，環境開揚愜意。

店內滿是不同風格的家具，卻拼湊出獨特的個性，故深受首爾設計師喜愛。

Info

地址：首爾市鍾路區益善洞166 - 62號
　　　서울시 종로구 익선동166 - 62
電話：02-742-7582
營業時間：周日至四1200-2300；
　　　　　周五及六1200-2400
網址：www.instagram.com/sikmul
消費：約₩7,000 / 位起
前往方法：地鐵「鍾路3街」站4號出口，對面小巷直入到尾右轉。

Cafe內隨處可見店主搜羅的舊物，還有點題的「植物」。

韓屋原來的樑瓦窗框與格局，都原汁原味地保留下來，充滿生活感。

五味子茶，使用濟州有機農種的五味子，香味特別濃郁，酸甘辛鹹苦5味集合，有效改善喉痛、失眠等。₩6,000

紅豆湯配黑豆糕，艾草糕，紅豆綿密細緻香甜；傳統艾草糕香氣撲鼻，蘸蜜糖吃即成佐茶佳品。₩7,000

益善洞人氣韓茶館　MAP: P.187 A1

TTeuran茶屋（뜰안）

　　2009年開業，比益善洞更早揚名，也是韓劇《咖啡首爾》的拍攝場地。內部保留傳統韓屋韻味，梧木地台加上一室陶瓷餐具，庭園還種滿四季花草，環境清幽。供應各式傳統韓茶，以及「阿朱媽」親手做的傳統甜點，夏天更有限定韓茶刨冰。而且選料上乘，像五味子用濟州有機種，覆盆子則來自全羅北道的禪雲山。老闆娘精通日語，態度和藹，故甚受日本旅客歡迎。

柚子茶，味道香而不過甜，有美肌、解酒、消除疲勞等功效。₩5,000

庭園種滿四季花草，夏天花香撲鼻；秋天紅葉灑落；冬天鋪滿白雪又是一番景致。

最喜歡這窗邊位置，隔着玻璃觀賞庭園美景，愜意非常。

屋內鋪設舒適的梧木地台，加上原木矮桌和陶瓷餐具，一室雅致。

茶屋曾是金楨勳主演韓劇《咖啡首爾》中，「牧丹堂」的拍攝場地。

━Info━

地址：首爾市鐘路區益善洞 166 - 76
　　　서울시 종로구 익선동166 - 76
電話：02 - 745 - 7420
營業時間：1100 - 2200
休息：逢周一
網址：www.facebook.com/cafe.innergarden
消費：約₩5,000 / 位起
前往方法：地鐵「鍾路3街」站4號出口，對
　　　　　面小巷直入到尾。

人氣鬆餅
FLIPPER'S (플리퍼스)

MAP: P.187 A1

　　有多家分店的甜品連鎖店，主打鮮奶生果鬆餅和布丁鬆餅，使用全羅南道的農場雞蛋，入口融化，甜度適中。店內中庭的大天井引入陽光，令顧客有如坐在戶外庭園中用餐，感覺寫意。

店內陽光充沛。

Strawberry Sand ₩8,500

堂食可選擇多款鬆餅，如蜂蜜藍莓酸奶鬆餅₩20,000。

Info

地址：首爾市鐘路區水標路28街31
　　　（益善洞168-1）
　　　서울종로구수표로28길31
　　　（익선동168-1）
電話：02-766-2526
營業時間：1200-2200
消費：約₩10,000／位
網址：www.kcfnb.com/flippers
前往方法：地鐵1、3、5號線「鐘路3街」
　　　　　4號出口，步行約2分鐘。

韓屋火車站餐廳
樂園驛 (낙원역)

　　這裡可説是益善洞的另一打卡熱點，由門口一直伸延至店內的火車路軌，穿過兩旁建於韓屋花園上的雅座，給人有如置身火車站餐廳的感覺。餐廳也有室內坐位，但數量不多，提供咖啡和蛋糕甜品，但晚上就會搖身一變成為酒吧。 MAP: P.187 A1

Cream Berry ₩8,000

就連櫃枱都有火車軌，變成廻旋蛋糕。

路軌一直伸延到店內。

Pecan Brown ₩8,000

Info

地址：首爾市鐘路區水標路28街33-5
　　　（益善洞166-32）
　　　서울종로구수표로28길33-5
　　　（익선동166-32）
電話：02-763-1112
營業時間：1130-2230
消費：約₩10,000/位
網址：www.instagram.com/nakwonst
前往方法：地鐵1、3、5號線「鐘路3街」
　　　　　站4號出口，步行約3分鐘。

首爾

三清洞、北村

市廳、光化門

仁寺洞

益善洞

景福宮、西村

梨大、新村

低調寧靜

景福宮／西村

（경복궁）／（서촌）

交通 地鐵3號線「景福宮」（327）站。

貴為韓國「五大宮闕」之首的景福宮，昔日乃李氏朝鮮王朝的政治和權力重心，今天仍是外國旅客必遊的景點。景福宮東面的「北村」，昔日是兩班貴族居住的高級住宅區的；而西面的「西村」，則是朝鮮時代普通百姓和近代文人的聚居地，古樸的民居中，近年亦開滿設計小店、藝廊和特色Café。相較於北村，西村更為低調寧靜，而且沒那麼商業化，巷弄間仍能體驗傳統韓國人的生活與人情味！

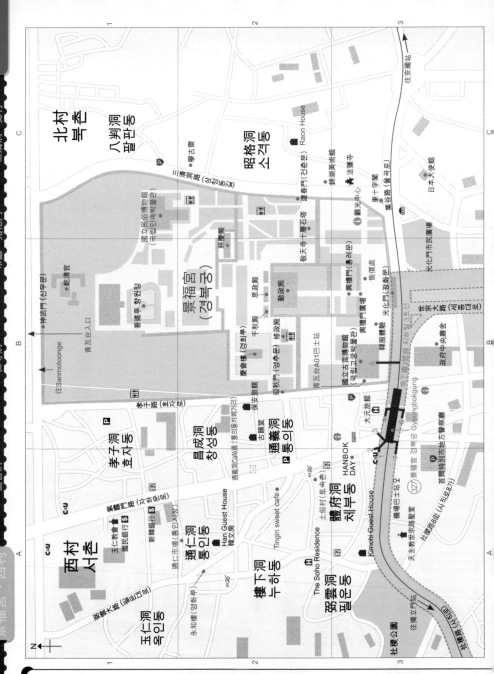

西村Snap Shot

「西村」（서촌）泛指景福宮西面，鐘路區體府洞、通義洞及玉仁洞一帶。雖是住宅老區，但建築多為20世紀興建的多層水泥大樓，近年愈來愈多藝廊和特色小店遷來這裏，令這老區更添文藝氣氛。

紫霞門路上常有攤賣本地水果的攤檔，價格不貴。新高梨約 ₩10,000 / 盆

西村內除了通仁市場，還規劃了世宗村美食街。

192

長龍參雞湯王
土俗村（토속촌）

真的有原支粗大的四年生人參，貨真價實。

首爾市內無人不識的參雞湯名店，每日飯市時間例必大排長龍，連前韓國總統盧武鉉生前也是熟客。招牌參雞湯選用40天大的童子雞，肉質特別嫩滑。湯頭則由四年生人參，加上銀杏、糯米等30餘種韓藥材及五穀雜糧熬製而成，味道鮮濃而不燥。

MAP: P.192 A2

參雞湯有普通雞和烏雞選擇，本地人習慣吃時把附送的一小杯人參酒倒進湯中，參味更濃。

烤全雞（롱닭），雞湯以外唯一選擇，皮脆肉滑。₩18,000

參雞湯（삼계탕），雞肉嫩滑，蘸少許鹽調味已足夠，濃稠的湯頭鮮甜無比，那煙韌的糯米飯更是精華。₩19,000

夏天才喝參雞湯

中國人習慣冬天進補，韓國人則認為夏天喝參雞湯，能促進排汗，加速新陳代謝，恢復體力同時消暑。

提提你

土俗村由一棟傳統韓屋改建，內部分成多間小房、呈「口」字形排列。

每逢午晚飯時間，門外都排著長長的人龍，很多還拖著行李箱。

Info

地址： 首爾市鐘路區體府洞85 - 1
　　　서울시 종로구 체부동85 - 1
電話： 02 - 737 - 7444
營業時間： 1000 - 2200
網址： www.tosokchon.co.kr
消費： 約₩15,000 / 位
前往方法： 地鐵3號線「景福宮」站2號出口，沿紫霞門路北走至GS25便利店左轉即達。

《咖啡王子》靚景別墅
Sanmotoonge

韓劇《咖啡王子一號店》中第二男主角崔瀚成所住的獨幢別墅，前身是博物館，劇集拍畢後變成咖啡館，但仍展出館長收藏的古董和劇照。座落青瓦台總統府後的北岳山上，以疊石堆砌而成的別墅外觀，像極中世紀的歐洲城堡。2樓可飽覽整個北嶽山美景，一直是情侶的約會勝地。

MAP: P.192 B1

1. 點餐流程：店內採自助式服務，先到1樓吧台點餐和付款，再拿到2樓享用。
2. 咖啡館位於山上，離開時截不了的士，大可徒步下山，約20分鐘便到北村。

疊石別墅連地庫樓高3層，依山而建，前圍還置滿巨型石雕。

地庫現在為展覽區，保留了大量《咖啡王子》使用過的道具，包括瀚成的爵士鼓。

Info

地址： 首爾市鐘路區付岩洞97 - 5（秦木街75號）
　　　서울시 종로구 부암동97 - 5번지
　　　（능금나무길75）
電話： 02 - 391 - 4737
營業時間： 周一至五1100-1900，
　　　　　　周六及日1100-2100
消費： 約₩8,000 / 位
前往方法： 地鐵3號線「景福宮」站轉乘的士，車程約10分鐘，車費約₩5,400。

Caramel Latte，香濃醇厚；Green Tea Latte茶味極濃，推介。各₩9,000

1樓設有偌大的露天茶座，面向北岳山，晚上點點燈光璀璨，感覺浪漫。

三清洞・北村　市廳・光化門　仁寺洞　益善洞　景福宮・西村　梨大・新村

光化門，即景福宮的正門，名字取自「光照四方，教化萬方」之意，中央有呈彩虹狀的虹霓門通道，上方還有二層門樓。

朝鮮第一宮闕

景福宮 (경복궁)

　　「五大宮闕」之首，為朝鮮王朝的正宮，由太祖李成桂於1395年下令建造，因位於首爾（古稱漢陽城）北部，又名「北闕」。佔地57公頃，乃韓國規模最大、歷史最悠久、建築設計最美的宮殿。由330棟建築組成，主要建築包括韓國國寶「勤政殿」、1萬韓元上印有的「慶會樓」、思政殿、康寧殿、香遠亭等，亭台樓閣、雕欄玉砌，體現濃厚的朝鮮建築風格。園內還有國立古宮博物館與國立民俗博物館，持景福宮門票更可免費參觀。

MAP: P.192 B1 - B3，C1 - C3

Tips

1. 持景福宮門票可免費參觀古宮博物館與民俗博物館，但要注意兩館分別於周一及周二休息。
2. 每日1030、1300、1500設有免費導覽服務，在興禮門前諮詢處集合。

Info

地址：首爾市鐘路區社稷路9巷22（弼雲洞）
　　　서울시 종로구 사직로9길 22 (필운동)
電話：02 - 3700 - 3900
開放時間：1、2、11、12月0900-1700；
　　　　　3、4、5、9、10月0900-1800；
　　　　　6-8月0900-1830
休息：逢周二
入場費：成人₩3,000、18歲以下₩1,500
網址：www.royalpalace.go.kr
*售票至關閉前1小時。
前往方法：地鐵3號線「景福宮」站5號出口，轉右徒步5分鐘即達光化門。

勤政殿是舉行朝參禮之處，殿前廣場豎有排列整齊的官階石碑，文官居東、武官居西，依照階級高低排列。

慶會樓，為朝鮮君王招待外國使節的地方，座落於方池之內，底層用24根石柱架空，上層為歇山頂樓閣。1萬韓圜紙幣上都印有其圖案。

庭園種滿參天古樹，每逢初秋便滿園通紅。

守門將服飾體驗

景福宮獨有的守門將服飾體驗，完全免費，但先到先得。

旅客可在守門將廳前自由拍照，廳內還有門將模特兒。

看這對台灣朋友玩得多開心。

Info

地址：售價處對面的「守門將廳」

*另有國王與王妃服飾試穿，但需預約。

景福宮

首爾

三清洞．北村

光化門

市廳

仁寺洞

益善洞

景福宮．西村

梨大．新村

朝鮮時代 守門將換崗儀式

　　説到景福宮最吸引的，其實是守門將換崗儀式，每日6場，逢整點於光化門前舉行，歷時10至20分鐘。穿着朝鮮時代服飾的守門將、軍樂隊等一行78人，上演自朝鮮「睿宗1年」確立的換班制度，最重要是完全免費參觀。

儀仗隊伍包括守門將、守門士兵、承政院注書、按庭署司鑰、軍樂隊及嚴鼓手。

Tips

儀式舉行期間，請聽從工作人員指示，拍照時不要妨礙巡行隊伍。

儀式完結後，旅客都爭相跟守門將合照，緊記眼看手勿動。

全副武裝的守門將，站立於光化門中央御道站崗。

初嚴（大鼓）響起，換崗的守門軍整齊步進光化門。

中嚴響起，當值守門將與換崗守門將互行軍禮。

三嚴響起，換崗儀式結束，當值守門軍往光化門內移動。

Info

地址：景福宮光化門前
開放時間：〔20分鐘守兵換崗儀式〕1000、1400；
〔10分鐘守衛儀式〕1100、1300；
〔15分鐘守門將公開訓練〕0935、1335
守門將公開訓練：0935、1235（協生門外）
休息：逢周二
* -10℃以下、30℃以上崗崗儀式正常舉行，但雨天有可能取消，或移至興禮門舉行。

一次過看盡朝鮮歷史

國立民俗博物館（국립민속박물관）

　　展出從史前朝鮮到1910年的韓國民俗歷史，初建於首爾南山，1975年搬至景福宮。館內共有3個常設展示室，收藏品多達2萬件，其中4,000多件更屬珍貴的史料。雖然講歷史，但一點也不悶，館內通過大量仿真模型，介紹昔日的文化、生活、習俗與工藝，加上各式互動裝置，持景福宮門票又免費參觀，成為親子遊的首選活動。

MAP：P.192 C1-C2

國立民俗博物館，建築前身為韓國國立中央博物館，館內常有國樂、古典舞蹈、武術等表演。

利用大量模型人偶，以介紹古時婚禮的過程和習俗。

大韓民國國旗「太極旗」，於1882年設計，旗面的太極和八卦圖案源自中國《周易》思想，四卦分別代表天、地、日和月。

介紹韓國傳統建築的區域，更搭建了多間室內韓屋，小朋友都躲在裏面畫畫。

Info

地址：首爾市鐘路區三清路37（世宗路）
서울시 종로구 삼청로 37（세종로）
電話：02 - 3704 - 3114
開放時間：
3-5月、9-10月：0900-1800（周三、六0900-2100）；6-8月0900-1800（周三、六0900-2100）周日及假期0900-1900）；11-2月0900-1700
休息：元旦、春節、中秋節
入場費：持景福宮門票免費
網址：www.nfm.go.kr

道地人情味
通仁市場（통인시장）

MAP: P.192 A1 - A2

　　景福宮西側的道地市場，原為日本殖民統治期間，專為日人而設的公家市場。「625戰爭」（韓戰）後西村人口急劇增加，市場周邊聚集大量商家，逐漸形成今日的通仁市場。市場約200米長，約有75個店家，以售賣小菜熟食為主，還有少量賣蔬菜、水果和生活雜貨。雖然攤檔不多，但位置就腳、遊客較少，人情味更濃，市場商會Cafe還有₩5,000的自助便當吃！

通仁市場位置界乎紫霞門路及弼雲大路之間，入口處並無漢字名稱。

攤檔以小菜熟食為主，本地人下班後都會來醫肚，正好感受韓國人的真實生活。

食品價廉物美，香腸年糕串₩5,000、魚糕₩2,000。

市場全長約200米，天花建有玻璃天幕，不怕日曬雨淋。

這藥材店老闆中文修養極高，為每款藥材賦予一個四字詞，如「外剛內柔」的紅棗。

通仁市場地圖

（地圖 map: 弼雲大路（필운대로）、玉仁精肉店、도시락café「通通」/ 고객만족센터、紫霞門路（자하문로）、효자동옛날떡볶이）

圖例：●為通café特約店

—Info—
地址：首爾市鐘路區弼雲大路6街3（通仁洞）
　　　서울시 종로구 필운대로6길 3（통인동）
電話：02 - 722 - 0911
營業時間：約1000 - 2000
休息：每個月第3個周日
網址：http://tonginmarket.modoo.at
前往方法：地鐵3號線「景福宮」站2號出口，往北步行約12分鐘。

₩5,000便當自助餐
도시락café「通通」

　　由通仁市場商會開設的「便當Café」，只要₩5,000就可以換到10個銅錢，以及一個便當盒，於市場內掛有「通仁Café」牌子的小店，便可以銅錢換取小菜，儼如便當自助餐。Café設有舒適座位，還有白飯和免費飲料供應。市場內售賣的，都是傳統的家常小菜，便宜道地又好玩！

Tips

攤販的小菜收費約1至2個銅錢，男生₩7,000已經可以吃得飽飽。

食飯流程：

1 先到「便當Café」買銅錢，就位於商場中心的2樓。

2 ₩5,000可購得10個銅錢和一個飯盒。

市場內約有近十數家小菜店參與，阿珠媽都很好人，小菜都裝得滿滿的！

3 然後便可到市場上有這個標誌的攤檔自選小菜，之後就可回到便當café享用，還有免費開水供應，膳後請自行收拾餐具。

—Info—
地址：通仁市場顧客中心2 / F（通仁市場18號）
　　　고객만족센터2층
電話：02 - 722 - 0936
營業時間：1100 - 1600

首爾

三清洞・北村

市廳・光化門

仁寺洞

益善洞

景福宮・西村

梨大・新村

美味雞蛋撻
Tongin Sweet（통인스윗）

廣受歡迎的蛋撻店，已在首爾開設四間分店，招牌雞蛋撻當然不能錯過，但蘋果撻也值得一試，尤其剛剛出爐香噴噴時，一啖咬落去即覺果肉味濃，餅皮鬆脆，再配一客Coffee Latte，非常夾。

MAP: P.192 A2

雞蛋撻₩3,500，
Coffee Latte₩5,000。

蘋果撻。₩4,500

店內陳設簡約，給人休悠的感覺。

最坐得舒服些，可到樓上雅座。

Info
地址：首爾市鐘路區紫咸門路7街10
（通仁洞158）
서울종로구자하문로7길10
（통인동 158）
電話：02-737-8777
營業時間：周日至四1100-2200，
周五及六1100-2300
消費：約₩5,000/位
網址：www.instagram.com/tonginsweets
前往方法：地鐵3號線「景福宮」站2號出口，步行約4分鐘。

50年炸醬麵
永和樓（영화루）

西村著名的炸醬麵老店，開業已50多年，老闆一家原是中國華僑，菜式都按照家鄉山東的傳統做法，怎料大受韓國人歡迎。招牌辣味乾炸醬麵，自家製的麵條口感煙韌彈牙，淋上秘製炸醬汁，滋味滿足。

MAP: P.192 A2

辣味乾炸醬麵，分開另上的辣炸醬配料包括豬肉、蟹柳和各式蔬菜，辣度強勁。₩8,000

炸醬湯麵，本地韓國人愛吃，帶甜的醬汁濃稠，一碗份量超大，女生絕對吃不完。₩8,000

店內掛滿明星簽名版。

Tips
吃韓時，阿珠媽會幫你剪斷麵條，方便入口。

Info
地址：首爾市鐘路區樓下洞25‧1
서울시 종로구 누하동 25‧1
電話：02‧738‧1218
營業時間：1100‧2030
消費：₩10,000
前往方法：地鐵3號線「景福宮」站2號出口，步行約15分鐘。

韓版女人街

梨大、新村（이대、신촌）

交通　地鐵2號線「新村」(240)
站、「梨大」(241)站。

　　毗鄰弘大，以梨花女子大學為重心，其實區內還有延世大學，一般稱為「新村大學商圈」。跟弘大一樣，由於多年輕人聚集，於是大街小巷開滿特色小店、咖啡館與酒場，種類繁多，且消費低廉。商店客源偏向女生為主，故特別多靚裝甜品店、美甲、化妝品店，儼如「女人街」。街上經常碰見三三兩兩的韓國美女，其實更是男生的天堂。

西大門區
서대문구

滄川洞
창천동

大峴洞
대현동

梨花女子大學
正門 (이화여자대학교)

大新小學
大新洞

往弘大入口

梨大 이대
Ewha Women's Univ. (241)

鹽里洞
염리동

LANG STUDY CAFE
梨大
大路

梨大街頭小吃

大興路
大興協

崇文中高

大興洞
大興洞

C·U

大學教會

西門

梨大付屬小學 (214) 新村 신촌
Sinchon Sta.

BOXQUARE
Super Smash
Burgers

新村站
大路

新村旅館

月山教會

大興第一教會

Ditto

Ever8

地下鐵2號線 天왕당路 機場巴士站

Good Time

滄川病院

新村病院

醫院正門

延世大學 (언세대학교)
正門

機場巴士站

京義線 경의선

醫院正門

機場巴士站

滄川教會

峴九啤酒

鳳雛

No Brand

Ditto

老姑山

廊浦區
마포구

新村路 (신촌로)

新村路 Sinchon

大峴教會

機場巴士站

(240) 新村 신촌

C·U

寄宿舍
學主會館別館

西江大學
西江大學

正門

西江大
(서강로)

機場巴士站

TOM N TOMS COFFEE

城山路 (성산로)
正門

延世路 (연세로)

春川傢 (춘천집)

弘益文庫

U-Plex

公益文庫

弘大 3번

弘大出口

園校

Hyundai現代百貨

So Mun Nan Jip

肉食庫

滄川洞
창천동

So Mun Nan Jip

延世小學

滄西小學

M2U

KFC

Casaville
Residence

C·U

TOM N TOMS COFFEE

西江大
서강로

園民銀行

C·U

弘大 서교로 (서강로)

(340) 西江 서강
Seoang

新村路 (신촌로)

往弘益大學站

地下鐵2號線 서교로 2번출口

新韓銀行
新村教會

東橋洞
동교동

平롱이롱路

弘大教會

A'REX Express機場線

新村延世病院

三淸洞·北村

市廳·光化門

仁寺洞

梨大·延世·新村

景福宮·西村

梨大·新村

韓國3大百貨

Hyundai現代百貨

（현대백화점）

佔地12層，地庫連接地鐵新村站，另有天橋通往Young館「U - Plex」。

韓國3大百貨業巨頭之一，走中高檔路線，強調生活品味。新村店1998年開幕，佔地12層，重點是地庫的大型超市及食品部，集合全韓的人氣手信，經常有特別推廣活動，隨時比Lotte mart更便宜。 **MAP: P.199 B2**

西式包裝的傳統韓菓子，買來作手信最適合。
₩35,000

現代超市定位跟新世界相若，特別多優質農產和有機食材。

地庫食品部特設推廣活動區，像天天舉行的食品節一樣。

Info

地址：首爾市西大門區滄川洞30 - 33
　　　 서울시 서대문 구창천동30 - 33
電話：02 - 3145 - 2233
營業時間：周日至五1030 - 2000；
　　　　　 周六1030 - 2030
休息：逢周一
網址：www.ehyundai.com
前往方法：地鐵2號線「新村」站1號出口。

年輕版現代百貨

U - Plex

2009年開幕，主攻年輕人客群，乃現代百貨店的Young館。連地庫樓高14層，座落新村運動場的學生通，網羅化妝品牌、流行服飾、運動品牌等120多種年輕人至愛，包括Sephora、8 Seconds、Uniqlo等，9樓和13樓皆設有空中花園，可俯瞰新村美景。 **MAP: P.199 B2**

採訪時正值年末減價季節，貨品低至半價。

樓高14層的U - Plex，主打中低檔年輕品牌，定價相宜。

Info

地址：首爾市西大門區滄川洞30 - 33
　　　 서울시 서대문 구창천동30 - 33
電話：02 - 3145 - 2233
營業時間：1030 - 2200
休息：逢周一
前往方法：地鐵2號線「新村」站2號出口，
　　　　　　 步行約2分鐘。

黑絨馬球帽，帽頂的毛球加添少女味。
₩99,000

坐落於地鐵站出口，巨型紅色水管鏡是標誌。

店內不同音樂類型分門別類，還有試聽服務。

店內有齊各式韓國音樂雜誌，粉絲無需到處找。

當HMV也面臨結業，如此大型的唱片店已買少見少了。

絕版CD淘寶地

M2U

位於現代百貨後門斜對面的大型唱片店，集齊本地及海外流行音樂CD、DVD、韓劇DVD、音樂雜誌等，儼如韓版HMV。不少已絕版的限定版韓星CD、DVD Boxset也可以找到，絕對是粉絲的淘寶地。 **MAP: P.199 B2**

Info

地址：首爾市西大門區滄川洞30 - 26
　　　 서울시 서대문 구창천동30 - 26
電話：02-3143-3946
營業時間：1000 - 2200
網址：http://m2urecord.com
前往方法：地鐵2號線「新村」站1號出
　　　　　　 口，現代百貨後門斜對面。

首爾

三清洞‧北村

市廳‧光化門

仁寺洞

梨大‧新村

景福宮‧西村

梨大‧新村

《野蠻女友》取景地
梨花女子大學
(이화여자대학교)

1887年創立的著名私立大學，原名「梨花學堂」，也是韓國第一所兼最優秀的女子大學。120多年

古典的西洋建築，加上滿山紅葉，洋溢浪漫與優雅，難怪地靈人傑。

校內最具代表性的建築，是位於入口的大講堂「Welch - Ryang Auditorium」，原為基督教教堂。

歷史桃李滿天下，以盛產女演員與韓國總統夫人而聞名，著名畢業生包括韓國史上首位女總理韓明淑、現代集團會長玄貞恩等。偌大的校園景致優美，經典的《野蠻女友》便在此取景，校園內有許多古典的歐式建築，庭園內種滿參天銀杏和楓樹，每逢秋天都成為賞楓熱點。

MAP: P.199 D1

左邊的「大樓梯」是梨大的地標，兩旁是圖書館、教學樓和劇院等。

校園內常見充滿氣質的女學生，三五成群有講有笑的走過，看得人也回春！

因為是女學校，感覺校園更寧靜優雅，因而成為婚照的熱門取景地。

Info
地址：首爾市西大門區大峴洞11‧1
　　　서울시 서대문구 대현동 11‧1
電話：02‧3277‧2114
網址：www.ewha.ac.kr
前往方法：地鐵2號線「梨大」站2、3號出口，北行約5分鐘。

韓劇取景勝地
MAP: P.199 A1‧B1
延世大學 (연세대학교)

梨花女子大學隔壁，是1885年創立的延大，乃首爾著名基督教私立大學。前身為「延禧大學」，1957年與世博蘭斯醫科大學合併，各取兩校名字中的一字，才有「延世」一名。佔地54,260平方米，校園內建築同樣古典雅致，《我的野蠻女友》、《假如愛有天意》、《IRIS》及《伊甸園之東》等韓國電視電影也曾在此取景。

從延大沿城山路步往梨大，需穿過一條小隧道，內裏畫滿塗鴉，《鬼怪》其中一幕也曾在此取景。

環繞大學校園的行人路種滿參天銀杏樹，配上校園氣氛，錯覺置身英國劍橋一樣。

延大擁有22個學院、114個系科、155個研究機構，尤以醫科最有名。

Info
地址：首爾市西大門區新村洞134
　　　서울시 서대문구 연세로 50
電話：02‧2123‧2114
網址：www.yonsei.ac.kr
前往方法：地鐵2號線「新村」站2、3號出口，北行約5分鐘。

開業20逾年烤肉店 MAP: P.199 A1

So Mun Nan Jip（소문난집）

　　2002年開業，老闆説他們是新村歷史最悠久的烤肉店，鄰近的大學生都認識他們。五花肉、豬排和牛肋條肉都是老闆的推薦，用炭火燒烤，風味十足。雖然老闆不懂中文，但餐牌上有中英文韓文對照，加少少英文點菜絕對沒問題，如遇上店長的女兒，更可以用中文溝通。

店外大大個招牌寫著「대박황소곱창」（勁正黃牛肥腸）。

配菜款式十分齊全。

五花肉。₩15,000/200g

採用傳統炭火，烤肉別具風味。

豬排。₩15,000/250g

泡菜湯。₩5,000

全程有美女店員貼身服待，保證烤肉火候剛剛好。

Info
地址： 首爾市西大門區延世路7街38（昌川洞53-15）
　　　 서울서대문구연세로7길38（창천동53-15）
電話： 02-336-1922
營業時間： 0900-2300
消費： 約₩20,000/位
前往方法： 地鐵2號線「新村」站2號出口，步行約6分鐘。

新派春川辣雞

春川家（춘천집）MAP: P.199 B2

　　新村站附近開滿春川辣雞店，但只有這家真正來自春川，甚受附近大學生和旅客歡迎。雞肉以辣椒醬、醬油等多種醃料醃漬，再加入蔬菜、年糕等，在客人面前現點現炒，熱騰騰滋滋作響更引人食欲。新派的吃法是加入芝士、番薯、意大利麵等拌炒，吃完還可再點一個白飯，利用剩下的精華炒飯，更滋味。

無骨鐵板雞（뼈없는닭갈비），即是辣炒雞，雞肉超嫩滑，味道香辣惹味，年糕也彈牙。₩13,000

新店通風更好，還會為食客預備圍裙。

店員先炒香雞肉，加入年糕、蔬菜和辣醬不停翻炒，再加蓋焗一會兒，香氣撲鼻。

炒飯，店員會利用剩下的精華加上白飯、紫菜、泡菜和麻油炒成惹味濃飯，香口惹味。₩2,500

春川家最近搬了新店，就在舊址附近而已。

Info
地址： 首爾西大門區1延世路5街
　　　 서울서대문구연세로5가길 1
電話： 0507-1303-2361
營業時間： 1100-2300
消費： 約₩6,500 / 位
前往方法： 地鐵2號線「新村」站2號出口，步行約3分鐘。

新村爆場烤肉店
肉倉庫（고기창고）

新村超人氣道地烤肉店，天天爆場！不賣弄花巧噱頭，醃料也不多，純以肉質新鮮上乘取勝，且價格超便宜。再加上老闆的老練烤肉技術，使用炭火慢烤，啖啖原始肉香，貨真價實，食客十居其九都是首爾上班族，口味極正宗道地。

MAP: P.199 B1

阿揪斯（아저씨）烤肉功夫一流，烤到外皮微焦而肉質juicy。

豬五花肉，用猛火烤至油脂盡出，入口外皮微微焦脆，豬味濃郁，油潤甘香。₩9,900

調味排骨（牛），牛味濃郁又惹味，肉質嫩而帶嚼勁，佐以啤酒一流。

Info

地址：首爾市西大門區滄川洞52 - 78
서울시 서대문구 창천동52 - 78
電話：02-323-9090
營業時間：1030-2300
平均消費：約₩10,000 / 位
網址：https://blog.naver.com/rich98901
前往方法：地鐵2號線「新村」站3號出口，步行約6分鐘。

薯條啤酒專家
峰九啤酒（봉구비어）

啤酒配炸雞已Out，首爾最新吃法是啤酒配薯條。説的是去年開業的「峰九啤酒」，主打本地生啤及各國進口啤酒，佐酒炸物除了薯條，還有炸魚和起司條，都是現點現炸，配蜂蜜芥末、忌廉芝士、茄汁等蘸醬。熱呼呼外酥內綿密，被網友譽為「首爾最好吃薯條」。

MAP: P.199 B1

炸魚柳，外皮酥脆魚肉仍濕潤，配鮮炸蝦片，絕對是佐酒佳品。

生啤，大大杯超抵喝，難怪甚受上班族和大學生歡迎。

店內的格局家具像極自修室，牆身掛滿食客的留言餐巾。

店內提供免費自助酸瓜、辣椒。

Info

地址：首爾市西大門區明物路41
서울 서대문구 명물길 41
電話：02-312-6859
營業時間：1500-0300
平均消費：約₩5,000 / 位
前往方法：地鐵2號線「新村」站3號出口，步行約6分鐘。

炸雞新貴

MAP: P.199 A2

또봉이 통닭（Ttobongee）

2011年創立的炸雞店新貴，現在分店已近500家，獲得多個烹飪獎，韓國電視台雜誌都時有推介。更不時成為韓劇取景場地，包括2022年JTBC的《模範刑警2》。主打傳統韓式炸雞，款式雖不及新派炸雞店多，但更能呈現炸雞的原味，招牌包括醬油炸雞、蒜味炸雞等，還有原隻現點現炸，酥脆多汁。

炸雞附送酸蘿蔔，有效解膩，外賣都有錫紙盒保溫。

Ttobongee分店都細細間不顯眼，原來卻大有來頭。

간장마늘치킨（蒜味炸雞），外皮蘸滿帶甜的辣醬汁，即使外賣回酒店，入口仍然外酥而內裏嫩滑，還充滿蒜香。惹味佐酒，好吃到筆者一個小女生，竟大半夜吃掉一整隻！₩14,000

Info

地址：首爾市麻浦區老姑山洞49 - 25
서울시 마포구 노고산동 49 - 25
電話：02 - 335 - 5120
營業時間：1200 - 0200
網址：http://ttobongee.com
平均消費：約₩10,000 / 位
前往方法：地鐵2號線「新村」站8號出口，步行約5分鐘。

1樓有10多家小吃攤，都是昔日大學路的路邊攤，價廉物美。

由2-3層貨櫃箱堆疊而成的三角地帶，中庭有偌大的木平台廣場，天空掛滿閃閃燈泡，景致浪漫。

新村貨櫃屋
Sinchon BOXQUARE (신촌 박스퀘어)

　　繼建大COMMON GROUND後的第二個貨櫃屋村，坐落於京義•中央線「新村」站對面，由多個淺灰色貨櫃箱組成，樓高3層，集合60家文青創意小店，包括韓國新晉設計品牌，以及昔日大學路的攤販，售賣手作工藝、小食、甜點、手工啤酒等，天台還有花園Cafe。 **MAP: P.199 C1**

以型格淺灰色貨櫃箱組成的複合式文化空間，位置就在新村站旁邊。

天台設有露天茶座。

Info

地址：首爾市西大門區新村站路22
　　　서울시 서대문구 신촌역로 22
電話：02-3140-8371
營業時間：1200-2100
網址：www.instagram.com/sinchon_boxquare
前往方法：地鐵2號線「梨大」站1號出口，步行約7分鐘；或京義•中央線「新村」站1號出口，步行約2分鐘。

美式即煎漢堡
Super Smash Burgers (슈퍼스매시버거스)

　　美式漢堡即點即做，即煎麵包和漢堡扒，加入芝士、青瓜、洋蔥等配料，想再加料的話，還可以免費自行添加泡菜、是拉差醬、芥末和蕃茄醬，加錢的話還可配煙肉（₩1,500）或肉餅（₩3,000）。大可切開兩份，一半原味，一半自選口味，過足癮。

顧客可隨意選擇座位用餐。

芝士漢堡₩6,000

上菜時會打開上蓋，讓你自行添加配料。

Info

地址：Sinchon BOXQUARE 2/F 41號鋪
電話：0507-1342-7227
營業時間：1100-2100（休息1500-1630）
消費：約₩10,000/位
網址：www.instagram.com/ssbseoul

首爾

惠化、大學路

梨泰院

新沙洞

狎鷗亭

蠶室、樂天世界

汝矣島、文來洞

首爾百老匯

惠化、大學路

（혜화）、（대학로）

交通　地鐵4號線「惠化」（420）站。

　　以1.1公里長的「大學路」為中心，昔日是首爾大學所在地，現在區內還有成均館大學、首爾大醫科大學等，是弘大、梨大以外另一大學區，但更有文藝氣息。區內擁有大小劇場近百間，還有美術館、特色小店、個性咖啡館和Live House酒吧，有點像東京的下北沢。每逢周末，羅馬尼矣公園一帶，更有多采多姿的街頭表演，被譽為「首爾百老匯」。

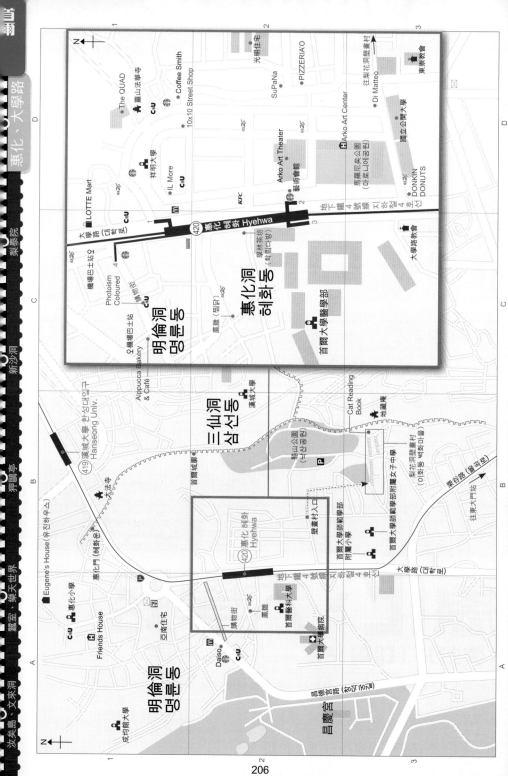

著名天使翼壁畫，曾多次遷移和重新繪畫。

《王世子》浪漫藝術街

MAP: P.206 B3

梨花洞壁畫村（이화동 벽화마을）

「梨花洞」原是駱山公園東側依山而建的小村落，2006年韓國文化觀光部推行「ART in city 2006 駱山企畫」，邀請70多位本地藝術家，為老舊的住宅區加上色彩繽紛的壁畫、雕刻、藝術裝置、造景樹等，變身成「路上美術館」，處處都是拍照美景。多得《屋塔房王世子》、《巴黎戀人》、《女人香氣》等韓劇，以及《兩天一夜》和《我們結婚了》等綜藝節目在此取景，令這慢活小社區名揚天下，每日都有來自中港台日的粉絲來朝聖。

由於更換了新的梯級，令原本繪畫在樓梯的畫都消失了。

壁畫已畫毀？

梨花洞本是個寧靜住宅區，但由於遊客太多，給當地居民做成滋擾，部分壁畫已被居民清除，包括兩條打卡壁畫階梯，不過其他壁畫乃在。顧己及人，旅客到訪時請保持安靜，拍照時要注意別擋路，以免令這美麗的梨花洞壁畫村消失！

提提你

壁畫現在仍在不斷添加中，最喜歡他們都很配合附近環境。

怎樣去？

東崇教會附近的壁畫小巷，正是前往壁畫村的入口，其實只要跟着人潮走便是。

再沿相中的小樓梯拾級而上，即達壁畫村。

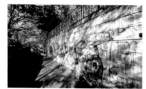

沿着駱山公園外牆南走，穿過蜿蜒的民居窄巷。

不時有告示提醒遊客要保持安靜。

Info

地址： 首爾市鐘路區梨花洞一帶
　　　서울시 종로구 이화동일대

前往方法： 地鐵4號線「惠化」站2號出口，沿大學路向羅馬尼爾公園方向直行，到DONKIN DONUTS便轉左，直行至旁邊壁畫小巷便是入口。

梨花洞壁畫村

牆後的確有一家寵物友善餐廳。

兩老和一隻狗，那張空櫈有沒有提醒你要多點回家探望父母？

在山城也能看見翠綠原野。

不同角度會有不同畫面。

窄巷裡會找到《愛麗絲夢遊仙境》的壁畫。

各式各樣的壁畫遍布全村，實踐將藝術融入生活。

很多外牆都畫上了附近的風景。

提醒遊人要保持環境安靜的壁畫。

用哈利收癥紙，應該就是畫家的風格。

除了繪畫，也有立體雕塑。

梨花洞的小貓咪，對熱情的各國旅客早已見慣不怪。

壁畫村的最高點，就是古城牆遺址所在，附近有涼亭和洗手間設施。

會讀書的貓cafe

Cat Reading a Book (책읽는고양이)

MAP: P.206 B3

沿梯級登上壁畫村，沿途會有不少商店及cafe，其中一家十分有趣的，就是位於接近最高位置的「讀書的貓」cafe & bar，店主會收集來自世界各地有關貓咪的藝術品，還會每月挑選一本書，舉辦讀書會。店主用金屬板記載了養過的三隻貓的事蹟，戶外也有貓的雕塑，想爬進屋內的動態十分有趣，吸引不少遊客打卡。

店內出售咖啡和啤酒，美式咖啡₩5,000，Highball ₩9,000。

坐在戶外乘涼，景色十分優美。

還有一隻貓坐在柱上望着遠處。

牆上兩隻貓咪想進屋的雕塑十分生動。

┤Info├

地址：首爾市鐘路區洛山城牆1街18-2
（梨花洞9-70）
서울 종로구 낙산성곽서1길18-2
（이화동9-70）
電話：02-766-0425
營業時間：1200-1900
網址：instagram.com/cafe_reading_cat/
消費：約₩5,000/位
前往方法：地鐵1、4號線「東大門」站1號出口，沿壁畫村的梯級直上到最頂，看見「508 SHOP」便轉左，步程需時約18分鐘。或地鐵4號線「惠化」站2號出口，步行約21分鐘。

猴子意菜

Di Matteo

惠化區內聚集大量意式薄餅店，這家是區內最著名的意大利餐廳，由韓國搞笑藝人李元承於1998年開設。他曾在義大利學藝，能炮製正宗拿坡里風味的Pizza，供應26種口味，並用傳統柴火烤焗而成，充滿風味。**MAP: P.206 D3**

門口的猩猩公仔已成地標。

門口的意大利小房車十分搶眼。

┤Info├

地址：首爾市鐘路區東崇洞1-141
서울시 종로구 동숭동1-141
電話：02-747-4444
營業時間：1130-2100
休息：逢周一
網址：www.arko.or.kr/artcenter
消費：約₩14,000/位
前往方法：地鐵4號「惠化」站2號出口。

首爾

惠化‧大學路

梨泰院

新沙洞

狎鷗亭

鷺梁津‧樂天世界

汝矣島‧文來洞

昔日貴族遊園地
駱山公園（낙산공원）

MAP：P.206 B2 - B3

因山形像駱駝的背，故被稱為「駱駝山」，雖然只得100多米高，但昔日是兩班貴族的遊玩勝地，以醉人夕陽而聞名，山頂更建有朝鮮時代的城牆，現在登上城廓遺跡仍可俯瞰整個鐘路區市景。公園內有展覽館、中央廣場等設施，也屬於「駱山公共藝術」計劃一部分，置滿大小藝術雕塑，《屋塔房王世子》、《燦爛的遺產》等多齣韓劇也有取景。

公園內綠意盎然，多得多齣韓劇，現在是情侶約會的最佳場所。

沿木梯步行即達山頂城廓，首爾市景一覽無遺，最遠可看到首爾塔。

園內亦置有「駱山公共藝術」計劃的特色雕塑，這上班族與狗更成地標。

朝鮮時代的城廓全長約2公里，從東大門一直伸延至駱山興仁之門，昔日用以保護首爾四岳。

Info
地址：首爾市鐘路區東崇洞 2 - 10號附近
　　　서울시 종로구 낙산길 54（동숭동）
電話：02 - 743 - 7985
開放時間：公園24小時；駱山展示館 0900 - 1800（冬季 0900 - 1700）
網址：http://parks.seoul.go.kr/eng
前往方法：地鐵4號「惠化」站2號出口，往羅馬尼亞公園方向前行約10分鐘。

周末免費藝術匯演
馬羅尼矣公園
（마로니에공원）

1975年首爾大學搬遷後建成，園內遍布的七葉樹，以及旁邊的文藝振興院（即是昔日的本館），都是首爾大學遺留下來的，故又有「大學路廣場」之稱。園內高樹參天、綠樹成蔭，並建有開放式的戶外舞台，每逢周末都有年輕音樂人或藝術學生前來表演，還有街頭畫家、算命攤與其他街頭藝人聚集，一顯身手。

MAP：P.206 D2 - D3
每逢周末下午都有年輕藝術家在戶外舞台免費表演，從戲劇、舞蹈到樂團演唱都有。

馬羅尼矣公園原為首爾大學舊址，現在仍置有昔日大學校園的模型。

每到秋季，公園的參天銀杏樹便披上一片金光，配上午後斜陽，景致醉人。

公園內除了昔日首爾大學留下的七葉樹，其實更多的是銀杏樹和木蘭花。

Info
地址：首爾市鐘路區東崇洞 1 - 121
　　　서울시 종로구 동숭동 1 - 121
電話：02-2148-4158
開放時間：24小時
網址：www.jongno.go.kr
前往方法：地鐵4號「惠化」站2號出口。

大學路劇院
The QUAD（대학로극장 쿼드）

前身是東崇洞藝術中心及木偶博物館，現改為大學路QUAD劇場，定期舉辦舞台劇等實驗藝術表演，可於網上或現場訂購門票，地面層設有Cafe Quad，可以飲杯咖啡休息一下，去一去洗手間。

MAP：P.206 D1

位於地面的Cafe Quad。

Info
地址：首爾市鐘路區東崇路122（東崇洞1-5）
　　　서울특별시 종로구 동숭길 122（동숭동1-5）
電話：02-1577-0369
開放時間：1200-1800
網址：www.quad.or.kr
前往方法：地鐵4號線「惠化」站1號出口，步行約3分鐘。

本地藝術展
Arko Art Center（아르코미술관）

1979落成，專門展出本地藝術家的大型作品展。「Arko」是「Arts Council Korea」（韓國文化藝術委員會）的簡寫，鮮豔的紅磚牆建築出自韓國著名建築師金壽根，外形採西洋式磚瓦素材融合韓國傳統美學，隨着光線的變化會呈現陰陽的畫面。

MAP: P.206 D2 - D3

美術館樓高3層，附設藝術圖書館和辦公室，展場位於1至2樓。

Info
地址：首爾市鐘路區東崇洞文藝振興院 大學路100
서울시 종로구 동숭동 문예진흥원 대학로 100
電話：02-760-4850
開放時間：1100 - 1900
休息：逢周一、春節、中秋節
入場費：免費
網址：www.arko.or.kr/artcenter
前往方法：地鐵4號「惠化」站2號出口，馬羅尼矣公園旁邊。

淘寶雜貨店
SuPaNa

座落街角的「木屋」小店，連招牌也不甚顯眼，但女生魚貫進出。店內專售店主四處搜集的有趣雜貨和擺設，還有本地手作人的手工飾品，大都獨一無二，更顯珍貴。內部空間狹小，貨品擺放看似雜亂，但更有淘寶感覺。

MAP: P.206 D2

日用品與雜貨都是店主搜集而來，大都獨一無二。

店面以木板拼貼而成，位置就在往駱山公園的必經處。

內部僅僅容得下4、5個顧客，手工飾品鋪天蓋地。

雜貨、公仔主要來自美國、日本，在韓國比較少見。

Info
地址：首爾市鐘路區東崇洞130 - 34
서울시 종로구 동숭동 130 - 34
電話：02 - 743 - 4083
營業時間：1430-2100
休息：逢周一
網址：www.supana.co.kr
前往方法：地鐵4號「惠化」站2號出口。

安東辣雞名店
MAP: P.206 C2
鳳雛 本店（찜닭）

源自慶尚道安東地區的「安東辣雞」紅遍全韓，2000年於惠化創立的「鳳雛」乃韓國三大安東辣雞專門店之一。安東辣雞分大中小3款，選用新鮮帶骨雞肉，加入辣椒、香菇、紅蘿蔔、馬鈴薯等蔬菜燉煮，醬汁融合雞肉的鮮甜與辣椒的辛辣，一吃會上癮。

店內裝潢簡潔，較「安東辣雞」新派光猛，食客都以年輕人為主。

安東辣雞（얼봉찜닭），一端上桌香氣撲鼻而來，帶骨的雞肉嫩滑得來仍有嚼勁，蘿蔔薯仔入口即化，吸滿醬汁的粉條彈牙，那濃濃的醬汁更是靈魂，本地人一定配白飯。

惠化店為鳳雛的始創本店，現在分店已遍布全首爾。

Info
地址：首爾市鐘路區明倫4街 80 - 1
서울시 종로구 명륜4가 80 - 1
電話：02 - 745 - 6981
營業時間：1130 - 2300
消費：約₩13,000/位
網址：www.bongchu.com
前往方法：地鐵4號「惠化」站4號出口，步行約8分鐘。

惠化版明洞大街
大明購物街（대명거리）

惠化站4號出口的大街，乃惠化著名的購物街，街道兩旁開滿各大品牌韓妝店、服飾店及知名連鎖餐廳，從早到晚人潮熙來攘往，儼如惠化版的明洞大街。 `MAP: P.206 A2`

由於這裏是大學區，購物街上特別多廉價服飾店，有點似東京的原宿。

╶Info╶
地址： 首爾市鐘路區明倫2街
　　　 서울시 종로구 명륜2가
開放時間： 周一至五1500-2200，
　　　　　 周六及日1200-2200
前往方法： 地鐵4號「惠化」站4號出口。

香港沒有的甜甜圈 `MAP: P.206 D3`
DONKIN DONUTS

香港沒有得吃的DONKIN冬甩，去到首爾就當然要食返夠本。糖霜草莓夾心冬甩好好食，麵包鬆軟，草莓味濃郁但不會太甜！是該店的人氣第三位！第一位當然是經典冬甩，甜得來又不會漏，配咖啡一流！行完梨花洞壁畫村，真的要來這裡補充糖份。

巴伐洛奶油味（吉士醬）。₩1,900

冬甩的選擇十分多。

草莓夾心冬甩。₩1,900

經典冬甩（₩1,500）始終最好食，配凍coffee latte（₩4,300）一流。

╶Info╶
地址： 首爾市鐘路區大學路86（東城洞
　　　 169-1，韓國通信大學）
　　　 서울종로구대학로86（동숭동169-
　　　 1，방송통신대）
電話： 070-4648-1546
營業時間： 0800-2200
消費： 約₩5,000/位
網址： www.dunkindonuts.co.kr
前往方法： 地鐵2號線「惠化」站2號出
　　　　　 口，步行約3分鐘。

劇場、藝術處處

首爾大學搬遷後，80年代起，青鳥劇場、學田小劇場等多個悠久歷史的劇團都陸續遷至大學路，現在區內約有近百家大小劇場，還有Live House酒吧、美術館、特色小店和個性咖啡館，文藝氣息濃厚。街上不時看到藝術家留下的塗鴉和畫作，晚上劇院和Live House開始入場，更見熱鬧！

街上貼滿大小劇團的宣傳海報。

到處可見藝術家留下的塗鴉。

部分畫廊將作品放置路上任人欣賞。

劇場的售票櫃位。

人生四格
Photoism Colored惠化店

　　韓國勁流行的「人生四格」自拍店，完全無員工，顧客可以自由自在裝扮、擺pose自拍。店內有道具任擇，有些店還會與某些明星合作，推出獨有的明星合照自拍功能，讓你有如同偶像合照一樣。自拍機的操作方法十分簡易，有些還有中文版本，按指示撳幾個掣同入錢就完成，每張收費₩4,000至₩5,000。

MAP: P.206 C1

店內有大量「人生四格」給你參考。

房間內的自拍機操作容易。

店內提供道具供裝扮之用。

可選擇與韓國偶像BamBam的影像合照。

┌─Info─┐

地址：首爾市鐘路區大明街19-2
　　　（明倫4街46-1）
　　　서울시종로구대명길19-2
　　　（명륜4가46-1）
營業時間：24小時
網址：https://photoism.co.kr
前往方法：地鐵4號線「惠化」站4號出口，
　　　　　步行約1分鐘。

羊駝咖啡館
Alppucca Bakery & Cafe

　　羊駝，又被人稱為草泥馬，近年在韓國十分受歡迎，在春川更開設了羊駝公園。這家店就是以羊駝為主題，三層的店鋪內外都可找到羊駝的蹤影。店鋪分三個時段出爐不同的麵包，例如上午10時有奶油蛋包，上午11時有羊角包，到中午就有鹽麵包。種類十分多，二、三樓的座位亦十分舒適，並能飽覽購物街的人流，十分寫意。

MAP: P.206 C1

樓上雅座十分明亮，飲杯Vanilla Latte都只是₩6,500。

梯間有羊駝的照片，十分有趣。

羊角包₩4,000

麵包日日新鮮出爐，款式又多。

印上羊駝樣貌的牛油曲奇餅。₩2,000

┌─Info─┐

地址：首爾市中路區大明路32（明倫2街1）
　　　서울종로구대명길32（명륜2가）
電話：02-3672-0101
營業時間：0900-2150
網址：www.instagram.com/cafe_alppucca
前往方法：地鐵4號線「惠化」站4號出口，
　　　　　步行約2分鐘。

惠化·大學路

梨泰院

新沙洞

狎鷗亭

鐘路·樂天世界

汝矣島·文來洞

杉木窯烤PIZZE
PIZZERIA'O

2013年底開業的意式薄餅餐廳，樓高兩層的純白色建築前身為舊工場，擁有挑高的樓底和木斜頂，加上特大的弧形窗框，像意大利鄉村別墅。內部自建磚窯，Pizze都以杉木柴來烤，更添香氣與風味。 **MAP: P.206 D2**

招牌O Pizza，焦脆的薄餅散發陣陣的杉木香，充滿風味，配上清爽的沙律菜，味道更清新。₩15,550

由舊店搬過幾街之外的新店，紅磚外牆具歐洲風味。

Insalata Ricotta，意式乾酪沙律配烤麵包，半圓形的麵包薄脆輕盈，最能品嚐柴火烤的焦香。

開放式的廚房內築有磚窯，能發放485度高溫，以最短時間把Pizze焗熟。

搬了去樓上鋪，在地面放着餐牌。

Info
地址：首爾市鐘路區東城路48
　　　서울종로구동숭길48
電話：02-3673-5005
營業時間：1130-2200
網址：www.pizzeriao.com
消費：約₩12,000／位
前往方法：地鐵4號線「惠化」站2號出口，步行約4分鐘。

韓國精品Select Shop
10x10 Street Shop

計Artbox、MMMG後，首爾另一著名文具精品Select Shop，本土和進口設計品牌俱備，也有自家出品。定位較潮較高檔，經常和不同設計單位、潮流品牌甚至明星合作，推出限定版，包括2PM吻痕杯、BIGBAND摺紙人偶等。本店在仁寺洞，惠化店是２號店，但佔地兩層面積最大，2樓還有手作教室。 **MAP: P.206 D1**

韓國潮語立體卡，打開即有韓國男女生拍照常擺的「心心」Pose。

Leather Satchel的皮革書包，有多款顏色和size選擇。

惠化店佔地兩層面積最大，店面設計每季更換。

2樓附設手作教室「Fingers Academy」，提供烹飪、布偶、飾品製作等手工課程。

內部呈「L」字形，從文具、日用精品到精品玩具俱備，路線有點像香港的Log On。

Info
地址：首爾鐘路區東崇洞1 - 45 自由大廈1 - 2樓
　　　서울시 종로구 동숭동1 - 45 자유빌딩1 - 2 층
電話：02 - 741 - 9010
營業時間：周一至四1200-2100；周五至日1200-2200
網址：www.10x10.co.kr
前往方法：地鐵4號「惠化」站1號出口。

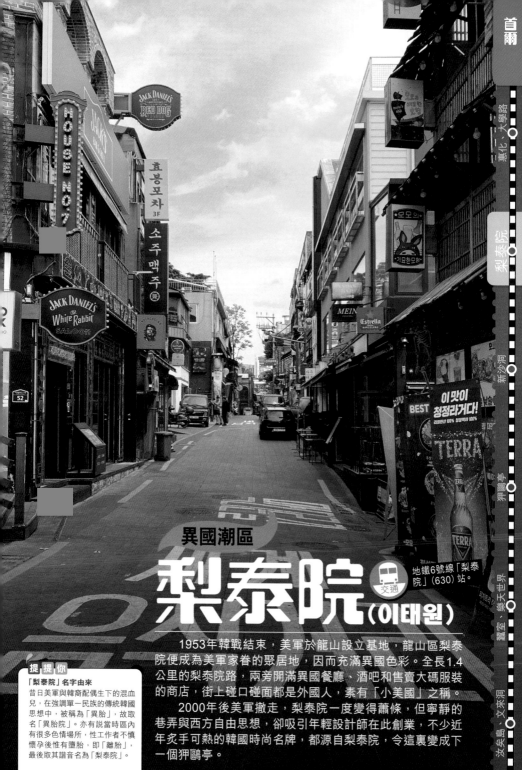

首爾

惠化・大學路

梨泰院

新沙洞

狎鷗亭

蠶室・樂天世界

汝矣島・文來洞

異國潮區
梨泰院（이태원）

交通 地鐵6號線「梨泰院」（630）站。

1953年韓戰結束，美軍於龍山設立基地，龍山區梨泰院便成為美軍家眷的聚居地，因而充滿異國色彩。全長1.4公里的梨泰院路，兩旁開滿異國餐廳、酒吧和售賣大碼服裝的商店，街上碰口碰面都是外國人，素有「小美國」之稱。

2000年後美軍撤走，梨泰院一度變得蕭條，但寧靜的巷弄與西方自由思想，卻吸引年輕設計師在此創業，不少近年炙手可熱的韓國時尚名牌，都源自梨泰院，令這裏變成下一個狎鷗亭。

提提你

「梨泰院」名字由來

昔日美軍與韓裔配偶生下的混血兒，在強調單一民族的傳統韓國思想中，被稱為「異胎」，故取名「異胎院」。亦有說當時區內有很多色情場所，性工作者不慎懷孕後惟有墮胎，即「離胎」，最後取其諧音名為「梨泰院」。

惠化、大學路
梨泰院
新沙洞
狎鷗亭
蠶室、樂天世界
汝矣島、文來洞

三角地站地圖

龍山區
용산구

北門

628 三角地 삼각지
Samgakji

紀念品店
結婚會場
戰爭紀念館
(전쟁기념관)

龍山小學

10

國立盲學校

9

機場巴士站

8

平和廣場

戶外展示場

11

12

7

375號炮艇

14 13

6·25造形物

護國公園

5

428 三角地 삼각지
Samgakji

西門

正門

東門

Suncity Hostel

地下鐵6號線 지하철 6호선

Grand Hyatt Seoul

三星美術館Leeum

漢南第2洞
한남제2동

梨泰院2洞
이태원2동

街頭人像
繪畫攤

GUCCI

IP Boutique Hotel

梨泰院小學

DISTRICT

GV Residence

Photo Drink

Hamilton (哈密頓)

こむ咖喱飯

樂天世界接駁巴士

629 綠莎坪 녹사평
Noksapyeong

Puma

地下鐵6號線 지하철 6호선

樂天世界接駁巴士

機場巴士站

630 梨泰院 이태원
Itaewon

梨泰院市場

普光洞街 (보광동길)

普光洞
보광동

Mondrian Seoul
Itaewon

梨泰院第1洞
이태원제1동

G Guesthouse

普光小學

梨泰院天主教會

10

1

2

3

4

9

427 淑明女子大學入口 숙대입구
Sookmyung Women's Univ.

8 5

6

7

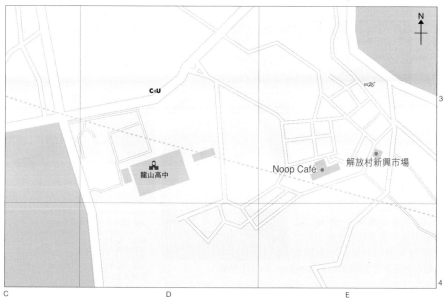

甜品大集合
Passion 5（패션5）

專售自家製麵包及甜品的餐廳，兩層的店面裝飾得十分漂亮，地面層是麵包西餅店，你可以先選購食品，然後到地庫層的中空花園餐廳享用，又或直接到餐廳嚐正式的西餐。麵包和甜品的款式有數十種，泡芙、布甸、朱古力、曲奇、連生日蛋糕和pizza都有。 **MAP: P.217 D1**

新鮮製作的Today's flower language蛋糕。₩73,000

餐廳位於SPC大樓，看見紅色的小雞便知到達了。

地面也有提供座位供客人用餐，但沒有咖啡出售。

地庫餐廳的中庭是個戶外花園。

Sweet Salty Salt Bread（黃色包₩3,600）鹽包當中有甜甜的麵糰，鹹甜均勻；Red Bean Donut（啡色包₩3,600）是有肉桂味的紅豆包，紅豆蓉有顆粒增加口感；Full Moon Cream Donghunt（₩4,500）糖霜表面，裡面是吉士醬；Cafe Latte（₩4,500）。

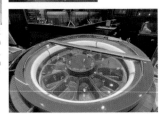
還有十多款雪糕任選。₩5,000/球

Tropical Millefeuille拿破崙蛋糕，吉士醬混合士多啤梨醬，鬆脆又鮮甜。₩8,900

甜品和麵包的選擇十分多。

━━ Info ━━
地址：首爾市龍山區梨泰院路272（漢南洞729-74）
　　　서울용산구이태원로272 (한남동729-74)
電話：02-2071-9515
營業時間：0730-2200
消費：約₩10,000/位
網址：http://spcpassion5.com/170
前往方法：地鐵6號線「漢江鎮」站3號出口，步行約2分鐘。

日韓設計聯乘
D&DEPARTMENT SEOUL

日本著名生活用品店「D & DEPARTMENT」，與韓國設計品牌「MMMG」合作的概念店，也是D&D的首家海外店。貫徹融合在地文化之餘，主打日本進口的設計選物與書籍，當然也有自家生活旅遊雜誌《d design travel》發售。

MAP: P.217 D2

━━ Info ━━
地址：首爾市龍山區梨泰院路 240 B1 / F
　　　서울시 용산구 이태원로 240, B1 / F
電話：02-795-1520
營業時間：1130-2000
休息：每個月的最後一個周一
網址：http://d-seoul.mmmg.net
前往方法：地鐵6號線「漢江鎮」站3號出口，步行10分鐘。

首爾
惠化、大學路
梨泰院
新沙洞
狎鷗亭
寶室、樂天世界
汝矣島、汶來洞

經典日系
PORTER YOSHIDA & CO.
漢南店（포터）

MAP: P.217 D2

1935年由Kichizo Yoshida（吉田吉蔵）成立的日本著名品牌，2016年進軍韓國，至今在首爾已有六家分店，而漢南店就是第二分店。店內的款式十分新，也有不少與其他品牌聯乘的商品，如果你心儀的貨品在日本被人掃清光的話，可以在這裡碰碰運氣。

店鋪面積不大，款式卻不少。

CISCO白色牛皮手挽袋。
₩678,000

CISCO啡色袋。₩658,000

Info
地址： 首爾市龍山區梨泰院路232
（漢南洞683-122）
서울시용산구이태원로232
（한남동683-122）
電話： 02-749-1935
營業時間： 1200-2100
網址： https://korea.shop-porter.com/main/main.asp
前往方法： 地鐵6號線「漢江鎮」站3號出口，步行約9分鐘。

韓版連卡佛
Beaker

店內搜羅超過100個世界品牌，包括Opening Ceremony、KTZ、Rag & Bone、Helmut Lang等。

素有「韓版連卡佛」之稱的Selected Shop，2012年開業的梨泰院旗艦店樓高兩層，集合男女裝、生活精品及化妝品。主打Kitsune、Rag & Bone、Opening Ceremony等人氣美牌。內部裝潢糅合時尚與生活品味，利用舊家具、木板打造成型格的空間，更附設主題Café。

MAP: P.217 C1

收銀處以不同抽屜和舊電視拼貼而成，很有藝術感。

梨泰院旗艦店樓高兩層，2層櫥窗更以不同木門拼貼而成。

MALIN+GOETZ薄荷皂
₩22,000/個

香水和護膚品放在店的最深處。

Info
地址： 首爾市龍山區漢南2洞738-36
서울시 용산구 한남동738-36
電話： 070-418-5216
營業時間： 1100-2000
網址： https://m.ssfshop.com
前往方法： 地鐵6號線「梨泰院」站2號出口，步行約7分鐘。

品牌名字源於化學實驗室的燒杯儀器，寬敞的內部空間佈局整齊有致。

大師級藝術展

三星美術館Leeum
(삼성미술관리움)

由「三星集團」斥資打造，展出創辦人李秉喆 (이병철) 會長生前收藏的美術品，名字中的「Lee」正是李會長的姓氏。座落梨泰院北山坡上，附近都是豪宅，包括現任三星會長李健熙的寓所。找來Mario Botta、Jean Nouvel及 Rem Koolhaas 3大建築師分別打造3棟展館，各具特色，象徵過去、現在與未來，本身已是藝術品。館內收藏來自全球知名藝術家，件件珍品。三星開設的美術館，當然高科技，每位參觀者獲發「Digital Guide」，戴着耳機走近藝術品，便有對應解說，Higtech又方便！

MAP: P.216 C1

戶外廣場原來的巨型蜘蛛雕塑，2013年已換上英籍雕塑家Anish Kapoor的「Tall Tree and the Eye」，拍照時請勿踏足草坪。

座落大堂的村上隆「Jellyfish Eyes Max & Shimon」雕塑，乃館內唯一可以拍照的展品。

大堂設計開揚闊落，展品包括美國的Mark Rothko、英國的DamienHirst、日本的奈良美智等大師作品。

場內附設精品店，專售著名藝術家的設計精品。

旅客可借用「Digital Guide」，有中英日語選擇，戴着耳機走近藝術品，便有相應解說，超方便。

3棟展館設計各具特色，象徵過去、現在與未來，本身也是藝術品。

位於入口旁的Leeum Café，色彩繽紛的花花壁畫異常搶眼！

Info
地址： 首爾市龍山區漢南2洞 747 - 18
　　　서울시 용산구 이태원로55길 60 - 16 (한남동)
電話： 02 - 2014 - 6901
開放時間： 1000-1800
休息： 逢週一、春節、中秋節
入場費： M1古董常設館免費，其餘視乎情況。
網址： www.leeum.org
前往方法： 地鐵6號線「漢江鎮」站1號出口，往梨泰院方向走100公尺，右邊第一條巷子右轉，再往山坡步行約5分鐘。

梨泰院時尚旗艦

Comme des Garcons

2010年落成，連地庫樓高6層的韓國旗艦店，取名「Five Tunnels」。由13條隧道般的窄小斜道貫穿各個樓層，一氣呵成陳列Garcons全線系列。地庫的「Gallery Six」，乃繼大阪店後第2個Garcons藝廊，帶領梨泰院變身時尚潮區！

MAP: P.216 D1

Info
地址： 首爾市龍山區漢南洞739 - 1
　　　서울시 용산구 한남동739 - 1
電話： 02 - 749 - 1153
營業時間： 1100 - 2000
網址： www.comme-des-garcons.com
前往方法： 地鐵線「漢江鎮」站1號出口，往南方向步行約5分鐘。

店面以47米寬、18米高的玻璃幕牆設計，就位於往三星美術館Leeum的入口。

脫北者昔日聚居地
解放村新興市場（해방촌 신흥시장）

解放村原本是從北韓而來的人聚居的地方，同時在1953年建立了「新興市場」。市場正重新改造，吸引不少cafe和文青小店進駐，同時保留了解放村紅磚與混凝土交替建築的特色，有如走進五、六十年代的時光隧道，成為新興的打卡勝地。現在市場內不只有cafe，更有炸雞店、日本及泰國菜餐廳等。 **MAP: P.217 E3**

有70年歷史的市場來了一場大變身。

古式的門面，內裡卻是夾公仔店。

市場內有不少文青小店。

單看外貌，完全想不到內有乾坤。

市場的cafe保留了原來的建築風貌。

Info

地址： 首爾龍山區新興路95-9（龍山洞2街1-480）
서울 용산구 신흥로95-9（용산동2가1-480）
電話： 82-2-754-7389
開放時間： 各店不同
前往方法： 地鐵4號線「淑明女大」站5號出口，轉乘綠色村巴（小巴）「龍山02」，車程約10分鐘，在「新興教會前」（신흥교회앞）站下車，沿斜路向上步行約2分鐘即達。

酒醉的人生四格
Photo Drink

MAP: P.216 B2

韓國的「人生四格」無人自拍店開到滿街滿巷，當然各店會有各店的特色。這家位於梨泰院酒吧街的店，好自然就會以酒為主題。甫入店便已有一種置身酒吧的感覺，店內佈置以霓虹燈色彩為主，自拍室的燈光效果也十分迷幻，費用由₩6,000至₩10,000不等。

室內環境幽暗，配合酒吧街主題。

有比較大的房間，方便一班朋友一起自拍。

店內外也有大量自拍照片供參考。

可以選擇特別的燈光效果。

Info

地址： 首爾龍山區梨泰院路24街54（梨泰院洞118-20）
서울 용산구 이태원로27가길54（이태원동118-20）
開放時間： 24小時
網址： https://photodrink.com
前往方法： 地鐵6號線「梨泰院」站1號出口，步行約2分鐘。

環繞韓國塔的護國群像雕塑，刻劃戰爭中不同階層軍人和民眾的感受，見證戰爭的無情。

國軍儀仗隊表演

每年4至6月及10至11月，逢周五1400，紀念館前的和平廣場都會舉行大型的國軍儀仗隊表演，由傳統劍術示範、女兵儀仗隊示範和三軍統合示範等組成，場面浩大！
表演日期： 4月第1個周五~6月22日；10月第3個周五~11月底（逢周五1400 - 1500）
表演地點： 和平廣場
*6月1日休演。

提提你

三角地站

世上最大規模

MAP: P.216 A1; B1

戰爭紀念館（전쟁기념관）

1994年開放，佔地125萬平方呎，乃世界上最大規模的戰爭主題紀念館。原址在日治時期為日軍的駐紮地，後成為駐韓美軍的龍山基地，以及大韓民國陸軍本部。分為露天展示場和室內展館兩大部分，展出韓國歷史上經歷的多場戰爭，包括二次大戰、韓戰等等，超過17,800件遺物、軍備、模型、雕塑等，旨在警醒世人戰爭的慘痛。

焦點展品包括象徵6.25戰爭的「兄弟之像紀念碑」、刻有陣亡國軍將士姓名的走廊，戶外展場還展出的美軍B - 52轟炸機、北韓軍T - 34戰車等大型武器，全部可近距離接觸，部分更可登上駕駛艙，男生一定瘋狂，最重要是完全免費參觀！

現場有兩間紀念品店，尤以戶外的這間最具看頭，可找到各式軍事模型、精品和韓國軍服。

紀念館走廊及步道兩側牆面，刻有在韓戰及越戰中陣亡的國軍及聯軍將士姓名，供世人憑弔。

必買各式韓國軍章，包括6.25紀念章、DMZ非戰事區警察、二戰聯軍章等。
₩3,000 - 5,000

紀念館佔地125萬平方呎，由室內展館及露天展示場組成。

經過紀念館旁結婚會場時，巧遇韓國新人在舉行盛大的傳統婚禮，場面壯觀媲美韓劇場景。

Info

地址： 首爾市龍山區梨泰院路（龍洞洞1街）
서울시 용산구 이태원로29（용산동1가）
電話： 02 - 709 - 3139
開放時間： 0930-1800（最後入場1700）
休息： 逢周一
入場費： 免費
網址： www.warmemo.or.kr
前往方法： 地鐵4、6號線「三角地」站11或12號出口，徒步約5分鐘。

首爾

惠化、大學路

梨泰院

新沙洞

狎鷗亭

蠶室、樂天世界

汝矣島、文來洞

美軍B‑52長程轟炸機，曾參與越戰及波斯灣戰爭，登上樓梯可一窺駕駛艙內的模型機師。

所有軍備均可近距離接觸，大部分都可以讓旅客登上拍照，現場所見所有男生都興奮非常。

「兄弟之像紀念碑」：高11米、直徑18米，根據真人真事製作，記錄南韓國軍的哥哥，與北韓人民軍的弟弟，在戰場上重逢相擁的哀痛故事。

露天展示場展出160件近代大型武器裝備，戰機、坦克一字排開，場面極具震撼！

室內展館連地庫樓高6層，分為「護國追悼室」、「戰爭歷史室」等6個展廳，展出萬餘件珍貴的戰爭遺物。

廣場上最大的展品——依照曾參與第二延坪海戰的高速炮艇「虎頭海鵰357號」而製作，艦上布滿彈痕。

牆上掛滿二戰聯軍的生活照，相中各人都帶着笑臉，很多更抱着小孩，更覺戰爭的無情。

進入「朝鮮戰爭室」III館，首先經過二戰聯軍的數碼基園，燈光效果已令人憂傷。

護國殿堂一角，設置「獨島」(독도) 紀念照背景，小朋友政治立場堅定！

223

韓定食，小菜款式隨季節時令變更，包括特大黃花魚、雞肉燉薯仔、蒸明太魚、蔥煎餅、大醬湯等30款鄉土料理，平實但每款都很佐飯，而且有一份「家的味道」。₩8,000 / 位

鄉土風味韓定食

田舍食卓（시골밥상）

　　梨泰院超有名的傳統韓定食餐廳，「韓定食」即傳統套餐，源自古時君王食用的宮廷料理，各式小菜擺滿一整桌面，用齊蒸、烤、燙、拌等烹調方法，任君選擇。田舍食卓的小菜多達30款，只₩8,000 / 位，味道實而不華，充滿純樸的鄉土風味。日韓電視台、雜誌也經常介紹，由於24小時營業，據說全智賢、宋慧喬、元斌、金喜善等韓國藝人也愛去。

MAP: P.216 C2

人數愈多，小菜的款式也愈多，吃完還可以再續。保證吃得飽就是傳統的韓國料理。

泛黃斑駁的牆身掛滿傳統農具和日用品，不止懷舊味道，是貨真價實的老舊。

餐廳本身是一棟傳統韓屋，門口狹窄但人客特多。

韓定食中的主角，招牌「韓式蒸蛋」，混有蝦醬和蔥，面層還灑滿芝麻，沒想像中滑嫩但超下飯，另外還有大醬湯（味噌湯）。

烤沙參（더덕찜），將綠色的沙參以木棒反覆拍打成柔軟，烤熟後加點芝麻和香蔥，口感爽脆而充滿人參清香。

其中一面牆身貼滿漢字舊典籍，配上一台舊收音機，像電影場景。

┌─ Info ─┐

地址：首爾市龍山區漢南2洞738 - 16
　　　서울시 용산구 한남동 738 - 16
電話：02 - 793 - 5390
開放時間：1000-2030
消費：約₩8,000 / 位起
前往方法：地鐵6號線「梨泰院」站2號出口，往漢江鎮站方向步行，觀光中心前路口左轉。

首爾

惠化・大學路

梨泰院

新沙洞

狎鷗亭

蠶室・樂天世界

汝矣島・文來洞

異國購物大道

新沙洞
（신사역）

交通　地鐵3號線「新沙」（337）站，直走約250米至olleh通訊店左轉，即達林蔭大道。

　　位處狎鷗亭旁、漢江邊，同樣是江南的代表性購物區，尤以「新沙洞林蔭道」（신사동가로수길）最著名。不到1公里長的街道，種滿參天筆直的銀杏樹，每逢秋季便將整條街道染成一片金光，景致浪漫醉人。街上開滿各式時尚服裝店和藝廊，橫街巷弄中還隱藏大量個性小店、特色Café與餐廳，帶點歐洲小區感覺。沒有明洞東大門般擁擠，又不似弘大仁寺洞傭俗，新沙洞真正舒服又好逛，更是韓國情侶假日約會、雜誌造型照、韓劇等的取景勝地。

惠化・大學路

梨泰院

新沙洞

狎鷗亭

蠶室・樂天世界

汝矣島・文來洞

N

A B C

現代高校

往狎鷗亭站方向

新沙中學

機場巴士站

狎鷗亭路（壓區政路）

學水井길

Cath Kidston

C·U

Forever 21

機場巴士站

新韓

新鷗小學

C·U

3CE CINEMA

Gallery Yeh

High Street Italia

往漢南大橋及漢江邊

Hotel La Casa
（라까사）

C·U

Banana tree

HAY

b. patisserie

YoukShimWon（육심원）

P

GENTLE MONSTER

新沙洞林蔭道（신사동가로수길）

The Zip Guest House

江南區
고남구

Jung Saem Mool

ami

GODIVA

MCM

Apple Shop

행복길

C·U

RITZ

新沙洞
신사동

江南市場街（강남시장거리）

이불덮밥（布團蓋飯）

KONA BEANS

H&M

C·U

往狎鷗亭站

ARTBOX

C·U

江南大路 고남대로

島山大路 도산대로

永東

機場巴士站

P

地下鐵3號線 지하철3호선

337 新沙 신사
Sinsa

M

C·U

往論峴站

8

TAXI

1

5 7

漢江邊地圖

地圖標記：
- 漢江 한강
- N
- 漢南IC
- C•U
- Hotel La Casa
- 鷺院漢江公園Pool
- The River Side
- 337 新沙 신사 Sinsa
- 江南大路
- Stay Gangman
- 新東小學
- 新東中學
- 地下鐵3號線 지하철3호선

論峴站

- 地下鐵7號線 지하철7호선
- GS25
- N
- Inn The City History
- 732 論峴 논현 Nonhyeon
- GS25
- 永登市場美食街
- 機場巴士站
- 江南大路
- 갯벌의진주（沙灘的珍珠）
- 正官庄
- ABC MART
- C•U

新論峴站

- Line Friends Store
- KAKAO FRIENDS & Café
- espoir
- N
- E

韓國旅遊方便二三事：

1. 濕紙巾藥丸

有時到傳統食堂，店員會給你一個小碟，裏面裝有一粒白色藥丸。其實是壓縮紙巾，只要加點水便會自動變成濕紙巾，神奇！

2. 免費Wi-Fi

韓國的Coffee shop通常有免費Wi-Fi，包括Caffe bene、HOLLYS COFFEE等連鎖店。很多都不設密碼，有些會將密碼印在收據上，即使沒有也可問店員索取。

3. 用餐後記得收拾餐盤

韓國的連鎖咖啡店，一般採用自助式服務，食客點餐付款後，店員會給你呼叫器，當餐點準備好呼叫器會響起，食客便可取餐，非常方便。吃完，食客需自行執拾餐盤。注意會有細緻的垃圾分類，食客需把廚餘、紙杯和膠蓋分開棄掉，有需要可請店員幫忙。

首爾
惠化‧大學路
梨泰院
新沙洞
狎鷗亭
蠶室‧樂天世界
汝矣島‧文來洞

一入門口即見巨型Ryan，別以為牠是熊，其實是沒有鬃毛的雄獅！

韓國首家Kakao旗艦店

MAP: P.227 E4

Kakao Friends Gangnam

Line熱爆日台港，但其實韓國最人氣的通訊軟件是「Kakao Talk」。Kakao Friends首家旗艦店於江南開幕，樓高3層，提供超過1,000種周邊產品，並附設主題Cafe。

Kakao Friends一共有8個角色，包括扮兔仔的黃瓜Muzi、Rock友Jay-G、扁嘴鴨Tube等，旗艦店更有獨家特別版Hoodie Ryan。Kakao巨型人偶、情景比比皆是，儼如主題樂園，Selfie打卡一流！

Apeach公仔。₩24,000

Ryan和牠領養的貓咪Choonsik有一系列黑色商品。膠拖鞋（₩29,000）、貼紙（₩5,000）、保護套（₩39,000）。

二樓設有不少打卡位，可以跟Choonsik合照。

立體夜燈鐘。₩49,800

店內有大型屏幕不斷播放Kakao Friends動畫。

三樓主題餐廳，有戶外茶座，同時提供小朋友玩耍的地方。

餐廳提供多款甜點，售價由₩3,500至₩4,500不等。

---Info---

地址：首爾市瑞草區瑞草洞1305-7
서울시 서초구 서초동 1305-7
電話：02-6494-1100
營業時間：1030-2200
網址：http://bit.ly/2ag4wqQ
前往方法：地鐵2號線「江南」站10號出口，步行約7分鐘。

戲院主題韓妝
3CE CINEMA

人氣韓妝「3 Concept Eyes」，本來只在Stylenanda寄賣，2015年終在新沙洞開設旗艦店。連地庫佔地3層，更以電影院為主題，黑白地磚配粉紅色調裝潢，佈置超夢幻，拍照打卡一流。門口還有台3CE妝物夾公仔機，₩1,000就可以博一鋪！

MAP: P.226 B2

1樓為產品展示區，黑白色地磚配電影院椅子，還有粉紅色的購物車。

Lily Maymac x 3CE MATTE Lip Color。₩17,900

各式造型化妝鏡。₩13,000

附設「Beauty Salon」，儼如明星化妝間，枱面還有最新妝物和iPad。

Info
地址：首爾市江南區狎鷗亭路8街22（新沙洞）
서울시 강남구 압구정로8길 22（신사동）
電話：02 - 544 - 7724
營業時間：1100 - 2200
網址：https://stylenanda.com
前往方法：地鐵3號線「新沙」站8號出口，步行約12分鐘。

潮星力撐 眼鏡韓牌
GENTLE MONSTER

由5位韓國藝術家、於2011年創立的眼鏡潮牌，多得BIGBANG、Tilda Swinton、Paris Hilton、全智賢等潮星力撐，現在已紅遍全球。每家GM分店都有不同主題，裝潢儼如美術館，引發無限話題。新沙洞旗艦店樓高5層，以「Home and Recovery」為主題，打造夢幻家居，頂樓還有咖啡店。

MAP: P.226 B2

1樓入口放了一台巨型紡織機，旁邊還有barber shop，儼如裝置藝術。

Maison Margiela x GENTLE MONSTER系列。

2至3樓以「家」為主題，不論睡床、浴缸，抑或衣櫃都是眼鏡的展示場。

HBA x HIRAKISH x Gentle Monster。₩380,000

Push Button x Gentle Monster - INFLEXIBLE。₩320,000

Info
地址：首爾市江南區新沙洞533 - 6
서울시 강남구 신사동533 - 6
電話：070 - 5080 - 0196
營業時間：1200 - 2100
網址：http://en.gentlemonster.com
前往方法：地鐵3號線「新沙」站8號出口，步行約12分鐘。

新沙洞最大藝廊
Gallery Yeh

藝廊位於ZARA旁凹入處的大樓的地下，2樓以上還有藝術工作室。

早在80年代，新沙洞最先以藝廊街而聞名，但隨著潮流服飾店愈開愈多，租金炒高，街上很多藝廊已陸續搬走，或是遷至2樓。1978年開幕的Gallery Yeh，是目前林蔭道上最大的藝廊，佔地兩層，主打本地著名藝術家作品，尤以繪畫和攝影藝術為主，完全免費參觀，還歡迎拍照。**MAP: P.226 B1**

來自韓國畫家Choi InSun的作品，一如大部分韓國藝術家的風格，色彩繽紛。

藝廊佔地兩層，面積偌大又沒有樑柱阻擋，故經常展出巨型畫作。

幾可亂真的衣櫃繪畫，來自韓國畫家Sang-Taek Oh的作品。

Info

地址：首爾市江南區新沙洞532-9
　　　서울시 강남구 신사동532-9
電話：02-542-5543
開放時間：周一至五1000-1800；
　　　　　周六只在有展覽時開放
休息：周日及假期
入場費：免費
網址：www.galleryyeh.com
前往方法：地鐵3號線「新沙」站8號出口，
　　　　　步行約10分鐘。

休閒的紅心A
ami

大家可能會認得這個紅心A標誌「AMI HEART」，這是三星集團旗下，由Alexandre Mattiussi設計的服飾品牌，ami就是設計師名稱的縮寫。品牌走法式休閒服飾路線，用料和剪裁都有名牌的質素，售價也屬於中上檔次，Polo恤大約售₩255,00，開胸外套約售₩555,000，連帽衛衣則售₩425,000。**MAP: P.226 B2**

拍攝當日正舉行AMI x NOVO聯乘活動，店旁放了吹型吹氣公仔。

Info

地址：首爾市江南區林蔭路48
　　　（新沙洞545-5）
　　　서울시 강남구 가로수길48
　　　（신사동545-5）
電話：02-6956-8782
營業時間：1100-2000
網址：www.amiparis.com/kr
前往方法：地鐵3號線、新盆唐線「新沙」
　　　　　站8號出口，步行約9分鐘。

韓版LV
MCM

素有「韓版LV」之稱，1976年由荷里活影星Michael Cromer所創，後被韓國企業收購變成本土品牌。本來已深受Beyonce、Kanye West、Justin Beiber等歐美名人紅星喜好，自李敏鎬於《城市獵人》使用後更掀起熱潮，連2NE1、Big Bang等韓星也是用家。新沙洞店乃2013年開設的概念店「M:AZIT」。**MAP: P.226 B2**

Info

地址：首爾市江南區新沙洞545-9號
　　　서울시 강남구 신사동545-9번지
電話：02-540-0587
營業時間：1100-2200
網址：www.mcmworldwide.com
前往方法：地鐵3號線「新沙」站8號出口，
　　　　　ALand對面。

個性女孩
YoukShimWon
（육심원）

韓國女畫家陸心媛（Youk Shim Won）開設的自家品牌，從手袋、衣飾、皮包到家品雜貨，都印有陸心媛的招牌個性女孩插畫，連中國影后范冰冰都是其粉絲。新沙洞專門店地庫附設展場「Gallery AM」，展出一系列個性女孩原畫真蹟。

MAP: P.226 B2

店內有不少插畫，二樓更設展廳。

free size上身印花T恤。₩88,000

門口繪有巨型個性女孩插畫，相當易認。

個性女孩天使手袋。₩148,000

Info

地址：首爾市江南區新沙洞546 - 9
　　　서울시 강남구 신사동 546 - 9
電話：02-511-2187
營業時間：1100-1930
休息：春節及中秋節
網址：www.youkshimwon.com
前往方法：地鐵3號線「新沙」站8號出口，
　　　　　新沙洞林蔭道中段右轉小巷。

K-POP化妝造型
Jung Saem Mool旗艦店 PLOPS
（정샘물）

由韓國知名星級化妝師Jung Saem Mool開設的美容化妝店，曾為崔智友、宋慧喬、李孝利、全智賢等明星化妝，2015年推出化妝品牌，當中以粉底液、遮瑕膏最受歡迎。2018年開設新沙洞這家三層高的旗艦店，地面和地庫是售賣化妝品的地方，也有試妝的區域，三樓是舉辦活動的場地，

MAP: P.226 B2

店內設有試妝專區。

品牌旗下產品款式都很齊全。

樓高三層的店，門外有一個小花園。

小貓也懂得來妝扮一下？

Info

地址：首爾市江南區林蔭路51-1
　　　（新沙洞534-5）
　　　서울강남구가로수길51-1
　　　（신사동534-5）
電話：02-6713-5345
營業時間：1200-2000
網址：www.jsmbeauty.com
前往方法：地鐵3號線或新盆唐線「新沙」
　　　　　站8號出口，步行約9分鐘。

著名法式甜點
b. patisserie

來自美國的Cafe品牌，在洛杉磯和夏威夷均有門市，首爾林蔭路店是其第一間海外分店。創辦人Belinda Leong於2013年和Michel Suas合作創辦了此品牌，二人均是法式甜品介的著名人物，2018年便開設了首爾分店。餐廳樓高四層，店內貫徹其美式cafe的開放式氛圍，甜品則融合了法式風格，包括馬卡龍、批餅、蛋糕等。 MAP: P.226 B2

Kouign Amann（Classic）。₩4,800

Sugar Broiche。₩4,500

店門外設有小花園和茶座。

餐廳樓高四層，在地面點餐後便可隨意選擇座位。

---|Info|---

地址：首爾市江南區狎鷗亭路14街36
　　　（新沙洞546-17）
　　　서울시강남구압구정로14길36
　　　（신사동546-17）
電話：02-517-0033
營業時間：1000-2200
消費：約₩10,000/位
網址：www.bpatisserie.co.kr
前往方法：地鐵3號線、新盆唐線「新沙」
　　　　　　站8號出口，步行約11分鐘。

個性版IKEA
HAY

2002年成立的丹麥品牌，由Innometsa公司於2006年引入韓國，其產品包羅生活用品、廚具及家居裝置，產品貫徹簡約實用的北歐風格，又不像IKEA走普羅路線，能保留獨特的個性，About a Chair系列正是其代表作。 MAP: P.226 B2

地面售賣家居小物，二樓是家俱陳設。

店門陳設十分簡約。

黑色土耳其製搪瓷鋼有耳杯。₩29,000

瑞典製100%可生物降解海綿洗碗布一套三條。₩36,000

餐巾紙一盒四條。₩76,000

啡色土耳其製搪瓷鋼碟。₩23,000

---|Info|---

地址：首爾市江南區狎鷗亭路14街34
　　　（新沙洞546-18）
　　　서울시강남구압구정로14길34
　　　（신사동546-18）
電話：02-515-2214
營業時間：1100-1900
網址：www.instagram.com/haykorea
前往方法：地鐵3號線、新盆唐線「新沙」
　　　　　　站8號出口，步行約11分鐘。

首爾

弘大·大學路

梨泰院

新沙洞

狎鷗亭

蠶室·樂天世界

汝矣島·文來洞

日式布團蓋飯
이불덮밥 MAP: P.226 C3

　　這間店走日式蓋飯店風格，主打
蓋飯，店名就是日本「布團」，即是棉
被，加在飯上面的意思。室內布局和松
屋等日式飯店差不多，自助購票機操作
簡易，就連不懂韓文都買得到。別以為
這個烏冬雞肉鍋（₩7,900）望落清清
地，啖湯都不知幾鮮甜！個紫菜湯底辣辣地好味道，烏冬夠韌，雞
肉鮮嫩，豆腐夠滑，配上白飯，等你食完烏冬再加入湯內變成泡
飯，有點韓式風
格。

小小店鋪，陳
設跟日本蓋飯
店一模一樣。

自助販賣機操
作簡易，看見
許多蓋飯都售
罄了。

烏冬雞肉鍋。
₩7,900

┤Info├

地址：首爾市江南區島山大路15路8
　　　（新沙洞540-22）
　　　서울강남구도산대로15길8
　　　（신사동540-22）
電話：0507-1354-0105
營業時間：1100-2100
前往方法：地鐵3號線、新盆唐線「新沙」
　　　站8號出口，步行約6分鐘。

意大利官方直營店 MAP: P.226 B1
High Street Italia

　　由意大利貿易署營運的意大利製造官方推
廣中心，換言之店內出售的都是來自意大利的
商品，有時還會舉行一些與意大利有關的推廣活
動。這裡可以找到許多意大利品牌，由食品、日
用品、清潔用品、服裝、鞋履⋯⋯幾乎甚麼都
有。地面是咖啡店和售賣意大利食品的地方，二樓有與書籍和音樂
有關的商品，三樓是會議室、四樓是烹飪工作室和葡萄酒課室，五
樓是露台。

五層高的大廈，前身是
eICUBE。

店內不時會舉辦講座和教室。

西西里櫻桃番茄醬。
₩8,900

還有意大利雪糕。
₩4,500

Arganiae堅果油。₩18,750

店內推廣各式各樣的意大利商品。

┤Info├

地址：首爾市江南區林蔭路69
　　　（新沙洞532-7）
　　　서울강남구가로수길69
　　　（신사동532-7）
電話：02-3446-9527
營業時間：周三至周日1100-2000
休息：周一及周二
網址：https://highstreetitalia.com
前往方法：地鐵3號線、新盆唐線「新沙」
　　　站8號出口，步行約10分鐘。

首爾

惠化・大學路

梨泰院

新沙洞

汝矣島・文來洞

鷺梁津・樂天世界

狎鷗亭

Rain海鮮套餐（강남스라일모듬 구이），一共有近30款食材，圖中所見只是第一輪頭盤，那巨型扇貝鮮甜且肥美非常，充滿海水味，根本無需蘸醬。₩39,000 / 2人（*據說韓星Rain愛吃而命名。）

大牌檔風味烤海鮮

갯벌의진주 본점
（沙灘的珍珠總店）

論峴站江南大路一帶，是江南區最著名的食街，又名「永登市場美食街」，街上食店都由路邊攤起家，現在變成室內大牌檔，極富道地風味。街上流行吃蒸貝和烤貝（조개찜과 조개구이），當中以擁有3間分店的「沙灘的珍珠」最人氣，選用東海或西海的海產，格外肥美，以價格便宜材料超新鮮而聞名，晚晚都座無虛席！

招牌「Rain海鮮套餐」有烤或蒸選擇，通常遊客會烤的。海鮮包括巨型扇貝、帶子、大峴、蠔、北寄貝、蟶子、蝦、海鮮雜菜湯、烤年糕等等近30款，完全不經調味直接炭烤，原汁原味入口，啖啖鮮甜味美。加上場內氣氛熱鬧，身旁韓國人都喝得興高采烈，就像韓劇中常見的場景！筆者敢說，論新鮮、論抵吃更勝鷺梁津水產市場！

MAP：P.227 D4

烤海鮮全程有店員代勞，保證烤得剛剛好，還會細心地剪成小塊。

軍服打扮的店員勁會炒熱氣氛，不時走過來和食客交談（雖然言語不通），甚至拿來招牌男孩來「合照」！

烤蠔，足足18隻肥美鮮蠔，加上辣椒、蒜片、洋蔥和辣醬來烤，啖啖惹味，佐酒一流。₩23,000

第2輪有蝦、峴、芝士烤貝、粟米和煙肉番茄串，同樣鮮甜。

店員知道我們是香港人，還特意用中文在貝殼上寫上祝福字句，雖然有錯字但很窩心。

沙灘的珍珠於永登市場共有3家分店，每家的菜式都略有不同。

內部佈置成室內大牌檔，菜單貼滿一室，氣氛超熱鬧！

━ Info ━

地址： 首爾市江南區論峴洞163-12
　　　서울강남구논현동163-12
電話： 0507-1448-8909
營業時間： 1600-0400
網址： www.jogae92.com
消費： 約₩20,000 / 位
前往方法： 地鐵7號線「論峴」站3號出口，步行約4分鐘。

首爾

惠化・大學路

梨泰院

新沙洞

狎鷗亭

蠶室・樂天世界

汝矣島・文來洞

真正江南Style

狎鷗亭

（압구정）

🚌 交通　地鐵3號線「狎鷗亭」（336）站；Korail 盆唐線「狎鷗亭羅德奧」（K212）站；地鐵7號線「清潭」（729）站。

　　首爾市中心以漢江為分界，江北地區自古已是政治權力重心，江南則是新興的中產聚居地，而「狎鷗亭」乃江南最著名的高級與時尚購物重鎮。國際名牌店、頂級百貨店、高級餐廳、整型診所、時尚Salon、偶像事務所與天價住宅林立，街上到處都是打扮時尚亮麗的型男索女與進口跑車，引領韓國時尚潮流，正是《Gangnam Style》中所説的紙醉金迷的上流社會。

235

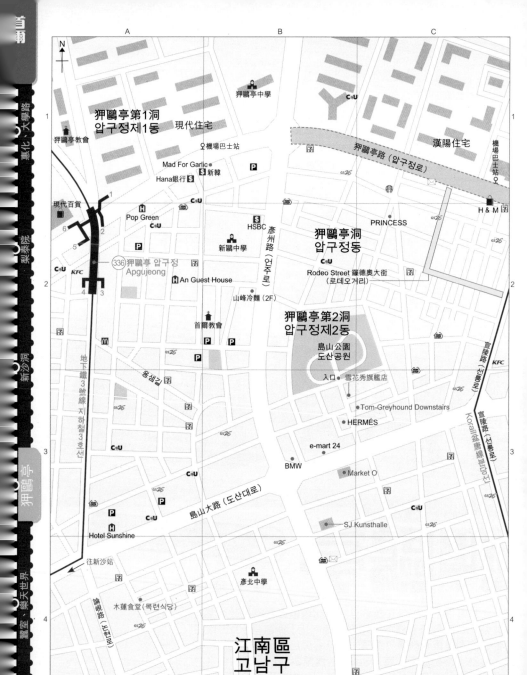

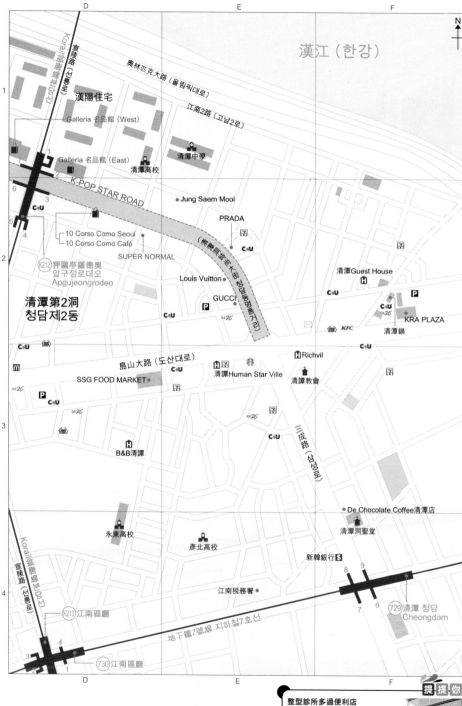

1樓的歷史文化館，儼如百子櫃的空間，介紹雪花秀從1973年創立而來的歷史與韓方理念。

‵I Can′ Tips
店內購物可直接退稅。

貴氣美術館
雪花秀旗艦店

50年歷史的韓方美妝品牌「雪花秀」，一向只在高級百貨店設置專櫃，首間旗艦店座落狎鷗亭名品街，由著名建築師設計團隊Neru&Hu操刀，耗資近9千萬港元打造。6層獨棟建築包括品牌概念展、產品體驗、諮詢，以及兩層豪華SPA，還有旗艦店限定產品發售。內部以燈籠為概念，縱橫交錯的黃銅骨架貫穿全店，盡顯品牌典雅與氣派，華麗如美術館，已成韓妹打卡勝地。

MAP：P.236 B3

旗艦店限定的「宮中蜜皂」，依傳統手工製作並40日熟成，有百花蛇舌草等4款。₩20,000 / 100g

其中一閣，介紹雪花秀使用的藥材成份，連玻璃瓶都充滿美感。

旗艦店內部以燈籠為概念，縱橫交錯的黃銅骨架貫穿全店，並引入天然光。

2樓有產品體驗和諮詢專區，50多款皇牌產品歡迎試用，並提供禮品服務及諮詢。

1樓有免費12生肖明信片索取，同樣金光閃閃兼高貴。

6層獨棟建築，其中兩層為豪華SPA，提供全新的韓方面部穴位按摩療程。

Info

地址：首爾市江南區新沙洞650
　　　（島山大路45街18）
　　　서울시 강남구 신사동 650
　　　（도산대로45길18）
電話：02 - 541 - 9272
營業時間：精品店1000-2100；
　　　　　水療中心1000-2000
休息：每月第一個星期一、春節、中秋節
網址：www.sulwhasoo.com
前往方法：地鐵水仁盆唐線「狎鷗亭羅德奧」（K212）站5號出口，徒步約10分鐘，島山公園入口旁邊。

PSY《Gentleman》MV正在此取景，畫面中更有大量10 Corso招牌商品出現，儼如廣告一樣。

首爾

惠化、大學路

梨泰院

新沙洞

狎鷗亭

蠶室、樂天世界

汝矣島、文來洞

首爾最值得一遊潮店
MAP: P.237 D2

10 Corso Como Seoul

來自米蘭，由前意大利版《Elle》主編Carla Sozzani創立的著名Selected Shop，集合時尚服飾、家具、Café、畫廊與書店於一身，一直是潮人的時尚朝聖地。2008年開幕的首爾店，乃亞洲首家直營店兼全球第2大旗艦店。連地庫佔據3層，外牆和內部到處都是品牌的圓圈標誌，被《iD》等潮誌點名盛讚，連PSY的《Gentleman》MV也有來取景拍攝。

網羅全球頂級服飾與設計精品，全是老闆的精選推介。跟米蘭本店一樣，附設Café、美容專區、書店和藝廊，經常跟不同著名品牌，甚至韓國偶像合作，也有大量首爾店獨家的限定品，難怪被《紐約時報》選為「首爾最值得一遊的景點」。

Café位於1樓內堂，位置隱蔽但環境輕鬆，供應咖啡輕食和餐點。

cafe的另一個入口設在大廈的側面。

開放式的內部，以黑白色調為主，給人型格的感覺。

店內一角有色彩豐富的設計產品。

衣飾、家品、擺設……貨品款式十分多。

韓國店限定10 Corso Como × Garcons Tote Bag₩60,000。

Info

地址：首爾市江南區清潭洞79
　　　서울시 강남구 청담동 79
電話：02-3018-1010（Café 02-547-3010）
營業時間：24小時（Café 1100-2200）
網址：www.instagram.com/10corsocomoseoul
前往方法：地鐵水仁盆唐線「狎鷗亭羅德奧」站3號出口，步行約4分鐘。

韓星公仔街
MAP: P.237 D2

K-STAR ROAD

在Galleria名品館東翼的街口開始，一直走數條行人路旁都放置了一個個bear雕塑，每個雕塑都代表著一個韓國明星或團隊，合共有29個！包括有4 minute、Super Junior、2PM、BTS、KARA等，要影齊絕對考驗你的腳骨力。

Super Junior和其他的雕塑一樣，下方都有藝人的照片。

EXO的雕塑。

SHINee的雕塑。

在Galleria名品館東翼前的起點，有告示板交代各雕塑的位置。

Info
前往方法：地鐵水仁盆唐線「押鷗亭羅德奧」站2號出口。

江南時尚與藝術基地

SJ Kunsthalle （플래툰 쿤스트할레）

2009年成立，狎鷗亭著名藝術文化基地，集合街頭藝術、時尚設計、音樂與酒吧於一身。樓高3層的建築物，由28個貨櫃組成，1樓展出年輕藝術家的前衛藝術，附設餐廳與酒吧，晚上會搖身一變成時尚夜店，逢周四、五更有DJ駐場打碟。不時與世界各地的藝術單位合作，每月還有一次大型二手潮流服飾市集，乃江南潮流與藝術界的殿堂！

MAP: P.236 B3

1樓窗邊位置，分成一個個獨立的小型展覽空間，很多展品極具實驗性。

地面層是café，內部十分寬闊，更有巨型屏幕。

Platoon經常跟世界各地設計單位合作，展覽不乏時尚玩物。

名字中的Kunsthalle是德語，解作Art Hall，由28個貨櫃組成樓高3層的建築物，本身已充滿實驗性。

Info
地址：首爾江南區論峴洞 97 - 22
　　　서울시 강남구 언주로148길5 (논현동)
電話：010-2014-9722
開放時間：1100-2300
跳蚤市場：每月第一個周六1900 - 0000
休息：逢周日
網址：www.sjkunsthalle.com
前往方法：地鐵3號線「狎鷗亭」站3號出口，步行約15分鐘，Market O餐廳附近。

首爾頂級名牌百貨
MAP: P.237 D1

Galleria名品館 （갤러리아）

狎鷗亭最具代表性的高級名牌百貨店，是首爾富豪明星名媛最愛的購物點。分為East和West兩館：East館樓高5層，主打國際知名品牌店，包括法國傳統名牌包Goyard等；West館樓高6層，主打年輕服飾品牌，外牆以4,330塊LED砌成，晚上能發放眩目的幻彩燈光秀。

Info
地址：首爾市江南區狎鷗亭路343 (狎鷗亭洞)
　　　서울시 강남구 압구정로 343 (압구정동)
電話：02 - 3449 - 4114
營業時間：1030-2000
休息：逢周一
網址：http://dept.galleria.co.kr
前往方法：盆唐線「狎鷗亭羅德奧」站2及7號出口直達。

1樓前半部分是自助式輕食Café，供應咖啡及三文治等輕食。

必嚐現烤Brownie
Market O

Market O的招牌Brownie朱古力批，近年成為旅韓必買手信。其實隸屬韓國著名零食大廠ORION的Market O本身是餐廳，炙手可熱的Brownie原是店內的招牌甜點。目前已有5家分店，總店位於狎鷗亭，2003年開業，樓高兩層，1樓是自助式Café，並附設商品店；2樓則為Fusion西餐廳，裝潢型格，以意式為主的菜式，全選用新鮮有機食材製作。必嚐現點現烤的新鮮Brownie，據說少女時代、Rain、張根碩、東方神起等韓星也是常客。 `MAP: P.236 B3`

Doenjong Spaghetti，韓文「된장」即味噌，乃韓式Fusion西餐代表，配炸蠔和烤菇，味道鹹香並帶微辣，惹味又開胃。

招牌Real Brownie Fondant，現點現烤，面層香脆內裏綿密，中間暖心朱古力味道濃郁，比盒裝的好吃十倍。

點選任何主菜均附送麵包拼盤，有多款自家製有機麵包，主角是現烤的Cracker，蘸鮮牛油或橄欖油吃，更美味！

店內有售Market O全線產品，雖然售價不比市面便宜，但有獨家限定包裝。

1樓的Café有Brownie、Macaron等甜點售賣，售價還比樓上便宜，但並非現點現烤。

1樓後半部分為Deli Café，以不同風格的座椅，拼湊出寬闊舒適的空間。

店外還有露天座位，像置身歐洲路邊Café。

2樓Wine & Dining裝潢型格，挑高的樓底配紅磚牆和鋼橫樑，充滿工業風。

Info

地址：首爾市江南區論峴洞91 - 6「916大廈」1 - 2F
　　　 서울시 강남구 논현동91 - 6 916빌딩 1 - 2층
電話：02 - 515 - 0105
營業時間：1030-2200
網址：http://restaurant.themarketo.com
消費：約W8,500 / 位起
前往方法：盆唐線「狎鷗亭羅德奧」站5號出口，步行約10分鐘，湖林美術館斜對面。

首爾
惠化、大學路
梨泰院
新沙洞
狎鷗亭
蠶室、樂天世界
汝矣島、文來洞

BIGBAND、2NE1愛店

Tom - Greyhound /
Tom - Greyhound Downstairs

　　狎鷗亭著名潮流服飾Selected Shop，搜羅90多個來自世界各地的當紅潮牌，包括Opening Ceremony、MSGM、UNDERCOVER、VERSUS等，連BIGBAND隊長G - Dragon、2NE1等都是熟客。建築物外牆有翠綠植坡覆蓋，出自韓國著名建築師Cho Min Suk之手，1樓原為比利時潮牌Ann Demeulemeester，Tom - Greyhound只佔地庫，最近已擴充成佔地2層。 **MAP: P.236 B3**

Tom - Greyhound所選服飾風格偏向大膽前衛，的確很合GD和2NE1口味。

店內男女裝各佔一半，從服裝到飾物、手袋、鞋履俱備。

位於地庫的Tom - Greyhound Downstairs，需沿植坡建築旁的樓梯拾級而下。

1樓內部設計簡潔明亮，原始水泥牆身天花配現代的射燈，更襯托出服飾的前衛。

韓國著名建築師Cho Min Suk設計的建築物，外牆鋪滿名為秀好草的植坡，曾獲芝加哥Ateneum國際建築家獎。

Info

地址：江南區新沙洞650 - 14 B1 - 1 / F
　　　서울시 강남구 신사공洞650 - 14 B1 - 1 / F
電話：02 - 3442 - 3696
營業時間：平日1100 - 2000；
　　　　　周六、日1200 - 2000
前往方法：地鐵3號線「狎鷗亭」站3號出口，步行約10分鐘，島山公園附近。

星級鍋巴湯　**MAP: P.236 A4**

木蓮食堂（목련식당）

　　開業20年的家庭式食堂，只賣鍋巴湯套餐。韓國人吃石鍋伴飯後，習慣加入熱水做成鍋巴湯吃。店內的鍋巴湯也只以飯焦加滾水泡成，主角是附上近20道配菜，簡單卻充滿媽媽的味道，加上鍋巴湯在韓國被視為減肥健康食品，而且24小時營業，故深受韓國明星偶像喜愛。

食堂位於狎鷗亭住宅區，食客都以附近街坊和上班族為主。

內部是一貫韓國家庭式食堂格局，由幾位阿珠媽打理。

牆上貼滿韓星偶像留下的簽名，還有韓國電視台和日本雜誌的訪問。

鍋巴湯即叫即製，以石鍋做成飯焦加水製成。說真的，其實沒何味道，但配上小菜便剛剛好，是韓國遊難得清淡的一餐。

鍋巴湯套餐（누룽지정식），配菜多達近20款，包括泡菜魷魚、沙甸魚、豆腐等，款式隨季節變更，道道都是道地家庭風味，佐粥一流。

Info

地址：首爾市江南區論峴洞 65 - 17
　　　서울시 강남구 논현동 65 - 17
電話：02 - 541 - 5858
營業時間：24小時
消費：約₩8,000 / 位
前往方法：地鐵3號線「狎鷗亭」站3號出口，往南步行約12分鐘。

地下街分為3區,West Zone以成熟女性服飾為主;GoTo Zone主打年輕女生服飾;East Zone則主打生活雜貨和飾品。而且夠集中好逛。

Tips

★ I Can

大部分商戶只收現金,信用卡付款或需付10%稅,請帶備足夠現金,場內也有ATM。

便宜過東大門

Goto Mall / 高速巴士客運站地下街

(고투몰 / 강남터미널 지하도상가)

又名「江南客運站地下街」,是全首爾最大的地下購物街。位於地鐵3、7、9號線的交匯處,由兩條平衡地下街組成,全長880米,集合超過630個店家,男女童裝、家品雜貨俱備,尤以女裝最強。定價比東大門、南大門市場更便宜,同樣可以殺價,還無懼日曬雨淋,小心買到破產!

MAP:封底摺頁

冬季的保緩毛毛鞋最抵買,內有抓毛。

中庭位置有一個綠意小廣場,乃集合和等人勝地,還設有ATM。

韓妝品牌店一樣有,大部分妝物均有特價。

地下街女裝定價比東大門、南大門市場更便宜。

各式針織和毛冷外套抵買。

韓妞至愛的冬季大褸。

地下街以女裝為主,不同風格俱備。

Info

地址: 首爾市瑞草區新盤浦路地下200
　　　 서울특별시 서초구 신반포로 지하 200
電話: 02 - 535 - 8182
營業時間: 1000 - 2200
網址: www.gotomall.kr
前往方法: 地鐵3、7、9號線「高速巴士客運」站 (고속터미널역),8 - 1或8 - 2號出口直達。

惠化、大學路

梨泰院

新沙洞

狎鷗亭

蠶室、樂天世界

汝矣島、文來洞

「樂天」的世界

交通　地鐵2、8號線「蠶室」站。

蠶室、樂天世界

位於奧林匹克公園附近，松坡區的「蠶室」，自1989年樂天世界開幕後，即成樂天世界代名詞，一直是首爾人一家大小，以至情侶的約會勝地。2017年再開樂天世界塔，令蠶室變成名副其實的「樂天的世界」。

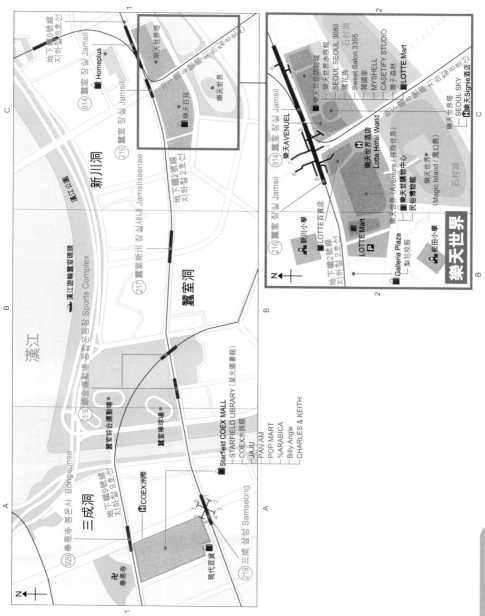

樂天

惠化、大學路

梨泰院

新沙洞

狎鷗亭

樂天世界

蠶室、文來洞

樂天世界

地下鐵9號線
지하철 9호선

奉恩寺 Bongeunsa 봉은사

三成洞

漢江

新川洞

漢江遊輪蠶室運頭

漢江公園

Sports Complex
綜合運動場 종합운동장

Jamsilsaenae 잠실새내 蠶室新川

蠶室洞

B

C

Homeplus

地下鐵8號線
지하철 8호선

蠶室 잠실 Jamsil 814

蠶室 잠실 Jamsil 216

地下鐵2號線
지하철 2호선

樂天世界塔

樂天世界

樂天百貨

綜合運動場 220

蠶室綜合運動場

蠶室棒球場

COEX洲際 COEX

地下鐵9號線
지하철 9호선 929

奉恩寺 봉은사

卍

三成 삼성 Samseong 219

現代百貨

Starfield COEX MALL
STARFIELD LIBRARY（星光書館）
COEX水族館
JAJU
PAN AM
POP MART
%ARABICA
Billy Angle
CHARLES & KEITH

N

樂天世界

N

蠶室 잠실 Jamsil 216

新川小學

LOTTE百貨店

LOTTE Mart

Galleria Plaza
梨花校區

松田小學

地下鐵2號線
지하철 2호선

樂天世界購物中心
民俗博物館

樂天世界（魔幻島）
(Magic Island)

樂天世界（Aventure / 探險世界）

石村湖

樂天世界酒店
Lotte Hotel World

樂天AVENUEL

蠶室 잠실 Jamsil 814

地下鐵2號線
지하철 2호선

樂天世界塔
SEOUL SKY
樂天Signiel酒店

樂天世界水族館
SEOUL SEOUL 3080 石村湖
雪花秀
Sweet Salon 3355
MYSHELL
韓國家
CASETIFY STUDIO
橡子森林
LOTTE Mart

C

B

245

首爾頂尖地標
樂天世界塔（Lotte World Tower）

2017年開幕，555米高、樓高123層，為目前韓國第一高、全球第5高建築物。內裏集合14層購物商場、大型水族館、6星級酒店SIGNIEL SEOUL、甲級寫字樓等等，食玩買住一應俱全。焦點是離地500米、全球第3高的觀景台「SEOUL SKY」，360度首爾美景一覽無遺，已成首爾旅遊新地標。

MAP：P.245 C2

座落樂天世界旁的「世界塔」，倒影石村湖景致優美，春天更有櫻花相伴。

樓高123層，為目前韓國第一高廈，已成首爾旅遊的新地標。

Info
地址：首爾市松坡區奧林匹克路300（新川洞29）
　　　서울시 송파구 올림픽로 300（신천동29）
網址：www.lwt.co.kr / main / main.do
前往方法：地鐵2號線「蠶室」站1或2號出口；8號線「蠶室」站1或10號出口。

觀景台離地500米，擁有透明玻璃地板，360度無邊際首爾市美景盡收眼底。

Tips
1. 一般門票可14天預購，Fast Pass僅限現場購票。
2. 一般門票可透過官網或手機App預購，每次最多可預訂8張。
手機App搜尋：SEOUL SKY

全球第3高觀景台
SEOUL SKY

樓高555米，韓國最高，亦是全球第3高觀景台，擁有3個世界紀錄：世界最高透明地板、世界最高雙層電梯，以及世界最快雙層電梯。位於117至123樓的觀景台，地板和牆身均以透明玻璃打造，置身其中，360度首爾美景一覽無遺。膽子夠大的遊客，更可挑戰Sky Bridge Tour，跨過位於頂層541米高的戶外吊橋，留下難忘回憶。（成人門票₩120,000包兩張照片，可於1個月前於網上預約。）

透明地板位於118樓，起初還是普通白色地板，但腳一踏上，瞬間變成透明玻璃，彷彿一秒置身半空中。

120樓有露天觀景台，121和122樓分別還有紀念品店和Café。

門票可觀覽117-122樓，內有多家Café、主題甜品店和商店。

觀景台入口和售票處位於B1/F，之後先到B2參觀展示廳再乘電梯。

透明地板位於觀景台118樓，腳下便是繁華鬧市，膽小些都腳軟。

Info
開放時間：周日至四1030-2200；周五、六及假期前1030-2300
票價：普通票成人₩29,000、小童₩25,000；Fast Pass ₩50,000
網址：https://seoulsky.lotteworld.com

韓國第2大
樂天世界水族館

佔據兩層的都市型水族館，總面積12萬平方呎，現為韓國第2大規模。以五大洋為概念，劃分成13個主題，擁有5,200噸的大水槽，以及全長85米的海底隧道，飼有650種、55,000尾海洋生物，包括明星級的白鯨、海獅、企鵝、水獺等。

來自北冰洋的白鯨，是水族館內的大明星，特徵是沒有背鰭。

傻傻的海獅，乃水族館常客，還有較罕見的港口海豹。

水族館入口和售票處位於B1／F，還附設紀念品店和Cafe。

水族館旁設有紀念品店，記得帶小朋友去逛逛。

可愛動物頭箍。₩13,000/個

位於B1／F的水獺可是游泳高手，速度高到影不到相。

─Info─
地址：LOTTE World Tower B1 - 2／F
營業時間：周一至四1000-2000，周五至日1000-2100
票價：成人₩33,000、小童₩29,000
套票：同時遊覽SEOUL SKY及水族館，成人₩44,500、小童₩39,000
網址：www.lotteworld.com/aquarium/index.asp

巨無霸購物城
樂天世界購物城

地庫至12樓為巨無霸購物城，場內雲集韓國最大的樂天免稅店、高級百貨Avenuel、水族館、亞洲最大的複合式影院、葡萄園式音樂廳、樂天超市、米芝蓮法國餐廳，以至韓流博物館等等，一天也逛不完。

商場B1層有大型美容店On And The Beauty囊括了韓國內外的化妝品牌，如SU:M、UNLEASHIA等。

佔據14層的巨無霸購物城，場內設有許多休憩設施和綠化空間。

B1層有價廉物美的雜貨店Flying Tiger Copenhagen。

B1層有韓國著名的松月Songwol毛巾與釜山Balansa合體推出的TOWELKUN。

商場內不同樓層均有獨特的建築設計，讓顧客們慢慢發掘。

商場八樓有KAKAO FRIENDS專門店，門外有MUZI和Con的巨型公仔。

─Info─
地址：LOTTE World Tower B2 - 12／F
營業時間：1030 - 2200
網址：www.lwt.co.kr/main/main.do

兒童動物園
Sweet Salon 3355

　　集合十多家甜品店的區域，包括士多啤梨蛋糕專賣店Kitchen 205、馬卡龍專門店RARE Macaron和蛋撻專門店DOHO PROJECT等，場內佈置也十分寬敞舒適，甜品控必需要到此一遊。

場內寬敞，也有不少打卡位。

RARE Macarons的馬卡龍有多款口味，每件只需₩3,500

Kitchen 205獨孤一味售賣士多啤梨蛋糕。₩42,000

蛋撻專門店DOHO PROJECT。₩4,200

─ Info ─
地址：LOTTE World Tower地庫B1

藍天特效天幕，營造不夜城感覺，加上懷舊的建築，恍如回到過去。

不止舊電車，還有人力車、煤氣街燈等打卡位，許多韓綜也曾取景。

懷舊美食街
SEOUL SEOUL 3080

　　位於商場5至6樓的美食街，以30年代的鍾路街、60年代的明洞街景為主題設計，入口有一台首爾舊電車，連食店也配合古早味裝潢。打卡位眾多，金秀賢韓劇《制作人》、韓綜《無限挑戰》、《我們結婚了》等都曾在此取景。

「和信百貨店」其實是一間音樂cafe。各式曲奇餅售₩2,800。

裝飾得美輪美奐的Basilur Sunset Avenue，是一家甜品cafe。Mascarpone Tiramisu售₩6,800。

入口停有一台首爾舊電車SEOUL SEOUL 3080，乃上世紀30 - 80年代行駛過。

─ Info ─
地址：LOTTE World Tower 5 - 6 / F

性價比高韓國菜
韓國家（한국집）

以售賣傳統韓式拌飯為主的韓國家，在首爾開設了多家分店，在3080美食街之中，以其性價比最高，生牛肉拌飯都只是八十多港元，十分大聚化，而出品卻絕不馬虎，砂鍋烤牛肉都是滾熱辣上枱，看見鄰桌點的八爪魚拌飯（₩15,000），辣到噴火，果然是正宗韓國菜風味。

砂鍋烤牛肉₩12,000

店內的座位不算多，用膳時段往往要在店外排隊。

生牛肉全州拌飯。₩15,000

---Info---
地址：樂天世界購物城Seoul Seoul 3080 5/F
電話：02-3213-4547
營業時間：1030-2200
　　　　　（最後點餐2130）

海洋系環保品牌
MYSHELL（마이쉘）

Samantha Thavasa推出的品牌MYSHELL，海洋與環保為設計理念，作品都帶有海洋的圖案和顏色，可說是環保品牌，其針織百摺手袋可說是近期的代表作品。店內還有MYSHELL KIOSK出售的麗水特產God Butter Donas糕點和冬甩，全人手製作，不妨試試。

針織百摺袋。₩79,000

時裝店也兼賣韓式糕點。

粉紅／藍色單肩包（₩109,000），紫色波浪形貝殼單肩包（₩129,000）。

---Info---
地址：樂天世界購物城 地庫B1
電話：02-3213-4767
營業時間：1030-2200
網址：www.myshell.co.kr

首爾

惠化、大學路

梨泰院

新沙洞

狎鷗亭

蠶室、樂天世界

汝矣島、文來洞

個性手機殼
CASETiFY STUDiO
（케이스티파이）

韓國著名時尚手機配件店，以其型格的設計吸引大量fans，在香港、台灣和日本都設有分店。店內售賣配件涵蓋手機殼、平板電腦保護套、手機掛繩等，亦有與其他品牌聯乘的產品，以及個人化商品。

iPhone13手機殼售價由₩55,000至₩71,500不等。

店內有一系列與其他品牌聯乘的產品。

一般手機殼售價由₩44,000至₩100,000以上都有。

Info
地址：樂天世界購物城 地庫B1
電話：02-3213-4547
營業時間：1030-2200

韓國吉卜力
橡子森林（도토리숲）

喜愛《龍貓》、《魔女宅急便》等吉卜力工作室（Studio Ghibli）作品的fans，來到首爾也要去逛逛這家官方專門店「橡子森林」。門口有一隻大龍貓外，店內還有一隻龐大的貓巴士，小朋友更可坐進去拍照呢！店的另一邊設有琪琪家門的場景，也是供遊人自由拍照的。而店內售賣的商品，有些是在其他地方的專門店找不到的呢！

藍天特效天幕，營造不夜城感覺，加上懷舊的建築，恍如回到過去。

店內不少都是韓國製的產品，例如《魔女宅急便》琪琪T恤（₩32,000）及肩袋（₩29,000）。

《幽靈公主》軟枕。₩67,000

《幽靈公主》肩袋。₩25,000

最近店方把龍貓前面的玻璃拆除，方便fans拍照。

店的另一邊還有《魔女宅急便》琪琪的家門場景。

Info
地址：樂天世界購物城 地庫B1
電話：02-3213-4747
營業時間：1030-2200
網址：www.instagram.com/dotorisup

江南最大商場
Starfield COEX MALL

江南最大的購物中心，橫跨三成至奉恩寺站，集合超過260家品牌商店，除了星空圖書館，還有只供外國人進場的7 Luck娛樂場、COEX AQUARIUM水族館、韓版激安Pierrot Shopping、SMTOWN等數之不盡。

COEX MALL乃江南最大的購物中心，足夠逛上大半天。

商場十分大，幸好也有不少休息的空間。

─Info─

地址：首爾市江南區永東大路513
　　　서울시 강남구 영동대로 513
電話：02-6002-5300
營業時間：1030 - 2200
網址：www.starfield.co.kr/coexmall/main.do
前往方法：地鐵2號線「三成」站6號出口，地下通道直達COEX MALL。

座落商場中庭的圖書館，13米高的巨型書櫃貫穿兩層樓，置身現場更覺宏偉！

首爾最美圖書館
STARFIELD LIBRARY
（星空圖書館／별마당도서관）

2017年開幕，座落COEX MALL商場中庭位置的圖書館，超過3萬平方呎面積，挑高兩層的空間，擁有3座13米、高至天花的巨型書櫃，玻璃天窗引進自然光線，身歷其境更覺宏偉到不得了。超過5萬本藏書，函蓋畫冊、雜誌、外文書籍和電子書，不懂韓文也沒關係，館內附設咖啡店、便利店，每月還有不同交響樂演奏、作家演講等藝文活動。

MAP: P.245 A1

館內附設咖啡店、便利店，還有表演舞台，定期舉辦藝文活動。

主打藝術、生活類書籍，提供大量海外雜誌，不懂韓文也沒關係。

商場還附設了只供外國遊客進入的娛樂場「Seven Luck」。

─Info─

地址：首爾市江南區永東大路513 COEX MALL中央廣場B1 - 1樓
　　　서울시 강남구 영동대로 513코엑스몰 중앙광장B1 - 1층
電話：02-6002-3031
開放時間：1030 - 2200
前往方法：地鐵2號線「三成」站6號出口，地下通道直達COEX MALL。

惠化·大學路　梨泰院　新沙洞　狎鷗亭　蠶室·樂天世界　汝矣島·文來洞

鯊魚最多水族館
COEX AQUARIUM

首爾擁有最多鯊魚的水族館，要看鯊魚就要來這裡了，這裡的鯊魚是從加勒比海、印度洋及太平洋以包機空運前來。另外也有企鵝、亞熱帶魚類等海洋生物。館外還附設了紀念品店，是小朋友認識魚類的好地方。

旁邊設有紀念品店。

招牌貨是鯊魚公仔。₩29,000

門外有小型魚缸讓大家先睹為快。

Info

地址：Starfield COEX MALL地庫B1
電話：02-700-7302
營業時間：1000-2000
入場費：成人₩33,000，小童₩29,000
網址：www.instagram.com/coex_
　　　aquarium

LOVE碟。₩4,900

韓版無印良品
JAJU

LOVE黑色T恤。
₩25,900

素有「韓國版無印良品」之稱的家品品牌，設計走簡約、自然風格，但價錢比無印更廉宜。店內採自然為主的設計，整潔舒適，集合文具、生活雜貨、廚具、浴室用品、服飾、寢具等產品。

LOVE黑色T恤。
₩25,900

草本配方Hand Cream各
₩11,900。

Info

地址：Starfield COEX MALL地庫B1
電話：02-6002-3212
營業時間：1030-2200
網址：www.jaju.co.kr

經典藍色商標T恤。
₩69,000

藍色開胸外套。
₩249,000

經典航空品牌
PAN AM

品牌主打年青休閒服。

美國泛美航空公司（Pan American World Airways）雖然已於1991年結業，但其藍白色品牌標誌，已成為全球經典。韓國SJ Group於2022年將泛美打造成時裝品牌，推出一系列年輕人時尚服飾和生活用品，其聖水洞的四層水泥風旗艦店，更成為潮流熱話，2023年更找來韓星朱宇宰（주우재）做代言人。店內貫徹藍白色的主色調，裝潢以航空為主題，渦輪引擎化作服飾展示台，就算不是航空迷、旅遊迷也應該一逛。

白色鴨舌帽。₩79,000

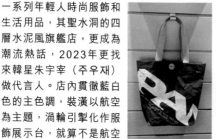

Resort Tote Bag。
₩59,000

藍色長袖有帽衛衣。
₩159,000

─ Info ─
地址：Starfield COEX MALL地庫B1
電話：070-8834-8877
營業時間：1030-2200
網址：https://panam.co.kr

韓版盲盒
POP MART

2010年成立的大型連鎖玩具店，主打盲盒玩具，除自家的角色MOLLY、PUCKY等之外，也與許多藝術家或動漫合作，如迪士尼、聖鬥士星矢等，推出多款經典角色玩具，因而廣受歡迎，在香港也有很多分店。韓國店的規模比香港更大，款色更多更齊，不妨來碰碰運氣。

十分受歡迎的HANDS IN FACTORY，一盒售₩19,000，全套售₩228,000。

窗放了巨型的MOLLY Gundam。

Skullpanda WARMTH溫度系列，一盒售₩15,000，全套售₩180,000。

─ Info ─
地址：Starfield COEX MALL地庫B1
電話：02-6002-6601
營業時間：周一至四1100-2100，
　　　　　周五至日1100-2200
網址：https://popmart.co.kr

首爾

惠化・大學路

梨泰院

新沙洞

狎鷗亭

蠶室・樂天世界

汝矣島・文來洞

京都著名咖啡店
%ARABICA

　　日本京都著名咖啡品牌，在世界各地包括香港都有分店，而這家位於星空圖書館的店是其在韓國的第一家分店（另一家在大學路）。貫徹品牌白色簡約的室內設計，天花板的咖啡豆袋是呼應圖書館書架上的書籍，感覺與香港截然不同。

室內設計簡潔，人潮如鯽。

Cafe Latte（Ice）。₩6,500

咖啡杯售價由₩31,000至58,000

店內也出售其他商品，如背囊（小）₩209,000，（大）₩220,000。

Info
地址：Starfield COEX MALL 1/F
電話：02-6002-5300
營業時間：1030-2200
網址：https://arabica.coffee

經典千層蛋糕
Billy Angel Cake Company

　　星空圖書館旁還有這家韓國人氣連鎖蛋糕店，2012年在弘大開第一家店後，至今在韓國已有60多家店，甚至香港都有分店。經典的Red Velvet Cake和Rainbow Crepe都是食家的首選。

Red Velvet Cake（絲絨蛋糕）。₩7,700

室內裝潢優雅舒適。

Rainbow Crepe（彩虹千層蛋糕）。₩8,000

Info
地址：Starfield COEX MALL 1/F
電話：070-5051-8137
營業時間：1030-2200
網址：www.billyangel.com

新加坡過江龍
CHARLES & KEITH

　　源自新加坡的手袋皮具品牌，有如名牌手袋的設計，但售價卻十分大眾化，瞬即成為女士們的摯愛，在香港和其他海外地區都開設了分店。品牌在亦十分受韓國女士們的歡迎，有些款式更是韓國特有。

室內格局與香港大概一致。

卡片套。₩39,000

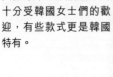

手袋款式具名牌感覺，小手袋。₩119,000

Info
地址：Starfield COEX MALL地庫B1
電話：02-6002-3795
營業時間：1030-2200
網址：www.charleskeith.com

校服可穿着外出自由打卡，旁邊便是樂天世界，打卡一流，但店家不提供行李寄存。

★ I Can **Tips**

1. 每件校服押金₩5,000+護照
2. 每人可試穿兩套，第3套追加₩2,000
3. 建議自備運動鞋、白襪襯校服，女生可準備打底衫褲。
4. 建議預約以免排隊：ehwagb@naver.com（中、英文均可）

齊扮《Produce 101》
梨花校服（이화교복）

MAP：P.245 B2

　　除了傳統韓服租借外，韓國也流行校服租借。多得《Produce 101》、《IDOL School》等選秀節目熱播，令韓國掀起一片校服潮。位於蠶室的「梨花校服」，於2018年6月開幕，校服種類選擇多，都是韓國知名高中校服，男女裝俱備。附設更衣室、化妝間等，還有教室造景。最重要是附近便有樂天世界、世界塔等靚景，打卡一流。

店內特設教室造景，佈置跟《Produce 101》的場景一樣，還提供埋自拍棍和道具。

化妝間提供各式直髮器、電髮夾、髮夾、棉棒等，給你自由造型。

校服款式眾多，冬夏季俱備，任你自由配襯，每人可選兩套試穿。

男裝校服選擇較少，但沒關係，男生通常只負責拿相機拍女友！

揀完校服，再揀領帶或蝴蝶結配件，也有其他搞鬼頭飾供應。

6間更衣室都有主題顏色和霓虹燈字句，本身也是個打卡位。

┃Info┃

地址：首爾市松坡區蠶室洞40 Galleria Palace B1 / F36 - 27號
서울시 송파구 잠실동40 지하1층 36 - 27호
電話：02 - 420 - 5871
營業時間：0900-2200
收費：₩20,000／天（包含上衣、裙子、背心、領帶）
特殊配件：校褸、書包另加₩5,000
網址：www.ehwagyobok.com
前往方法：地鐵2號線「蠶室」站4號出口，步行約10分鐘。

255

位於室內園區「探險世界」的旋轉木馬，因《天國的階梯》而變成浪漫景點，至今仍然是粉絲的留影勝地。

韓版迪士尼
樂天世界（롯데월드）

　　1989年開幕，隸屬樂天集團旗下，座落江南的蠶室洞，佔地超過2萬平方米，是世界上面積最大的室內遊樂園。多得韓劇《天國的階梯》在此取景，令樂園成為全球粉絲蜂擁而至的朝聖地。主要分為室內遊樂園「探險世界」，以及露天機動遊戲區「魔幻島」兩大部分，擁有男女老幼都適合的玩樂設施，每日都有大型花車巡遊和舞台表演，並附設溜冰場、樂天百貨、LOTTE Mart、民俗博物館，以及數之不盡的人氣餐廳，足夠逛上大半天。儘管《天國的階梯》熱潮已過，但吸引力依然不減。

MAP: P.245 C2

位於地庫的LOTTE Mart，面積比明洞店大很多，可辦理退稅，一向是旅客掃手信的熱點。

最值得一讚是園內設有手機充電Locker，收費₩1,000 / 60分鐘。

韓妝店無處不在，探險世界2樓通往魔幻島的通道上便有齊人氣品牌店。

地鐵蠶室站有地下通道直達樂園售價處，若乘的士前往，旅客需穿過樂天百貨才能往樂園。

---Info---

地址： 首爾市松坡區奧林匹克大路240（蠶室洞）
　　　 서울시 송파구 올림픽로 240（잠실동）
電話： 02-1661-2000
開放時間： 周日至四1000-2100；
　　　　　　 周五及六1000-2200
入場費：
1Day 19歲以上₩39,900起、13-18歲
₩34,500起、3-12歲₩30,000
After 4pm 19歲以上₩33,000起、
　 13-18歲₩28,500起、3-12歲
　 ₩23,500
網址： https://adventure.lotteworld.com
*套票包含入場費、遊樂設施任玩及民族博物館入場券。
前往方法： 地鐵2號線「蠶室」站3或4號出口有通道連接。

魔幻島Magic Island

　　探險世界2樓天橋,可通往露天機動遊戲區「魔幻島」,座落石村湖中央,猶如童話故事中的城堡建築,已成標記。設有過山車、跳樓機等17種刺激的機動遊戲。

魔幻島入口建有童話般的尖頂城堡,已成樂天世界的地標。

70米高的跳樓機GyroDrop,以100公里時速下墜,全程不過3秒,刺激度爆燈。

每年初春石村湖畔都有櫻花盛放,景致更美。

Gyro Spin乃另一人氣機動遊戲,坐上自轉飛碟再左右搖擺,離心力極強!

比機動遊戲更刺激的鬼屋,排隊的卻大多數是女生!

場內還有許多遊戲攤位,包括這人像畫,充滿假日氣氛。

園內到處都是歐式小屋,加上露天茶座,更覺置身外國。

探險世界Aventure

　　4層樓挑高的全球最大室內遊樂園,以「小小地球村」為主題設計,設有海盜船、室內過山車等22種遊樂設施,焦點是《天國的階梯》名場景——旋轉木馬。

溜冰場位於地庫3層、探險世界的正中央,天花築有玻璃天幕,日曬雨淋都可依舊滑冰。

每日下午2點及晚上7點半,都有大型花車巡遊,載歌載舞氣氛熱鬧!

舞台每日不同時段都有各式表演,包括空中飛人、雜技、歌舞等,最適合小朋友。

Info

巡遊時間:	每日1400及2000

首爾

惠化、大學路

梨泰院

新沙洞

狎鷗亭

蠶室、樂天世界

汝矣島、汶來洞

首爾

惠化・大學路

梨泰院

新沙洞

狎鷗亭

蠶室・樂天世界

汝矣島・文來洞

首爾政經中心

汝矣島、文來洞
（여의도）、（문래동）

交通 地鐵5號線「汝矣島」（526）或「汝矣渡口」（527）站。
地鐵9號線「國會議事堂」（914）、「汝矣島」（915）或「漢流」（916）站。

　　座落漢江中央的一個小島，在朝鮮時代為圈養馬羊之用，雖然面積只有840公頃，卻是首爾市政治、金融和廣播的中心，韓國國會議事堂、韓國證券交易所，以至KBS和MBC電視台總部、LG總部、韓國最高商用大廈，都位於此，成為全韓國地價最高的地方之一。

　　不過最吸引的，還是島上的春櫻和秋葉：5.7公里長的輪中路，兩旁種滿1,600棵櫻花樹，每逢初春盛放儼如櫻花隧道。到了秋天，汝矣島公園又變成紅葉滿園，景致醉人！

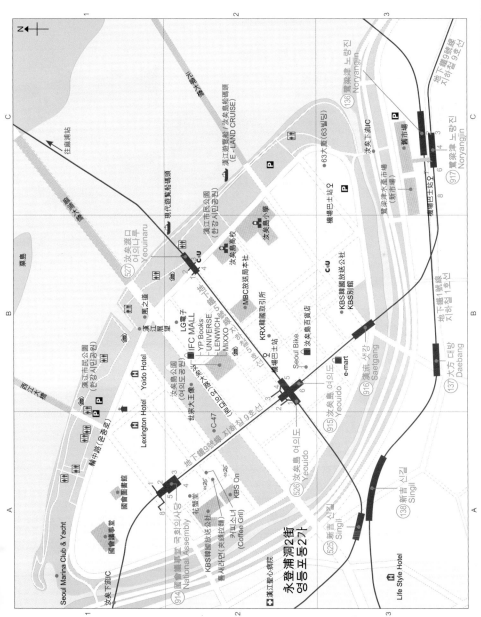

N

C

B

A

惠化、大學路

梨泰院

新沙洞

狎鷗亭

汝矣島、文來洞

靈堂、樂天世界

1 2 3

地下鐵9號線
지하철 9호선

(136) 鷺梁津 노량진
Noryangjin

汝矣下流IC

鷺梁津 노량진
Noryangjin

(917)

舊市場

鷺梁津水産市場
(新市場)

63大廈 (63빌딩)

機場巴士站②

C·U

汝矣島高校

漢江市民公園
(한강시민공원)

汝矣島小學

C·U

KBS轉國別館
KBS別館

(137) 大方 대방
Daebang

地下鐵1號線
지하철 1호선

往鷺浦站

元曉大橋

漢浦大橋

麻浦大橋

栗島

(527) 汝矣渡口
여의나루
Yeouinaru

現代遊覽船碼頭

漢江遊覽船 / 汝矣島船碼頭
(E - LAND CRUISE)

漢江市民公園
(한강시민공원)

清風之道

漢江
展望
臺

LG電子

IFC MALL
YP Books
UNIVERSE
LENWICH (三文治)
MIXXO (服飾)

KRX轉國E站

機場巴士站①

Seoul Bike

汝矣島百貨店

MBC放送局引所

汝矣公園
(여의도공원)

汝矣大王像

世宗大王像

C-47

地下鐵9號線 지하철 9호선

(916) 漢流 서강
Saetgang

e-mart

(916)

(915) 汝矣島 여의도
Yeouido

(526) 汝矣島 여의도
Yeouido

(138) 新吉 신길
Singil

Yoido Hotel

Lexington Hotel

國會圖書館

國會議事堂

精中路 (은경로)

(914) 國會議事堂 국회의사당
National Assembly

KBS轉國放送公社
(大韓拉廣)

昌世라리아 (大韓拉廣)
커피소녀
(Coffee Gril)

花蟹堂

KBS On

(525) 新吉 신길
Singil

新吉 신길
Singil

漢江聖心病院

西江大橋

汝矣下流IC

Seoul Marina Club & Yacht

Life Style Hotel

永登浦洞2街
영등포동2가

賞楓公園

MAP: P.259 A2·B1 - B2

汝矣島公園（여의도공원）

　　1999年開放，原名「5·16廣場」，位處汝矣島中心位置的大片綠色地帶，面積廣達229,539平方米。由韓國傳統庭園、綠色花園、文化廣場和自然生態叢林構成，還有精緻而羊腸曲折的單車和步道穿梭其中，亭台樓閣景致怡人。每年秋季，更是首爾市著名的賞楓點之一。

廣場入口處置有巨型名字雕塑。

公園內也置有世宗大王的坐像，足見他在韓國人心中有多重地位。

韓國傳統叢林由本地樹木裝點，加上荷花池、八角亭及羊腸小道，風景優美。

廣場內擺放了一部二戰時期的C-47運輸機，紀念當時的韓國臨時政府從上海乘此機回國，並在當時的這裡的汝矣島機場降落。

汝矣島公園乃首爾小朋友的踏單車勝地，不過現場所見大部分都是初哥，要小心「撞車」！

――― Info ―――

地址： 首爾市永登浦區汝矣公園路68
　　　　서울시영등포구여의공원로 68
電話： 02 - 761 - 4078
開放時間： 24小時
網址： http://parks.seoul.go.kr
前往方法： 地鐵5號線「汝矣渡口」站1號出口，往KBS電視台方向步行約10分鐘。

飽覽漢江美景

MAP: P.259 A1·B1 - B2·C2

汝矣島漢江市民公園
（여의도 한강시민공원）

　　首爾市政府於漢江沿岸建有多個「漢江市民公園」，其中以汝矣島最大最聞名。園內設有戶外泳池、大片草坪、漢江遊覽船碼頭等，還有完善的單車和緩跑徑。風景秀麗，能飽覽漢江對岸美景，多齣韓劇、韓國電影及綜藝節目都在此取景，包括《城市獵人》、《IRIS》、《寵物情人》、《女人香氣》、《閣樓王世子》、《Running Man》、《韓流怪嚇》等。

值得一讚是，園內到處都是完善的洗手間。

公園草坪常有市民放風箏，都是巨型又色彩繽紛，飛翔時還會發出巨響。

風之道（바람의길），以漢江的水流及風為主題設計的地標，也是韓劇《城市獵人》的取景。

公園建有平坦的單車徑，加上海風送爽，成為假日的消閒勝地。

園內有單車租賃店和自助單車租賃系統，每小時車費約₩3,000。

――― Info ―――

地址： 首爾市永登浦區汝矣洞路330（汝矣島洞）
　　　　서울시 영등포구 여의동로 330（여의도동）
電話： 02 - 3780 - 0561
開放時間： 0900 - 2100
網址：
http://hangang.seoul.go.kr/park_yoido
前往方法： 地鐵5號線「汝矣渡口」站2或3號出口直達。

KBS廣播電台於1927年啟播,電視台則在1961年啟播,乃韓國最大兼歷史最悠久的公營電台。

Tips I Can

預約KBS ON:必須於最少5天前在網上預約參觀(最早於2個月前),並需要有導賞員陪同,不能隨處走動。名額有限,先到先得。
預約網頁:https://office.kbs.co.kr/kbson

韓國最大電視台

KBS韓國放送公社(한국방송공사)

　　KBS為韓國最大兼歷史最悠久的公營電視台及廣播電台,經典韓劇《藍色生死戀》、《浪漫滿屋》、《花樣男子》、綜藝節目《兩天一夜》等正出自KBS。總部位於汝矣島,其中本館大樓內設有免費參觀的廣播電視體驗館「KBS On」,旅客可參觀KBS迷你博物館、3D立體影像館、播音室、韓劇展示牆等,最好玩是新聞解說員體驗,旅客能坐上主播席,一嘗當新聞主播滋味。

MAP:P.259 A2

4樓的新聞解說員體驗,設有「KBS 9點新聞」的佈景棚,旅客能坐上主播席,一嘗當新聞主播滋味。

廣播電視體驗館「KBS On」入口位於本館2樓,大屏幕可看到KBS的即時節目。

電視台外擺放了兩個平昌冬奧的吉祥物。

播音室附近的牆身和石柱都佈滿各地粉絲的塗鴉,當然包括香港。

旅客可近距離一睹各式攝影器材。

正門右邊設有KBS廣播電台「COOL FM」和「HAPPY FM」的公開廣播室,每當有節目邀請當紅偶像訪問,粉絲便會預早一天前來守候。

Info

地址:首爾市永登浦區汝矣島18(本館)
서울시 영등포 구여의도동18
電話:02 - 781 - 2224
開放時間:0930-1730(最後入場1700)
休息:周六及日、春節、中秋節
入場費:免費
網址:www.kbs.co.kr
前往方法:地鐵9號線「國會議事堂」站4號出口,徒步約8分鐘。

首爾

惠化、大學路

梨泰院

新沙洞

狎鷗亭

蠶室、樂天世界

汝矣島、汶來洞

米芝連醬油蟹
花蟹堂（화해당 여의도점）

來到首爾當然至少要吃一次醬油蟹，如果擔心吃生醃的蟹，不妨去有米芝蓮推介的店，至少會有多一點信心。這店的醬油蟹分別獲得2017、2018、2019、2021、2022及2023年米芝蓮推薦，而店內亦只出售醬油蟹一款菜式，可見店家對自己的出品信心十足。醬油蟹定食一人前有一隻螃蟹，另配蒸蛋、釜飯、紫菜及其他伴碟小食，意猶未盡的話，還可以追加螃蟹！用膳時段的客人相當多，也有很多遊客慕名而至，加上有午休時段，大家最好先打電話去訂座。

MAP: P.259 A2

醬油蟹勁多蟹膏，啖啖鮮甜味美，還可追加螃蟹 ₩39,000/隻。

一人份量的醬油蟹鍋飯套餐（간장게장과 솥밥）。₩47,000

不少海外遊客也慕名而至。

店的另一個入口設於大廈的商場內。

釜飯還可以加入熱茶成為泡飯。

套餐附一碗白飯，食客可自製蟹膏飯。

Info

地址：首爾市永登浦區國民議會路62街15（汝矣島洞17-6）
서울 영등포구 국회대로62길15（여의도동17-6）
電話：02-785-4422
營業時間：周二至六1100-1500，1700-2100（最後點餐2000）
休息：周日及周一
消費：約₩50,000/位
網址：www.63city.co.kr
前往方法：地鐵9號線「國會議事堂站」4號出口，步行約5分鐘。

汝矣島最高展望台
63大廈（63빌딩）

MAP: P.259 C3

金色的玻璃外牆極其搶眼，故又名「Gold Tower」。

1985年落成，全名「大韓生命63大廈」，海拔264米高，地上60層、地下3層，乃韓國最高的商用大廈。擁有全國最高的展望台「Sky Art」，天氣好時，可眺望N首爾塔，韓劇《大話妹》也曾在此取景。還附設IMAX科幻影像館、餐廳、商店，以及全國最大的室內水族館「Seaworld」。

Info

地址：首爾市永登浦區汝矣島洞63大韓生命大廈
서울시 영등포구 63로50（여의도동）
電話：02 - 789 - 5679
票價：成綜合票成人₩32,000，小童或長者₩28,000
網址：www.63art.co.kr
前往方法：地鐵5號線「汝矣島」站5號出口，於聖母醫院前的巴士站牌，乘搭免費接駁巴士直達。

有機咖啡店
커피소녀
（Coffee Girl）MAP: P.259 A2

KBS電視台對面的The Sharp Island Park乃島上少有的大型住宅區，因而聚集了各式餐廳食堂與酒吧。當中這家道地咖啡館，標榜選用有機咖啡豆，啖啖天然。店內裝潢如同歐洲路邊Café，充滿假日悠閒氣氛。

Cappuccino，同樣香濃醇厚。₩4,800

鮮奶瑞士卷。₩5,000

Café Latte，味道香濃，還有可愛的熊仔拉花。₩4,800

內部裝潢簡潔高雅，像歐洲路邊café。

區內咖啡店競爭激烈，留得低的都是好店。

Info
地址： 首爾市永登浦區汝矣島洞17 The Sharp Island Park 103棟101號
서울시 영등포구 여의도동 17번지 더샵아일랜드파크103동 101호
電話： 02 - 780 - 1199
營業時間： 周一至四0800-2200；周六及日1000-2100
消費： 約₩5,000 / 位
前往方法： 地鐵9號線「國會議事堂」站4號出口，步行約5分鐘。

明星辣麵店
틈새라면
（夾縫拉麵）

1981年創立的連鎖即食麵店，獨沽一味只賣自家製的「夾縫拉麵」（틈새라면），號稱全城最辣的辛辣拉麵，辣得過癮！逾百間分店遍布全國，汝矣島店因位於KBS電視台正門對面，加上24小時營業，故成為韓星和電視台員工的人氣飯堂，隨時巧遇吃麵中的偶像。MAP: P.259 A2

部隊拉麵，配料有午餐肉、腸仔和豆芽，麵條比辛辣麵略幼，但一樣彈牙煙韌。第一口不覺辣，但其後辣味直沖上腦，吃得鼻水猛流，但愈吃愈起勁！

店面細小毫不起眼，卻是韓星的秘密飯堂。

牆身貼滿明星偶像簽名，店內所用的麵是獨家訂製，一般超市沒得賣！

家庭式食堂格局，由幾位親切的阿珠媽打理。

Info
地址： 首爾市永登浦區汝矣島洞17 The Sharp Island Park 102棟119號
서울시 영등포구 여의도동 17번지 더샵아일랜드파크 102동119호
電話： 02 - 2090 - 7020
營業時間： 24小時
網址： www.teumsae.com
消費： 約₩4,500 / 位
前往方法： 地鐵9號線「國會議事堂」站4號出口，步行約5分鐘。

汝矣島購物地標
IFC MALL（IFC몰）

MAP: P.259 B2

商場頂的玻璃天幕採盡天然光線，同時將附近汝矣島公園的悠閒氣息帶進室內。

2012年開幕，由國際著名建築設計公司Benoy設計，運用玻璃天幕採盡天然光線，簡單寬敞又好逛。佔據3層的商場，網羅超過100個本地及國際著名品牌，包括韓國首家Hollister、H&M、ZARA、8IGHT SECONDS、BANANA REPUBLIC等等。還有30多家特色餐廳，經常舉辦大型活動，令本來沉寂的商業區，變身成熱鬧的購物地標。

IFC一共有3棟大樓，其中一棟是名牌酒店Conrad Seoul，商場則位於大樓地庫L1至L3。

BANANA REPUBLIC，1978年所創的美國服飾品牌，屬於Gap旗下，走高檔路線，風格時尚典雅並重。

Info
地址：首爾特別市永登浦區汝矣島洞23
　　　서울시 영등포구 여의도동23
電話：02 - 6137 - 5000
營業時間：1000 - 2200
網址：www.instagram.com/ifcmall_seoul
前往方法：地鐵5、9號線「汝矣島」站3號出口。

韓版誠品
YP Books（영풍문고）

大型連鎖書店Young Poong Book Store（永豐書店），於1992年成立，目前是韓國三大書店之一。IFC店佔地超過2,000平方米，除了各式書籍和雜誌，還有特色文具、設計師精品、專業畫具和CD店，媲美台灣的誠品書店。

店內十分寬廣，貨品種類繁多。

韓國設計及生產的Masmarulez手袋。
₩15,600

唱片部不時有新歌推廣。

Info
地址：IFC MALL地庫B2
電話：02-6137-5254
網址：www.ypbooks.co.kr

韓國抵買時裝
UNIVERSE（유니버스）

韓國休閒運動服品牌，走Z世代青年文化路線，在首爾設有許多賣點。服飾大多是T恤、衛衣等著重休閒的款式，售價也相對大眾化，字母T恤售價約為₩24,000至₩29,000，適合日常穿著。

藍色字母T恤，₩59,000

主打休閒便服，價格亦很大眾化。

Info
地址：IFC MALL 2/F
電話：02-6137-5299

除汝矣島IFC外，在上岩DMC和驛三GFC均有分店。

煎雞扒三文治。₩13,500

全部即叫即製，要品嚐美食就要稍候片刻了。

紐約即製三文治
LENWICH（렌위치）

　　來自紐約的傳統三文治店，全部熱三文治都是即叫即製，保證新鮮熱辣。雙層煎雞扒三文台，加上生菜、牛油果、煙肉、番茄醬再加少少辣椒，美味香濃的雞味得到充分發揮，麵包軟硬適中，不會濕泅泅，又不會咬崩牙。牛油果多到漏汁，健康又飽肚。

Info

地址：IFC MALL地庫B2
電話：02-6297-0023
營業時間：周一至五0800-2100，
　　　　　　周六及日1000-2100
網址：www.lenwich.co.kr

韓國抵買時裝
MIXXO（미쏘）

　　韓國著名的大眾化時裝品牌，以可日常穿著的Mix & Match服裝為主，曾請來少女時代及名模宋海娜做代言人，產品價錢亦相對廉宜，一件短袖恤衫大約₩50,000，T恤大概₩20,000至₩40,000，年輕的款式適合平日去街或上班穿著。

藍色短袖上衣。₩49,900

白色恤衫及。₩29,900

白色短身短袖外套。₩69,900　　黑色長袖外套。₩89,900

Info

地址：IFC MALL 2/F
電話：02-6137-5202
網址：www.mixxo.com

惠化．大學路

梨泰院

新沙洞

狎鷗亭

蠶室．樂天世界

汝矣島．文來洞

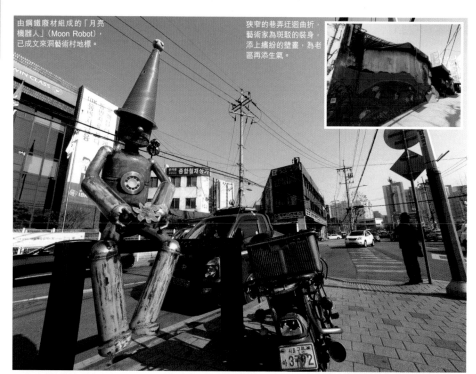

由鋼鐵廢材組成的「月亮機器人」（Moon Robot），已成文來洞藝術村地標。

狹窄的巷弄迂迴曲折，藝術家為斑駁的裝身，添上繽紛的壁畫，為老區再添生氣。

鋼の藝術村
文來洞藝術村（문래동예술촌）

　　日本統治時期曾是首都圈最具代表性的工業重鎮，主要從事鋼鐵製造，80年代後因產業式微而沒落、荒廢。直到2000年，被藝術家看中它的租金便宜，紛紛進駐開設工作室。曲折的巷弄，滿佈繽紛的塗鴉壁畫，隨處可見的藝術雕塑，跟鏽跡斑斑的舊廠房完美融合，為老區再添生氣。現在區內還開滿低調Café和小酒館，已成新興潮區，《復仇者聯盟2》也曾在此取景。 **MAP: P.267**

區內還隱藏大量低調Café、特色餐廳與小酒館，已成新興潮區。

最喜歡區內的告示板，都以廢鐵，造成不同的動物或打鐵工具剪影。

隨處可見以鋼鐵為主題的藝術雕塑，包括這巨型鐵槌，附近還有鐵馬。

文來洞入口置有巨型的「焊接面具」，透過視窗可窺探不一樣的工業老村。

其中一家Café，店外放滿老闆打造的木板雕塑，都充滿幽默感。

難得各式藝術裝置，跟原來的舊工廠房完美融合，成功讓老區重生。

┌─ **Info** ─────────
地址：首爾市 永登浦區 文來洞 3街
　　　　서울시 영등포구 문래동3가
前往方法：地鐵2號線「文來」站（문래역）
　　　　　　　7號出口，步行5分鐘。

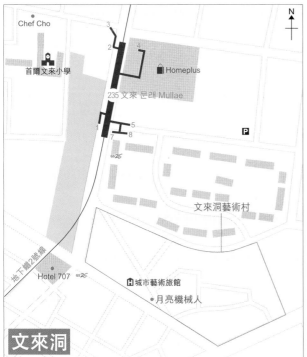

文來洞

文來洞一帶本身是個寧靜社區，公園長滿參天大樹，秋天有紅葉美景。

文來站旁有大型Home plus超市，可順道來掃貨。

蛋糕四大天王
Chef Cho（趙主廚）

　　首爾三大麵包名店之一，老闆趙主廚曾在韓國美食節目中，奪得「蛋糕四大天王」稱號。選用澳洲產的有機小麥麵粉，加上韓國產的新鮮水果製成。招牌是各式草莓蛋糕，每逢假日中午前便售罄。 **MAP: P.267**

麵包款式偏向法式，水準都極高。芝士條、Pizza條。

內裝像法式小店，附設自助堂食區，並提供各式咖啡等飲料。

趙主廚乃首爾著名蛋糕師。

趙主廚以草莓蛋糕起家，儼如草莓主題蛋糕店一樣。

草莓餡餅，cream cheese加上脆脆的曲奇底，口感豐富，草莓更是香甜。

Info

地址： 首爾市永登浦區文來洞3街77 - 8（文來路98）
　　　 서울시 영등포구 문래동3가 77 - 8（문래로 98）
電話： 02 - 2631 - 9001
營業時間： 0800-2200
前往方法： 地鐵2號線「文來」站（문래역）3號出口，步行3分鐘。

首爾

惠化．大學路

梨泰院

新沙洞

狎鷗亭

蠶室．樂天世界

汝矣島．文來洞

首爾

惠化‧大學路

梨泰院

新沙洞

狎鷗亭

蠶室‧樂天世界

汝矣島‧文來洞

兩層獨棟式建築的Hotel 707，藏身一條寧靜橫巷中，卻是IG打卡名店。

名字叫Hotel卻不是酒店，重點是睡床改造成舒適沙發，任你自由躺臥。

打卡睡床Cafe
Hotel 707

Tips
自助式服務，點餐請到櫃台。

　　文來洞藝術村附近的著名打卡Cafe。門口藏身一條橫巷中，樓高兩層，內裝以裸露的天花板和樑柱，配襯歐洲貴族風家具。特別在將各式睡床改造成舒適沙發，隨食客自由躺臥，天台還有帳篷座位區。提供簡餐、甜點、咖啡與酒精飲料，就連杯盤壺等器皿都是自家設計，加上浮誇的擺設，打造如攝影棚般的夢幻場景。 **MAP: P.267**

Earlgrey Cloud Tart，伯爵茶忌廉蛋糕輕盈綿密，餅底酥脆，就連餐具也夠華麗。

Cafe其中一隅築有玻璃屋，陽光從天花灑落沙床，旁邊是往天台的樓梯。

各式各樣睡床，通通都變成躺椅沙發，加上浮誇擺設，即成網美至愛。

天台設有偌大的露天座位區，綠意盎然，還可俯瞰文來洞街景。

特設的帳篷VIP區，夏天有陣陣涼風，鬧市中難得的峇里式享受。

內裝以裸露的天花板和樑柱，配襯歐式貴族風家具，華麗中見時尚。

Info

地址： 首爾市 永登浦區 文來洞 Dorim路139街 2 - 2
서울시 영등포구 문래동 도림로139길 2 - 2
電話： 02 - 2636 - 8694
營業時間： 周日至四1100-2400、周五及六1100 - 0200
消費： 約₩15,000 / 位起
前往方法： 地鐵2號線「文來」站（문래역）1號出口，步行約5分鐘。

首爾新興綠洲

聖水洞、首爾林

（성수동）、（서울숲）

🚌 **交通** 地鐵2號線「纛島」（210）、「聖水」（211）或「建國大學」（212）站。

　　聖水洞除了擁有歷史悠久而且面積遼闊的首爾林公園外，近年更有各類型的精品café、名牌旗艦店都選擇在這區開業，加上傳統的手工皮鞋街，令這裡成為人們假日休憩的地方之餘，更是潮流玩樂的新蒲點。再加上距離東面的建國大學只相隔一、兩個車站，令這區持續充滿朝氣。

269

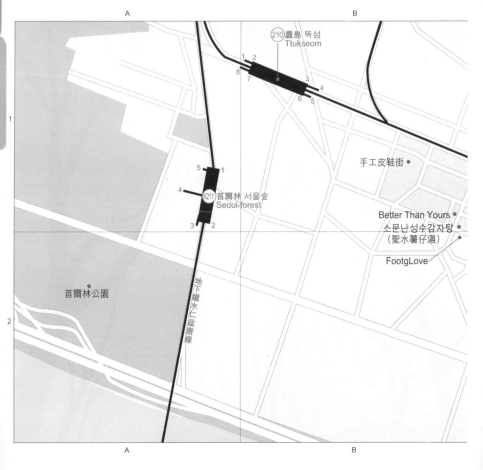

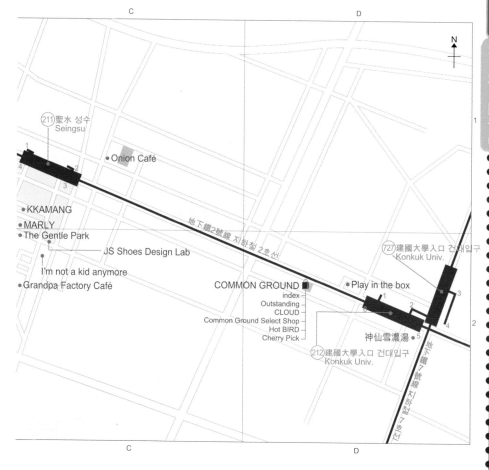

首爾綠洲

首爾林（서울숲）

MAP: P.270 A2

Tips

梅花鹿園（사슴 먹이주기）逢周二、四及周末1430開放（2小時），並有人數限制。

園內也飼養了白兔等小動物。

春夏時節也可以來賞花。

原是皇帝的狩獵場及驗兵場，後作為上水源保護區、高爾夫球場、賽馬場，直至2005年才正式改為公眾花園。面積廣達650萬平方呎，由5個主題園區構成，四季花開、綠意盎然。其中，佔地165,000平方呎的「自然生態林」，飼有40隻梅花鹿、30隻松鼠，以及10隻牙獐，首爾人假日會一家大小來餵鹿。

不少新人選擇在此拍攝結婚照。

蝴蝶園和昆蟲園都是逢星期一休館。

在昆蟲園內會看到活生生的獨角仙。

找不到野生鹿的話，也可以到飼養園來看看小鹿。

園內有大量藝術雕塑，冬天鋪滿白雪，景致更迷人。

Info

地址： 首爾市城東區霧島路273
　　　서울시 성동구 뚝섬로 273
電話： 02-460-2905
開放時間： 24小時（遊客中心夏季1000-1800冬季1000-1700；生態林0530-2130；昆蟲植物園1100-1600周一、二休息）
網址： http://seoulforest.or.kr
前往方法： 地鐵盆唐線「首爾林」站（K211）3號出口，步行約2分鐘。

機械人沖咖啡

MAP: P.270 B1

Better Than Yours（베러댄유어스）

會不會「比你沖的更好」就見人見智，但無人商店兼機械人全自動沖咖啡，又的確係幾好玩。店內有兩個機械臂，可同時沖兩杯咖啡，供選擇咖啡的種類也很多，只要在自動售賣機買好票，機械人就會開始沖咖啡，大概三分鐘就沖到一杯，價格也十分便宜，一杯意式濃縮咖啡只需₩2,438。

機械人沖出來的咖啡，味道會否與一般人手沖的有分別？

自動售賣機顯示飲品的種類十分多，Ice Americano₩2,144。

機械人會把沖好的飲品放在橙色的盤子上，然後會自動送到窗口給客人。

機械人會把沖好的飲品放在橙色的盤子上，然後會自動送到窗口給客人。

Info

地址： 首爾市城東區蓮舞場7街5號（聖水洞2街316-61）
　　　서울성동구연무장7길5（성수동27가316-61）
電話： 02-2641-0081
營業時間： 24小時
網址： www.instagram.com/betterthanyours_official
前往方法： 地鐵2號線「聖水」站4號出口，步行約3分鐘。

30年牛肉湯名店

神仙雪濃湯（신선설농탕）

　　除了仁寺洞的里門，另一著名雪濃湯專門店，「雪濃湯」即牛肉湯，傳統韓國農民為慶祝豐收才會飲用。神仙開業30年，挑選膠質豐富的牛膝骨、牛頭、牛骨、牛腿等，加上蘿蔔等蔬菜熬煮成奶白色的牛肉湯，不含半點油脂，味道香濃甜美，筆者感覺更勝里門！故甚受上班族和旅客歡迎。

MAP: P.271 D2

雪濃湯另有牛骨、牛雜、百歲酒等口味，包括餃子雪濃湯，餡料豐滿鮮甜。₩10,000

每張枱的桌邊都有醃蘿蔔、泡菜筒，食客可自由取用，但切勿浪費喔！

店鋪位於二樓，有近百個座位。

很迷你的餐紙，貼心地印有筷子湯匙的擺放位置。

雪濃湯，奶白色的湯頭鮮甜無比，牛味濃郁而不膩。附送白飯，韓國人喜歡拌入湯裏成湯飯食用。₩10,000

──Info──
地址：首爾市廣津區峨嵯山路244 2/F
　　　　（紫陽洞1-1）
　　　　서울광진구아차산로244
　　　　（자양동1-1）
電話：02-3409-8833
營業時間：1100-2100
休息：逢周日
消費：約₩15,000/位
網址：www.shinsunseolnongtang.co.kr
前往方法：地鐵地鐵2、7號線「建國大學」
　　　　　　（建大入口）站5號出口，步行
　　　　　　約1分鐘。

Find Kapoor夢幻概念店

MAP: P.271 C2

I'm not a kid anymore

　　專營手袋、皮具的FIND KAPOOR所開設的Fancy Store陳列室，用作展示品牌別樹一幟的商品，也有玩味十足的擺設，例如一些童年時的電視機、遊戲機及玩具。店鋪會不定期舉行特別展銷，甚至會舉行包包租借服務日。如果要買他們的商品，就要到網上或其他門市購買。

古老的電視機上放置了新款手袋，Marly Laura手袋21Crinkled黃色。₩139,000

Belt Bag 25 Crinkled白色。₩129,000

店內放置了很多特特有趣的擺設。

品牌的手袋就在當中出沒，Ria Bag 19 Crinkled青檸色。₩129,000

──Info──
地址：首爾市城東區城水路7街24
　　　　（聖水洞2街320-1）
　　　　서울성동구성수이로7가길24
　　　　（성수동2가320-1）
電話：0507-1377-7333
營業時間：1100-2000
休息：逢周一
網址：https://findkapoor.com
前往方法：地鐵2號線「聖水」站3號出口，
　　　　　　步行約4分鐘。

話題貨櫃潮MALL
COMMON GROUND（커먼그라운드）

首爾許多地方都有由貨櫃組成的商場，而這熱潮的始創者正是COMMON GROUND，這裡亦是由宋仲基主演的Netflix劇《黑道律師文森佐》的取景地之一。2015年開幕，佔地約5,300平方米，由200個藍色貨櫃堆疊而成，為世界最大規模的貨櫃商場。由韓國時尚王國KOLON經營，主要分為Street Market、Market Hall、飲食層Terrace Market及舉行活動的Market Ground。集合國際名牌與本地設計品牌和食肆，不時舉行周末市集或大型音樂表演，至今仍是打卡勝地。 `MAP: P.271 D2`

左邊Street Market主要是NIKE、Foot Locker的大牌子區域，右邊是Market Hall，主打本土小店。

商場連地面共有三層，中庭是Pop-up Shop。

戶外地區不時舉行活動，這天正有寵物嘉年華。

200個藍色貨櫃整齊堆疊，加上藍天白雲，即成首爾最受歡迎打卡勝地。

Info
地址：首爾市廣津區峨嵯山路200
（紫陽洞17-1）
서울시광진구아차산로200
（자양동17-1）
電話：02-467-2747
營業時間：1100-1000
網址：www.common-ground.co.kr
前往方法：地鐵2號線「建國大學」（建大入口）站6號出口，步行約3分鐘。

文青書店Cafe
index（인덱스）

弘大前Thanks Books創辦人李基燮推動的項目，算是Thanks Books的縮小版。店內售賣書籍、咖啡、海報、明信片、文具及精品，並會定期舉行工作坊和書會。遊客來到除了看書購物外，還可以點一杯咖啡到閣樓的茶座歇息一會。

CIHY無咖啡因咖啡，每盒₩16,200。

Alone poster。
₩12,000

寬闊的店內設有閣樓茶座，提供咖啡或茶，價錢為₩5,000至₩6,000。

Info
地址：COMMON GROUND, Street Market 3/F
營業時間：1100-2200
網址：www.instagram.com/indexshop.kr

美式男士服
OUTSTANDING & CO (아웃스탠딩)

以美式休閒服為主的男士時裝品牌，走二十世紀中葉美國的休閒服、工作服、軍裝路線，用新手法呈現當時的流行感覺，服裝都以沉實的風格為主，也有配合現代的時尚款式，布料也經過特別挑選，以符合耐穿性強的原則，適合個性穩重而又愛好戶外的你。

除這裡外，在東大門也有一間分店。

店的另一邊是Outlet，有低至一折的貨品。

魚圖案T恤。₩39,000

店內兼售復古Cap帽。₩42,000

---Info---
地址：COMMON GROUND, Market Hall 2/F
電話：070-7736-0050
營業時間：1100 - 2200
網址：www.outstanding-co.kr

二手復古衫店
CLOUD (클라우드)

主要售賣二手時裝，也同時有名牌復古衫和訂製服裝服務。店內有不少是名牌二手衫，價格低廉，例如Ralph Lauren、BURBERRY、Comme des Garcons等，有些名牌貨只需₩10,000就買到，隨時會找到又平又靚的心頭好。

Comme des Garcons X CONVERSE布鞋。₩169,000

Ralph Lauren針織長袖上衣。₩10,000

這個衫架上的名牌二手衫均一價每件只需₩10,000。

BURBERRY 長袖上衣。₩139,000

Ralph Lauren黑色外套。₩89,000

---Info---
地址：COMMON GROUND, Market Hall 2/F
營業時間：1100-2200
網址：www.instagram.com/cloud.secondhands

聖水洞．首爾林

樂天世界

愛寶樂園

安養藝術公園

首爾近郊滑雪場

仁川

左側豎排文字：
聖水洞‧首爾林 | 愛寶樂園 | 安養藝術公園 | 首爾近郊滑雪場 | 仁川

潮牌集中地
COMMON GROUND Select Shop

在Street Market和Market Hall中間的廣場有一個獨立的貨櫃，這就是雲集世界各地年輕潮牌與本土設計師作品的Select Shop，例如BEN DAVIS、DEUS、Covernat、Crazy Car Wash Crew等，可以一次過挑選各地潮牌，十分方便。

AECA WHITE粉紅色外套。₩189,000

店內集中了由COMMON GROUND挑選的各國牌子。

Reproduction of Found是源自德軍的訓練鞋牌子，產自斯洛伐克。₩263,200

balansa釜山T恤。₩48,000

DEUS EX MACHINA SEOUL T恤。₩55,000

Info
地址：COMMON GROUND, Market Ground地面
營業時間：1100-2200

美式辣雞漢堡
Hot BIRD (할버드)

來自美國田納西州的納什維爾（Nashville）辣雞店，辣椒粉是由當地生產並空運到韓國，以確保原汁原味。招牌漢堡Hot Bird Nashville Chicken，厚實的雞胸肉首先以真空低溫烹調和油炸，可以選擇辣自己喜歡的辣度，又或是完全不辣。另外，香蕉布甸也是該店的推介。

Hot Bird Nashville Chicken。₩8,800

店內裝潢充滿美國風味。

Info
地址：COMMON GROUND, Market Hall 3/F
營業時間：1100-2200（最後點餐2130）
網址：www.instagram.com/hotbird.kr

平價精品店
CHERRY PICK

場內的時裝店勁多，但售賣精品玩具的就只有這一家，而且售價都不算貴，例如超級無敵獎門狗毛公仔，都是百多元港幣有交易，有些精品手工還十分精緻，是一個買手信的好地方。

超級無敵獎門狗公仔，大₩35,000，小₩19,900。

名人造型扣。₩10,000

陶瓷小擺設。₩15,000/個

小王子造型小花樽。₩15,000

Info
地址：COMMON GROUND, Market Hall地面
營業時間：1100-2200

著名的聖水薯仔湯
소문난성수감자탕

　　每逢食飯時段，這店外都會出現排隊的人龍，直到下午茶時段人龍都仍未消化。大家都是為了吃著名的薯仔湯（土豆湯），雖然叫薯仔湯，但其實是一大鍋燉至骨肉分離的排骨鍋！鐵鍋放在火爐上不斷燒著，湯底鮮甜，肉嫩而甘香，再醮少少店家特製醬汁，一啖湯、一啖肉，令人吃到停不了，這時候再叫一瓶冰凍啤酒，實在是至高享受。店家已經營至第三代，在聖水洞十分有名，連白種元在其電視節目中也介紹過。食到最後，還可把白飯加進湯底，連汁都撈埋！ MAP: P.270 A1

客人太多，惟有在旁邊的大廈租多一個鋪位。

薯仔排骨鍋：大₩43,000，中₩32,000，小₩27,000。

排骨超級好味，有機會要再encore。

配菜有青瓜、辣椒和蘿蔔泡菜。

―Info―
地址：首爾市城東區蓮舞場街45
　　　（聖水洞2街315-100）
　　　서울성동구연무장길45
　　　（성수동2가315-100）
電話：02-465-6580
營業時間：24小時
前往方法：地鐵2號線「聖水」站3號出口，
　　　　　步行約4分鐘。

《文森佐》的爺爺工廠Cafe
Grandpa Factory（할아버지공장）

　　由工廠改建而成的著名餐廳及藝術空間，也是宋仲基主演的Netflix劇集《黑道律師文森佐》的取景場地之一。餐廳門面其貌不揚，但內有乾坤，分為咖啡區、用膳區、展覽區和派對區，還有戶外用餐區可以帶同寵物一起前來。最矚目要算是中庭的野豬雕塑和樹屋，不知有沒有人有膽量爬上去用餐？ MAP: P.271 C2

branch store也十分寬闊，Pizza售價約₩22,000至₩25,000。

巴斯克芝士蛋糕。₩8,000

伯爵茶卷。₩8,000

店外可停泊三部車，再多車就要停在附近的停車場。

進店後就是coffee store和點餐處，咖啡售價約₩7,000至₩8,000。

有樓級爬上像童話故事般的樹屋裡。

店內的「野豬6」雕塑是出自韓國藝術家지용호（Ji Yong Ho）之手，他以廢車胎和不鏽鋼製作的一系列作品獲多家美術館青睞。US$300,000

―Info―
地址：首爾市城東區聖水路7路24
　　　（聖水洞2街309-133）
　　　서울성동구성수이가7길9（성수동2가
　　　309-133）
電話：02-6402-2301
營業時間：Café 1100-2300，
　　　　　餐廳1100-2100
消費：約₩15,000/位
網址：http://gffactory.co.kr
前往方法：地鐵2號線「聖水」站3號出口，
　　　　　步行約6分鐘。

劉在石介紹手工皮鞋
THE GENTLE PARK (더 젠틀박)

聖水洞有一條手工皮鞋街，有不少人都會專程來這裡度身訂做皮鞋。這家店專營男士真皮鞋，有不少名人光顧，連劉在石和曹世鎬都要在tvN的電視節目《劉QUIZ on the Block》中推介。店面雖然不大，原來店後是一個製鞋工場，證明是100%工匠親手製造。皮鞋的外層和襯裡均使用牛皮，顧客可選不同的鞋款，橡膠底、半皮、全皮或運動鞋款，售價由₩180,000至₩290,000不等，千餘港元就有一雙手工皮鞋，實在抵買。

MAP: P.271 C2

店門可見劉在石、朴明洙等韓國明星的合照

可以訂製的尺碼為225至300，即歐洲碼36-43左右。

訂製全皮鞋，售價為₩290,000。

店後就是工匠造鞋的地方。

Info
地址：首爾市城東區蓮舞場街48-1
　　　（聖水2街321-6）
　　　서울성동구연무장길48-1
　　　（성수동2가321-6）
電話：070-8264-7660
營業時間：1100-1930
休息：逢周二
網址：www.instagram.com/thegentlepark
前往方法：地鐵2號線「聖水」站4號出口，
　　　步行約4分鐘。

手工製女鞋
MAP: P.271 C2

JS Shoes Design Lab
(JS슈즈디자인연구소)

店主擁有45年製造和設計皮鞋的經驗，也獲政府認證開班授徒。除手工皮鞋外，店內也有現成的男女皮鞋出售，尤其是高跟鞋，許多款式都是由店主親自設計，在其他地方找不到的同樣的款式，高跟鞋售價約₩350,000至₩400,000不等。

店內堆滿了一雙雙皮鞋。

Info
地址：首爾市城東區蓮舞場街57號
　　　（聖水洞2街315-10）
　　　서울성동구연무장길57
　　　（성수동2가315-10）
電話：02-464-1060
營業時間：周一至五0900-1900，
　　　周六及日1000-1900
網址：www.xn--js-xw5jh5u.kr
前往方法：地鐵2號線「聖水」站3號出口，
　　　步行約4分鐘。

黑熊意大利菜
KKAMANG (까망)

位於二樓的意大利餐廳，空間寬敞，而以意大利菜來説價錢一點都不貴，牛肉奶油意大利麵售價為₩18,000，雞肉飯₩17,000。最好預先訂座，平日可預約六人枱，週末可預訂四人枱，做好準備，就可以安心在休閒的氛圍中享受美食。

MAP: P.271 C1

設有半露天吧枱位。

店鋪位於二樓，請先行預約。

Info
地址：首爾市城東區蓮舞場街5號20
　　　（聖水洞2街315-30）
　　　서울성동구연무장5가길20
　　　（성수동2가315-30）
電話：070-4145-5546
營業時間：1130-1430，1630-2100
　　　（最後點餐2030）
消費：約₩25,000/位
網址：www.instagram.com/seongsu_
　　　kkamang
前往方法：地鐵2號線「聖水」站4號出口，
　　　步行約3分鐘。

物失買平襪良機
FootgLove （양말바보）

　　有鞋賣就一定少不了有襪賣，在The Gentle Park鞋店附近，就有這家自嘲為「傻瓜」（바보）的襪子專賣店。嬰兒襪、長襪、短襪、船襪、學生襪、上班襪……總之乜襪都有得賣，價錢亦相當廉宜，各款船襪₩10,000五對，長襪短襪都只是₩10,000三對，質地也不錯，故吸引不少本地人光顧。

MAP: P.270 B2

各款女生襪，三對₩10,000。　船襪，五對₩10,000。

公仔造型嬰兒襪，每對₩6,000。

店鋪面積不太大，但襪款卻很多。

Info
地址：首爾市城東區蓮舞場街48（聖水洞2街321-97）
　　　서울 성동구 연무장길48（성수동2가321-97）
電話：0507-1371-2775
營業時間：周一1000-1600，周二至五1130-2030，周六及日1230-2100
網址：www.instagram.com/footg_love_
前往方法：地鐵2號線「聖水」站4號出口，步行約4分鐘。

自家製烤餅蛋糕店
MARLY cafe （마를리）

　　這是一間以蛋糕及烤餅聞名的cafe，店主熱愛整餅，也會開班授徒，可見出品會有一定水準。店的面積相當大，顧客也相當多，不少韓國人專程來這裡吃烤餅及蛋糕。店內的環境亦十分簡約，由木桌椅和陶製花盆併砌出自然感覺，讓人感到十分悠閒。

MAP: P.271 C1

店內會開班教整糕餅，也有咖啡和茶出售，Cafe Latte ₩6,000/杯，Eart Grey ₩7,000/杯。

西柚紅茶蛋糕。₩8,000/件

士多啤梨蛋糕。₩4,800/兩件

Info
地址：首爾市城東區蓮舞場街47（聖水洞2街315-55）
　　　서울 성동구 연무장길47（성수동2가315-55）
電話：02-467-0303
營業時間：0900-2300
網址：www.instagram.com/marly.official_
前往方法：地鐵2號線「聖水」站4號出口，步行約4分鐘。

繽紛版人生四格
Play In The Box 建大店

MAP: P.271 D2

　　號稱是MZ世代的遊樂場，這家無人自拍店以色彩繽紛吸客，更會不時與品牌或藝人合作，推出限量版相框。除了拍照外，店內還設有ASMR錄音室和賣店，發售偶像周邊產品。

自拍收費由₩4,000起。

有很多免費提供的假髮和道具。

Info
地址：首爾市廣津區峨嵯山路215（華陽洞48-17）
　　　서울 광진구 아차산로215（화양동48-17）
電話：0507-1433-1172
營業時間：24小時
網址：www.playinthebox.co.kr
前往方法：地鐵2號線「建國大學」（建大入口）站1號出口，步行約2分鐘。

入場即見環球市集的招牌童畫大樹，處處都是童話式的可愛建築，不同季節還有特色裝飾。

Tips

每日下午2時會有魔幻巡遊，晚上1930則有月亮巡遊。

首爾市郊最大主題公園

愛寶樂園EVERLAND
（에버랜드）

`MAP：P.303 B2`

---Info---

地址： 京畿道龍仁市處仁區蒲谷邑前垈里310號
경기도 용인시 처인구 포곡읍 에버랜드로 199

電話： 031-320-5000

開放時間： 0930-1800
（夏季1000-2200）

入場費： 由₩46,000-₩68,000（成人）；₩36,000-₩58,000（小童）不等，視乎月份和假期而定。

網址： www.everland.com

＊套票包含入場費、遊樂設施任玩及湖岩美術館入場券。

前往方法：
1. 地鐵2號線「江南」站10號出口，乘搭5002號紅色巴士；或地鐵2號線「蠶室」站6號出口，乘搭5700號紅色巴士即達，車程約45分鐘，車費各₩2,500。
2. 樂園設有官方直達車，可從明洞、東大門、弘大、新村各地出發，車程40 - 70分鐘，來回車費₩15,000，須預約。
網址： https://everland.rideus.net/en/everland
3. 乘新開通的龍仁輕鐵至總站「前垈‧愛寶樂園」（Y124）3號出口，再轉乘園區接駁車直達。

1976年開幕，由三星集團打造，座落京畿道龍仁市，但距離首爾不到1小時車程。佔地廣達1,488公頃，是韓國最大、也是世界第7大的主題公園。由環球市集、美洲探險、魔術天地、歐洲探險及野生動物園5大園區組成，焦點包括全球坡度最高的木製過山車T-EXPRESS、360度旋轉過山車X-Train，還有K-POP Hologram、四季花園等等。

雖然已是老牌樂園，但玩樂設施眾多，除了機動遊戲，更有花車巡遊、動物園、植物園、雪橇場、水上樂園，不同季節還有大型嘉年華活動舉行。最重要是每年也有新玩樂設施推出，像2013年夏天的全新園區——野生探險世界「Lost Valley」，連人氣綜藝《Running Man》也來取景拍攝。

愛寶樂園

H Home Bridge Hostel
‧玫瑰花園
T-Express
四季花園
魔術天地
‧Flume Ride
歐洲探險
‧Global Village
T-Train過山車
野生動物園
(Safari World)
動物新奇世界
美洲探險
Lost Vallery
環球市集
P
‧正門及售票處
N

愛寶的著名遊戲T-Express，56米高，最大傾斜度77度，乃全球坡度最高的木製過山車。

園內共有3條吊車線連接各主題區，都是滑雪場常見的登山吊椅，持門票便可免費乘搭。

園內一共擁有超過40款機動遊戲，論刺激度乃亞洲數一數二。

四季花園，種了130種、過萬朵花卉，一年四季都有繁花盛放，乃拍照熱點，另有Rose Garden。

最值得一讚是園內有很多方便小朋友和家長的設施，像每個遊玩設施都設有嬰兒車專用泊位。

樂園極適合親子遊，園內飼養大量動物，包括白虎。每日下午還有動物巡遊。

園內不同時段有各式街頭巡遊歌舞表演，炒熱現場氣氛。

除了刺激的機動遊戲，也有浪漫之選，一家大小與情侶都有所好。

每個主題園區都有主題紀念店，像野生動物園區便大賣動物公仔。

Lost Valley
（迷失峽谷）

　　遊客可乘坐水陸兩用探險車，進入佔地16,000平方米的野生動物世界探險，特點是不設欄柵屏障，超過150頭野生動物，均可零距離接觸，連人氣綜藝《Running Man》也來取景拍攝。

野生動物不時走近車廂，由於特大車窗可以打開，更加方便旅客舉機拍照。

遊客乘坐的水陸兩用探險車，擁有船頭車身的外形，車上還有導賞員沿途講解。

Lost Valley飼養150頭野生動物，包括大象、長頸鹿，以及獅虎配種出來的Lionger。

281

「時光隧道」出口處建有波浪形的大平台雕塑，小朋友都開心得跳來跳去，真正「遊於藝」！

漫遊藝術森林

安養藝術公園
（안양예술공원）

MAP: P.303 A2

┌ Info ┐
地址：京畿道安養市萬安區安養2洞一帶
경기도 안양시 만안구 안양2동 일원
電話：031-8045-5496
營業時間：24小時
入場費：免費
網址：www.anyang.go.kr/tour/contents.
do?key=1882

　　距離首爾市約1小時車程的「安養市」，原是個偏僻工業區，及後改建成首爾的衛星城市。為吸引市民移居，2005年，當時任首爾市長的前總統李明博，推行「City for the Arts」計劃，斥資2,630萬港元，將安養市冠岳山打造成韓版的「雕刻之森」。

　　邀請韓國及國外的藝術家，沿着冠岳山淨水溪岸邊，放置54組共203件大型雕塑，與附近自然環境融合。還有蜿蜒曲折的森林步道貫穿其中，並附設展望台、展示館、兒童樂園、涼亭長橙等等，處處都是拍照美景，漫步其中更有清澈的溪流相伴。加上免費開放，成為首爾人假日登山郊遊的勝地。

交通

地鐵1號線選乘往新昌方向，於「安養」站（안양 / P147）下車，再轉乘15分鐘的士直達；或轉乘黃色車身的2號巴士，於「安養藝術公園前」站下車，車程約12分鐘。

乘搭2號巴士，總站便是「安養藝術公園前」站。

車站前設有的士站，旁邊便是2號巴士站。

建有玻璃上蓋的安養車站。

公園沒有明確的入口，下車後沿淨水溪往山林方向走便是。

第一件看到的藝術雕塑，名為「Rebirth」，穿隆蛋殼內還有舊照片展出。

荷蘭建築團隊MVRDV設計的「Anyang Peak」（安養之巔），乃全園最高雕塑，登上塔頂可俯瞰整個園區。

走至中段，會看見一巨型蛇狀雕塑，走進迂迴的蛇道中，猶如穿梭「時光隧道」。

沿途覓食

淨水溪兩岸開滿路邊烤肉店，登山完的韓國人便在此喝酒聊天。

秋季時，山上紅葉流丹，配合各式藝術雕塑，景致更美。

冠岳山森林內種滿參天大樹，現場還築起一個個木平台，供旅客休息或野餐。

路旁一檔賣「雞蛋糕」（계란빵），放在鐵筒上烤的奶油蛋糕，餅底微脆，中央藏着一顆蛋，味道甜中有鹹！₩500 / 個

由於建設時是以申辦2013年殘疾運動會而規劃，所以所有設備皆屬國際級，而且十分簇新。

兩條Ski Jump跳台分別高125米及98米，將會是2018年平昌冬季奧運會的比賽場地。

Tips

滑雪課程（英文、中文）
2-4人授課：收費₩310,000（2小時）、₩480,000（4小時）
個別授課：收費₩450,000（2小時）、₩690,000（4小時）
查詢電話：033-339-0351

2018冬奧場地

Alpensia度假村滑雪場
（알펜시아리조트스키장）

　　2009年開幕，位於江原道的平昌郡，距首爾約3小時車程，位處海拔700公尺高，被雪友評為雪質最佳。所有滑雪設備皆屬國際級，包括擁有全韓最大的滑雪跳台，經常舉辦世界級賽事，更是2018年平昌冬季奧運會的主場。

　　設有6條不同斜度的滑雪道，從初級到高級俱備。另有環繞度假村一周的越野雪道（Cross Country），以及兩條高約125米及98米的Ski Jump跳台。其他住宿配套及娛樂設施更完善，住宿由洲際酒店及Holiday Inn經營，附設賭場、KTV、各式餐廳、高爾夫球場、Spa、博物館等，還有大型水上樂園，足夠玩樂好幾天！

MAP：P.333 C2

室內水上樂園「OCEAN 700」，一年四季保持攝氏26度恆溫，備有多項遊樂設施，包括人造衝浪池、開心漂流河、大型滑水梯等等。

6條雪道中，1條屬初級，4條屬中級，顧及不同程度的滑雪友。

雪友都盛讚Alpensia的雪質極佳！

Info

地址：
江原道平昌郡平昌邑 大關嶺面龍山里225－3
강원 평창군 평창읍 대관령면 용산리 225－3
電話：033－339－0308
開放時間：
上午券 0830－1300、下午券 1200－1630、夜間券 1800－2200、平日券 0830－1630、午夜券 1230－2200；全日券 0830－2200
收費：滑雪季票（10月至2月尾）
成人₩270,000、小童₩240,000
網址：www.alpensiaresort.co.kr
*門票已包含纜車乘搭費。

前往方法：
1. 地鐵2號線「江邊」站4號出口，往「東首爾綜合客運巴士站」搭乘往橫溪（Hwenggye）的長途巴士，於「橫溪市外巴士客運」站下車，車程約需3小時，車費₩13,200，再轉乘15分鐘的士直達，車費約₩10,000。
2. 仁川機場9C閘口搭乘接駁巴士直達，車費₩26,000，班次0930、1630。

度假村內有兩所大型酒店，其中Holiday Inn備有家庭房等選擇。

門票已包含纜車乘搭費用。

滑雪場附近山嶺景色絕美，多齣韓劇都曾在此取景，最聞名的是《藍色生死戀》。

位於滑雪道最頂端的餐廳「MontBlanc」，標高海拔1,050米，盡覽泰岐山美景。

21條滑雪道沿泰岐山山麓分布，雪坡視野廣闊，且設計獨特，可盡情享受滑雪的速度。

Snowboard高手雲集，像表演賽一樣！

Snowboard高手長駐

Phoenix Park / 鳳凰公園滑雪場（휘닉스파크스키장）

位於江原道平昌郡700米海拔的泰岐山上，以《藍色生死戀》的拍攝場地而聞名。擁有21條滑雪道，包括4條FIS公認的標準滑雪道。面積雖小，但因特設雪板專用的Snowboard Park，裏面有齊Table top、Half - pipe、Round quarter場，故此吸引當地Snowboard高手來練習。還有高爾夫球場、購物街、KTV、保齡球場、溫泉水上樂園「Blue Canyon Water Park」、酒店等配套設施。

MAP: P.333 C2

配套設施包括8架纜車、8人吊車等，更是韓國最早引進安全纜車裝置及KEY系統。

Info

地址：江原道平昌郡蓬坪面綿溫1里 1095 號　강원 평창군 봉평면 면온1리 1095번지
電話：1588 - 2828
開放時間：平日 0800 - 2100；假日 0800 - 2200（每年11月底至3月底）
收費：全日纜車券₩64,000、器材自租費用₩27,000起
網址：www.phoenixpark.co.kr
前往方法：地鐵2號線「三成洞」站3、4號出口，於Glass Tower前乘搭接駁巴士直達，車費₩16,000，車程約2小時。

滑雪期最長

MAP: P.333 C2

O2度假村滑雪場（오투리조트스키장）

2008年開幕，位於江原道太白山高原，是韓國最早下雪，也是最晚結束雪季的地區，滑雪期最長。16條滑雪道，初級、中級、高級滑雪道都是從同一地點出發，其中初級滑道由最高點1,420公尺，到最低點3.2公尺，讓初學者也能夠體驗從山頂疾速下滑的快感。還設有兒童遊樂區及雪橇場，並提供中、英、日語滑雪教學課程。

設有兒童遊樂區及雪橇場，家長和小朋友也玩得開心！

16條滑雪道遍布山頭，最長的一條足有16,000米長，所有雪道都從同一地點出發及結束。

座落太白山高原，附近的太白市每年1、2月還會舉辦「太白山雪花節」。

Info

地址：江原道太白市黃池洞 山176 - 1號　강원도 태백시 서학로 861
電話：1577 - 1420
開放時間：上午 0830 - 1300、下午1230 - 1630、夜間 1830 - 2230
收費：Day Pass 0830-1630 ₩56,000、夜間券 1830-2230 ₩40,000
網址：www.o2resort.com
前往方法：首爾「清涼里」火車站乘搭火車至「太白」站（班次：0800、1000、1200、1700、2150、2240），再轉乘接駁巴士直達，車程約4小時。

初學者天堂
茂朱度假村滑雪場
（무주리조트스키장）

　　位於全羅北道，1990年開幕，座落德裕山國立公園，面積廣達726萬平方米，97年舉辦過冬季大學生運動會，也是韓劇《夏日香氣》的取景地。號稱「初學者的天堂」，擁有23條不同坡道的雪道，包括全韓最長的「絲綢之路」，也有不到5度的超級大緩坡。還有200米長的雪橇場，最適合親子玩樂。

MAP: P.001

擁有23條不同坡道的雪道，從初學者到資深玩家都有選擇。

全長6公里的「絲綢之路」，乃全韓最長的雪道，坡高的落差高達820米。

雪道最高位於海拔1,525米，場內共有14條纜車路線，德裕山國立公園景致盡收眼底。

─Info─
地址：全羅北道茂朱郡雪川面深谷里山43 - 15
　　　전라북도 무주군 설천면 만선로 185（만선동）
電話：滑雪場 063 - 322 - 9000／
　　　首爾辦事處 02 - 756 - 0520
開放時間：清晨0630 - 0830、上午0830 -
　　　1230、下午1230 - 1630、夜間1830
　　　- 2200、深夜2200 - 0000
收費：綜合白天券（0830 - 1630）₩76,000、吊
　　　椅白天券（0830 - 1630）₩65,000、綜合
　　　下午券（1230 - 1630）₩62,000
網址：www.mdysresort.com／
前往方法：首爾瑞草洞南部客運站，乘搭往茂
　　　朱的長途巴士直達，車程約3.5小
　　　時，車費₩14,600。（0830發車）

韓版阿爾卑斯山
龍平滑雪度假村 （용평리조트　스키장）

　　1975年開業，座落海拔700 - 1,500米的高原地帶，每年冬季皆有250厘米以上的天然白雪覆蓋，素有「韓版阿爾卑斯山脈」之稱，也是電視劇《冬季戀歌》的主要拍攝場地。曾是多年世界盃滑雪大會的比賽場，獲得滑雪聯盟的國際認證，擁有多達31條不同標準的滑雪道，還有超過10條吊車路線。附設遊樂中心、保齡球場、各式餐廳、KTV、甚至汗蒸幕。

MAP: P.333　C2

2018年平昌冬季奧期間，也會在此進行滑雪板及高山滑雪的項目。

龍平之所以受歡迎，因為它擁有31條不同程度的滑雪道，初學者與資深玩家都照顧到。

園內設有長達3.7公里的纜車路線，堪稱全亞洲最長，高地的吊車甚至可欣賞到雲海。

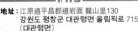

龍平座落海拔700 - 1,500米的白頭大幹高原，素以景色優美見稱，被譽為「韓版阿爾卑斯山」。

─Info─
地址：江原道平昌郡道岩面 龍山里130
　　　강원도 평창군 대관령면 올림픽로 715
　　　（대관령면）
電話：033 - 335 - 5757
開放時間：白天0830 - 1630、夜間1830 -
　　　2200、深夜2100 - 0030、雪夜
　　　2300 - 0230
收費：白天券（0830 - 1630）₩63,000、
　　　半日券₩50,000、深夜券（2100 -
　　　0030）₩36,000
網址：www.yongpyong.co.kr
前往方法：地鐵2或8號線「蠶室」站4號出
　　　口，於Lotte Mart門前轉乘接駁巴
　　　士直達，車程約3小時，車費單程
　　　₩14,000，往返₩26,000。

海拔1,340米的初級雪道
High 1 Resort滑雪場
（하이원 리조트）

18條雪道位置都很集中，初、中、高級設施齊備，非常適合一家大小。

　　位於江原道的旌善郡，面積廣達500萬平方米，座落海拔1,340公尺的白雲山上，並以融合天然美景聞名。18條不同級別的滑雪道，分布於5大雪區中，其中初級滑雪道特別設於海拔1,340米的山頂，落差達370米，不似一般的滑雪場，初學者只能留在低海拔的平地。附設雪橇場、幼兒遊樂場、露天溫泉池、三溫暖、賭場、游泳池等設施，還有位於海拔1,340米的旋轉餐廳，每小時旋轉一圈，太白山脈景致盡收眼底。

最長的一條雪道達4.2公里，總落差達680米，高級玩家也能玩得盡興。

山上還有很多為情侶而設的攝影台，都配合附近的河川美景。

MAP: P.333 C2

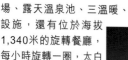

度假村內娛樂配套設施齊備，還有偌大的露天溫泉池，邊泡邊賞雪山景，一樂也！

在旋轉餐廳用餐，可360度欣賞白頭大幹的太白山脈壯麗景色。

─ **Info** ─

地址： 江原道旌善郡古汗邑古汗里山17號
　　　 강원도 정선군 고한읍 하이원길 500
　　　 （고한읍）
電話： 1588 - 7789
開放時間： 上午券0830 - 1300、下午券
　　　　　 1230 - 1700、晚間券1830 -
　　　　　 2230、深夜券2230 - 2330
收費： 上、下午及晚間票 ₩56,000；
　　　 深夜票 ₩36,000
裝備： Day Pass Ski ₩25,000、
　　　 Board ₩34,000
網址： www.high1.com
前往方法： 地鐵1號線「清涼里」站轉乘往
　　　　　 古汗的火車（0800 - 2200，
　　　　　 車程約3小時46分鐘），至「古
　　　　　 汗」站下車，再轉乘往江原樂
　　　　　 園的接駁車（車程約10分鐘，
　　　　　 每小時一班）、或直接乘搭的士
　　　　　 前往。

最近首爾市中心
Daemyung Vivaldi Park / 大明滑雪場
（대명비발디파크스키월드）

　　位於江原道的洪川郡，最大賣點是交通方便，離首爾只1.5小時車程。340萬平方米的面積雖不大，但設施齊備，13條滑雪道涵蓋初中高級玩家，即使初級滑雪道也闊達150米，坡度為5級，可說是初學者的天堂。更是韓國最早開設深夜滑雪的雪場，可從午夜滑到清晨5點，旺季每逢周末更有音樂與煙花表演，還不定期舉辦冰雕節等特別活動，故在年輕人中一直人氣高企。

各條雪道以Hip Hop、Reggae、Rock等音樂種類來命名，入口處還有大電視隨時直播高手表演！

MAP: P.333 B2

Tips
滑雪手套不能租借，只能在店裏購買。價格為 ₩1 - 10萬不等。

擁有10台可供四人乘坐的吊椅，還有登山纜車，不怕有上無落！

室內Food court有Starbucks、Burger King等，對面酒店內有商場和超市，10分鐘車程還有水上樂園。

─ **Info** ─

地址： 江原道洪川郡西面八峰里1290 - 16
　　　 강원도 홍천군 서면 한치골길 262
　　　 （서면）
電話： 033 - 434 8311
開放時間： 上午（0830 - 1230）、下午
　　　　　 （1230 - 1630）、夜間（1800 -
　　　　　 2200）、深夜（2200 - 0000）和
　　　　　 凌晨（0000 - 0500）
收費： 滑雪板租借費 ₩34,000；
　　　 纜車券 ₩55,000
網址： www.daemyungcondo.com
前往方法： 從首爾（地鐵2號線綜合運動場
　　　　　 站1號出口）坐定期巴士至洪
　　　　　 川大滑雪場，車程1.5小時。
　　　　　 ₩18000（即日來回）

每個滑雪團約20人，團費包括滑雪服裝與裝備租借、專業教練與專車接送，最重要是全中文教學。

國語滑雪團 親身試玩！
Tony Tour

費用包括：
1. 滑雪服裝（外套跟雪褲）及滑雪裝備租借
2. 教授基本滑雪動作
3. 專車接送到滑雪場
4. 通曉中、韓文的導遊同行
*2人以上才成團

　　雖然大部分滑雪場也有英語教練提供，但怎也不及中文教練來得親切，所以私人滑雪團便大行其道，當中尤以「Tony Tour」最受港、台旅客歡迎。朝8晚5的一天滑雪團收費USD$75，團費包括滑雪服裝與裝備租借、專業教練指導，還有專車來回接送，免卻自行搭車舟車勞頓。而且全程有通曉中、韓文的導遊同行，協助學員租用雪具。但最大賣點還是教練Tony說得一口流利國語，教學時風趣幽默，最適合初學者體驗！除了基本的一日團，還有多天的進階班，提早報名或多人組團更有折扣優惠。

滑雪團會到江原道的郊外滑雪場練習，一般會到龍平或大明，車程約1.5至2小時。

Tony是正宗韓國人，但在台灣生活過兩年，所以說得一口流利國語（地道台腔），從事專業滑雪教練已有10年。

午飯時間，可以把雪板及雪杖鎖在戶外的停放位置，不用拿着到處跑。

所有學員都是第一次滑雪，所以課堂教學會由裝束穿着開始教授。

Info

辦公室地址： 首爾市中區忠武路4街南山中央公寓1樓118號
　　　　　　서울시중구충무로4가306 남산센트럴자이1층118호

電話： 70-8224-9977

營業時間： 周一至五0900 - 1830

滑雪團時間： 0800 - 1600

收費： 一天滑雪團USD$75／位（Ski）、USD$85/位（Snowboard）

WhatsApp： 10-8317-9788

網址： www.tonytourguide.com

E - mail： tonytourguide@hotmail.com

前往方法： 地鐵4號線「乙支路4街」站9號出口，或「忠武路」站8號出口，步行8 - 10分鐘。

288

一天滑雪團實錄

筆者試玩當日的滑雪團,是前往距離首爾最近的「大明滑雪場」,車程約1.5小時。

1 0640AM – 0730AM
準時集合

有多個地鐵站集合點可選擇,包括弘益大學(弘大入口)、新村、東大門歷史及明洞,集合時間各有不同。

2 0730 AM
乘搭專用巴士出發

當日共有20位團友,還有3、4位助教隨團。車上,Tony會簡單講解行程,並分發贈送的滑雪手套。

3 0900 AM
換上滑雪裝束

團費包括滑雪裝束,巴士先停在山腳的滑雪裝備店,團友可自由挑選雪褸及雪褲,款式也不差,惟小朋友的選擇不多。

4 0915 AM
抵達滑雪場

抵達滑雪場大廳後,團友便遂一量度鞋子尺碼,隨團職員會細心地在門票寫上尺碼。

5 0945 AM
租借滑雪裝備

之後,便可憑門票(見小圖)到櫃台領取滑雪裝備。

滑雪場內有投幣式Locker,₩1,000用後還可退回。

滑雪裝備包括雪靴、雪板(Ski)及雪杖(Pole),團友單是穿上裝備已興奮非常!

6 1000 AM
滑雪教學開始

一共會教授8個滑雪的基本動作,包括滑行、步行、煞停、轉方向等,當然最重要是安全的跌倒方法!

7 1230PM
午膳(自費)

午餐自理,滑雪場內有大型Foodcourt,職員也有準備小點心給團友補充體力。

8 1330PM
自由練習

下午是自由練習時間,教練和助教會從旁協助,筆者更巧遇一位香港來Working holiday的,份外同聲同氣。

9 1430 PM
歸還裝備及服裝

10 1500 PM
專車送回首爾市中心,結束一天旅程!

團友評語

我們來自台灣,是第一次嘗試滑雪,很興奮呦!

新興食買玩城市

仁川
(인천)

　　仁川機場所在的仁川市，是繼首爾和釜山之後韓國第三大都市，亦是第二大港口城市，排在釜山港之後。仁川市一帶早遠古時代就已經有人生活，亦是自1883年開始與中國通商的港口，故當地有現時全韓國最大的中華街。仁川市的核心區域主要是青蘿、松島和永宗，連接三地的鐵路亦相繼通車，加上近年政府積極發展該區，建設了不少大型公園、博物館、藝術中心和購物商場，帶動了旅遊業的發展，成為當地新興的旅遊熱點。大家到仁川玩，重點地區主要是包括童話村、月尾島、仁川藝術平台在內的中華街一帶外，還有松島公園和科技園站的大型商場，當然別忘了到韓劇《黑暗榮耀》內的圍棋公園（見P.035）打卡啦！

交通 地鐵1號線（161）、水仁盆唐線（K272）「仁川」站；仁川1號線「科技園」（I134）站及「中央公園」（I 137）站。

位於松島中央公園，樓高305米的松島浦項大廈（POSCO Tower Songdo）。

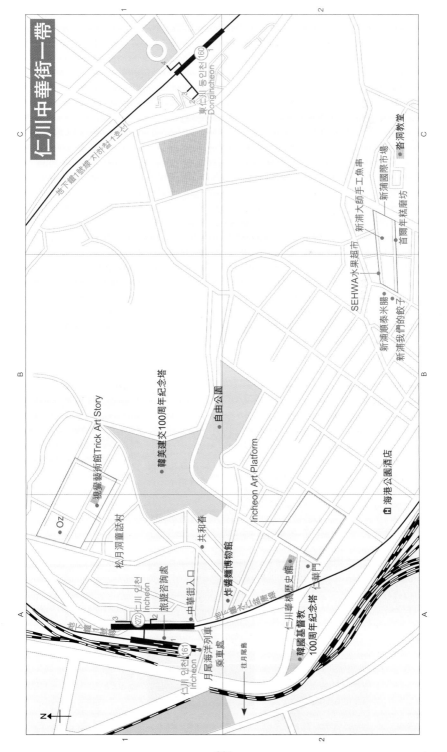

仁川中華街一帶

海盜船（바이킹）足有三層樓高，
比一般的更具離心力！票價₩6,500
（小童₩5,500）

喊驚機動遊戲大集合

My Land（마이랜드）

距離仁川車站不足20分鐘車程的月尾島，設有南北兩個遊樂場，如果想尋求刺激，就要來北面這個My Land！人未到埗，已先聽到遠處傳來的尖叫聲！這裡亦是韓國綜藝和劇集例如《Running Man》、《人文教育101》的最景地，必玩項目是比一般高出一層樓海盜船，以及掏到甩肺的洗衣機，還有只用兩條繩縛著椅子，然後連人帶椅彈射半空的彈射韆鞦！ MAP: P.291 A2

洗衣機（타가라디스코）可說是這裡的重點遊戲，吸引不少名人來玩。票價₩7,000

坐在椅子上然後彈射上半空的彈韆鞦（Sling Shot），終極挑戰膽量！票價₩24,000/兩人

大吊環（허리케인）在半空轉到頭暈眼花，玩完沒事當你贏。票價₩7,500（小童₩6,500）

與其他遊戲相比之下，跳樓機（샌드롭）的喊驚度已屬最低。票價₩7,500（小童₩6,500）

Info

地址：仁川市中區月尾路234街7
　　　인천중구월미로234번길7
電話：02-2271-2344
開放時間：1000-2200，
　　　　　　周末及假日1000-0100
入場費：免費入場，再按遊戲收費。套票成
　　　　　人₩18,000（可玩三個遊戲），小
　　　　　童₩20,000（可玩四個遊戲）
網址：www.my-land.kr
前往方法：仁川1線、水仁盆唐線「仁川」
　　　　　　站1號出口，在「仁川站（中華
　　　　　　街）」站轉乘藍色巴士2或10號
　　　　　　線，車程約10分鐘，在「月尾島
　　　　　　（City Tour）」站下車，步行約
　　　　　　3分鐘。

愛侶摩天輪
月尾主題公園（월미테마파크）

位於月尾島南面的Wolmi Theme Park，就像是以前的荔園，是適合一家大小去玩的遊樂園。園內有碰碰車、咖啡杯、旋轉木馬等機動遊戲，最吸引人的是巨型情人摩天輪，可以飽覽仁川大橋、松島一帶的美麗景色。 **MAP: P.291 A2**

園內還有咖啡杯、小火車等適合小朋友玩的遊戲。

滑浪小海豹（Mini Puma Ride）票價₩6,500（小童₩5,500）

主打情人共聚的Moon Eye Wheel。票價₩7,500（小童₩6,500）

┌─Info─┐

地址：仁川市中區月尾文化路81（北城洞1街）
인천 중구 월미문화로 81（북성동1가）

電話：032-761-0997 / 032-765-4169

營業時間：1000-2100；
周六、日及假期1000-2300

入場費：免費入場，再按遊戲收費。套票₩22,000（成人可玩四個遊戲，小童可玩五個遊戲）

網址：www.my-land.co.kr/index

前往方法：仁川1線、水仁盆唐線「仁川」站1號出口，在「仁川站（中華街）」站轉乘藍色巴士45號線，車程約10分鐘，在「月尾島主題公園（월미테마파크）」站下車，步行約3分鐘。

韓國最長旅遊單軌列車
MAP: P.291 A2
月尾海洋列車（월미바다열차）

全長6.1公里，被譽為韓國最長的城市型旅遊單軌列車，是巴士以外能到達月尾島的集體運輸交通工具。由仁川車站旁的月尾海站出發的循環線列車，途經月尾公園站、月尾文化街站和博物館站，已包含全島的觀光點，如月尾主題公園、My Land遊樂場、月尾文化街等，沿途可欣賞仁川海岸的風景，不過列車時速平均只有10.5公里，不趕時間的話，絕對是觀光佳選。

列車途經月尾島文化街一帶。

每車有兩個車卡，提供免費WiFi。

┌─Info─┐

地址：仁川市中區月尾路6
인천중구 월미로 6

電話：032-450-7600

營業時間：周二至五1000-1800，
周六及日1000-2100

休息：逢周一

車費：成人₩8,000，少年及長者₩6,000，小童₩5,000

網址：www.wolmiseatrain.or.kr

前往方法：仁川1線、水仁盆唐線「仁川」站1號出口，步行約1分鐘。

聖水洞、首爾林　愛寶樂園　安養藝術公園　首爾近郊滑雪場　仁川

炸醬麵發源地
共和春（공화춘）**MAP: P.291 A1**

　　始於1905年的老牌中國菜館，號稱是韓國炸醬麵的發源地。初期的炸醬麵，就是把清菜、豆醬撈入麵中，為附近的碼頭工人提供又便宜又易吃的食物。時至今日，炸醬麵已深入韓國菜的骨髓。店內雖然有許多中菜選擇，但我們要點的當然是招牌炸醬麵！一啖食下去，魚香味馬上充滿口腔，麵質彈牙有勁，鮮蝦、洋葱、魷魚、豆乾，並不像坊間般只有細細粒，這裡用料絕不手軟。間中又會吃到一片青辣椒，立即沖擊味蕾！配菜有生洋葱和醃蘿蔔，再加一碗白飯，抵食！

共和春炸醬麵。₩11,000

麵與醬分開上菜，可以按自己口味拌起來。

用料十足，令人滿足。

樓高三層的店內分為不同廳房區域，客人按指示就坐後，就可以點菜了。

要吃最傳統的炸醬麵，就要來這裡了。

---Info---

地址： 仁川市中區中華街路43
　　　　（北城洞3街5-6）
　　　　인천중구차이나타운로43
　　　　（북성동3가5-6）
電話： 032-765-0571
營業時間： 1000-2130
網址： https://gonghwachun.co.kr
前往方法： 地鐵1號線、水仁盆唐線「仁川」站1號出口，步行約5分鐘。

140年華人聚居地 **MAP: P.291 A1**
中華街（차이나타운）

　　韓國最大的中華街，自1882年清朝派兵幫助朝鮮平定兵變，翌年雙方便簽署通商條約，華橋相繼移居仁川，漸漸在北城洞一帶形成聚居點，也就是今天的中華街。對於香港遊客來說，來到中華街觀光之餘，重點是品嚐中韓fusion美食，當然別忘記到附近的松月洞童話村（見P.20）和仁川藝術平台Incheon Art Platform（見P.22）影靚相。

懷舊照相館，4寸X6寸相片₩5,000起。

仁華門背後就是仁川華橋歷史館。

街道兩旁的橙柱都裝置成燈籠樣式，充滿中國風味。

中式菜館林立，經常成為韓國綜藝節目和電視劇的取景地。

不少韓國本地人都會前來觀光。

中華街主要有三個樓牌，車站對面就是正門。

---Info---

地址： 仁川市中區康人街路59
　　　　인천중구차이나타운로59
營業時間： 按各商店不同
網址： http://ic-chinatown.co.kr
前往方法： 地鐵1號線、水仁盆唐線「仁川」站1號出口對面。

百年歷史民生市場
新浦國際市場
（신포국제시장）

　　擁有100多年歷史的傳統市場，最初的名字叫「新浦市場」，是「新港口」的意思，到2010年才更改成現在的名稱。市場現時約有162家店鋪，當地居民會來這裡用膳和購買水果生菜，遊客來這裡當然是要吃地道小食和購買土產！這裡離中華街、仁川藝術平台不遠，是旅途中午用膳的好地方。 **MAP: P.291 B2-C2**

市場主要由兩條大街和橫街組成，食物和日用品都有發售。

民生雜貨，譬如膠鞋都有得賣。

新浦大光麵包店的焗麵包條。 ₩3,000/袋

━━Info━━
地址：仁川市中區友賢路49號11-5
　　　인천중구우현로49번길11-5
電話：032-764-0407
營業時間：1000-2100（按各商戶不同）
休息：每月第一個周一、春節、中秋節（按各商戶不同）
網址：https://itour.incheon.go.kr/main/main.do
前往方法：地鐵水仁盆唐線「新浦」站4號出口，步行約7分鐘。

人氣魚串
신포달인수제핫바
（新浦大師手工魚串）

　　獨沽一味賣魚串，經油炸後十分香口，而且食落夠彈牙，有魚香味。店主親自下廚泡製，並有多款口味，售價都只是₩1,000一串，不吃就是損失。

店主親自打理，魚串有多款口味，如煙肉、菜葉、有辣有不辣。

選了辣味，但其實又不是太辣，剛好不會掩蓋魚肉味。

━━Info━━
地址：仁川市中區友賢路49號13
　　　인천중구우현로49번길13
電話：032-772-6239
營業時間：0900-2000

傳統糕點
서울떡방앗간（首爾年糕磨坊）

　　售賣韓國傳統糕點，有甜鹹年糕，有紅豆餡、年蓉餡糯米糕，又有類似菜粿的糕點，總之包羅萬有，價廉物美，SBS和MBC都有來採訪，傳統滋味，值得一試。

各式年糕₩3,000/6件

店外張貼了電視台訪問的介紹作招徠。

━━Info━━
地址：仁川市中區友賢路45號7-1
　　　인천중구우현로45번길7-1
電話：032-772-0049
營業時間：0500-2100

餃子一條龍

신포우리만두(新浦我們的餃子)

　　1971年開業，由家族經營的小型餃子店開始，發展至現時在國內外有多家分店的大型連鎖店，自設農場和生產工場一條龍出品，著名菜色是餃子和炸鍋麵。餃子味道具韓國特色，個人覺得跟著名的明洞餃子不遑多讓，但價錢卻平很多。

店家刻意擺脫傳統餃子店的裝潢，選擇現代cafe式的用餐環境。

豬肉菜餃。₩5,500

Info

地址: 仁川市中區濟物良路166號29（新浦洞36-1）
　　　인천중구제물량로166번길29（신포동36-1）
電話: 032-772-4958
營業時間: 1000-2100
消費: 約₩10,000/位
網址: www.sinpomandoo.co.kr
前往方法: 地鐵水仁盆唐線「新浦」站3號出口，步行約7分鐘。

必食米腸

신포순대
(新浦順泰米腸)

　　1978年創業，最出名的是米腸和牛骨湯，現時已是第二代經營。米腸採用100%韓國糯米製做，牛骨湯則是每日採用新鮮牛骨熬製，全部自家製作，對出品有要求，值得品嚐。

餐牌上有很多菜式，米腸餐只需₩8,000，牛骨湯餐也只需₩9,000。

Info

地址: 仁川市中區濟物良路166號33（新浦洞38-1）
　　　인천중구제물량로166번길33（신포동38-1）
電話: 032-773-5735
營業時間: 0900-2100
休息: 逢周三
消費: 約₩10,000/位
網址: www.instagram.com/sinposoondae
前往方法: 地鐵水仁盆唐線「新浦」站3號出口，步行約8分鐘。

街坊生果檔

세화과일슈퍼(SEHWA水果超市)

　　市場內售賣水果的店不算多，這裡就是其中一家，偶爾會發現一些香港沒有的生果，雖不是太便宜，但出外旅行，點都要食些水果滋潤一下。

疏菜生果應有盡有，車厘茄₩6,000/盒，蕃茄₩10,000/1kg。

Info

地址: 仁川市中區友賢路49號30-1
　　　인천중구우현로49번길30-1
電話: 032-762-0621
前往方法: 地鐵水仁盆唐線「新浦」站3號出口，步行約8分鐘。

仁川市的綠洲

松島中央公園(송도 센트럴파크)

MAP: P.298 A1-B1

　　韓國最早使用海水的海水公園,面積達370,750平方米,廣闊的公園內甚至有梅花鹿出沒,也有水上活動設施和露營場地,附近還有一些展覽場地、展望台等,而貫穿公園的人工水道更有出租船讓人遊覽兩岸景色,令這裡成為休閒及藝術融合的地方。

有月亮船和南瓜車造型的船,供人在晚上遊河。

由2,000名市民合力於2013年完成的壁畫,以紀念仁川自由經濟區成立十周年。

游人可於公園西邊的日落花園使用水上設施,或乘坐觀光船遊覽公園景色。

━Info━
地址:仁川市延壽區會議大道160號
　　　인천 연수구 컨벤시아대로 160
電話:82-32-837-4753
網址:www.insiseol.or.kr/park/songdo
前往方法:地鐵仁川1號線「中央公園」站
　　　　　3號出口。

三個碗的藝術

Tri-Bowl (트라이보울)

　　由外形似三個碗組成的文化藝術表演及展覽中心,始於為舉辦「2009仁川世界城市節」而建造,於2010年竣工,是現時首爾最具標誌性的建築物之一。

MAP: P.298 A1

集表演廳、展覽館和教育中心的多功能建築,

入口像UFO一般的設計,非常前衛。

━Info━
地址:仁川市延壽區仁川塔大路250
　　　(松島洞24-6)
　　　인천연수구인천타워대로250
　　　(송도동24-6)
電話:032-832-7996
營業時間:三樓展覽廳01300-1730
休息:周日及周一
網址:www.tribowl.kr
前往方法:地鐵仁川1號線「中央公園」站
　　　　　3號出口,步行約1分鐘。

免費觀景台

G-Tower (G타워)

　　於2013年落成,位於公園北面的塔樓,設有觀景台,雖然只設在33層,但已足夠飽覽松島中央公園、仁川大橋一帶的景色。大廈是IFEZ(仁川自由經濟區)的總部,也是聯合國GCF(綠色氣候基金)的總部,並設有綠色智慧城市的展覽廳,遊客只需在一樓登記,便可登樓。

MAP: P.298 A1

除33樓的覽景台外,29樓也設有空中花園。

━Info━
地址:仁川市中區友賢路49號13
　　　인천중구우현로49번길13
電話:032-772-6239
開放時間:周一至五1000-2000,
　　　　　周六及日1000-1800
入場費:免費(限時30分鐘)
網址:www.ifez.go.kr
前往方法:地鐵仁川1號線「中央公園」站
　　　　　3號出口,步行約5分鐘。

仁川百年發展史

仁川歷史博物館
(인천도시역사관)

　　於2009年8月開館,2017年改為現在的名稱。館內記載了由1883年開港,到1945年二戰結束期間,仁川的城市發展和變化,對近現代歷史有興趣的人士必須到此一遊。

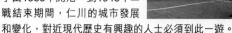

MAP: P.298 A1

━Info━
地址:仁川市延壽區仁川塔大路238
　　　(松島洞24-7)
　　　인천연수구인천타워대로238
　　　(송도동24-7)
電話:032-850-6000
開放時間:0900-1800(最後入場1730)
休息:逢周一、春節
入場費:免費
網址:www.incheon.go.kr/museum
前往方法:地鐵仁川1號線「中央公園」站
　　　　　3號出口,步行約1分鐘。

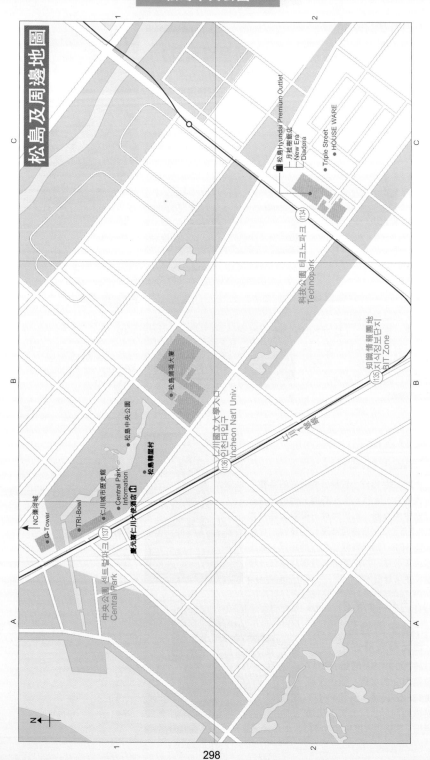

松島及周邊地圖

松島 Hyundai Premium Outlet
- 月桂樹飯店
- New Era
- Diadora
- Triple Street
- HOUSE WARE

科技公園 테크노파크
Technopark

知識情報團地
지식정보단지
BIT Zone

仁川國立大學入口
인천대입구
Incheon Nat'l Univ.

松島浦項大廈

松島中央公園

Central Park Information

仁川城市歷史館

松島韓屋村

慶元齋仁川大使酒店山

TRI-Bowl

G-Tower

NC運河城

中央公園 센트럴파크
Central Park

仁川 지하철
인천 지하철

N

地鐵站一出來就是outlet，十分方便。

Tips

1. 退稅服務處位於B1，另1/F有KIOSK自助退稅。（₩30,000以上，退稅8%）
2. B1及1/F設免費儲物櫃。

仁川重點購物中心

MAP: P.298 C2

現代Premium Outlet松島店
(현대프리미엄아울렛송도점)

仁川市內的大型outlet，來往仁川機場只需1小時巴士車程，乘火車到機場或首爾站都只需要約1小時25分鐘，非常適合回港前來個大血拼！這裡其實是大型outlet和購物中心的混合體，不但有多家國際名牌與本地牌子如GUCCI、COACH、Salvatore Ferragamo、Tommy Hilfiger、S.T. Dupont、Armani、DAKS、BEAKER等，也有其他類型的商號進駐，地庫還有一個美食廣場，再加上旁邊的大型購物城「Triple Street」足以讓你玩足一整天。

Info

地址：仁川市延壽區松島國際路123號（松島洞168-1）
　　　인인천광역시연수구구송도국제대로123（송도동168-1）
電話：032-727-2233
營業時間：1030-2100（餐廳1030-2200）
網址：http://thehyundai.cn/branch/outlets/hd305
前往方法：地鐵仁川1號線「科技公園」站2號出口。

PREMIUM MARKET

地庫B1有PREMIUM MARKET，除有小型超市外，還有多家食肆，當中不乏cafe和本地及外地菜館。

EVENT PLAZA

位於地庫B1的運動服outlet，大牌子如NIKE、Adidas等波鞋服裝都有折扣，絕對是開倉大平賣。

有機蘋果泡芙。₩2,800/包

彩虹雪糕粒。₩3,000/杯

Adidas波鞋價錢由₩112,000至55,000都有。

NIKE鴨舌帽。₩29,000

韓日混合炸豬扒
月桂樹飯店（월계수식당）

　　於1984年創業，除了提供傳統韓國菜外，也有日韓混合菜式，當日式吉列豬扒再加傳統韓國菜，就變成又辣又脆的新口味。炸豬扒好鬆脆，一刀切落去「索索」聲，不油膩，配醬酸酸地好開胃。日式炸豬扒配韓式泡菜蛋花湯，辣得來又想不斷飲，加上韓式菜飯，附有辣大醬讓你作拌飯，韓日合璧，又是一種新體驗！

跟餐上的泡菜蛋花湯，足料、夠辣。

吉列豬扒餐。₩12,000

Info
地址：現代Premium Outlet松島店地庫B1
電話：032-727-2495

百年球帽大師
New Era（뉴에라）

藍色有袋T恤。
₩49,000

　　是美國NBA（國家籃球協會）、NFL（國家美式足球聯盟）及MLB（美國職業棒球大聯盟）三大聯賽的球帽指定供應商。由美籍德國人Ehrhardt Koch於1920年成立，一直專注於生產鴨舌帽，到1950年便成為MLB的指定球帽供應商，59FIFTY型號的帽子更是品牌的代表作。今天品牌除生產球帽外，更推出其他運動服飾，在明洞、香港以至世界各地也有分店。

除了職棒球帽外，也有與村上隆聯乘的鴨舌帽。₩59,000

Info
地址：現代Premium Outlet松島店地庫B1
電話：032-727-2789
網址：http://neweracapkorea.com

意大利經典
diadora（디아도라）

　　經典意大利運動鞋品牌，成立於1948年，香港以前也有專門店，不過已消失多年，反而在韓國卻有不少分店。除了其本業運動鞋外，也推出運動服和休閒時裝，一向予人比較成熟穩重的感覺，近年則和其他品牌如SATUR合作，推出一系列聯乘產品，開拓出一條青春之路。

綠色是品牌的基本用色。

白色泡泡手提袋。₩99,000

Info
地址：現代Premium Outlet松島店地庫B1
電話：032-727-2458
網址：https://diadorakorea.com

市中心的遊樂園
MAP: P.298 C2
Triple Street
(트리플스트리트)

　　仁川市超大型購物街，被稱為「市中心的遊樂園」，就在現代premium outlet松島店旁邊，分為紅A、B黃、C綠、D藍四個區域，MageBox戲院、公園、食肆、酒吧、購物、文化藝術表演……各式商店應有盡有，地方大到好像行極都未行完，這裡還是不少韓劇如《雖然是精神病但沒關係》的取景地，絕對可以讓人消閒一整天。

由幾條街道所劃分成幾個區域的大型購物街，行一整天都行不完。

穿過現代outlet就是正門入口，左邊是JAJU，右邊是H&M。

Info
地址：仁川市延壽區松島科學路16號33-3（松島洞170-1）
인천시연수구송도과학로16번길33-3 (송도동170-1)
電話：032-310-9400
營業時間：1030-2200（因各店而異）
網址：www.instagram.com/triplestreet_songdo
前往方法：地鐵仁川1號線「科技公園」站2號出口，步行約5分鐘。

HOUSE WARE（하우스웨어）

　　位於第二段的大型家品店，主要出售外國進口的餐具和家品。這間松島2號店樓高兩層，下層售賣餐具和一般生活百貨，上層則以銷售廚具、家俬為主，可以找到如法國的HANSi和丹麥Royal Copenhagen Princess等歐洲名牌，又或是著名的Andy Warhol's聯乘餐具。

Andy Warhol's經典瑪莉蓮夢露人像碟。₩142,200

《超級無敵掌門狗》綿羊椅。₩81,600

Zoopark動物造型椅。₩85,800

HANSi餐具二人套裝。₩684,800

Info
地址：Triple Street B區（第二段）
電話：032-212-0307
網址：www.houseware.co.kr

寧靜運河散步道
NC運河城 (NC큐브커낼워크)

人工運河上有不少藝術裝置。

　　由NC集團建設的NC Cube Canal Walk（NC立體運河散步道），以一條人工運河貫穿東西四個商場，商場分別以春夏秋冬命名，河道兩岸仍有不少商店，但比起全盛期已減少了很多，也沒有甚麼大型品牌留下來，估計是附近的大型百貨中心相繼開張所影響。這裡日間氣氛比較清靜，晚上則是宵夜的地方。
MAP: P.298 A1

場內有不少酒吧食肆繼續營運。

偶爾也有時裝店和飾物店。

Info
地址：仁川市延壽區藝術中心大路149（松島洞23-1）
인천연수구아트센터대로149（송도동23-1）
電話：032-723-6300
營業時間：1030-2200（因各店而異）
前往方法：地鐵仁川1號線「中央公園」站3號出口，步行約10分鐘。

首爾市郊後花園

京畿道 (경기도)

位於朝鮮半島的中西部、環繞整個首爾市，南怡島、水原、龍仁、坡州、驪州、安養，甚至板門店等均隸屬於此。自古已是韓國政治上的重要舞台，好山好水，既有歷史名城、古蹟與民族文化村，也有大型主題樂園、藝術村，以至神秘的軍事禁區，旅遊資源多姿多采。隨着首爾地鐵與Korail網絡不斷擴展，交通比從前更方便，從首爾市中心出發，1個小時就到，儼如首爾市郊的後花園！

 交通方法詳見後文各景點介紹。

朝鮮民主主義人民共和國(北韓)

N

黃海南道
황해남도

開城
都羅展望台
普羅旺斯村
La Provence
(프로방스 마을)
板門店 (판문점)
臨津閣
第三坑道
都羅山車站
Heyri文化藝術村
(헤이리문화예술마을)
坡州
京畿坡州英語村
(경기영어마을파주캠프)
智慧之林(지혜의숲)
Paju Premium Outlet

江華

矢島 信島
金浦機場
首爾

仁川國際機場
安養藝術公園
仁川

京畿灣

江原道
강원도

Jade Garden

南怡島 (남이섬)

小法國村
Petite France
(쁘띠프랑스)

京畿道
경기도

楊平

水原華城
(수원시청)
水原
愛寶樂園
EVERLAND
龍仁
韓國民俗村(한국민속촌)

驪州

原州

忠清北道
충청북도

忠州

忠清南道
충청남도
天安

京畿道全境圖

303

行程編排心得
小法國距離南怡島只16公里，大可編排一天同遊。從南怡島可乘循環巴士往小法國，若乘的士，車費約₩22,000。

小法國村入口處仍掛有《貝多芬病毒》、《秘密花園》的宣傳海報。

尋找小王子…與《星星》

小法國村
Petite France（쁘띠프랑스）

乘Korail京春線至清平站，站前即有開往小法國村的巴士站。

《來自星星的你》第15集中，都教授利用超能力與千頌伊情深一吻的浪漫場景，正是小法國村。

2008年開幕，座落京畿道加平郡的清平湖畔，佔地11萬平方公呎的法國文化村，附設住宿、劇場、特色商店和各式法國文化體驗。以「花、星星、小王子」為主題，由16棟依山而建的歐式小屋組成，充滿異國風情。同時，也是《小王子》的主題樂園，到處都是故事中出現過的場景和人物，並設有作者聖修伯里的紀念館。韓劇《貝多芬病毒》、《秘密花園》、綜藝《Running man》都先後來取景拍攝，本來已是京畿道人氣熱點，自《來自星星的你》都教授與千頌伊經典一幕取景後，更加萬人空巷！

MAP: P.303 B1
MAP: P.308 A4

Info

地址：京畿道加平郡清平面湖畔路1063
경기도 가평군 청평면 호반로 1063
電話：031 - 584 - 8200
開放時間：0900 - 1800（最後入場1700）
入場費：成人₩12,000，
小童₩10,000
網址：www.pfcamp.com
前往方法：
地鐵7號線「上鳳（상봉／720）」，或首都圈電鐵中央線「忘憂（망우／K121）」站，轉乘Korail京春線（경춘선）火車（往春川至清平），至「清平」（청평）站下車，車程約55分鐘。再轉乘「加平旅遊景點循環巴士」，至「小法國」（쁘띠프랑스）站下車即達，車費₩5,000；或乘的士直達，車費約₩17,800。

往小法國的循環巴士，之後會停經南怡島，大可一拼同遊。

16棟依山而建的歐式小屋，像置身阿爾卑斯山下的童話世界，難怪多齣韓劇在此取景。

尋找小王子

園內各處散落不同造型的小王子雕塑,以及故事中出現過的場景,處處都是拍照熱景,就等你來發掘。

小王子與「蛇吞象」。

小王子的身影,有時還需細心看。

聖修伯里紀念館

介紹《小王子》作者聖修伯里(Saint - Exupéry)一生的紀念館,以及小王子的創作點滴,惟展品不及箱根的紀念館多。

1900年出生於法國里昂的聖修伯里,曾擔任郵政飛行員,故作品中對飛行的描述特別豐富。

歐洲人偶之家

焦點其實是入口處置有小王子與狐狸的星球地台雕塑,還有紀念蓋章。

位於入口旁邊的人偶之家,展出300多件歐洲古典洋娃娃,老實說其實氣氛有點恐怖!

古董展示館

以法國3大跳蚤市場之一的Saint - Ouen Flea Market為主題，展出各式民間雜貨。

展品中有許多法國國鳥——雞形雕刻，但最美還是一系列彩繪玻璃。

法國住宅展覽館旁，原封不動地保存了《貝多芬病毒》的拍攝場地，牆上還掛滿張根碩、李智雅等主角的簽名。

噴泉廣場，古典噴泉四周被歐式小屋環繞，2樓是住宿設施。

園內景點設有10個紀念蓋章，記得自備靚靚記事簿「集郵」。

每日10點至下午5點逢整點，靠近入口處的圓形劇場都有音樂或人偶表演。

獨家！韓版小王子精品

噴泉廣場旁的紀念品店，有售韓版小王子精品，別處難尋。

小王子手機套，Samsung和iPhone俱備。各₩18,000

小王子圖案磁石貼。各₩3,000

小王子Postcard一套5張。₩5,000

小王子原子筆。₩3,500

Tips

行程編排心得

南怡島、小法國、Jade Garden，甚至春川位置相近，大可編排一天同遊。最近島主更增設「南怡島—春川」的大巴，停經小法國、春川、Jade Garden等地，暫時屬試運形式，每日只限4班車，一天任乘車票₩5,000，詳情請留意官網公布。

紅葉戀曲

南怡島（남이섬）

MAP：P.303 B1

━━ Info ━━

地址：京畿道加平郡加平邑北漢江邊路1024
경기도 가평군 가평읍 북한강변로 1024
電話：031-580-8114
登島費：成人₩16,000，學生₩13,000，小童₩10,000
網址：www.namisum.com
*3歲以下幼童免費。

(*南怡島行政隸屬江原道)

　　位處京畿道與江原道交界，原為上世紀40年代興建清平水庫時，江水淹沒而形成的半月形小島。60年代被財團買下，改建為自成一國的休閒度假區，故以「南怡島共和國」自居。

　　面積約46萬平方米，島上種滿參天大樹翠木豐茸，松鼠、野兔隨處可見，自然美景得天獨厚。一排又一排的水杉路、銀杏路、松樹路，每到秋天便楓葉通紅，自經典韓劇《冬季戀歌》取景後更紅遍亞洲！

　　島上設有完善的遊樂設施，包括生態動物園、植物園、美術館、文化體驗、餐廳與各式住宿。近年更加添多項玩樂新設施，包括亞洲最大規模的高空飛索。

南怡島

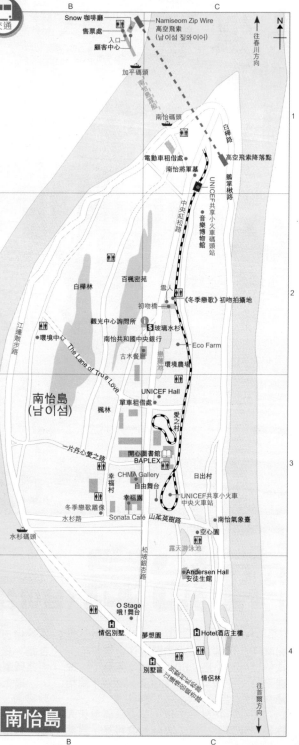

交通

前往南怡島，需在京畿道加平郡的碼頭乘坐渡船，往加平碼頭方法如下。

1. 地鐵7號線「上鳳（상봉 / 720）」，或首都圈電鐵中央線「忘憂（망우 / K121）」站，乘坐Korail京春線（경춘선）火車（往春川方向），至「清平（청평 / P132）」或「加平（가평 / P134）」站，車程約55分鐘。再在清平或加平站前轉乘「加平旅遊景點循環巴士」（가평시티투어버스），至「南怡島（남이섬）」站下車即達加平碼頭，一天任乘車票₩5,000。（若從加平站乘的士，車費約₩5,000）

2. 仁寺洞和蠶室設有直通巴士往南怡島，車程約90分鐘。
   車費：成人往返₩15,000、單程₩7,500
   發車時間：仁寺洞塔谷公園旁停車場0930、蠶室地鐵站4號出口0930、南怡島1600

提提你

加平觀光巴士

加平郡觀光局特設的「加平旅遊景點循環巴士」（가평시티투어버스），前往清平站、海龜島、南怡島、小法國村、晨靜樹木園等著名景點，一天任乘車費 ₩5,000，每日行駛8班，詳細班次時間可上官網查詢。

路線：（循環線）加平客運站 → 海龜島 → 加平站 → 南怡島（渡船口前）→ 金岱里居民會館 → 小法國村 → 清平客運站 → 清平站 → 林草橋前 → 晨靜樹木園

網址：https://www.gptour.go.kr/tour/citytour_A.jsp?menu=guide&submenu=theme

海上風光任覽
南怡島渡船 MAP: P.308 B1；C1

看到沿岸紅葉滿山，阿珠媽和小朋友都興奮莫名！

前往南怡島，必需在京畿道加平郡的渡船碼頭，乘坐渡船登島，登島入費已含往返船票。每艘船的設計也不一樣，本身已是南怡島景點，每10至30分鐘一班，航程只8至10分鐘，沿途可欣賞湖光山色，故乘客都湧到甲板賞景，為旅程熱身。

每逢秋天都是南怡島的旅遊旺季，渡船任何時間都遊人如鯽，不想逼惟有盡早出發。

船艙只有極少量座位，9成是企位，但航行穩定，且8至10分便到。

旅遊都湧到甲板欣賞風景，故繁忙時間的班次擠如沙甸魚。

渡船由汽車渡輪改裝而成，每艘設計也不一樣，有的像潛艇、有的像鯨魚。

票價：免費（登島費已包含）
營運時間：0730 - 2145

營運時間	班次
0800 - 0900	30分鐘一班
0900 - 1800	10 - 20分鐘一班
1800 - 2100	30分鐘一班

滑行時離心力沒想像般高，時速最高可達80km，攤開雙手，涼風撲面，認真「爽」！

尾段直接滑入南怡島樹林中降落，若是秋天更可穿越紅葉林。

玩家可攜帶輕便行李乘坐，相機、電話可以手拿着，背包則可以掛於胸前。

1分鐘飛越南怡島 MAP: P.308 B1：C1
高空飛索 / Namiseom Zip Wire（남이섬 짚와이어）

2010年從美國引入，鋼索全長940公尺，橫跨加平碼頭至南怡島，乃亞洲最大規模的高空飛索。從80公尺高的塔頂一滑而下，只需1至1.5分鐘即可降落南怡島。如飛鳥般在江面飛翔，居高臨下四周美景盡收眼底、清風送爽，玩家無不發出「爽透」的尖叫聲，Super Junior隊長利特也來挑戰過！

Zip Wire Tower足有80公尺高，設有電梯送乘客直上跳台。

由於有重量限制，玩家需逐一過磅，磅上只有「Yes」和「No」，不怕尷尬。

I Can Tips

1. 玩家體重必須35公斤以上、120公斤以下，身高達135公分的身體健康者。
2. 費用已包含登島費和離島時的渡船票。
3. 玩前不能喝酒。
4. 可攜帶輕便行李乘搭，但相機腳架最好放在背包內。
5. 每日名額限150名，另有往海龜島方向的高空飛索。

每次只限2人同時滑行，速度視乎乘客的重量和飛行姿勢，體重愈輕愈快！

Info

地址：京畿道加平郡加平邑達田里 144（南怡島渡船碼頭旁）
　　　경기도 가평군 가평읍 북한강변로 1024（가평읍）
電話：031-582-8091
營運時間：4 - 10月 0900 - 1900；
　　　　　11 - 3月 0900 - 1800
休息：每月第1、第3個周一
費用：₩49,900
網址：www.zipwire.co.kr

小法國村（加平郡）
南怡島
坡州
水原・龍仁
板門店

秋季賞紅葉熱點
參天樹路

島上擁有多條種滿參天大樹的筆直樹道，包括松樹、楓樹、銀杏樹、白樺樹等，秋季紅葉流丹，景致各異，向來是攝影迷的至愛。

南怡島紅葉之美在於，顏色有變化，且錯落有致。

傍晚時份，夕陽把紅葉映出一片耀眼金光，美得令人目眩。

位於島中央的紅松樹道，長而筆直，晚上還會亮起點點燈光。

拍攝紅葉小技巧

最佳拍攝時間是早上和傍晚的斜陽，背光可以凸顯紅葉的通透感。

可嘗試Close Up特寫，重點影出紅葉的輪廓。

愛情島Snap Shot

買完登島門票，便可進入渡船碼頭，入口處還戲稱為「入境署」。

渡船碼頭旁設有雪人Café，有售《冬季戀歌》的招牌雪人紅豆餅。

島上各處設置迷你圖書閣，放滿繪本和詩集供遊人閱讀。

《冬季戀歌》場景

雪人　MAP: P.308 C2

其實島上到處都見雪人公仔，儼如吉祥物一樣。

荷花湖畔擺置有劇中俊相和有珍一起堆砌的雪人場景。

初吻橋　MAP: P.308 C2

顧名思義，劇中2人初吻的地方，荷花湖面倒映橋上戀人，感覺更浪漫。

初吻橋前還有一道「時空門」，成為拍照熱點。

水杉林道　Tips　MAP: P.308 B3

想拍出水杉林道深長的景觀，記得使用長焦距的鏡頭。

《冬》劇的經典水杉林道，源自1977年從首爾大學帶來樹苗所種，一年四季景致浪漫綺麗。

無論是俊相和有珍牽手走過鋪滿白雲的水杉路，還是年輕時他倆騎單車穿過的紅葉路，都浪漫非常！

裴勇俊、崔智友雕像　MAP: P.308 B3

每個場景旁都會置有劇照，不怕走漏眼！

水杉林道旁置有裴勇俊與崔智友的相擁雕像，曾成為南怡島地標。

島上的電線全埋於地下，也禁止車輛出入，故天然美景更加無遮無擋。

到處都是一雙一對的戀人，羨煞旁人！

韓國人喜歡帶齊裝備在紅葉樹下野餐，看阿珠媽和阿揪西（大叔）多恩愛。

夏季，島上還有快艇、水上電單車等各式水上活動。

「低碳」自駕遊
島上交通

☆ I Can
Tips
島上多天然泥路與急
彎，請小心慢行。

　　南怡島長約6公里，徒步繞島一圈需時約2-3小時，遊人還可租借單車，碼頭和島中央廣場都設有租賃處，還提供雙人、家庭、電動等多款單車車種選擇。

一對戀人，相擁踏著單車沿江邊駛過，浪漫如韓劇場景。

家庭車可坐4人，但就辛苦爸爸踏車了！

想更輕鬆穿梭島上各地，可騎電動單車「Trie way」，惟11歲以下兒童不可自駕。

中央廣場旁更設有雙人座的「空中單車」，於離地6米高的軌道上踏車，緩緩穿梭叢林。₩3,000

島中央廣場的單車租賃處。

──Info──
營業時間：0900-1800
收費：
普通單車每小時₩5,000
雙人單車每小時₩10,000
家庭車每半小時₩10,000
電動單車每小時₩18,000

親子必玩
UNICEF共享小火車

　　由聯合國基金會主理的小火車，從南怡島碼頭出發，呼嘯駛到近南部的幸福園，最受小朋友歡迎，親子必玩！

MAP: P.308 C1-C3

火車駛去，車軌與夾道的紅葉便成了最佳攝影場景。

小火車走駛速度緩慢，沿途穿越紅葉叢林，景致醉人，車上乘客都向路人揮手。

──Info──
車票：單程₩2,000
*大小同價。

入口前還置有一《冬季戀歌》雪人場景，但雪人表情搞鬼。

內部裝潢原始，附設偌大的露天座位，並採自助式服務。

南怡島鄉土料理
古木餐廳

　　傳統小木屋擁有鑲嵌橫紋的灰土牆，以及鋪蓋皮竹的屋頂。主打江原道風味的南怡島鄉土料理，辣魚湯、海鮮煎餅、大麥飯、咚咚酒等，賣相實而不華，卻充滿鄉土情。**MAP: P.308 B2-C2**

餐廳是江原道傳統單層小木屋，屋頂以片片皮竹鋪蓋。

──Info──
位置：中央紅松路中部
電話：031-582-4443
消費：約₩10,000/位

南怡島鄉土料理──雜錦煎餅，有海鮮餅、綠豆餅和蕎麥餅，口感煙韌軟糯，份量頗大，反映島民性格豪邁。₩20,000

冬季戀歌咖啡廳
Sonata Café

原是當年舉辦《冬季戀歌》發表會的地方。附設Snowman Pancake店和紀念品店，內部展出大量劇照和演員簽名，還有很多《冬》劇招牌雪人的紀念品，以及島上的手工藝品。

MAP: P.308 B3

《冬》劇招牌雪人Tote Bag₩14,000。

店內置有一迷你版雪人與水杉林路場景，以供粉絲拍照留念。

牆上貼滿《冬》劇拍攝時的照片，相框都被粉絲寫滿字。

Sonata Café位置就在裴勇俊崔智友雕像附近，外面附設Snowman Pancake店，大排長龍。

紀念品店面積偌大，主打島上的手工藝品，同時兼售《冬》劇紀念品。

搞笑人偶展
CHMA Garden

島上的優美環境，吸引藝術家長居創作，這家是陶藝家Myoung Hee Kim的工作室，門外放滿以不同韓國人為題的人像陶偶，都擁有誇張的身體比例，看得人會心微笑。

MAP: P.308 B3

人像陶偶以阿珠媽為主，雖然裸體但一點也不色情，只覺搞笑！

人偶都置於屋廊與庭園，任遊人拍照。

親親大鴕鳥 MAP: P.308 C2
Eco Farm

島上的松鼠、兔子、野鴨、孔雀、啄木鳥等小動物都是自由放養，另外在初吻橋附近的Eco Farm還飼有多隻大鴕鳥，活潑又不怕生，有時還會突然跑到遊人身邊嚇人一跳！

Eco Farm位置就在初吻橋附近，四周有參天銀杏樹環繞，景致怡人。

別以為鴕鳥都很膽小，發起惡來可以很凶，旅客觀賞時勿站太近。

小法國村（加平郡）

南怡島

坡州

水原．龍仁

板門店

邊境旅遊區

坡州 (파주)

位於京畿道西北部，距離首爾只1小時車程，北面便是南北韓邊界的停戰區「板門店」。因美軍撤離後留下大片土地，故成為韓國新興的工業重鎮，市內大型高科技工廠林立，以至電視台、出版社總部皆座落於此。近年更開發大量大型旅遊景點，包括Heyri文化藝術村、坡州英語村、普羅旺斯村等，變成炙手可熱的旅遊區。

交通 地鐵2、6號線「合井」站2號出口、轉乘200或2200（2200較快）號巴士，途經Heyri文化藝術村、普羅旺斯村、英語村及Skin anniversary等站，每20分鐘一班，車程約45分鐘，車費₩2,000。

園內有仿三藩市電車行駛，配上背後的紅葉，像置身外國一樣。

Tips

1. 每日1800後免費入場。
2. 京畿道一共有兩座英語村，注意《流星花園》取景的是楊平英語村！

異國拍照園
京畿坡州英語村 (경기영어마을파주캠프)

2006年開幕，為增加大眾對英語學習的興趣，將英語自然融入日常生活中，仿歐洲小鎮而建的主題園區，佔地廣達28萬平方米。村內設有教育會館、體驗教育館、主題展示體驗館、兒童體驗館、兒童劇場等設施，除了定期的英語課程，每日還有各式體驗活動和表演。旅客從購票一刻開始已進入英語世界，英式電話亭、三藩市電車、City Hall隨處可見，拍照一流，SUPER JUNIOR的MV《U》、《FULL HOUSE》，以及《Running Man》也曾在此取景。

MAP: P.303 A1

入口仿照英國史前巨石搭建而成，門口還有座鐘塔矗立。

整個園區按照英語圈國家村落樣貌設計而成，充滿異國色彩。

園內的TOM N TOMS coffee，因SUPER JUNIOR都有來過而變成景點。

英語村有兩個入口，後門只用來卸貨，旅客必需由正門進入。

傍晚，遇上剛下課的學生，畫面總像像韓劇場景。

最喜歡英語村外牆的名牌，佈滿紅葉藤蔓，很外國。

英式電話亭乃拍照熱點。

Info

地址： 京畿道坡州市炭縣面法興里 1779
경기도 파주시 탄현면 얼음실로 40
電話： 1588-0554
開放時間： 12 - 3月 0930 - 1900；
4 - 11月 0930 - 2200*
休息： 逢周一
入場費： 免費
網址： www.gcampus.or.kr
*閉園前1小時最後入場。

前往方法：
地鐵2、6號線「合井」站2號出口，轉乘200或2200（2200較快）號巴士，至「坡州英語村」（파주영어마을）站即達，每20分鐘一班，車程約45分鐘。

小法國村（加平郡）　南怡島　坡州　水原‧龍仁　板門店

Tips

Heyri有多個入口，車站也有多個，建議在4號閘「헤이리 4번게이트」站下車。

過百棟建築都不超過3層高，外牆布滿藤蔓與藝術裝置，人為藝術與自然環境融為一體。

韓劇名景藝術村

Heyri文化藝術村
（헤이리문화예술마을）

　　1997年成立，面積廣達52萬平方米，原為坡州出版園的一部分，由於租金便宜，逐漸聚集了四方八面的藝術家，成為目前韓國最大規模的藝術村。現時約有過百棟建築，由本土建築師按照不同藝術主題設計，各有風格特色，本身已是藝術品，並貫徹與大自然共存的理念，韓劇《秘密花園》、《花樣男子》、《守護BOSS》及《紳士的品格》都有取景過。

　　集合370多位不同範疇的韓國藝術家、製作人、建築師及音樂家工作室，還有各式博物館、展館、餐廳、Café與特色小店。面積之大一天也玩不完，更在不斷擴展中。建議找重點的來遊覽，人氣景點包括韓國近現代史博物館、Dalki草莓妹樂園、Farmer's Table、首爾特技學校等。

MAP: P.303 A1

「GULDEN」後方的「首爾特技學校」，正是《秘密花園》中，女主角吉羅林跟金社長一起做仰臥起坐的地方。

園內有很多廢棄的舊巴士，都變成藝術家的創作畫布。

設有電動車環繞園區一周，需時約30分鐘，車票需到導覽中心購買。車費₩8,000

每棟建築設計都不一樣，各有特色，且不斷擴建中，圖為其中一間玩具博物館。

園區佔地極廣，建議先到導覽中心索取園區地圖，假日還有單車租賃，收費₩5,000／小時。

除了藝術館，園內親子遊樂設施也不少量，包括多間玩具博物館，這家Café還有BB自駕。收費₩5,000／15分鐘

Info

地址：京畿道坡州市炭縣面法興里 1652
　　　경기도 파주시 탄현면 헤이리마을길 93 - 120
電話：031 - 946 - 8551
開放時間：約1000 - 2300
休息：逢周一
入場費：免費
網址：www.heyri.net
*個別博物館需另收入場費

前往方法：地鐵2、6號線「合井」站2號出口，轉乘200或2200（2200較快）號巴士，至「Heyri文化藝術村」（헤이리문화예술마을）站即達，每20分鐘一班，車程約45分鐘。

地庫建有兩層高的山城小村，模擬60年代戰後難民的艱苦生活。

舊奶粉罐，是上一輩韓國人的回憶。

昔日政府教育大眾守秩序的宣傳海報。

1樓有多間中、小模擬課室，這間是昔日韓國女高中生學習打字的課室。

日治時代遺下的紅色郵筒與單車，反映一段韓國歷史。

山城小村內巷弄迂迴曲折，商店狹小且密麻麻，加上燈光效果，氣氛更懷舊。

比官方博物館更好看
韓國近現代史博物館

　　園內最值得一遊的私人博物館，展出大韓民族從1910年至今，經歷日本殖民統治、韓戰、戰後艱苦生活等百年來的韓國民間歷史。連地庫樓高4層，包括模擬60年代戰後難民生活的山城小村，7萬多件展品都從民間收集得來，包括昔日的韓星雜誌、舊家電雜貨、老照片、韓戰時的宣傳海報、以至北韓的教科書等等，全是韓國人的集體回憶，很多老韓國人都看至淚流滿面。老實說，論展品之豐富與有趣度，更勝官方的歷史博物館，盛誠意推介！

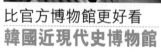

80年代推出的泡菜冰箱，為韓國主婦帶來極大方便，也標誌韓國人的生活富庶。

近現代史博物館位置就在4號閘入口附近，門外已放滿懷舊展品。

Info

地址：編號94
電話：031 - 957 - 1125
開放時間：1000-1800
休息：逢周一
入場費：成人₩7,000，小童₩5,000
網址：www.kmhm.or.kr

1至2樓為文化館，展出大量韓戰前後的民物，包括北韓初期使用的小學生課本和軍服。

入口處置有3隻巨型醜八怪娃娃，配上背後的懷舊玩具，乃留影勝地。

懷舊童玩樂園
못난이유원지（醜八怪遊樂園）

　　以韓國家傳戶曉的醜八怪娃娃「못난이」（Monnani）為主題的懷舊童玩主題館，位於玩具博物館地庫，面積雖不大，但內有各式攤位遊戲、懷舊教室、糖果雜貨店、舊式照相館，甚至DJ打碟室等，有趣的拍照背景比比皆是。焦點是附設食堂，供應家傳戶曉的學生餐——搖搖飯盒與銅鍋即食麵。

銅鍋即食麵，由頗具殺氣的阿珠媽現點現煮，充滿媽媽的味道。₩4,000

場內設有迷你音樂教室，放滿小小的枱椅、黑板和電子琴，讓遊人拍照。

內有各式攤位遊戲，與懷舊糖果雜貨店，有點破舊，但年輕人都很受落。

舊式照相館內放滿各式道具，方便情侶拿來合照或自拍都得。

Info

地址：編號29（B1 / F）
開放時間：0930 - 1900

另設有一間迷你打碟室，假日會有DJ駐場播放老歌，今天則被小朋友佔領！

入口處。

醜八怪娃娃公仔，3個表情各異，頭髮都是真的，在韓國炒價高企的。₩30,000 / 套

醜八怪遊樂園入口附近，還有怪娃娃造型的銅鑼燒，樣子搞鬼。₩2,000 / 5件

Heyri文化藝術村

京畿道

小法國村（加平郡）

南怡島

坡州

水原・龍仁

板門店

1樓佈置了《花》劇場景，供粉絲拍照。

劇中主角們經常聚集的大廳，正是Café。

《花樣男子》高中
Artinus Heyri

樓高3層，內有高級意大利餐廳及童書店，因韓劇《花樣男子》的主要拍攝場景而聞名，劇中猶如歐洲百年學府的「神話高中」，正是這裏。內部樓梯挑高，裝潢古典又充滿書卷味，難怪連《紳士的品格》也有來過取景。

除了高級意大利餐廳，1樓還有較便宜的Café，供應咖啡、漢堡、甜品等輕食。

2樓為Book Outlet，設有兒童繪本書店及閱覽室，3樓則有聚會空間「Space 木」。

1樓通往2樓的梯級旁邊，置有一整面書架，也是《紳士的品格》場景。

樓高3層的大樓就在4號鬧入口旁邊，門口豎有韓劇照片作招徠。

Waffle，現點現烤外脆內軟，份量頗大。₩12,000

—Info—
地址：編號25
開放時間：博物館1000 - 2000；
餐廳1100 - 2200

方正的灰磚牆建築，表面佈滿紅葉，加上停了一台老爺車，感覺更懷舊。

其中一角放置了各式懷舊遊戲機，供遊客回味兒時玩樂。

香港電影曾在韓國大熱，代表偶像當然是李小龍加成龍！

懷舊玩具×電影
추억박물관（記憶博物館）

方正的灰磚牆建築，連地庫樓高4層，乃藝術村內另一人氣懷舊主題博物館，館主特別收藏了大量懷舊玩具和電影海報，不乏香港人也認識的日本動漫，甚至港產片海報。

90年代，韓國人一樣迷四大天王，館主的最愛是劉華！

館主是電影痴，珍藏數百張韓國本土及外國電影海報，不少還附有簽名。

—Info—
開放時間：平日1100 - 1800；
周六、日1000 - 1800
入場費：₩4,000

入口附近的木板平台，建有彩色小屋牆面，乃情侶留影勝地。

南法風情戀人村
普羅旺斯村 / La Provence
（프로방스 마을）

　　始於1996年，最初只得一間法國餐廳，因為裝潢優雅，吸引情侶專程前往，陸陸續續吸引其他異國餐廳和特色小店，終發展成充滿南法風情的聚落，韓劇《紳士的品格》第3集中，金道鎮拿着相機到處拍照的歐式庭園，正是這裏。

　　座落坡州市一條小村落裏，下車後還得步行約15分鐘，但抵達後卻像置身世外桃園。一間又一間彩色小屋，環繞中央水池庭園而建，裏面開滿特色小店，還有庭園Café、異國餐廳、花店等。環境鳥語花香，夏季還有醉人的薰衣草盛放，到處是一雙一對的戀人，浪漫滿瀉！

MAP: P.303 A1

每間小店設計都不一樣，相當有特色。

到處都是拍照的好背景，難怪每個當地人都推薦筆者來這裏一遊。

一間間小屋都漆上繽紛色彩，配上綠化植物，充滿南法風情。

名為「Provence Garden」的玻璃小室，內有溫室花園、花店和庭園Café，一室香氣。

附設偌大的香草園，每逢夏季便綠意盎然鳥叫蟲鳴，冬天則可欣賞晚霞。

─ Info ─

地址：京畿坡州市炭縣面seori路77
　　　　경기도 파주시 탄현면 새오리로 77
電話：031-946-6395
營業時間：約1000 - 2200
網址：www.instagram.com/
　　　　pajuprovencetown
前往方法：地鐵2、6號線「合井」站2號
　　　　出口，轉乘200或2200（2200
　　　　較快）號巴士，至「城洞十字路
　　　　口」站（성동리사거리）站，下
　　　　車後再沿指示步行約15分鐘。

村內開滿特色小店，包括服飾、手工精品、麵包店和特色餐廳。

園內有兩間麵包店，這間是《紳士的品格》場景之一，門口有心形樹為記。

普羅旺斯村

京畿道

小法國村（加平部）

南怡島

坡州

水原・龍仁

板門店

長龍麵包店
EN PROVENCE
Bakery House

樓高兩層的歐式麵包店，老闆柳在垠曾在歐洲留學，附設麵包工場，每當招牌蒜蓉包出爐便大排長龍。旅客在1樓選購完麵包，可立刻拿到2樓餐廳品嚐，晚上還有Live Band演奏，情調一流。

2樓餐廳佈置浪漫，供應餐點和甜點，晚上還有Live Band演奏。

內部樓底挑高，天花掛有西式水晶吊燈，感覺優雅。

Patisserie，檸檬蛋糕味道酸甜清新。₩5,500（熱朱古力₩5,000）

新鮮出爐蒜蓉多士條，蒜蓉香撲鼻，包面灑滿沙糖，放入口微脆也帶甜。₩6,500（熱朱古力及柚子茶各₩5,000）

Tips
1樓選購完麵包，可到2樓餐廳櫃台，請服務員提供碟子。

Info
電話： 031 - 944 - 8107
消費： 約₩5,000 / 位

情侶茶館
The Herb Kitchen

Info
消費： 約₩8,000 / 位

主打各式花草茶的田園Café，樓高兩層，賣點是2樓陽台可欣賞到日落晚霞。內部裝潢清新浪漫，故極受情侶歡迎。

餐廳門前擺滿花草盆栽，充滿田園氛圍。

餐廳內客人都是一雙雙的戀人。

從是2樓陽台可眺望日落晚霞。

市郊最大Outlet
Paju Premium Outlet
（파주 프리미엄 아울렛）

Tips
1. 建議先去2樓的服務處索取地圖。
2. 坡州另有樂天Outlet，切勿去錯。

坡州的品牌較驪州的更年輕、更人氣。

2010年開幕，地點比京畿道驪州市的Premium Outlets更方便就腳，佔地廣達3萬多平方米，環繞中央廣場而建的3層購物街，網羅165個本地及外國品牌，包括NIKE、GAP、Burberry、TOMMY HILFIGER、BEAN POLE、adidas、MCM等，比驪州的品牌更年輕，折扣約45至75折不等，還有Lecreuset、Royal Albert等家品，甚至珠寶品牌。

MAP: P.303 A1

場內設有戶外廣場與噴水池、各式餐廳與咖啡廳，充滿假日氣氛。

Info
地址： 京畿道坡州市炭縣面必勝路200
경기도 파주시 탄현면 필승로 200
電話： 1644 - 4001
營業時間： 5-10月1030-0900，
11-4月周一至四1030-0830，
周五至日1030-0900
休息： 春節、中秋節
網址： www.premiumoutlets.co.kr
前往方法： 地鐵2、6號線「合井」站2號出口，轉乘200或2200（2200較快）號巴士，至「Paju Premium Outlet」（파주 프리미엄 아울렛）站即達後門，車程約60分鐘。

世遺歷史名城

水原／龍仁
（수원）/（용인）

位於朝鮮半島西岸的中部，乃京畿道的首府城市，也是朝鮮第22代王「正祖大王」設立的第一個城市，已有200多年歷史，自古已是首都「漢城」（首爾）的南面門關。被聯合國列為世界文化遺產的城廓「水原華城」舉世聞名，與旁邊的龍仁市，同樣以悠久歷史而自豪。

Tips

水原華城跟韓國民俗村位置相近，可安排同日遊覽。

交通

從首爾市中心乘地鐵1號線、水仁盆唐線或京釜線至「水原」站，車程約1小時，再在站前公車站轉乘巴士11、13或13-4號，至華城行宮或民俗村。

往水原華城或民俗村的公車，皆為綠色車廂。

水原地鐵站。

華虹門

建於正北的水門，築有八作屋頂，旅客可登上城樓飽覽四周美景。城門下築有7道名為「虹霓門」的石拱門，至今水原川仍在流淌。

世遺古城

MAP: P.303 B2

水原華城（수원화성）

朝鮮第22代王正祖李祘，為鞏固皇廟管治及對亡父的孝心，從楊州遷都至水原八達山下，新城邑定名「華山」。水原華城總面積廣達130公頃，城廓延綿5,744公尺，由時任宰相的蔡濟恭主管修築，始建於1794年、1796年竣工，乃朝鮮後期最具代表性的城廓。

東為平原，西倚八達山峻嶺，外觀呈心形。東西南北建有4座城門樓，建築各具特色。城內有行宮和溪間流淌，還有暗門、水門、敵臺、空心墩、封墩、炮樓等48個防守設施，兼有具軍事防禦和商務功能，結構實用，堅固而美觀，堪稱東方城廓之傑作。雖然部分城牆於日本殖民和韓戰期間遭受破壞，但修繕後風采依然，1997年更被聯合國列為「世界文化遺產」。

Tips

1. 官方網頁說參觀水原華城需購買入場券，但現場所見，漫遊城廓，門樓根本沒人買票，但參觀華城行宮則必要購票。
2. 憑華城行宮入場券，可免費參觀水原博物館及水原華城博物館。

Info

地址：京畿道水原道八達區 仁溪洞、長安區、勸善區一帶
경기도 수원시 팔달구 행궁로 11 , 장안구, 권선구 일원
電話：031-228-4672
開放時間：夏季0900 - 1800；
冬季0900 - 1700
入場費：成人₩1,000、青少年₩700、
小童₩500
網址：http://china.swcf.or.kr
前往方法：
首爾市中心乘搭地鐵1號線至「水原」站，下車後過對面馬路搭乘2、7、7 - 2、8或13號公車，至「鍾路十字路口」站下車，再步行5分鐘即達八達門。若從水原站乘的士，車費約₩4,500。

長安門

即華城的北門，門樓五間，左右有雙闕，可算是韓國最大的城門之一，曾在韓戰期間被毀，1979年重建，擁有作為防衛用途的半圓形「甕城」。

八達門

即華城的南門，南側築有半月圓形的彩虹門，門上建有兩層高的木雕門樓，構置為甕城。名稱有「四通八達」之意，可以說是探索華城的起點。

華西門

即華城的西門，作用為便於通往甕城，已被韓國政府列為寶物第403號。

小法園村（加平郡）　南怡島　坡州　水原‧龍仁　板門店

城牆建造時只建外側，內側依山勢用土填充，與大自然和諧融合，每座城門旁邊都有樓梯可登上城牆。

城牆全長5,744米，約4至6米高，平面山城的形式，在中國和日本也絕無僅有。

西北炮台，乃華城五大炮台，置有先進的火炮「紅夷炮」。

華城行宮西面山坡建有羊腸小徑，通往山上涼亭，居高臨下整個行宮美景盡收眼底！

由於建城動機在於政治和對父親的孝心，因此城廓蘊含着「孝」的東方哲學思想。

北鋪樓四周牆身有鎖匙形的孔洞，原為士兵視察與射箭之用，但景觀其實很美。

哨兵和砲台上繪有色彩豐富的圖紋，還有韓國宮殿常見的弧形瓦片屋頂，建築雄偉。

通經華虹門的水原川，至今仍然流水涓涓，旁畔綠樹成蔭。

北鋪樓，建在雉城上的木樓房，作為士兵巡邏站崗之用。

城內交通

華城列車

遊覽華城，最佳方法是徒步漫遊，環繞一圈需時約2.5小時。若同行有老人家或小朋友，可乘坐金龍造型的「華城列車」，行使於八達山、華西門、長安門等，至練武台，全程30分鐘、約3.2公里，可在長安公園和華虹門下車，但不可再乘。

運行時間： 1000-1650
休息： 雨雪天氣
車費： 成人₩4,000、青少年₩2,500、
　　　　小童₩1,500

華城列車以像徵正祖大王的金龍為造型。

庭園置有《大長今》人
形紙板，跟背後的古
行宮景致融合。

行宮內有一棵老樹，像飽歷風霜，四周掛滿
「御神籤」，旅客可到櫃台拿紙寫願望。

景龍館，內部建有正祖大王的寢室模型。

內有模擬昔日宦官讀書的
房間及情景。

朝鮮王別墅
華城行宮

　　座落八達山的山腳下，為正祖到顯隆園出宮遊幸時的
臨時住所，平時則作為留守府處理政務的府衙。行宮呈現
正宮結構，共有600多間，包括奉壽堂、福內堂等，規模
比其他行宮雄偉。日本殖民時期遭受嚴重破壞，80年代起
民間開始籌集資金修繕重建，
至2003年才開放參觀，《大長
今》等長齣經典韓劇也曾在此
取景。行宮旁邊的華寧殿，有
供奉正祖牌位，以及擺放了正
祖的肖像畫。

除了《大長今》，《李
祘》、《擁抱太陽的月
亮》、《屋塔房王世子》、
《王的男人》，以至
《Running Man》也曾在
此取景。

行宮備有各式傳統武藝表
演和收費的體驗活動，圖
中的傳統玩意則免費。

奉壽堂設有御龜圖案的紀
念蓋章，但收費₩500。

正門為中陽門，正殿為惠慶宮居住的
奉壽堂，國王寢宮為洛南軒。

園內有正祖大王親衛步隊「壯勇營」
駐守，還有訓練示範。

Info

地址：京畿道水原市八達區新豐洞 123
　　　　경기도 수원시 팔달구 남창동
電話：031 - 228 - 4677
開放時間：夏季0900 - 1800、冬季0900 - 1700
華城行宮入場費：成人₩1,500、青少年₩1,000、
　　　　　　　　　　小童₩700

路上壁畫

幾可亂真的城門立體畫。

　　華虹門和東將門附近有兩條「壁畫街」，事實上水原華城一帶橫街巷弄，都有無數塗鴉，風格各異，大都描寫水原文化，跟四周環境互相融合。

釣魚也是居民的消閒活動。
以自家招牌布帛為題。

很多壁畫都以華城為題。

民居的牆面裝飾也精緻。

街角小清新
Café Kahve

　　筆者離開華虹門時饑寒交逼，剛巧附近民居食店周日都關門休息，餓極之際，忽見街角一家新開的咖啡店，二話不說便衝進去。內部以原木家具配植物，裝潢簡潔清新。咖啡豆是自家烘焙，招牌是冰滴咖啡，並供應多款多士、Waffle等輕食，收費便宜。坐在落地玻璃窗前，邊呷咖啡邊看街景，跟古城的形象對比強烈。

櫃台位置放置了3台冰滴咖啡機，可惜採訪當日天氣太凍沒機會一試。

牆上一隅，畫有可愛的塗鴉，看得人心情也變好。

落地玻璃窗前有一排面向街景的座位。

咖啡店2013年才開業，位置就在華虹門、壁畫街附近。

芝士火腿三文治（₩3,500），包餡還有烤至融掉的芝士，唥唥香濃味美；Americano（₩2,500）也味道香醇不過酸。

內部裝潢簡潔清新，店主還特意放置了大量盆栽植物。

Cream Toast，厚重的多士吸滿香濃的牛油，表面微脆而內部柔軟，加上鮮忌廉一甜一鹹，美味！₩3,800

Info

消費：約₩2,500 / 位
前往方法：華虹門附近。

村內平民百姓住的傳統韓屋村，都跟據歷史考證而蓋，旁邊還有菜田。

Tips

民族表演時間：
農樂（公演場）：1100、1430
走繩（公演場）：1130、1510
馬術武藝（公演場）：1300、1530
傳統婚禮儀式（22號兩班家）：1200、1600

韓劇古裝村

MAP：P.303 B2

韓國民俗村（한국민속촌）

1974年落成，座落京畿道龍仁市，佔地100公頃，呈現朝鮮後期民間生活面貌的仿古文化村。村內擁有240座傳統建築，包括李氏王朝時的衙門、監獄、99間貴族兩班宅邸、平民百姓住的簡陋房屋等，還有稻田、露天市集與溪流，風景優美。是多齣古裝韓劇的取景地，包括《大長今》、《擁抱太陽的月亮》、《屋塔房王世子》等等。村內不同時段有各式民俗表演以及傳統文化體驗，如婚禮、鞦韆、農樂、走繩、馬術武藝等，氣氛熱鬧，儼如回到古代。

民俗村乃多齣古裝韓劇的取景地，園內還置有人形紙板和戲服展出。

拿着大較剪賣傳統糖果的大叔，也交足戲啊！

近年在村內新建了家庭樂園和鬼屋，雖有點格格不入，卻出奇地人氣熱鬧。

大叔即場現打的魚蛋卷綿滑香甜，重點是那杯暖入心的熱魚湯。₩3,000

驚嚇傳統美食──蟲！？

採訪時巧遇一年一度的傳統活動「새지붕얹는날」，韓國人會一家大細爬上茅草屋頂，捉茅草中的肥美蟲蟲，然後即場烤來吃，烤得太久還會爆漿。見阿珠媽吃得滋味，你又敢試嗎？

─Info─

地址：京畿道龍仁市器興區民俗村路 90號（甫羅洞）
　　　경기도 용인시 기흥구 민속촌로 90（보라동）
電話：031－288－0000
營業時間：周一至四1000-1830，
　　　　　周五至日1000-2130
入場費：₩15,000
網址：www.koreanfolk.co.kr
前往方法：
地鐵1號線「水原」站4號出口，轉乘10－5或37號綠色公車，至「韓國民俗村」站下車即達。若從水原站乘的士，車費約₩16,500；由水原華城乘的士，車費約₩13,800。

第三地道外的廣場築有多個紀念地標，乃拍照熱點，裂成兩半的第三地道紀念碑，代表南北韓統一的願望。

The 3rd Tunnel

제3땅굴

眺望北韓

板門店

DMZ仍有人住！？
DMS區內沒有工業，卻住有少數農民，都是世代就在板門店居住的村民（名為自由村），雖然夜夜宵禁，但村民卻享有免稅免兵役等福利。而且，由於該處土地肥沃，又長年不受工業破壞，農產異常豐富，據說那裏的農民都很有錢，一年就可以賺80萬美金云云。

1953年，南北兩韓簽訂《朝鮮停戰協定》，以北緯38度為分界線，並協議在界線建立4公里闊的非武裝地帶。而「板門店」，正位處38線上。分為非軍事區「DMZ」（Demilitarized Zone）及共同警備區「JSA」（Joint Security Area），前者作為南北兩韓的軍事緩衝區，雙方軍隊都不能在區內駐守。後者以會談室直徑800米圓周的空間，由聯合國（2006年已交回南韓負責）和北韓共同守備。至2018年10月25日，南北韓雙方正式撤除JSA區的哨站、兵力和武器，改為由不佩戴武器的「板門店民事警察」負責管理，旅客只須滿足DMZ的要求便可前往參觀。

區內有嚴格的出入管制，旅客參觀必須跟隨當地的Local Tour。由於JAS需事先申請，且對服裝、拍攝等都有嚴格限制，最重要是團費貴1倍，所以一般旅客多數只參加DMZ之旅。

MAP: P.303 A1

DMZ區內有眾多紀念地標，乃遊客必影！

DMZ之旅

提供板門店參觀的本地旅行社有很多間，每間的收費和行程也差不多。行程分為一日、半日或連同JSA的一天團3款，報名時，旅行社會問你想要普通話還是英語領隊，分別都不大。DMZ之旅均為半日團，早上8點出發，旅行巴會逐一到酒店接載旅客上車（首爾市內大部分酒店），領隊在車上先簡單介紹行程，然後便向DMZ前進。

大約1個多小時便抵達京畿道坡州市板門店，第一站是臨津閣公園，旅客在此上完洗手間便匆匆離去，經過自由之橋時會有軍人上車查看，但只逗留了30秒便下車了。先到DMZ影像觀看影片，再走第三隧道，接着到都羅展望台和都羅山火車站，尾站是旅行團必備的土產店參觀，但旅客可以不購物，最後乘巴士回首爾市內解散，結束半天旅程。

旅遊巴可載45人，從首爾市中心出發，70分鐘左右即抵達DMZ。

DMZ之旅尾站是土產店參觀，筆者當日的是高麗人參公賣局，但旅客可以不購物。

非軍事區「DMZ」全寫為Demilitarized Zone，乃南北兩韓在分界線建立4公里闊的非武裝地帶。

DMZ參觀守則：

1. 參觀當日必須隨身攜帶護照。
2. 穿觀請盡量端莊，如女生不應穿着迷你裙，男生不要穿拖鞋，但牛仔褲是OK的。
3. 第三地道和都羅展望台都有拍照限制，請依領隊指示。
4. 必須跟隨領隊活動。

★I Can Tips

筆者試後心得：

1. 板門店之旅的旅行社詳情，除了上韓國觀光公社網頁，最方便是向下榻的酒店或民宿查詢，透過他們報團，部分還會有折扣優惠。像筆者報的半日團原價₩46,000，Guest House代訂只₩43,000。

2. 緊記要跟大隊行動，還要記住領隊的名字和樣貌，筆者當日在臨津閣上完洗手間後，差點便跟大隊失散，最好不要上太多次洗手間。

3. 至於推薦哪家旅行社，其實好與不好，純粹看你當天的領隊是否盡責，像筆者當日的領隊沿途幾近零介紹，反觀其他團的領隊解說詳盡又清楚。到都羅山火車站參觀時，竟然沒說購票可以到月台拍照，令大夥兒在車站大堂呆坐。

Info

Seoul City Tour
行程：酒店專車接送 → 臨津閣 → 自由之橋 → 第三隧道 → DMZ映像館 / 展示館 → 都羅展望台 → 都羅山站 → 統一村 → 市廳解散

參觀時間：0800-1430、0800-1500（包午餐）、1000-1730、0800-1630
休息：逢周一、國慶（3月1日、7月17日、8月15日、10月3日、10月9日）
收費：₩80,000-₩110,000/位
24小時報名熱線：
普通話：010-5617-9039
英語：010-4082-7451
查詢電郵：mail@seoulcitytour.net
網址：www.seoulcitytour.net
*包含午餐收費約₩55,000 / 位。

京畿道

小法國村（加平郡）

南怡島

坡州

水原、龍仁

板門店

臨津閣公園

DMZ的入口，又名「和平Nuri公園」，1972年南韓與北韓發表共同聲明後，於分界線南方7公里建造。園內展示韓戰與戰後兩韓戰爭遺物與紀念物，包括北韓資料館、和平鐘、蒸汽火車、拜望台等拍照位。

自由之橋

又名「不歸橋」，1953年停戰協議簽訂後才建成，總長83米，讓12,773名俘虜通過此橋返回南韓，橋上圍欄掛滿祈願兩韓統一的布條。

第三地道

1978年南韓政府在距離首爾只52公里的地方，發現第3條北韓軍挖掘的地道，總長1,635米，每小時可容納3萬名全副武裝的士兵進入首爾，比以往發現的地道威脅性更大。雖然北韓極力否認，但隧道內的炸藥孔卻全部朝向南方。

旅客參觀前需把行李及相機寄存，並佩戴安全帽。地道內冬暖夏涼，可讓兩人並肩而行，天花都很低矮，不小心便會撞到頭。同行的男生都要彎腰前行，全程約20分鐘，絕對步步艱辛！據說是因為北韓人見南韓人身材高大，刻意將地道建矮，讓南韓軍人要彎腰前行減慢速度。

地道深約300米，旅客可步行或乘坐單軌電車（monorail），由於電車很慢，一般遊客都是步行而已。

進入地道前，旅客需把隨身行李及相機寄存Locker。

北韓那邊出口當然早被堵塞了，旅客可以通行其中數百公尺然後折返，需時約15分鐘。

Tips

注意：隧道內禁止拍照。

地道總長1,635米，僅1.6米高，現場所見洋人彎着腰行也不停撞到頭，安全帽撞牆之聲不絕於耳，慶幸自己個子矮小！

都羅展望台

韓國境內最靠近北韓的眺望台，備有望遠鏡，可眺望北韓開城村落，但不能拍照，天氣晴朗時，可以看到北韓的松嶽山。

望遠鏡收費₩1,000，不過北方霧茫茫一片，其實看不到甚麼東西。

展望台地面畫有黃色的「拍攝線」（photo line），線內管制區禁止拍照，旅客只能站在線外拍攝。

都羅山火車站

位於分界線南方30米的火車站，乃京義線鐵路於南韓的最後一站，原本從這裏乘車便可通往平壤，再銜接西伯利亞鐵路，可一路通往歐洲。但2003年落成後，卻從未啟用！

車站外觀宏偉現代化，而且非常簇新，因為從未正式啟用。

開往北韓的火車

目前兩韓還沒有正式通車，2000年簽訂協議後，一天會有兩班火車，運送物資往開城工業區。但自2008年兩韓關係惡化後便一直停駛。

大堂還有標示一日兩班開往開城的列車時間。

提提你

京義線都羅山站車票₩400，還有紀念蓋章。

車站大堂樓底挑高，由於DMZ是軍方管制區，所以閘口由全副武裝的軍人來驗票。

站旁建有都羅山火車站紀念碑，還有一截路軌，象徵對南北韓通車的渴望。

月台上，標示都羅山站前後的臨津江及開城站。

購買車票便可以走到月台拍照，旅客都興高彩烈跑到路軌拍照。

紀念品店

每個停留的景點都設有紀念品店，最大的一間位於臨津閣公園。除了DMS的限定精品，還有板門店，甚至北韓的農產品發售。

DMS軍事禁區農民（自由村）出產的白米。10kg₩28,000、20kg₩54,000

DMZ和JAS的紀念軍蓋，一共有4款。各₩2,000

北韓名產竹子酒，絕不便宜。₩35,000

DMS軍事禁區剪下來的鐵絲網。₩15,000

天然美景處處
江原道 (강원도)

　　位於朝鮮半島的中部東側，以太白山脈為中心，東臨朝鮮東海。特別的是，被三八線分成南北兩部分，南北兩韓各佔一半。以山地丘陵為主，天然美景豐富，包括韓國最高海拔國家公園「雪嶽山國家公園」，東海岸最大的「鏡浦海水浴場」、世上最近海的火車站「正東津車站」，還有多個著名滑雪場度假村。

　　春夏繁花似錦、秋季紅葉滿山、冬季則白雪皚皚，四季景致分明而優美。2018年，境內的平昌、江陵和旌善將舉辦「2018冬季奧運會」，旅遊景點與交通配套愈趨完善，勢必成為韓國旅遊熱點。

江原道全境圖

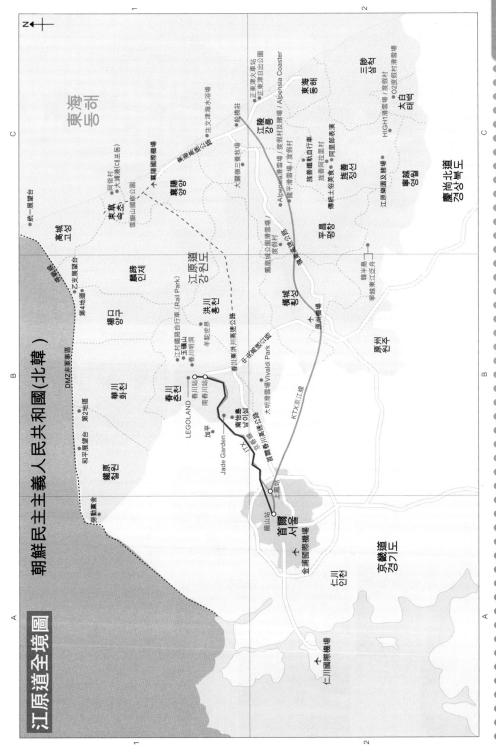

朝鮮民主主義人民共和國 (北韓)

東海 동해

江原道 강원도

慶尚北道 경상북도

京畿道 경기도

仁川 인천

三陟 삼척
大白 태백
東海 동해
江陵 강릉
旌善 정선
寧越 영월
平昌 평창
橫城 횡성
原州 원주
襄陽 양양
束草 속초
高城 고성
麟蹄 인제
楊口 양구
華川 화천
春川 춘천
鐵原 철원
洪川 홍천
首爾 서울

統一展望台
乙支展望台
第4地道
和平展望台
第2地道
勞動黨舍

DMZ北漢軍區

雪嶽山國際公園
阿洛村
大浦港 (대포항)

O2度假村滑雪場 / 度假村
HIGH1滑雪場 / 度假村
江原樂園賭場 / 度假村
傳統土佐賭場
旌善鐵路自行車
阿里郎立里村
旌善市餐食
龍平滑雪村 / 度假村
Alpensia滑雪場 / 度假村 / Alpensia Coaster
鳳凰城公園滑雪場 / 度假村

正東津人車站
正東津日出公園

Aipensia Coaster

船舶莊
注文津海水浴場

大關嶺三養牧場

統一展望台

粟州滑雪場

洪川明洞
羊範世界
玉鑛山
江村鐵路自行車 (Rail Park)

LEGOLAND
春川站
南春川站
加平
Jade Garden
南怡島
ITX青春線

龍山站
清凉里站

仁川國際機場
金浦國際機場

中央高速公路
春川東洪川高速公路
春川洪川高速公路
大明滑雪場 Vivaldi Park
洪川高速公路
嶺東高速公路
江原道 강원도
首爾春川高速公路
KTX京江線

鄂越東江江芬水

韓半島

雪嶽山國際機場

羊駝成群出走的活動「羊駝，過來！」於每天上午10:10在羊駝遊樂場舉行。

親親八卦小動物
羊駝世界（알파카월드）

　　人稱「草泥馬」的羊駝，原本是生長於秘魯高原的動物，牠其實是駱駝的一種，不過身上長滿像綿羊一樣的毛，由於外貌憨憨懂懂，又因其個性八八卦卦，不怕陌生人，故近年廣受愛戴。韓國第一個以羊駝為主題的公園便於2019年應運而生，面積超過363,600平方米，約50個足球場的大小。內裡飼養了羊駝外，還有羊、馬、兔、鹿等動物，當中的鸚鵡、長鼻浣熊、鷹更會有表演時段供遊客觀賞。公園另設「Alpaca Nature Walk」活動，讓你能親手牽著羊駝沿林間小徑散步（約15分鐘），與羊駝零距離接觸！ **MAP: P.333 B1**

食食吓飯都要望返轉頭，十分八卦。

與羊駝零距離接觸。

園內還有其他牲畜及鳥類。

商店發售的羊駝公仔造型十分可愛。

還有其他羊駝周邊商品，文件夾1,000。

公園座落於森林之中，有專為貓頭鷹和老鷹而設的飼養園。

Info

地址：江原道洪川郡華村面德八才街
　　　146-155（豐川里山53-2）
　　　강원도 홍천군 화촌면 덕발재길
　　　146-155（풍천리산53-2）
電話：1899-2250
開放時間：1000-1800（最後入場1630）；
　　　　　Alpaca Nature Walk至1700止
休息：春節、中秋節
入場費：₩18,000，3歲以下免費（Alpaca
　　　　Nature Walk₩12,000）
網址：www.alpacaworld.co.kr
前往方法：
1. 由首爾乘ITX青春列車到「春川」站，轉乘綠色巴士3號線直達。（此線路於疫情時暫停，截稿前尚未恢復，讀者宜先到官網查詢）
2. 購買旅行社或代理的一日遊套票，有專車前往羊駝世界及法國村等地區，費用約港幣$700。
3. 自行前往：於「東首爾巴士總站」（地鐵2號線「江邊」（214）站對面）乘巴士前往「洪川客運站」，車程約1小時10分鐘。再從「洪川客運站」乘綠色巴士「豐川」，車程約1小時，於「德馬才入口」（덕발재입구）站下車，步行約16分鐘抵達羊駝世界停車場，再轉乘穿梭巴士即達。（洪川郡公共交通 查詢電話：080-850-9486）

寧靜美景要塞

江陵（강릉）

位處太白山脈的東面，東臨東海，西靠大關嶺和平昌郡，歷史悠久，自古已是江原道的交通和軍事要塞，故市內文化古蹟多不勝數。現在則變成江原道著名的旅遊城市，市內擁有離海最近的火車站「正東津」、韓國保存最完整的士大夫韓屋村「船橋莊」等等，寧靜美景幾近零污染，最適合避靜充電。

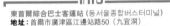

地圖標示

- 鏡浦海水浴場
- 鏡浦湖
- 船橋莊(선교장)
- 李리동
- 草堂嫩豆腐村(초당 순두부마을)
- 元祖草堂嫩豆腐
- 鏡浦池
- 江陵烏竹軒
- 江陵奧林匹克公園
- 安木海邊
- 江陵港
- 江陵站 강릉 Gangneung
- 炒漁路(교동로)
- KTX(강릉선)
- 江陵JC
- 江陵IC
- 江陵高速巴士客運站
- 南大川(남대천)
- 往正東津

交通

昔日往江陵只得高速巴士,自KTX江陵線於2017年底通車後,交通時間縮短至2小時,令江陵成為首爾近郊一日遊的熱點。

1. KTX

KTX江陵線,連接首爾站至江陵站,票價₩27,600,車程約1小時54分鐘。
網址: www.letskorail.com

2. 高速巴士

從首爾前往江陵,可於「東首爾綜合巴士客運站」乘搭長途巴士直達,車程約2.5小時。
高速巴士預約網: www.kobus.co.kr/main.do

往江陵的巴士座位舒適闊落,中途會停休息站一次給乘客上洗手間。

東首爾綜合巴士客運站。

Info

東首爾綜合巴士客運站 (동서울종합버스터미널)
地址: 首爾市廣津區江邊站路50 (九宜洞)
　　　 서울시 광진구 강변역로 50 (구의동)
電話: 1688 - 5979
營運時間: 0625 - 2300 (一日52班)
票價: ₩21,200
車程: 約2.5小時
網址: www.ti21.co.kr
前往方法: 地鐵2號線「江邊」(214)站4號出口,過對面馬路即達。

Info

江陵高速巴士客運站 (강릉고속버스터미널)
地址: 江原道江陵市Haseulra路15
　　　 강원도 강릉시 하슬라로 15 (홍제동)
電話: 033 - 641 - 3184
票價: 往東首爾₩15,000
網址: http://gangneung.dongbubus.com

江陵咖啡街
安木海邊(안목해변)

位於江陵市南岸,擁有潔白沙灘和寧靜海景,風景優美,灘旁置有大量鞦韆、雙人長椅等打卡背景。公路旁還有咖啡街,開滿20多家特色Café,被稱為江陵咖啡街(카페거리),已成周末小休的旅遊勝地。

MAP: P.336 C2

安木海邊擁有潔白的沙灘,冬天鋪滿白雪又是另一份美。

約200米長的公路旁,開滿20多家特色Café。

海天一色的美景,吸引情侶來看海打卡。

Info

地址: 江原道江陵市滄海路14街20 - 1
　　　 安木海邊
　　　 강원도 강릉시 창해로 14번길 20 - 1
　　　 안목해변
前往方法: 江陵火車站轉乘的士,車程約15分鐘。

建園主人李乃蕃，乃世宗大王兄長孝寧大君的第10代孫，現在他的子孫仍定居園內。

300年貴族家園
江陵船橋莊（강릉선교장）

　　由朝鮮時代的貴族李乃蕃修建的高級住宅，佔地廣達11,300平方呎，距今300多年歷史，是江原道保存最完整的高格調士大夫家屋，曾被KBS電視台選為「韓國十大最美韓屋村」，已被列為韓國重要民俗財產。園內以3,000多平方呎的蓮池為重心，四周建有50多間瓦頂韓屋，附設韓食餐廳、Café、土產店，並提供韓屋住宿和傳統文化體驗。加上迂迴曲折的古石牆，以及翠木豐茸的森林庭園，環境寧靜古雅，難怪韓劇《宮 野蠻王妃》、《公主的男人》、《觀相》、《黃真伊》等等都曾在這裏取景。

3,000多平方呎的蓮花池，夏季時蓮花盛放的景致更迷人。

MAP: P.336 B1

船橋莊入口對面雜貨店有售的傳統韓酒，特別在樽蓋造成陽具爺爺的酒杯。₩5,000

「活來亭」，建於蓮池上的亭子，名字源自於朱子的詩《觀書有感》中的「為有頭源活水來」。

韓屋後面都有一排煙囪，正是傳統的Ondol暖炕設計，燒柴後熱氣便傳遍屋內地板。

Info

地址：江原道江陵市雲亭巷63（雲亭洞）
　　　강원도 강릉시 운정길 63（운정동）
電話：參觀033 - 648 - 5303；
　　　體驗010-3479-3270
開放時間：夏季（3 - 10月）0900 - 1800；
　　　　　冬季（11 - 2月）0900 - 1700
入場費：成人₩5,000、
　　　　學生及65歲以上長者₩3,000、
　　　　小童₩2,000
網址：www.knsgj.net
前往方法：江陵高速巴士客運站外，乘搭往鏡浦臺方向的202號市內巴士，每20分鐘一班，至「船橋莊」站下車即達。

莊園外圍有數間農舍，屋主就在門前曬柿乾和紅豆，還叫我們慢慢拍照。

江陵船橋莊

莊內有山徑通往後山的森林，故早上常見登山人士在休息。

「悅話堂」，為男主人專用的舍廊齋，堂號取自陶淵明《歸去來辭》中的「悅親戚之情話」，門前建有西式陽台。

屋內的家具、被鋪、爐灶和擺設都一一展出。

據說建造船橋莊時門前原是鏡浦湖，由於長年泥沙堆積，湖周慢慢縮小，於是距離湖邊愈來愈遠。

屋簷上有精緻的鬼瓦，足見17世紀朝鮮貴族的品味與奢華。

東別堂，與裡齋相連的主人專用別堂，房前面有着寬廣的檐廊。

近入口處置有幾個傳統守護神「天下大將軍」雕像，樣子多有趣。

園內有多條林蔭小徑，兩旁高樹參天，登上小山崗還可俯瞰整個船橋莊。

船橋莊入口處。

270度韓屋美景
木屋Café

木屋3面裝有大玻璃窗，270度飽覽韓屋村美景。

位於森林步道入口附近的木屋Café，早上有很多剛登完山的阿珠媽在此休息。

提供各式咖啡和茶飲，水準不過不失。Cappucino、Mocha Latte各₩4,000

祝福木雕店
민속목공방

著名雕刻藝術家李榮坤開設的木雕店暨工作室，並提供各式木雕體驗。門外門內放滿奇形怪狀的傳統木雕，包括韓國傳統守護神、佛像、貓頭鷹等，全都有祝福吉祥之義。當中最搶眼還是貌似松茸的「陽具」雕刻，別怕醜！其實是韓國傳統的護身符，有健康、早生貴子之意。

老師最擅長雕刻佛像，特點是會根據木頭的形狀來造型，木紋都變成佛祖的衫紋。₩120,000

陽具木雕，乃韓國傳統的護身符，門外還有人般高的巨型陽具。各₩20,000

韓國傳統守護神，表情有趣但每個都不一樣，看得人心情也開朗。

傳統茅頂小木屋，正是著名雕刻藝術家李榮坤的工作室。

看不出來，原來李老師已經50歲了，約1小時的木雕體驗課可製作木筆、口哨或貓頭鷹。

貓頭鷹擺設，很多民族傳統中都有吉祥之意。₩12,000

Info

電話：010 - 3368 - 3973
營業時間：1000 - 1800
木雕體驗收費：₩10,000（包材料）

士大夫養生料理
李리몽

船橋莊主人世代經營的韓食餐廳，提供江陵傳統韓定食，包括草堂豆腐、大醬湯、烤魚等，看似清淡，其實是船橋莊李家士大夫世代食用的養生料理。另有4人份的「儒生桌」盛宴，收費₩20,000起，焦點是配料豐富的「神仙火鍋」。

MAP: P.336 B1

晚餐「저녁식사」，幾乎集齊江陵所有名菜，主角當然是草堂豆腐。

餐廳位於船橋莊入口旁，還附設獨立庭園。

餐廳範圍只限食客內進，格外幽靜古雅。

早餐「아침식사」，阿珠媽一大清早便準備，那大醬湯佐飯一流。

內部裝潢古意盎然，並設有多間獨立廂房。

Tips
必須1天前預訂餐點。

Info

電話：033 - 648 - 5307
膳食收費：早餐（0900-1000）₩10,000-
₩15,000；晚餐（1800-1900）
₩30,000~₩50,000
營業時間：1100-1900（1500-1700休息）
休息：逢周二
網址：www.leemong.kr

茅頂獨立屋「초가」擁有兩房一廳及洗手間，房租只W20,000 / 晚。

瓦頂韓屋「喜예헌」一棟兩戶，各有一廳一房及洗手間，房租W30,000 / 晚。

韓屋範圍內亭台樓閣，曲徑清幽，一定要早點起床來散步。

除了絹面被鋪，還有古時大家閨秀不可缺少的梳妝台。

豐儉由人
韓屋住宿體驗

園內50多間韓屋中，其中10間提供住宿體驗，有共用衛浴的廉價廂房，也有附設廚房大廳的獨棟韓屋，價格豐儉由人。內部都擁有傳統貴族家具被鋪，最重要是船橋莊晚上關門後至第2天開園前，整個船橋莊都屬於你的，筆者便特意於秋季入住，早上醒來紅葉滿山，可獨自觀賞過夠！

韓國古代治安好夜不閉戶，故門鎖只有一條鐵絲。其實晚上船橋莊大門會鎖上，大可安心睡覺。

筆者當日所住的「헹랑채」，為傳統瓦頂韓屋，內部劃分為一廳一房，睡的是傳統被鋪布團，並附設電視、冰箱、暖氣等家具，浴室則需共用。

共用洗手間就在房間旁邊，裏面有獨立衛浴，說是共用，其實不過兩戶人使用。

Info

房租：헹랑채W35,000 / 晚（2人，共用衛浴）；초정W10,000 / 晚（2人，共用衛浴）

海景火車
海洋列車
（바다열차）

從江陵到三陟沿海岸線行駛的觀光列車，途經湫岩、東海、墨湖和正東津站，綿延58公里，全程1小時20分鐘。平日兩班，周末會有3班，擁有特大窗戶，座位全部向左，乘客可以無遮無掩欣賞蔚藍的東海美景。4列藍色的車廂內裝都不一樣，其中3間「求婚室」車廂，更提供紅酒、朱古力及紀念照相服務。

藍色車身的海洋列車一共有4列車廂，2014年更新增4人的家庭車廂。

Tips

1. 特設3間「求婚室」車廂，2人收費W50,000，提供紅酒與紀念攝影。
2. 車內設有迷你電台現場直播，提供點歌服務。
3. 提供網上訂票，但只有三陟、東海、正東津及江陵站可即場買票。

Info

班次：江陵站出發1047、1441，（周末）0754；三陟站出發1202、1559，（周末）0845

票價：1、2號車廂成人W16,000、兒童及長者W14,400；3號車廂（4人）W52,000；4號車廂成人W14,000、兒童及長者W12,600

網址：www.seatrain.co.kr

《愛情雨》中年輕時的仁河和荷娜，正是乘坐舊式火車「無窮花號」，通過正東津海岸線。

正東津本是個鄉郊小車站，因韓劇取景而變成浪漫地標，吸引亞洲各地粉絲來朝聖。

月台豎有當天日出時間，以供旅客參考。

候車大堂牆上貼有明星照片和簽名。

離海岸最近的車站
正東津火車站
（정동진）

因位於首爾光化門正東邊位置而得名，乃全韓國距離海岸最近的火車站，以日出與海岸線美景聞名，又因韓劇《沙漏》與《愛情雨》曾在此取景而名揚全國。每年元旦都吸引全國各地旅客湧來迎接東海第一道曙光，Korail特設兩班「日出列車」，每晚從首爾出發，約7小時車程抵達正東津，正好趕上旭日東昇。

MAP：P.333 C2

車站內提供男女站長服飾供旅客穿着拍照，認真體貼。

月台一隅築有心形地台，裏面的石頭都寫滿情侶的綿綿情話。

進入月台需購車票，每逢假日都濟滿觀賞日出的旅客。

---Info---

地址：江原道江陵市江東面 正東津里
강원도 강릉시 강동면 정동진리
網址：www.ti21.co.kr
前往方法：
於首爾「清涼里」站乘搭「無窮花號」至「正東津」站，車程約5小時。最方便快捷的方法是，於「東首爾綜合巴士客運站」（2號線江邊站）乘搭往東海的長途客運，車程只2小時50分鐘。若從「江陵」火車站出發，車程約10分鐘。

浪漫海岸線
正東津日出公園（정동진 해돋이공원）

離海岸最近的正東津站，本身地理位置已夠浪漫，旁邊還有個迷你白沙灘，擁有茂盛的松林間，配襯蔚藍的大海，常見一雙一對的戀人依偎美景中，景致更迷人。人氣綜藝節目《我們結婚了》的紅薯夫婦都有來過。

MAP：P.333 C2

沿沙灘置有一排排的座椅，成為戀人依偎賞景的地方。

沙灘置有各式雕塑和紀念像，乃拍照位。

風景如此優美，與情人把臂漫步最一流！

---Info---

地址：江原道江陵市江東面 正東津里
강원도 강릉시 강동면 정동진리
電話：033 - 640 - 4533
前往方法：從「江陵」火車站出發，車程約10分鐘。

江陵名吃

草堂嫩豆腐村（초당 순두부마을）

「嫩豆腐」（순두부）乃江陵名吃，研磨好的豆漿經歷多道工序加工後，特別加入東海岸的海水冷卻凝固而成，令豆腐格外柔嫩爽口。呈布丁狀的嫩豆腐湯不經調味，原汁原味，吃時加些少醬油已夠滋味。位於江陵市的「草堂洞」正是專賣嫩豆腐的村落，村內聚集了十數家豆腐餐廳。

MAP: P.336 B1

村內隨處可見制作豆腐的機器。

豆腐村入口。

Info

地址：江原道江陵市草堂洞
　　　강원도 강릉시 초당동
前往方法：「江陵高速巴士客運站」或「江陵」火車站，搭乘的士前往，車程約15 - 20分鐘。若從「江陵高速巴士客運站」搭乘往草堂的巴士，車程約需40分鐘，每30分鐘一班。

真正草堂老店

元祖草堂嫩豆腐（원조초당순두부）

草堂嫩豆腐村內，每家餐廳店面都貼滿大堆傳媒報道，但的士司機大叔卻推薦「元祖」，說它才是真正老店。製豆腐用的海水都抽取自東海深海，口感特別香甜柔軟。菜單只得3道：嫩豆腐白飯、豆腐泡菜和嫩豆腐煎骨（豆腐鍋），皆份量十足，吃後滿口香豆，甚受本地人歡迎。

MAP: P.336 B1

豆腐泡菜（두부김치），原塊豆腐，原汁原味，吃時蘸點醬汁，入口軟嫩爽滑，且豐富豆香。
₩5,000

店家提供豆渣給食客免費取用，很多主婦都拿回家煮晚餐。

一煮滾辣粉化開便成辣豆腐鍋，碎碎的嫩豆腐看似粗糙，入口卻軟嫩，味道香辣惹味，愈吃愈起勁。

傳統韓式食堂格局，食客都是附近的街坊。

嫩豆腐煎骨（순두부전골），即是辣豆腐鍋，鍋內配料包括嫩豆腐、多款草菇、粉絲、韮菜等，另加大堆配菜，份量超豐富。₩8,500

店前設有草菇傘的露天茶座，四周高樹參天，環境怡人。

「元祖」位於草堂嫩豆腐村入口附近，招牌印有老闆娘照片。

Info

地址：江原道江陵市草堂洞309 - 4
　　　강원도 강릉시 초당동 309 - 4
電話：033 - 652 - 2660
營業時間：0700-2000
休息：春節、中秋節
消費：約₩5,000 / 位起
網址：https://wcsdb.modoo.at
前往方法：「江陵高速巴士客運站」或「江陵」火車站，搭乘的士前往，車程約15 - 20分鐘。若從「江陵高速巴士客運站」搭乘往草堂的巴士，車程約需40分鐘，每30分鐘一班。

純樸漁港

束草 (속초)

位於朝鮮半島的東北部，韓戰後出生的原北韓人都選擇離家鄉最近的束草市定居，使得小小的漁港人口激增。座落雪嶽山的登山口，得天獨厚擁有零污染的天然美景，景點處處，加上民風純樸、步調緩慢，未受旅行團破壞，一直是登山愛好者和攝影迷的至愛。經典電影《春逝》與神劇《藍色生死戀》都以此為背景。

《藍色生死戀》取景地：阿爸村
俗稱「阿爸村」的青湖洞，乃韓戰時許多朝鮮人避難的地方，因經典韓劇《藍色生死戀》在此取景而聞名。要前往，必需乘坐劇中宋慧喬每天乘搭的木筏街渡，木筏沒有船夫，須由搭客拉引鐵鍊令船隻前進。

Info

地址： 江原道束草市青湖洞
강원도 속초시 청호로 122 (청호동)

前往方法： 乘坐7 - 1或9 - 1號公車至「市廳」站，再步行5分鐘至青湖洞，乘乘渡船即達。

提提你

속초관광수산시장

여기는 어물전골목 입니다

부부젓

부부

631-0

交通

前往束草交通：

從首爾前往束草，可於「東首爾綜合巴士客運站」或江南的「高速巴士客運站」乘搭長途巴士，尤以前者車程較快，班次也較多。

1.東首爾綜合巴士客運站 (동서울종합버스터미널)

每小時都有多班車前往束草，不懂韓語，可以將「束草」的中文或英文名寫給售價處櫃台職員便可。

「首爾綜合巴士客運站」位於地鐵2號線「江邊」站，提供往京畿道、江原道、慶尚南道等全國各地的巴士路線。

根據車票上的號碼到登車閘口入閘，最好問清楚職員是哪一台巴士。

車票上印有發車時間、登車閘口及座位編號。

巴士座位舒適闊落，中途會停休息站一次給乘客上洗手間，但大部分乘客都一睡到尾。

Info

地址：首爾市廣津區江邊站路50 (九宜洞)
　　　서울시 광진구 강변역로 50 (구의동)
電話：1688 - 5979
營運時間：0625 - 2300 (一日52班)
票價：往束草₩17,300
車程：約1.5小時
網址：www.ti21.co.kr
前往方法：地鐵2號線「江邊」(214) 站4號出口，過面對馬路即達。

2.高速巴士客運站 (강남고속터미널)

Info

地址：首爾市瑞草區盤浦1洞162番地
電話：02 - 534 - 6030
營運時間：0630 - 2330 (一日36班)
車程：約2.5小時
票價：往束草 (日間) ₩17,000、
　　　(夜間) ₩18,700
網址：www.kobus.co.kr
前往方法：地鐵3、7、9號線「高速巴士客運」(339 / 734 / 923) 站，3、4、7或8號出口。

束草市內交通：

注意：束草市一共有兩個長途客運站：從「東首爾」出發，抵達的是「束草市外巴士客運站」；而從江南「高速巴士站」出發，抵達的是「束草高速巴士客運站」。市內交通就只有巴士和的士。

1.束草市外巴士客運站 (속초시외버스터미널)

客運站面積不大，班次資料都貼在牆上，惟職員只懂韓語，有需要可請旅客服務中心職員幫忙。

「束草市外巴士客運站」位置較近束草觀光水產市場及燈塔，站外有旅客服務中心，以及往雪嶽山國立公園的公車站。

Info

地址：江原道束草市東明洞261 - 16
　　　강원도 속초시 장안로 16
電話：033 - 633 - 2328
網址：www.sokchoterminal.com/index.php

2.束草高速巴士客運站 (속초고속버스터미널)

Info

地址：江原道束草市東海大路3988號
　　　강원도 속초시 동해대로 3988
網址：http://sokcho.dongbubus.com

3.的士

若果同行有數人，只在市中心遊覽，可找的士包車，每小時收費約₩15,000。但留意當地司機只懂韓語，最好出發前先請酒店或觀光中心職員寫下目的地之地址。

筆者找民宿老闆預早寫下詢問包車的韓語，上車便交給司機。

賣生猛海鮮的市場，兩旁開滿30、40檔海鮮攤，環境整體。

東海海產總匯
大浦港水產市場
（대포동 수산시장）

　　背靠雪嶽山腳、面臨東海的遼闊港口，尤其盛產比目魚、甘青魚、松葉蟹和魷魚等。《藍色生死戀》熱潮過後，大浦港一度衰落，前年改建成觀光市場，又再度熱鬧起來。有蓋的新市場一分為二，一邊賣乾貨、一邊賣生猛海鮮，兩旁開滿30、40檔海鮮攤，環境整齊衛生。來自東海的海產，價格比首爾便宜一半，旅客挑選完海鮮，可以拿到附近的海鮮餐廳即時烹調，還有許多便宜又好吃的道地小吃攤。其實寧靜的魚村港口也值得漫步一遊，沿岸海水清澈見底，不時看到漁民在修補漁具或曬魚乾，正好感受當地人的生活。

MAP：P.344 B1

略帶酒意的漁販大叔！

水產市場外圍馬路旁開滿海鮮餐廳，可把市場買來的海鮮拿到餐廳加工。

港口沿岸海水清澈見底，遠眺海天一色，美得沒法說話。

細看岸邊石面原來鋪滿青口，隻隻圓潤碩大，真想即時開來吃。

空地隨處可見漁民晾曬的魚乾和魷魚，充滿漁村風味。

Info

地址：江原道束草市大浦洞
　　　강원도 속초시 대포동
電話：033 - 635 - 2003
營業時間：海鮮餐廳24小時、
　　　　　　小吃攤約1000 - 1900
前往方法：束草高速巴士總站對面，乘坐1、3、5、7或9號公車，於「大浦港」站下車即達。

有圖有真相，海水真的澄清見底。

新市場一分為二，這邊是乾貨和小吃攤的入口。

笑容滿臉的老闆娘完全沒阿珠媽的強悍，見筆者是外國人更猛請我們吃道地小吃。

很多韓國餐廳都會提供Memo紙給客人留言，連小吃攤也有。

煎魷魚米腸（오징어순대），表面微微酥脆，魷魚彈牙鮮甜，中間的糯米飯軟糯又惹味，蘸點醬油和辣醬，滋味非常。₩5,000 / 份

煎魷魚米腸
혜영이네

　　的士司機大哥推薦的人氣小吃攤，專賣魷魚米腸、天婦羅炸蝦等道地小吃，炸物都以新鮮海產炮製，賣得快也特別新鮮。招牌魷魚米腸，將釀滿糯米飯的魷魚筒切片，再下鑊煎香，入口外脆內軟糯，好吃至停不了口。

剛剛炸好的天婦羅芝麻葉，味道清新又脆口。

剛剛蒸熟的魷魚米腸，外形脹卜卜，其實已夠好吃。

Info
地址：江原道束草市大浦洞964
　　　강원도 속초시 대포동964
營業時間：約1000 - 1900

韓國第一名山
雪嶽山國家公園
（설악산국립공원）

　　佔地373平方公里，主峰「大清峰」海拔1,708米高，擁有逾1,400種動植物，包全韓獨有的紅松。園內山峰直立雲霄、伴隨溪谷流水，山水相映，奇岩峻石，美若天上宮闕。景點包括六連瀑布、文殊潭、金剛窟、釋迦峰等，每逢秋季滿山紅楓景致更浪漫，乃韓國最著名的國家公園，1982年更被聯合國指定為生物保存區。遊覽雪嶽山有多條登山路線，由半日到1天都有，其中權金城（纜車）線最人氣，也最輕鬆，需時只1至2小時。

Tips
I Can
遊覽須知
1. 雪嶽山地區常有暴雨、大雪等突發天氣，登山路線會隨之暫時封閉：出發前請上國家公園網站確認天氣狀況。
2. 禁止野炊，但可攜帶熟食。

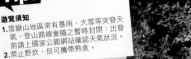

雪嶽山乃韓國最早被楓葉染紅之處，紅葉錯落有致，景觀醉人。

前往飛龍瀑布途中，會看到6個水潭，合稱「6潭瀑布」，景色秀麗。

由於山上積雪長年不溶，岩石像雪一樣白，所以名為「雪嶽」。

Info
入場費：神興寺門票₩ 2,500
權金城纜車車費：往返₩8,500
網址：www.knps.or.kr
前往方法：
束草市外巴士客運站（속초시외버스터미널）或束草高速巴士客運站（속초고속버스터미널），搭乘7或7 - 1號公車，於「雪嶽山」站下車，車程約40 - 50分鐘。若乘搭的士約需25分鐘，車費約₩14,000。

雪嶽山山勢巍峨，可分為外雪嶽、內雪嶽和南雪嶽。

MAP: P.344 A1

呈長方形的水產市場築有玻璃天幕，地方光猛，兩旁約有過百攤販，叫賣聲不斷，熱鬧非常。

道地手信小吃
束草觀光水產市場
（속초관광수산시장）

40年歷史的傳統市場，位於青海湖附近的中央洞，60 - 90年代盛極一時，素有「雪嶽羅迪歐街」之稱。面積比大浦港更大，售賣生猛海鮮的攤檔超過百攤，連同外圍四通八達的通道，開滿售賣魚乾、泡菜、蔬菜的攤販，還有大量道地特產小吃，買手信一流。當地名吃包括醬雞塊、魷魚米腸，以及雞泡魚乾。從早到晚摩肩接踵，人聲鼎沸，充滿韓國人的活力。

MAP: P.344 C1

市場有多個入口，附近便是阿爸村渡船碼頭，旅客大可順道同遊。

魷魚米腸

束草港盛產的紅腳蟹，蟹肉鮮甜，本地人喜歡用來煮湯或火鍋。

碩大甜美的本地巨峰提子，只售₩5,000盆。

各式魚乾乃束草特產，價格便宜。

市場內分為乾、濕貨區域，地方整潔光猛，很多首爾阿珠媽媽都會專程來掃貨。

市場內的人氣魷魚米腸專門店，魷魚肥大肉厚，糯米飯香甜，筆者只站了3分鐘，已見老闆賣出24隻。

剛出爐的魷魚米腸。₩10,000 / 3隻

Info

地址：江原道束草市中央洞471 - 4
강원도 속초시 중앙동 471 - 4
電話：033 - 633 - 3501
前往方法：乘坐7 - 1或9 - 1號公車至「市廳」站，再步行8 - 10分鐘。

江原道 / 江陵 / 束草 / 春川 / 原州 / 旌善 / 平昌

雞泡魚乾

東海盛產漁獲，市場內尤以海產魚乾馳名，必買推介是雞泡魚乾，售價比首爾便宜一半！

₩10,000 / 3包

道地炸蔬菜

專售自家酥炸的蔬菜片，包括蓮藕、海藻、牛蒡、紫菜、辣椒等，香港少見，口感酥脆不油膩。

綜合炸蔬菜片
₩10,000 / 包

醬雞塊

束草名物「醬雞塊」（닭강정），入口脆脆的，味道甜辣，尤以白色紙盒的「만석닭강정」最馳名，韓國人都一箱箱買來送禮。
₩16,000 / 箱

超大碗海鮮刺身麵
봉포머구리집

Tips 注意：韓國人吃的綜合刺身包括帶刺的小海魚，吃時請小心魚刺！

束草乃江原道著名漁港，各式海產新鮮又便宜。這家位於束草市北部的街坊海鮮食堂，卻是當地名店，網上食評更大力推薦，皆因招牌「海膽海參綜合海鮮冷麵」（성게 해삼 모듬물회），那湯碗大如洗面盆，份量豐富得誇張，卻只售₩12,000。另新鮮海膽拌飯也不過₩10,000，大件夾抵吃又夠地道！ **MAP: P.344 C1**

海膽拌飯（성게알밥），賣相雖不討好，但熱飯把海膽溶掉，混合紫菜豆芽入口，鮮甜味美，口感豐富，還有陣陣海水味，強烈推介！₩10,000

入口處的潛水員裝束乃餐廳的招牌。

內部是傳統街坊食堂格局，但在束草市無人不識。

海膽海參綜合海鮮冷麵（성게 해삼 모듬물회），幾乎是每枱必點，份量超誇張，包括約4款時令海魚刺身、魷魚、海膽、海參、鮮海藻等，底層鋪滿碎冰，吃時混合麵線即成。魷魚彈牙爽口，惟橙色的海鞘肉略腥。而紅色的湯汁看起來嚇人，其實不辣，味道酸酸的，不過筆者冬天時只覺愈吃愈凍，而且根本吃不完。₩12,000 / 位

食堂為單層式平房，門前還有偌大的停車場，足見有多人氣。

Info

地址：江原道束草市永郎洞148 - 58
　　　강원도 속초시 영랑동 148 - 58
電話：033 - 631 - 2021
營業時間：0940 - 2130
網址：www.봉포머구리집.kr/main
消費：約₩10,000 / 位起
前往方法：
從束草燈塔乘的士，車程約5分鐘。乘7或7 - 1號綠色公車，於「미래지동차」站下車即達。
GPS：38.220435 128.591408

盡覽東海美景 MAP: P.344 C1
束草燈塔展望台
（속조등대전망대）

又名「靈琴亭束草燈塔」，因海浪打在石山聲如琴聲般奇妙而得名。純白色塔身雖不高，但座落束草港北隅岩磐上，登上展望台，可盡覽束草市、東海，以至雪嶽山、金剛山一帶自然風光，也是江原道觀賞日出的勝地。

燈塔矗立束草港北隅的岩磐上，旅客可沿鐵梯拾級，登上塔頂及展望台賞景。

燈塔居高臨下，東海至雪嶽山美景盡收眼底，附近還有多家道地海鮮餐廳。

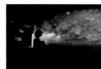

內部展出燈塔模型及設備，還有弧形屏幕播放燈塔的日夜美景。

燈塔四周建有觀景木板平台，早上還可觀賞日出。

─ Info ─
地址：江原道束草市永郎洞 1 - 7
　　　강원도 속초시 영랑동1 - 7
電話：033 - 633 - 3171
開放時間：燈塔內部1000 - 1700
入場費：免費
前往方法：「束草市外巴士客運站」步行約15
　　　　　　分鐘，若乘的士，車費約₩3,000。

燈塔最早建於日治時代，2010年經過翻新，底座加建玻璃外牆和展覽室。

戀人散步勝地
浪漫街道
（낭만가도）

為方便旅客欣賞東海美景，江原道政府特別於縣內沿岸各市海岸，興建完善的臨海步道，從北部高城開始，途經束草、襄陽、江陵、東海至三陟市，全長240公里，取名「浪漫街道」。而束草燈塔北面的海濱街道，正屬於浪漫街道的束草段，海天一色美不勝收。

MAP: P.344 C1

東海沿岸波浪濤天、洶湧澎湃，氣勢非凡。

沿岸居民在路邊曬鹹魚，充滿漁村氣息。

途經遼闊的沙灘，蔚藍的海水跟天空連成一線，像南國度假小島。

「浪漫街道」沿岸築有精緻的步道和觀景平台，全長一共240公里。

最有趣的是沿路的洗手間都設計獨特，像束草段便以束草燈塔為主題，十足一座城堡。

─ Info ─
前往方法：「束草市外巴士客運站」步行
　　　　　　約15分鐘，若乘的士，車費
　　　　　　約₩3,000。

每層都擁有面海落地大玻璃窗，老闆
就在窗前邊喝咖啡邊賞景。

入口處設有小酒吧，晚上會供應酒精。

小木屋咖啡
店座落「浪
漫街道」
旁，2樓景
觀更佳。

House Coffee，老闆娘Hand Drip，酸度恰到好
處，香醇濃郁。₩4,000

海景咖啡店
람세스

　　「浪漫街道」沿岸有很多景
觀餐廳和Coffee Shop，這家距離
束草燈塔約10分鐘步程。兩層高
歐洲森林小木屋，擁有面海落地
大玻璃窗，坐在窗前，180度無
邊東海美景盡入眼簾，難得店主
兩夫婦的咖啡亦甚有水準，且收
費便宜。即使不會説英語，仍努
力和筆者溝通，更仗義找來一台
的士，感激不盡！ MAP: P.344 C1

Info
地址：강원도 속초시 영랑해안길163 (영
랑동)
電話：033 - 631 - 5550
營業時間：1000 - 2100
消費：約₩4,000 / 位
前往方法：束草燈塔徒步約10分鐘。

雪嶽山入口
雪嶽日出公園
（속초설악해맞이공원）

　　位處雪嶽山入口的海岸邊，又名「內
勿淄」，相傳朝鮮時代學者宋時烈流放巨
濟島途中，在此地遇上天降暴雨，將村莊
淹沒，因而得名。面積廣達20,952平方
米，公園內綠蔭蔥蘢，背靠雪嶽山，前擁
天一色的雪嶽港美景，景致醉人。並置
滿30多件以東海為背景的雕塑作品，若然
沒時間登山，不妨順道一遊。 MAP: P.344 B1

雪嶽山國家公園入口有一矮矮的
觀光塔，但登上塔頂視野極佳。

雪嶽港兩條提岸一共有兩座燈塔，
一紅一白，海鷗飛舞更覺浪漫。

園內置滿30多件以東海為背景的雕塑作品，
前面便是遼闊的海景。

公園旁便是雪嶽港，面對蔚
藍的東海，浪潮洶湧澎湃，
常有旅客來觀浪。

園內綠意盎然，配上藍天白雲
和雕塑，景致怡人。

Info
地址：江原道束草市東海大路3664號 (大浦洞)
강원도 속초시 동해대로 3664
(대포동)
電話：033 - 635 - 2003
開放時間：24小時
網址：http://sokchotour.com
前往方法：束草高速巴士客運站 (속초고속
버스터미널) 對面，搭乘1、7或
9號公車，於「雪嶽日出公園」站
下車，車程約10分鐘。

雪嶽山黑熊雕塑，正正守在雪嶽山國家公園的入口處。

韓流發源地
春川 (춘천)

　　江原道的首府城市，是韓國眾多小說與歌謠中，傳頌浪漫與回憶的地方。座落北漢江及昭陽江匯合的盆地中央，湖光山色景致秀麗，且節慶活動眾多，每年秋季舉行的「春川馬拉松」更是全國焦點。加上LEGOLAND開幕後，更吸引大批遊客前來，令這個地方更熱鬧。春川又以雪景聞名，因經典韓劇《冬季戀歌》在此取景而廣為人認識，故有「韓流發源地」之美譽。

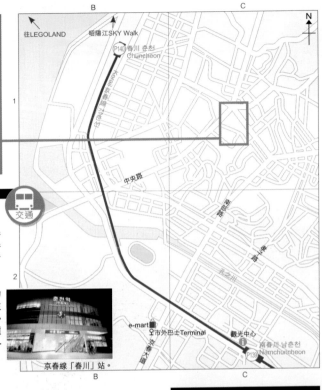

交通

1. 首都圈電鐵中央線「上鳳」（K120）或「忘憂」（K121）站，轉乘Korail京春線（ITX青春號）至「南春川」（P139）或「春川」1小時53分鐘，到站後再步行10至18鐘。

2. 地鐵2號線「江邊」（214）站的「東首爾巴士客運站」，乘搭往春川的長途客運，於「春川市外巴士Terminal」下車，每10分鐘一班，車程約1.5小時。（0600 - 2210營運）

京春線「春川」站。

春川天空步道
昭陽江Sky Walk（소양강스카이워크）

　　座落春川的衣巖湖，以玻璃打造的透明觀景橋，全長156公尺，號稱「韓國最長玻璃橋」。由岸邊一直延伸至湖中的斑鰶魚雕像前，走在橋上十足漫步湖面。日間盡覽海天一色的湖景；夜間橋身亮起七彩燈光，景致更浪漫，以後遊春川又多一個靚景點選擇！　**MAP: P.352 B1**

晚上加上七彩燈光效果，又變成戀人拍拖勝地，注意冬季夜間暫停開放。

橋身距離江面只有7.5米，春季湖面起霧猶如仙境一樣。

Tips

1. 入場遊客需穿上鞋套。
2. 為免毀損玻璃，禁止使用登山杖。
3. 遇大雪、豪雨或強風預報暫停開放。

玻璃橋全長156公尺，使用4cm厚的特製強化玻璃製造，號稱「韓國最長玻璃橋」。

入口處為一旋渦狀的裝置，抬頭一望藍天白雲，景致開揚。

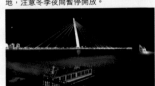

Info

地址： 江原道春川市市嶺西路2675（槿花洞）
　　　강원도 춘천시 영서로 2675（근화동）
電話： 033 - 240 - 1695
開放時間： 11-2月1000-1730
入場費： 成人₩2,000、青少年₩1,500、兒童₩1,000
網址： http://tour.chuncheon.go.kr
前往方法： Korail京春線「春川」站1號出口對面，轉乘11、12、31、102或150號巴士，於「소양강처녀상」（昭陽江少女像）站下車。

江村Rail Bike乃《Running Man》第144集的任務場所。

踏着自行車沿鐵軌前進，兩旁盡是碧綠色的河流和茂密山森，即時暑氣全消。

《Running Man》鐵道自行車
江村Rail Park（강촌레일바이크）

　　近年「鐵道自行車」（Rail Bike）在韓國大行其道，很多地方都有得玩，但江村Rail Park卻是最有名的一個，皆因《Running Man》和《我們結婚了》都曾在此取景，即時熱爆全韓！2012年開幕，利用日治時代的運煤鐵道改造而成，全長8.2公里，途經3個車站，一共有兩條路線，其中以金裕貞站至江村站一段最受歡迎，因為下坡路較多，沿途風景優美，涼風撲面，踏畢全程不過50至60分鐘。

MAP：P.333 B1

Tips

1. 鐵道自行車有人數限制，每日一半門票於現場販售，也可線上預約，但只提供韓語服務。
2. 兩條路線是方向相反，中途會在休息站停留10-15分鐘。
3. 每2小時一組Rail Bike出發，人數滿了，就要等下一班。
4. 金裕貞及江村站路線為單程，但提供免費巡迴巴士接送返回原出發站。

自行車分2人或4人座，每2小時一組，一架跟住一架出發。

沿途設有大會攝影機，旅客可在終點購買回自己的相片。₩6,000-10,000

全車設有1個煞車手掣，剛起步時感覺車身不輕，必需合眾人之力踏看，但下坡路便爽了。

金裕貞乃韓國著名文學家，故Rail Park以書本為主題設計。

每組車隊中途會在休息站停留10-15分鐘，月台還有各式小吃攤。

途經稻田、翠綠山林和溪流美景，涼風撲面吹來，愈行愈快！

途中，更會穿過多條隧道和鐵橋，風景多變化，冬天雪景又是另一種美。

尾段駛進漆黑的隧道，突然響起強勁的《Gangnam Style》，加上迷幻燈光，氣氛即時high爆。

Info

地址：江原道春川市新東面甑里323-2
　　　강원도 춘천시 신동면증리323-2
　　　（김유정로1383）
電話：033-245-1000
營業時間：0900-1700
　　　（11-2月1030-1630）
收費：2人座₩35,000／4人座₩48,000
網址：www.railpark.co.kr
前往方法：乘搭Korail京春線（ITX青春號）至「金裕貞」（김유정역／P138）站下車，再徒步5分鐘即達。

《那年冬天》中，宋慧喬所住的歐式紅磚大屋，正是位於入口處的拍攝紀念館。

近年人氣韓劇《那年冬天風在吹》正在此取景

《那年冬天》浪漫庭園
Jade Garden（제이드가든 수목원）

2011年開幕，佔地16萬平方米的歐式花園，以「森林內邂逅的小歐洲」為概念，保持住原有溪谷的天然地形，同時種滿3,500多種植物，包括稀有植物「萬病草」。翠木豐茸之中，建滿歐式風格建築，風光旖旎，素有「小歐洲」之稱。園內分為天空花園、Wedding Garden等24個不同風格的主題庭園，其中以意大利小鎮為藍本的「意大利花園」，正是人氣韓劇《那年冬天風在吹》、《愛情雨》、《浪漫滿屋2》及電影《寵物情人》等的取景地。園內到處都是一雙一對的戀人，浪漫到不得了！

MAP: P.333 B1

入口另一邊還有紀念品店，專售自家品牌的小盆栽、香薰製品和獨家韓劇精品。

花園依山勢而建，還有多個天然湖泊，不時看見小松鼠走過，構成如詩美景。

建有多條小徑穿梭整個花園，一班阿珠媽走完便在樹下乘涼野餐。

整個園區帶有濃厚的歐州小鎮味道，地下鋪滿松樹木碎，傳來陣陣撲鼻樹香。

園內種滿3,500多種植物，四季花卉爭妍鬥麗，簡直是攝影迷天堂。

紀念館2樓餐廳「The Cabin」的窗前，還掛着劇中趙寅成送給宋慧喬的羽毛風鈴。

━ Info ━

地址： 江原道春川市南山面西川里山111
강원도 춘천시 남산면 서천리산111번지
電話： 033 - 260 - 8300
開放時間： 0900-1800（1730停止入場）
入場費： 4 - 11月₩8,000；12 - 3月₩6,000
網址： www.instagram.com/jadegardenkorea
前往方法： 逢周六、日及假期，於Korail京春線「崛峰山」（P.135）站設有免費接駁巴士，1045 - 1645營運，每小時一班，車程10分鐘。

江原道市中心

春川明洞
（춘천 명동）

MAP: P.352 A1

位於春川市心臟地帶的朝陽洞，街上開滿著名的韓妝店、服飾、速食和夜店，熱鬧如明洞大街而得名，也是江原道最熱鬧的購物商街，因《冬季戀歌》曾取景而聞名全韓。值得留意的是，春川物價比首爾低，所以部分商品售價會比首爾便宜。

春川明洞昔日因《冬季戀歌》而成為旅遊景點，現在街上仍置滿《冬》劇的劇照和介紹。

各大著名韓妝店、人氣連鎖店俱備，跟首爾的明洞不相伯仲。

春川明洞面積不大，但商店集中，乃江原道年輕人逛街購物的熱點。

—— Info ——
地址：江原道春川市朝陽洞
　　　強原道 춘천시 조양동
電話：033 - 250 - 3322
網址：http://tour.chuncheon.go.kr
前往方法：Korail京春線「春川」站1號出口，徒步約18分鐘（約1.4公里）；或在1號出口旁，乘搭「12 - 1」號公車，至「國民銀行」（국민은행）站下車即可。

擁有個浪漫名字的傳統市場，位置就在春川明洞盡頭。

場內以服飾和日用品店居多，外圍則開滿小吃、乾貨和水果，可感受本地人的生活。

別以為傳統市場的服飾一定老土，其中一家韓服店便設計時尚，都是老闆娘的設計。

8大觀光市場

春川浪漫市場（춘천낭만시장）

位於春川明洞盡頭的傳統市場，原名「中央市場」（강릉중앙시장），始於60年代，乃韓戰後春川市地區最早的市場。起初主要售賣美軍部隊流出的物品和地區農產，90年代因大型超市出現而一度變得衰落，直至2010年蛻變成觀光型市場，並更名為「春川浪漫市場」又再度熱鬧起來，更被選定為全國8大「文化觀光型市場」之一。市場內售賣各式生活雜貨，如服飾、韓服、棉被、小吃等，當中在街口賣水果的「胖阿姨」，永遠笑臉迎人，被網友一致讚好，還會說幾句中文。

MAP: P.352 A1

本地農產都很新鮮便宜。柿₩2,000 / 個

在網上大人氣的「胖阿姨」就坐鎮水果店中，還會說幾句中文。

市場面積不算大，天花奇怪地掛滿Disco Ball，還有《冬季戀歌》的Q版漫畫壁畫。

—— Info ——
地址：江原道春川市中央路2街
　　　강원도 춘천시 중앙로2가
前往方法：Korail京春線「南春川」站轉乘8、9號市區公車，約10 - 15分鐘車程。

必吃春川名物
春川明洞辣炒雞巷弄
（춘천명동닭갈비골목）

入口處有雞形路牌為記。

將以辣醬醃好的雞肉塊，加入大白菜、洋蔥、年糕等，放到鐵板上生炒，便是春川名吃「辣炒雞」（닭갈비）。春川明洞旁有一條小巷弄，兩旁開滿20多家辣炒雞店，傳來陣陣雞肉香，正是春川市最有名的「辣炒雞巷」。

MAP: P.352 A1

春川明洞旁的另一邊入口。

連地上都鑲有「辣炒雞巷」銅牌。

Tips

辣炒雞按照春川市規定的統一定價，因此各餐廳價格都一樣。

─Info─

前往方法：春川明洞旁。

米芝蓮推介老店
明洞1號辣炒雞排
（명동1번지 닭갈비 막구수）

店面2001年曾裝修，內裝通爽舒適，有傳統座席也有洋式座席。

辣炒雞巷每家店水準都大同小異，唯獨這家最人氣，每逢飯市例必大排長龍，乃開業90年老字號，連《米芝蓮》都有推介。秘製醃料味道平衡，雞肉嫩滑得來帶嚼勁，鹹甜辣味俱全，大班朋友拿着鐵鏟，不停翻炒，熱辣辣、滋滋作響，極有氣氛！好吃秘訣在於樓面的阿珠媽，金晴火眼看管每枱食客的炒雞，甚麼時候翻炒甚麼時候吃全由阿珠媽發施號令。雞肉愈炒愈入味，吃剩的配料還可加入白飯造成炒飯，更滋味無窮。

MAP: P.352 A1

最正宗的吃法是像烤肉般，加點生蒜和辣醬以生菜包裹，再配杯冰凍的啤酒便一流了。

其他店的樓面都是年輕人，這裏則全是阿珠媽，炒雞技術老到。

招牌芝士辣炒雞（치즈닭갈비），配料包括大白菜、番薯和年糕，生炒的雞肉剛剛熟，嫩滑彈牙又鮮甜，味道辣得來帶番薯的甜味，惹味非常。₩14,000 / 位（圖為2人份）

吃剩三分之一時，可點炒飯或炒麵，阿珠媽會加入生菜、豆芽、紫菜和辣醬做炒飯，飯粒乾身又惹味，另炒麵也不錯。炒飯或炒麵各₩3,000

明洞1號店面是辣炒雞巷中最大的。

─Info─

地址：江原道春川市朝陽洞131 - 9番地
강원도 춘천시 조양동131 - 9번지
電話：033 - 256 - 6448
營業時間：1000 - 0100
休息：每月第3個周三、新年及秋夕
消費：約₩10,000 / 位起
前往方法：辣炒雞巷中段轉角處。

隱世桃園
寧越 (영월)

三面環水的「仙巖村」，東高西低的山脊上有茂密的林木覆蓋，形狀像極韓半島，維妙維肖！

寧越登山熱點
仙巖村 韓半島地形
(선암마을 한반도지형)

　　位於江原道南部太白山區的「寧越郡」(영월)，正是南漢江的上游地帶，崇山峻嶺間有多條支流，形成無數的河谷美景。其中西面甕亭里的「仙巖村」，三面被東江環繞，地勢東高西低，從對面的五間齋眺望，恰似朝鮮半島地形，經KBS電視台旅遊遊戲節目《1N2D》(兩天1夜)介紹後，忽然聲名大噪，即成人氣登山景點。

　　要一睹「韓半島」全貌，必須爬上五間齋的小山，現場一共有兩條山徑，最短的只有1.6公里長，沿路樹影婆娑，山路蜿蜒好走。不消15 - 20分鐘即抵達五間齋海拔270米的瞭望台，整個「韓半島地形」盡入眼簾，碧綠色的河水，環繞東高西低的山脊，構成如詩美景！

MAP: P.333 C2

五間齋山徑建有精緻木樓梯，還有地圖介紹。

最後一段鐵梯，幾近60度筆直，旅客必須手腳並用才能抵達碼頭，相當刺激。

登山為韓國最人氣的戶外活動，每逢假日便吸引各地旅客慕名而來。

瞭望台旁有山徑，可通往乘坐木筏的碼頭，剛開始還只是斜坡路，怎料愈行愈陡斜。

瞭望台位於山徑的最高點，海拔270米高，是眺望韓半島的最佳位置。

---Info---

地址： 江原道寧越郡西面甕井里山180號
　　　　강원도 영월군 한반도면 옹정리 산180번지

電話： 寧越郡廳 文化觀光科033 - 370 - 2542

寧越旅遊官方網址： www.yw.go.kr/chn/index.do

前往方法： 「東首爾巴士客運站」乘搭長途客運，至「寧越」，車程約2小時30分鐘。

碧青的江河水波漣漪，木筏泛舟河上，構成如畫般的美景，剛才路途的辛酸驚險都拋諸腦後。

雖說是碼頭，其實只是仙巖村對岸的江邊，但放眼水平如鏡，美如仙境！

仙巖村碼頭的泛舟售票處，江邊還有多座韓國人用來許願的石堆。

傳統木筏漫遊 MAP: P.333 C2

寧越東江泛舟

Tips

木筏營運時間：
0900 - 1900（約15分鐘一班）
收費：₩5,000

寧越的東江全長60公里，景色秀麗媲美中國的桂林山水，其中韓半島一段河道呈U形，被譽為「寧越十景」。要近距離欣賞，旅客可以乘坐木筏，泛舟河上，跨越韓半島的東、西岸。五間齋瞭望台旁有山徑往木筏碼頭，但山路陡峭非常，其中一段樓梯幾近60度筆直，絕對步步驚心。木筏由穿上傳統服裝的船夫掌舵，間中還會唱幾句韓歌，河面水平如鏡，涼風輕佛，景色美得沒法形容！

雖然木筏由磨打驅動，但一身素白傳統服裝的船夫，仍不時拿起長竹裝出划船的模樣。

韓半島位於溪谷地帶，乘坐木筏近距離欣賞，更令人心情舒暢。

忽見對岸有木筏迎面經過，船夫和乘客都開心得猛揮手。

東江沿岸奇巖怪石，景色醉人，真的有點像中國的桂林山水。

每艘傳統木筏最多可乘載50人，木頭間不時會滲水，感覺原始但有趣。

阿里郎發源地
旌善 (정선)

園內部分房屋從山上搬遷至此地，也有部分按照比例縮小而建成。

阿里郎文化村
旌善阿拉里村（정선 아라리촌）

江原道南部的「旌善郡」，乃朝鮮傳統民瑤歌曲《阿里郎》的發源地之一，四周群山環繞，自古已是文人雅士的隱居勝地，文化景點眾多，最能感受古樸的朝鮮民風。佔地3萬多平方米的文化村，是根據韓國學者樸趾源的小說《兩班傳》所描寫而建，展出木皮房、麻桿房、石頭房等不同材質的朝鮮傳統房屋，古樸雅致，像回到朝鮮時代。園內還有傳統文化體驗，甚至有阿珠媽教唱阿里郎民謠，最重要是免費參觀。

MAP：P.333 C2

「阿里郎」解碼

《阿里郎》約有600年歷史，一直靠世代口耳相傳，2012年更被聯合國列為世界文化遺產。阿里郎中的「Ari」，有美麗之意，其實內容於不同地方有不同版本，帶有濃厚地方色彩，而旌善的《阿里郎》則是眾郡中最多歌詞的。根據旌善方言，阿里郎唸作「阿拉里」，內容融入愛情、山村生活的艱苦、婦女在婆家受到委屈、南北分裂的痛苦，以至期盼南北統一。

提提你

村內的阿里郎小館，有身穿傳統韓服的阿珠媽大唱民謠，細說阿里郎的故事。

村內花團錦簇，景致怡人，這裏更會興建2018冬奧場館。

四面環山的阿拉里村綠意盎然，最能感受古樸的朝鮮民風。

因江原道一帶盛產松樹，古時平民便以松木板蓋建屋頂。

木頭房，最早期的平民居所只以簡單木頭蓋建。

園內置有《兩班傳》小說中的人物銅像，乃拍照熱點。

Info

地址：江原道旌善郡旌善邑愛山路37
　　　강원도 정선군 정선읍 애산로 37
電話：033 - 563 - 3462
開放時間：0900 - 1800
入場費：免費
網址：www.jsimc.or.kr
前往方法：於「東首爾綜合巴士客運站」乘搭往旌善的長途巴士直達，車程約3.5小時。

冬奧雪城
平昌 （평창）

露天觀景台上，可俯瞰平昌四周的雪山美景。

瞭望塔其實是兩條125米及98米高的Ski Jump跳台塔，旅客需乘電梯登上瞭望塔。

瞭望台四周圍欄掛滿同心鎖，都寫滿綿綿情話與誓言，浪漫滿瀉。

滑雪博物館展出世界各地冰雪運動的發展，都免費參觀。

瞭望台設有玻璃地板，站在上面直望百米地面，令人腳仔軟。

平昌冬奧會場
Alpensia滑雪場

　　位於江原道南部的「平昌郡」Alpensia滑雪場，乃2018年冬季奧運會的主要比賽場地。為迎接冬奧，園內更大興土木加建設施，包括滑雪博物館、以及Ski Jump跳台旁的瞭望塔，登上塔頂瞭望台，可360度環視四周大關嶺景色，感受跳台滑雪選手的視野。現場還有情侶留下見證誓言的同心鎖，又變成浪漫地標！

MAP: P.333 C2

Info
地址：江原道平昌郡平昌邑 大關嶺面龍山里
225 - 3
강원도 평창군 평창읍 대관령면 용산리
225 - 3
電話：033 - 339 - 0308
開放時間：
上午券 0830 - 1300、下午券 1200 - 1630、
夜間券 1800 - 2200；平日券 0830 - 1630、
午夜券 1230 - 2200；全日券 0830 - 2200
門票：
上、下午及夜間券 ₩50,000；
平日券 ₩65,000；午夜券 ₩80,000；
全日券 ₩85,000*
網址：www.alpensiaresort.co.kr
*門票已包含纜車搭費。
前往方法：
1. 地鐵2號線「江邊」站4號出口，往「東首爾綜合客運巴士站」搭乘往橫溪（Hwenggye）的長途巴士，於「橫溪市外巴士客運」站下車，車程約需3小時，車費₩13,200，再轉乘15分鐘的士直達，車費約₩1萬。
2. 仁川機場9C閘口搭乘接駁巴士直達，車費₩26,000，班次0930、1630。

韓版阿爾卑斯山
MAP: P.333 C1
大關嶺羊群牧場 （대관령양떼목장）

　　1988年開幕，全名為「三養大關嶺牧場」，佔地195平方公里、飼有200多隻綿羊的私人牧場。一望無際的草原，建有1.2公里的步道，四季景色各異，春天繁花遍野、夏天涼爽宜人、秋天紅葉處處、冬天則白雪暟暟，素有「韓國阿爾卑斯山」美譽，車太鉉電影《向左愛向右愛》也曾在此取景。旅客可以在牧場餵綿羊，或一嘗雪糕D.I.Y，每年4月更有剃毛表現。

站在牧場最高點、海拔950米的小山崗，正是電影《向左愛向右愛》中，車太鉉與孫藝珍、已故的李恩宙一起避雨的場景。

Info
地址：江原道平昌郡道岩面橫溪3里（大關嶺面橫溪3里）14 - 104號
강원도 평창군 대관령면 대관령마루길
483 - 32
電話：033 - 335 - 1966
開放時間：冬季（10 - 4月）0900 - 1700；
夏季（5 - 9月）0900 - 1800
入場費：成人₩3,000
網址：www.yangtte.co.kr
前往方法：「東首爾綜合巴士客運站」乘搭往橫溪的長途巴士，再轉乘的士直達，車費約₩15,000。

來到牧場，到處都是胖胖的綿羊，小朋友最開心。

假日悠閒港灣
釜山（부산）

全名為「釜山廣域市」，因群山環抱形如「釜狀的山」而得名。位於朝鮮半島的東南端，乃韓國第二大城市，也是韓國最大的港口城市，在經濟和文化上都跟首爾分庭抗禮。

初到釜山時，感覺是很日本。因地理位置距離日本最近，早在日治時期即扮演連絡日本的交通樞紐，是故本地人很多都會説日語，街上碰口碰面也是日本遊客。釜山的天然和文化美景眾多，擁有水清沙幼的海灘、新鮮又便宜的海鮮，加上購物娛樂景點集中，論繁華絕不遜首爾，但步調略慢，感覺更悠閒。現在乘KTX從首爾到釜山，車程不過3小時，最適合兩日一夜短期旅遊。

釜山樂天世界冒險樂園
（롯데월드 어드벤처 부산）

2022年開幕即成為全韓最大的主題樂園，佔地逾50萬平方米，樂園以園內的Lorry Castle為中心的冒險主題。六大園區分別是位於正門前的「挺克漫布區」，那裡有激流玩；有過山車玩的「地下世界區」；有碰碰車玩的「歡樂牧場區」；城堡所在的「皇家花園區」；「奇蹟森林區」有從40米高俯衝水裡的機動遊戲；及有樂天世界獨有舞台演出的「彩虹泉區」。要配合韓國校服潮流，可以在樂園南面的「Heart attack school uniform（심쿵교복）」租借校服，或在樂園內Lorry Castle旁的「洛莉的沙龍（로리스드레스룸）」租借校服或其他服裝。

MAP: P.362_C3

━━ Info ━━

地址： 釜山市機張郡機張邑東釜山光光路42
부산시기장군기장읍동부산관광로42

營業時間： 周一至五1000-2000，
周六及日1000-2100

入場費： 1天通行　程成人（19歲以上）
₩47,000，青少年（13-18歲）
₩39,000，小童（3-12歲）及長者
（65歲以上）₩33,000，幼兒（3歲以下）₩12,000

網址： https://adventurebusan.lotteworld.com

前往方法： 釜山地鐵東海線「奧西里亞」
（오시리아역）站（K122）1號
出口，步行15分鐘。

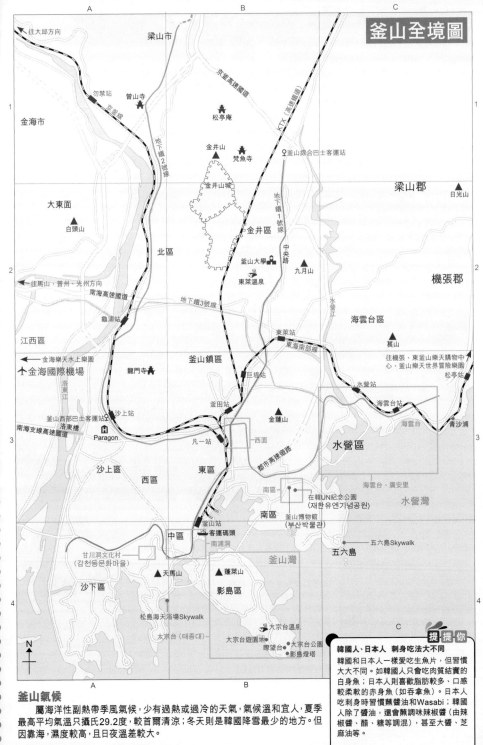

釜山全境圖

釜山氣候

屬海洋性副熱帶季風氣候，少有過熱或過冷的天氣，氣候溫和宜人，夏季最高平均氣溫只攝氏29.2度，較首爾清涼；冬天則是韓國降雪最少的地方。但因靠海，濕度較高，且日夜溫差較大。

提提你

韓國人、日本人 刺身吃法大不同

韓國和日本人一樣愛吃生魚片，但習慣大大不同。如韓國人只會吃肉質結實的白身魚；日本人則喜歡脂肪較多、口感較柔軟的赤身魚（如吞拿魚）。日本人吃刺身時習慣蘸醬油和Wasabi；韓國人除了醬油，還會蘸調味辣椒醬（由辣椒醬、醋、糖等調混），甚至大醬、芝麻油等。

362

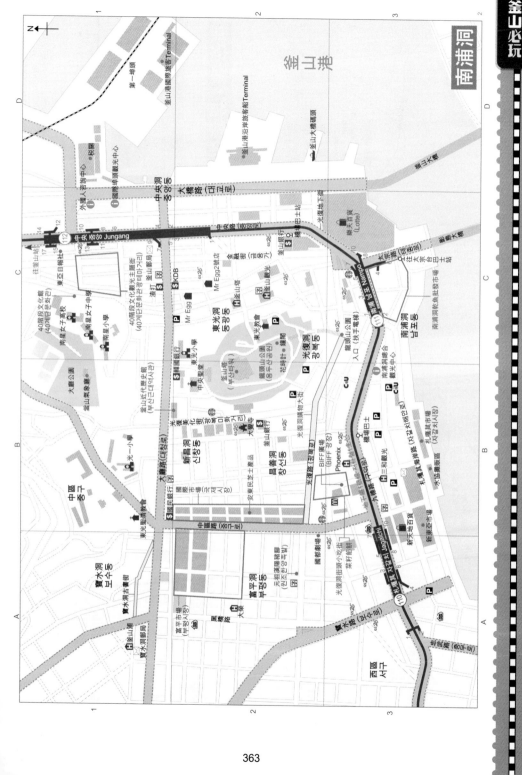

釜山港

N

D

C

B

A

1   2   3

釜山港國際旅客Terminal
第一埠頭

釜山港沿岸旅客船Terminal

釜山大橋碼頭

釜山大橋

外換入資詢中心
國際客運中心

中央洞
중앙동

大橋路(古교로)
대교로

光復洞地下街

往釜山站

東亞日報社

中央 Jungang
중앙

中央洞(중앙동)

樂天百貨
(Lotte)

機張巴士站

往大淸路
往大宗台巴士站

釜山民行

大淸路(대청로)

40階段文化館
(40계단문화관)

金融街(금융가)

南星女子高校

40階段文化觀光主題街
(40계단문화관광테마거리)

渣打銀行

Mr Egg2號店

南星女子中學

東光洞
동광동

KDB

釜山塔

釜山觀光

釜山站

Mr Egg

East光洞
東光洞
동광동

東光教會

光復洞
광복동

南浦洞乾貨魚批發市場

釜山近代歷史館
(부산근대역사관)

東光小學

龍頭山公園
(용두산공원)

光復路(扶手電梯)

南浦洞
남포동

光復美化街

釜山塔
(부산타워)

花時計

鐘閣

龍頭山公園
(용두산공원)
入口(扶手電梯)

大廳路
대청로

國際市場

釜山銀行

光復路購物大街

CU

南浦洞綜合
觀光中心

新昌洞
신창동

光美化街

釜山寺

新昌洞
신창동

中區
중구

光星小學

釜山銀行

CU

光復路(광복로)

札嘎其海岸路(자갈치해안로)

大廳路(대청로)

國民銀行

昌善洞
창선동

BIFF廣場
(BIFF광장)

三和觀光

Phoenix

機張巴士

札嘎其市場
(자갈치시장)

光復洞
광복동

水協購販賣

東光聖濟教會

富平洞
부평동

安東民主土產店

小橋路(소교로)

新世界百貨

新東亞市場

寶水洞
보수동

中國路(중국로)

國際劇場

光復洞街頭小吃街
(광복동길거리음식)

釜山郵局

寶水洞古書街

富平市場
(부평시장)

元祖漢陽豬腸湯
(원조한양곱창)

菜籽街餅

札嘎其 Jagalchi
자갈치

黑橋路

大樂

水路(수로)

往西區
서구

水路路(수로로)

中武路(중무로)

363

海雲台 / 廣安里

Info
地址：釜山市海雲台區冬栢路116號 (佑洞)
부산시 해운대구 동백로 116 (우동)
電話：051-744-3958
開放時間：0900-1800
休息：每月第一個周一
前往方法：釜山地鐵2號線「冬栢」站1號出口，步行約10分鐘。

世峰樓的玻璃帷幕希臘透優雅。站在門外公園已能遠眺廣安大橋和五六島美景。

三層高的建築以韓國傳統亭子為造型，內部也充滿韓風元素，夜景優美。

海雲台地標

釜山APEC世峰樓
(누리마루APEC하우스)

MAP：P.357 C2

座落海雲台沙灘旁邊的冬栢島上，是2005年APEC世界首腦峰會的場地，簡稱「世峰樓」。取其「聚集世界頂峰」之意。設計靈感來自韓國傳統亭子，屋頂線條模仿冬栢島輪廓，整座建築與周圍環境自然融合，內部附設APEC紀念館，但最大賣點還是能飽覽海雲台一帶絕景。

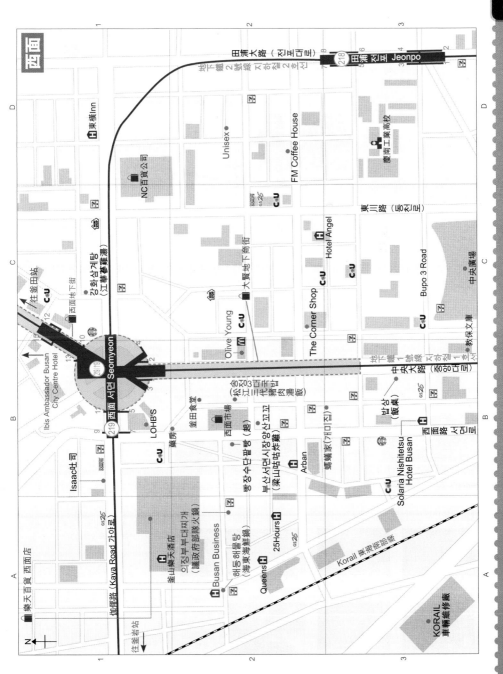

西面

前往釜山交通

1.從香港出發

Tips 如要退税，過關後請到右方的「Tax Free Korea」辦理，手續跟仁川機場一樣。

疫情前，大韓、濟州、釜山和真航空均有提供直航航班往返釜山，香港航程約3小時15分鐘；台北航程約2小時。但疫情後，目前只有香港快運航空有由香港出發的直航航班，其餘航班都要經首爾、上海、台北等城市轉機。(請留意各航空公司的最新安排)

金海國際機場

韓國第2大國際機場，分為國內線及國際線航廈，新的國際航廈於2007年落成啟用，設備完善，兩航廈彼此相距約10分鐘步程，旅客可乘坐接駁巴士往返。

Info
地址：釜山市江西區大渚2洞2350號
電話：051 - 974 - 3114
網址：www.airport.co.kr

航空大堂裝潢簇新，惟商店不多，注意銀行和外幣找換店營業時間為0600 - 2300。

機場往返釜山市區交通

a. 輕電鐵

2011年通車的「釜山-金海輕電鐵」(BGL)，全線共21個站點，其中「機場」站 (공항역) 就位於金海機場旁邊，旅客可乘軌至「沙上」站轉乘地鐵2號線；或往「大渚」站轉乘地鐵3號線，再前往釜山市中心各區，車程只需6至7分鐘，票價₩1,300。

國際線航廈一出正門過對面馬路，往右走3分鐘，便是輕電鐵「機場」站。

Info
票價：₩1,300
網址：www.bglrt.com

Tips 注意：轉乘地鐵必須出閘再購票。

b.機場巴士

旅客可於國際航廈2樓、國內線航廈1樓，乘搭機場巴士前往釜山市各區，一共有3條路線，車費₩6,000 - 7,000。另可乘市內巴士307號，途經多個釜山地鐵站，總站為海雲臺，約15分鐘一班，車費₩1,200。

路線：
1號循環線	往西面、釜山站(約40分鐘一班)
2號 / 3號線	往南川洞、海雲臺(約30分鐘一班)

2.從首爾或濟州出發

旅客可選擇轉乘內陸客機、KTX或長途客運往返釜山。

a.內陸客機

首爾「金浦國際機場」，以及濟州的「濟州國際機場」，從早到晚，每小時均有多班內陸客機往返釜山，航程均少於1小時，非常快捷方法。提供航班的航空公司包括大韓(在首爾及濟州)、韓亞(往濟州)、濟州航空(往濟州)、釜山航空(往首爾及濟州)及真航空(往濟州)。

票價：首爾出發₩29,000 - ₩67,000；濟州出發₩30,000 - ₩87,000

b.高鐵KTX

2004年通車的「韓國高速鐵道」(KTX)，最高時速達每小時350公里，乘搭其中的「京釜線」，從首爾往釜山，車程最快只2小時30分鐘，約5 - 30分鐘一班，最便宜的普通車廂票價只₩50,800 (成人)。車程不比內陸客機慢多少，但票價卻便宜一半，行車穩定又方便，強烈推介選乘！

Info
營運時間：0530 - 2300 (約5 - 30分鐘一班)
車程：2小時40 - 55分鐘
票價：
自由席 成人₩46,400、兒童₩23,200
一般指定席 成人₩48,800、兒童₩24,400
特等室 成人₩68,300、兒童₩43,900
*票價會因應班次而略有不同，僅供參考。
網址：www.korail.com

韓國高速鐵道KTX，採用法國的TGV技術，最高時速可達350公里，從首爾往釜山，車程少於3小時！

KTX的釜山站，外形宏偉如機場客運大樓。

自助購票機採用輕觸式屏幕，簡單易用。

提提你

外國人專用 KR Pass

專為外國旅客而設的火車證，分為1、3、5及7日等券，還有2至5人的團體優惠券，可於指定期間內，不限次數乘搭KORAIL所有列車，包括KTX、新村號、ITX-新農村號、ITX-青春、無窮花號、5種觀光列車的普通車廂，但不包括地鐵，農曆新年、中秋等長假期間也不設劃位。Pass可於指定旅行社或KORAIL官網預約。1人購票未必抵，購買團體票才最划算。

購票步驟：

1 先選擇介面語言，設有英文介面。

3 輸入車票數量後按「OK」。

5 購買完成！旅客可選擇單據，還有零錢找續。

2 確定出發日期、座位類別及目的地後，便可選擇班次。

4 核對購票內容後即可以現金或信用卡付款。

普通車廂的座位也很闊落，座椅有腳踏和餐枱，還有服務員推著餐車售賣便當和飲料。

票價：
2日券 成人₩121,000，青年₩96,000，小童₩61,000，2至5人團體₩111,000
3日券 成人₩138,000，青年₩110,000，小童₩69,000，2至5人團體₩128,000
4日券 成人₩193,000，青年₩154,000，小童₩97,000，2至5人團體₩183,000
5日券 成人₩210,000，青年₩168,000，小童₩105,000，2至5人團體₩200,000

兌換處：仁川國際機場諮詢服務中心、首爾站、釜山站等

預約網址：www.letskorail.com/ebizbf/EbizBfKrPassAbout.do
*兌換時需出示預約者本人的護照、兌換券(e-ticket)，以及結帳時使用的信用卡。

c.長途客運

從首爾乘搭高速巴士往釜山，車程長達4至6小時，但票價最便宜，還有夜間班次，大可省卻一天住宿費用。首爾江邊站的「東首爾綜合巴士客運站」或江南區的「高速巴士客運站」均有往返釜山的巴士，尤以高速巴士站的班次最頻繁。

―Info―

東首爾綜合巴士客運站（동서울종합버스터미널）
地址：首爾市廣津區江邊站路50（九宜洞）
　　　서울시 광진구 강변역로 50 (구의동)
電話：1688 - 5979
營運時間：0630 - 2350（每小時一班）
票價：₩29,200
網址：www.ti21.co.kr
前往方法：地鐵2號線「江邊」(214) 站4號出口，過對面馬路即達。

高速巴士客運站 (강남고속터미널)
地址：首爾市瑞草區盤浦1洞162番地
電話：02 - 534 - 6030
營運時間：0600 - 0200（每20 - 30分鐘一班）
票價：₩25,600
網址：www.kobus.co.kr
前往方法：地鐵3、7、9號線「高速巴士客運」(339 / 734 / 923) 站，3、4、7或8號出口。

釜山市內交通

1.釜山地鐵

全名為「釜山都市鐵道」（부산 도시철도），1985年通車，目前擁有4條主線，包括1、2、3及4號線，還有無人輕軌「金海」線和「車海」線電鐵，票價為₩1,300起。

―Info―
營運時間：0530 - 2330
票價：
交通卡1區₩1,300 - 2區₩1,500
現金1區₩1,400 - 2區₩1,600
網址：www2.humetro.busan.kr/default/main.do

跟首爾地鐵一樣，自助售票機採輕觸式屏幕，並提供中、英、韓、日語介面。

Tips

可使用T-money
釜山地鐵的智能儲值卡為「Hanaro」，面值₩2,000，但只限釜山市內通用。其實，旅客仍可使用首爾的T-money，故根本無需購買。

車廂光猛闊落，行車也穩定，一般時間人流不多，故相當舒適。

站內，車站名都有中、英、韓、日語及站號標示，絕對不怕「搭錯車」。

2.巴士

市內巴士票價按車種收費，分為座席（紅色）、普通市內和社區（藍色、綠色）三種。前門上車付費，下車前按鈴便可。接受T-Money付款。

―Info―
票價：
座席 成人₩1,700，少年₩1,350，小童₩1,200；
普通 成人₩1,200，少年₩800，小童₩350；
社區 成人₩1,010，少年₩680，小童₩260。

3.的士

釜山的士主要分為普通（銀或白色車身）及模範（黑色車身）兩種，普通的士首2公里起錶價₩3,800，以後每132公里₩100，夜間加收20%費用；模範的士首3公里起錶價₩6,000，以後每141公里₩200，提供免費車載電話、信用卡結帳等服務。另外還有提供電召服務的品牌的士，收費與普通的士相同。

―Info―
電召的士：
Deungdae Call 051 - 600 - 1000、
Busan Call 051 - 200 - 2000

4.釜山市觀光巴士

釜山市設有多條觀光巴士線，分為主題及循環路線，行走海雲臺、太宗臺、札嘎其市場等主要旅遊景點。其中最人氣的「海雲台 / 太宗台」更為循環路線（0930 - 1700營運），旅客購買1日券可無限次上、落車遊覽，全程約100分鐘，相當方便。

―Info―
票價：成人₩15,000、小童₩8,000
休息：逢周一
網址：www.citytourbusan.com

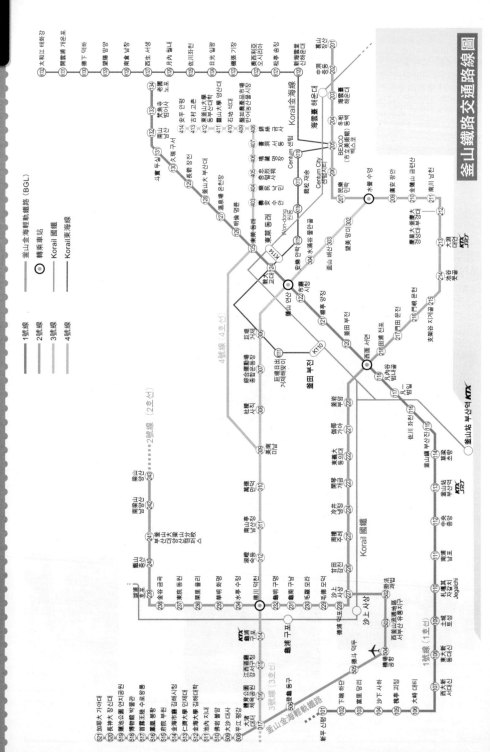

釜山鐵路交通路線圖

Korail金海線

Korail 國鐵

Korail東海線

1號線
2號線
3號線
4號線

釜山金海輕軌鐵路 (BGL)
轉乘車站
Korail 國鐵
Korail東海線

只在夏日開放的室外水上樂園，擁有韓國最大的戶外波浪池Giant Wave，人造火山定時噴出火球，還有3米高巨浪。

韓國最大水上樂園
金海樂天水上樂園
（Gimhae Lotte Water Park）

2014年開幕，座落釜山近郊的金海市，鄰近金海國際機場。面積超過12萬平方米，足足有17個足球場般大，為韓國最大的水上樂園。以南太平洋玻里尼西亞群島為主題打造，分成室內、室外，以及Tiki島SPA(汗蒸幕)三大區域。焦點包括韓國最大室外波浪池、21米高的旋風滑水梯、世界3大衝浪池等等。2015年更追加多條刺激滑水梯與激流。

`MAP: P.362 A3`

21米高的巨型水桶「Giant AquaFlex」，猶如洪水般厲害！

室內波浪池專供親子玩家，設有SWING滑水道、Tiki Aquaplex、BodySlide等玩樂設施。

開幕時，找來少女組合Girl's Day代言。

⊢Info⊣

地址：慶尚南道金海市長有路555（新文洞）
경상남도 김해시 장유로555（신문동）

電話：02 - 1661 - 2000

開放時間：周一至五：室內水上樂園 1000-1800；室外水上樂園1000-1700 周六及日：室內水上樂園 0930-1900；室外水上樂園0930-1800 Tiki島Spa 1000-2200

入場費：成人₩56,000，小童₩49,000；1400後入場 成人₩46,000，小童₩39,000；Tiki島Spa成人₩13,000（周末₩15,000），小童₩10,000（周末₩12,000）

網址：www.lottewaterpark.com

前往方法：乘搭「釜山 - 金海輕電鐵」，於「府院」站2號出口，轉乘3號公車，至「樂天折扣購物中心」站下車；或轉乘3 - 1號公車，至「遺跡體育公園」站下車。南浦站出發，車程約75至80分鐘；若從金海機場乘的士直達，車程約30分鐘。

園內有兩條超過百米長的滑水梯，其中21米高的旋風水滑梯「Tornado Slide」乃最受歡迎。

乘坐6人橡皮艇，尾段以高速滑下喇叭形的漩渦，離心力驚人！

由於釜山多日本遊客，故攤販第一句通常以日語問好，你沒反應便改說普通話，超厲害！

韓國最大水產市場
札嘎其市場（자갈치시장）

原是南浦港旁邊的魚廢料處理場，名字源自海岸滿佈的礫石，1915年因建設南港而形成的海產市場，佔地37,433平方呎，乃韓國最大的水產市場。以2006年新建的市場大廈為重心，連同旁邊的「新東亞市場」，及周邊街道的海鮮店舖超過300家。市場大廈樓高7層，海產店集中地下1樓，旅客購買完新鮮海產，可以拿到2樓的加工餐廳即時烹調。全國近5成海產都經札嘎其批發至各地，故品種繁多又新鮮，而且價格低廉。另一特色是這裏魚販多為女人，被稱為「札嘎其大嬸」，表現出慶尚道商人朝氣勃勃的叫賣聲，氣氛熱鬧，正好體驗釜山人的活力。 **MAP: P.363 B3**

海腸，外形恐怖但其實口感爽脆，韓國男人至愛。

攤販都把海鮮價格張貼出來，明碼實價，買得更放心！

手掌般大的新鮮鮑魚，一般10隻，只售₩50,000。

Info

地址： 釜山市中區札嘎其海岸路52（南浦洞4街）
부산시 중구 자갈치해안로 52（남포동4가）
電話： 051 - 713 - 8000
營業時間： 魚市場 約0500-0900；
餐廳 約0900-2200
休息： 每月第一及第三個周二、春節及中秋節當天及翌日
網址： www.bisco.or.kr/jagalchimarket
前往方法： 釜山地鐵1號線「札嘎其」站10號出口，步行約3分鐘。

水協海鮮攤販區：

其實，市場大廈旁的「水協海鮮攤販區」售價最低廉，本地阿珠媽都來這裏買菜，但環境較髒亂。

市場大廈外的攤販區通道狹窄，地面濕滑非常，且攤主全都不懂外語，溝通惟有靠身體語言。

拳頭般大的肥美象拔蚌，一盤有5大隻，只售₩10,000。

札嘎其必吃推介包括鮑魚、海膽、鱈魚、各式貝類，還有日本遊客最愛的河豚。

比目魚刺身，₩10,000已有一大盤。

本地人最喜歡到札嘎其吃鮮盲鰻，魚販在店前生劏時場面極血腥，一般旅客都給嚇跑。

市場大廈樓高7層，屋頂造型像3隻展翅飛翔的海鷗，已成南浦洞地標，還有偌大的空中花園。

市場大廈內部地方光猛寬闊，規劃完善，感覺比首爾鷺梁津水產市場更整潔，海產也更新鮮便宜。

2樓另一邊為乾貨區，售賣魚乾、元貝、紫菜、魷魚乾等，大可買點手信回家給媽媽。

市場外圍有燈塔為記，札嘎其廣場逢假日還有表演活動。

鮮鮑魚，刺身和炭烤兩吃，前者味道鮮甜，爽口帶嚼勁；而炭烤則口感更軟嫩，並加添了炭火香。小 ₩30,000

豐富海鮮大餐
밀양횟집

　　2樓約有近20家加工餐廳，均為傳統韓式座席，賣點是窗外可眺望南浦港美景。由於是觀光市場，餐廳老闆都能操外語，溝通沒問題。旅客可自行購買海產，再交給餐廳加工，或者直接到餐廳點餐，價格相若。其中靠近樓梯口的「밀양횟집」，海鮮都明碼實價，環境衛生，論新鮮和便宜度都勝過首爾鷺梁津。

最喜歡配菜中的鮮海帶，蘸上店家自製的辣味噌醬，惹味非常，佐酒一流。

配菜款式跟首爾和濟州都不同，包括糖漬白豆、甜番薯等。

Info

地址：札嘎其市場2樓C1
　　　자갈치시장2층C1
電話：051 - 245 - 5042
營業時間：0800 - 2200
平均消費：約₩25,000 / 位

活鱆魚刺身，幾乎是遊韓必吃，切碎上桌時還在不停蠕動，入口時更會吸吮舌頭，吃時蘸點麻油，味道清甜，勁有嚼勁。小 ₩20,000

活鱆魚刺身片段
想知活鱆魚刺身有多生猛，即登入QR Code睇片！

烤鮑魚肝，其實是鮑魚的腸，仍韓國人的至愛，味道像鵝肝般濃郁，甘香味在口腔久久不散，佐酒吃更佳！

「밀양횟집」就位於2樓樓梯口，可自攜海鮮，也可按餐牌點菜。

釜山版明洞大街
光復洞購物大街

MAP: P.363 B2 - B3 ; C3

又名「光復路文化時尚街」（광복로문화패션거리），以光復路為中心，街道兩旁及橫街開滿韓妝店、時尚服裝店、攝影器材店、連鎖快餐店及人氣餐廳等，還有各式路邊攤，據說價格更比首爾略便宜。從早到晚人聲鼎沸、熙來攘往，乃釜山市內最熱鬧的購物大街，以致流行時尚地標。

光復路本是河川，但遊人愈來愈多，於是便填平，現已成購物大道，逢假日更會劃成行人專用區。

韓國當今最人氣的韓妝店全部齊集，論時尚流行程度絕不遜首爾！

光復路入口的三岔口有巨型雕塑為記，旁邊還有多條美食橫街。

Info
地址：釜山市中區光復洞、新昌洞
　　　부산시 중구 광복동，신창동
前往方法：釜山地鐵1號線「札嘎其」站7號出口，或「南浦」站1號出口。

釜山電影節街
BIFF廣場
（BIFF 광장）

釜山市著名的「劇場街」，從南浦洞Fuyuong劇場到忠武洞陸橋為止、短短428公尺長的街道，自60年代起聚集20多個大小劇場，現在則開滿大型電影院。1996年起逢秋季舉辦的「釜山國際電影節」（BIFF）更令它聞名國際，地上還留有近50位國際著名電影人及明星的手印，包括法國導演Luc Besson、日本導演北野武、香港導演徐克等。

MAP: P.363 B3

每年秋季舉辦的「釜山國際電影節」乃亞洲最大影展，出席的國際著名電影人都留下手印。

劇場街兩旁開滿電影院，橫街還有多間劇場，素有「明星街」之稱。

短短428公尺長的「劇場街」，白天都有大量小吃攤聚集，木村電影《律政英雄》（Hero）也曾在此取景。

日本著名導演金村昌平。

Info
地址：釜山市中區BIFF廣場路
　　　부산시 중구 비프광장로
電話：051 - 248 - 0138
網址：www.bsjunggu.go.kr/tour
前往方法：釜山地鐵1號線「札嘎其」站7號出口，右轉過馬路直走約5分鐘。

釜山名小吃匯聚
光復洞街頭小吃

光復路至BIFF廣場一帶，是釜山著名的小吃街，從早到晚都有大量小吃攤販聚集，售賣韓國道地小吃，款式重複率極低，便宜又好吃。不少攤檔更大排長龍，韓國電視台也時有介紹，就連《Running Man》也曾在釜山單元中推介。

MAP: P.363 B2 - B3

冬天天氣嚴寒，吃街頭小吃當然少不了喝極熱湯。

晚上，光復路近BIFF廣場一段都會架起帳篷大牌檔，環境舒適好坐。

當地上班族都喜歡下班後先來「立食」醫肚，再跟朋友去暢飲。

除了各式熟食攤，還有占卜命理攤，儼如香港的廟街一樣。

Info
地址：釜山市中區光復洞、新昌洞
　　　부산시 중구 광복동，신창동
前往方法：釜山地鐵1號線「札嘎其」站7號出口，或「南浦」站1號出口。

長龍炸糖餅
씨앗호떡
（菜籽餡餅）

光復洞的超人氣小吃，炸糖餅（호떡）全韓國都有得吃，釜山的糖餅炸起後，會特別加入炒香了的雜穀餡，令外脆內軟糯的糖餅更添口感，已成釜山名物。光復洞這檔開業40多年，韓國電視台也曾介紹，從早到晚都大排長龍，現點現炸格外滋味。

MAP: P.363 B3

―Info―
位置：BIFF廣場

小小的檔口有3個職員主理，先將糯米糯炸至金黃色，阿珠媽趕剪開糖餅，再塞入滿滿炒香了的雜穀餡。

BIFF廣場一共有兩檔炸糖餅，但大排長龍的只有這檔，注意晚上8點過後便售罄。

菜籽餡餅，外皮炸得香脆，內裏則軟糯香甜，雜穀餡更增添嚼勁，口感複雜又滋味，好吃至即時排隊再買。₩1,000/個

便宜道地手信
南浦洞乾魚批發市場（남포동건어물도매시장）

位於影島大橋旁，屬於札嘎其市場的一部分，也是張東健電影《朋友》的拍攝場景。專售各式魚乾、魷魚乾、紫菜、海帶等乾貨，零售及批發兼備，種類繁多，價格要比釜山市內市場或超市都便宜，很多日本旅客都來買手信。

MAP: P.363 C3

雞泡魚乾，只售₩20,000/包。

乾魚批發市場由影島大橋底伸延至地鐵南浦站，約聚集了數十家乾貨店。

即食調味紫菜，40包只₩22,000。

大張原味紫菜，₩7,000有50張。

―Info―
地址：釜山市中區南浦洞1街
　　　부산시 중구 남포동1가
營業時間：約0800 - 1900
休息：每月最後一個周二
前往方法：釜山地鐵1號線「南浦」站2、4或6號出口均達。

釜山最大傳統市場
國際市場（국제시장）

50年代韓戰後，大批難民湧入，靠販賣進口舶來品為生，也因而得名，現在是釜山市內規模最大的傳統市場。由12棟兩層高建築組成，聚集了超過600家攤檔。街道規劃井然，整齊好逛，主要售賣家品雜貨、廚房用品、傳統韓服、眼鏡等日常用品，也有少量工藝品，價格比市面便宜二至三成，有點像首爾的南大門，從中也可一窺釜山人的日常生活。

MAP: P.363 B2

韓國人廚房必備的即食麵銅鍋，有不同size選擇，最平的只售₩2,000。

日本旅客最喜歡的Lace領飾，這裏只售₩3,000。

市場外圍有很多售賣零食乾貨的檔攤，最適合掃手信。

市場由12棟兩層高建築組成，規劃井然整齊，主要分為6大區，各有主題。

―Info―
地址：釜山市中區新昌洞4街
　　　부산시 중구 신창동4가
營業時間：0930 - 1930
休息：每月第1及第3個周日
網址：http://gukjemarket.co.kr
前往方法：釜山地鐵1號線「札嘎其」站7號出口，往北步行約7分鐘。

釜山庶民小吃街
富平市場（부평시장）

MAP: P.363 A2

毗鄰國際市場，又名「罐頭市場」（깡통시장），因昔日主要售賣美軍罐頭而得名。面積比國際市場更大，價格更相宜低廉，主打道地小吃和日用品，由傳統韓式煎餅、魚板、炒年糕、紅豆湯、現磨咖啡，到釜山著名的魷魚煎餅，以至零食餅乾、水果蔬菜各式其式，最重要是便宜又道地，攤販招呼熱情，氣氛熱鬧，正好體驗釜山庶民生活。

市場中央大街築有玻璃頂蓋，十字形的街道兩旁開滿數十家小吃攤。

場內最受歡迎小吃「魷魚煎餅」乃釜山名吃，由原隻魷魚壓扁炸成，吃時蘸酸辣醬汁。₩6,000／隻

市場外圍主打生活用品，價格都超便宜，蝸牛、紅參面膜只售₩500／片。

Info

地址：釜山市中區富平洞1街　부산시 중구 부평동1가
電話：051 - 713 - 8000
營業時間：1000 - 1900
網址：www.bupyeong-market.com
前往方法：釜山地鐵1號線「札嘎其」站7號出口，國際市場對面。

電視台推介
호림분식

Info
地址：富平市場2 - 8

富平市場內的人氣街坊小吃店，由幾位阿珠媽打理，專售魚板、炒年糕、紫菜飯卷等傳統小吃，卻每一樣都做得有水準，連韓國KBS電視台也曾推介。

魚板，size頗巨型，魚味香甜而口感軟綿，不用蘸辣汁已夠鮮美。₩700／枝

「호림분식」為市場內面積最大的一家，環境衛生整潔。

紫菜飯卷，阿珠媽現點現包，飯卷入口時還帶暖意，飯粒鬆軟滋味，那熱熱的柴魚湯更充滿媽媽的味道。₩1,500

暖身佳品
紅豆湯

富平市場名吃之一，單是繁榮2街上已有十多家賣紅豆湯的攤販，天寒地凍喝一碗正好暖和身體。紅豆湯未有調味，吃時才按個人喜好加糖，入口香甜綿滑非常，面層加有軟軟的糯米糰，更添飽肚感。

紅豆湯，入口綿密如粥，但仍見出粒粒紅豆，熱呼呼暖在心頭。₩3,000。

問筆者哪一檔最好吃？其實每檔也差不多，純粹選外表慈祥的阿珠媽。

提提你

富平夜市
2013年12月起，富平市場特別增設全國首個常設夜市，取名「釜山罐頭夜市」。約110米的市場中央通道，每逢晚上禁止車輛駛入，30多檔流動攤販，售賣菜籽餡餅、釜山魚板等道地小吃。

Info
營業時間：1800 - 0000

悲傷的殖民歷史
釜山近代歷史館（부산근대역사관）

　　2003年開館，建築前身為日本統治時期建成的「東洋拓殖株式會社」的釜山分社，乃昔日殖民侵略的象徵。樓高3層，共分為兩個展館，展出由1876年釜山開港起，至被日本帝國主義侵略的悲痛近代歷史。館藏超過22,000餘件，包括重現日治時代的模型村、寫有盡忠報國的「日章旗」、1936年製作的釜山府市街圖等，最重要是免費參觀。

MAP: P.363 B2

館內展出大量19世紀的民間老照片，圖為1910年的朝鮮家族照。

歷史館前身為日本治時期、1929年建成的「東洋拓殖株式會社」的釜山分社。

歷史館內建有一條迷你版釜山舊街，將日治時代的釜山生活重現。

這裏是當地中小學生必到的博物館，教導國民認識歷史。

Info
地址：釜山市中區大廳洞2街24-2
　　　부산시 중구 대청동2가24-2
電話：051 253 3845
開放時間：0900-1800（最後入場1700）
休息：逢周一
門票：免費
網址：https://www.busan.go.kr/mmch/index
前往方法：釜山地鐵1號線「中央」站5號出口，沿大廳路西行約7分鐘。

南浦洞綠洲
龍頭山公園（용두산공원）

　　只有49公尺高的丘陵，卻是釜山3大名山之一，因座落貌似出海蛟龍的龍頭而得名。從繁喧的光復洞購物街乘搭扶手電梯即達，儼如南浦洞的城市綠洲。賣點是園中央的釜山塔，可一覽釜山市美景。其實佔地69,000平方公尺的公園，種有700多種植物，還建有李舜臣雕像、鍾閣等景點，到處翠木豐茸，山風拂過，吹來陣陣涼意。

MAP: P.363 B2;C2

沿光復路東段、Nike Shop斜對面的扶手電梯登山，即達龍頭山公園，相當方便。

釜山塔前廣場築有李舜臣將軍的雕像，以及「4.19起義紀念塔」。

每逢秋季，公園內便紅葉滿山，景致醉人。

園內建有多條山徑，沿途高樹參天，樹影婆娑，最長一條30分鐘可走完。

Info
地址：釜山市中區龍頭山街37-55
　　　（光復洞2街）
　　　부산시 중구 용두산길 37-55
　　　（광복동2가）
電話：051-860-7820
開放時間：24小時
網址：www.bisco.or.kr/yongdusanpark
前往方法：釜山地鐵1號線「南浦洞」站7號出口，沿光復路東行，乘搭扶手電梯登山即達，徒步約10分鐘。

釜山地標
MAP: P.363 B2
釜山塔（부산 타워）

　　座落龍頭山公園中央，始建於1973年，塔高120米，為釜山市的著名地標。塔頂建有仿慶州佛國寺多寶塔頂端的寶塔而建成的觀景台，可360度飽覽整個釜山市以至南海美景。並附設咖啡廳、世界文化遺產展示館，世界民俗樂器博物館、世界風俗文物紀行等多項設施。

Info
地址：釜山市中區龍頭山街37-55
　　　광역시중구용두산길37-55
電話：051-601-1800
開放時間：1000-2200（最後售票2130）
觀景台收費：成人₩12,000，
　　　　　小童及長者₩9,000
網址：www.instagram.com/busantower_official
前往方法：釜山地鐵1號線「南浦洞」站7號出口，沿光復路東行，乘搭扶手電梯登山即達，徒步約10分鐘。

80公尺長的環形海底隧道，由3,500噸水塔構成，置身其中，能270度欣賞鯊魚在頭頂游過。

韓國最大 親子首選
釜山水族館（부산아쿠아리움）

佔地36,000平方米，飼有300多種、近40,000頭海洋生物，是韓國規模最大的水族館，李準基、朴河宣韓劇《Two Weeks》都曾在此取景。以深入地下3層為設計，分成99個區域，焦點是80公尺長、由3,500噸水塔構成的海底隧道，能270度觀看巨型的鯊魚，還有水獺展示館、企鵝展示館、水母展示館，甚至可以直接觸摸海洋生物的體驗館等，提供專業導賞員沿途講解，極適合親子同遊。

MAP: P.364 D2

弧形幕牆的中央水族箱，跨越地庫3層，猶如巨型電影屏幕，視覺震撼無比！

館內飼了大型品種的鯊魚，每日1200及1600兩節餵飼時間都成焦點。

入口處豎有巨型鯊魚模型作招徠，已成釜山水族館標誌。

水族館為地上1層、地下3層，旅客入場後會跟著一條動線逐層參觀，不怕看漏眼。

名為「Piranha Park」的熱帶雨林區域，展出棲息於阿馬遜河的食人鱠。

Info

地址： 釜山市海雲台區海雲臺海邊路266（中洞）
부산시 해운대구 해운대해변로 266（중동）
電話： 051 - 740 - 1700
開放時間： 周一至五0900-1900，周六及日1000-2000
入場費： 成人₩30,000、兒童₩25,000
網址： www.busanaquarium.com
*最後入場：閉館前1小時。
前往方法： 釜山地鐵2號線「海雲台」站3或5號出口，向海灘方向步行約5分鐘。

企鵝展示館面積不算大,但一樣有齊各式品種,包括Jackass Penguin。

地庫1層的體驗區,可讓小朋友親手觸摸海洋生物,還有導賞員講解。

附設偌大的紀念品店,專售各式海洋生物精品玩具,價格不費。

小醜魚Demo毛公仔,乃園內人氣之選。各₩19,000

旅客可乘坐玻璃船,近距離觀賞鯊魚及其他魚類。收費:₩5,000 / 位

最喜歡水族館惡搞一系列荷里活電影的海報,既搞笑又有心思,大人與小朋友都歡喜,你認得出是哪齣電影嗎?

浪漫白沙灘
MAP: P.364 D2

海雲台海水浴場
(해운대해수욕장)

　　全長1.8公里、寬50米、面積58,400平方米的寬廣沙灘,擁有長長的海岸線,海鷗飛舞,白沙細軟而平整,每逢夏天便熱鬧非常,乃釜山市最著名的景點。沙灘周邊開滿特色餐廳、酒吧和大型度假酒店,終年藍天碧海,每年6月還會舉行釜山盛事「海雲台沙灘節」,儼如嘉年華沙灘派對。

即使是寒冬,仍不減海雲台的浪漫氛圍,到處都是一雙一對的戀人。

海雲台另一賣點是日落美景,夕陽映出一片金光,好美!

海雲台有大量海鷗聚集,且毫不怕人,配襯夕陽,構成另一幅美景。

每到夏天便熱鬧如夏威夷,屆時還有各式水上活動提供。

海水浴場觀光中心旁有紀念品販賣店,內有一系列海雲台風景精品,乃韓國情侶的人氣手信。各₩5,000

─Info─

地址:釜山市海雲台區海雲台海邊路
　　　　부산시 해운대구 해운대해변로 264
　　　　(우동)
電話:051 - 749 - 7611(內線7)
開放時間:每年7月1日 - 8月31日0900 - 1800
網址:http://sunnfun.haeundae.go.kr
前往方法:釜山地鐵2號線「海雲台」站3或5
　　　　　號出口,步行約5分鐘

世界最大百貨
新世界百貨 Centum City店
（신세계백화점）

MAP: P.364 B1

Centum City一帶被稱為「釜山新都市」，除擁有大型展覽場BEXCO外，還有多家大型百貨店。其中新世界百貨，前身為1930年開業的日本三越百貨的京城分店，佔地廣達30萬平方米，堪稱世界上最大的百貨商店，已列入《健力士世界紀錄大全》。樓高14層，匯集超過680個國內外著名時尚品牌，並附設電影院、溜冰場、公園、畫廊，以至水療樂園，足夠逛足一整天。

新世界樓高14層，中庭位置經常舉辦各式時尚推廣活動。

─ Info ─

地址： 釜山市海雲台區佑洞 1495號
　　　　부산시 해운대구 센텀남대로 35（우동）
電話： 1588 - 1234
營業時間： 平日1030 - 2000；
　　　　　　周末及假日1030 - 2100
　　　　　　（地下食品館1030 - 2200）
網址： www.shinsegae.com
前往方法： 釜山地鐵2號線「Centum City」站（센텀시티역），10或12號出口直達。

本地女潮牌
LAP Fashion

韓國本土時裝品牌，LAP乃「Los Angeles Project」的縮寫，以感性為基礎，大賣美國洛杉磯年輕人的自由打扮風格，走中價路線，風格變化多樣。

灰色迷彩針織厚外套，極保暖。₩159,000

漁夫背心，手工仔細。₩179,000

─ Info ─
地址： 新世界百貨4 / F

選擇多元
Foodcourt

高級商場難得的大型美食廣場，環境舒適企理，選擇多元又豐富，中西日韓美食俱備，不少還是現點現做。

美食廣場採中央購票，食客可按號碼點餐，不懂韓文也能溝通。

環境舒適企理，還有手推車方便食客取餐。

─ Info ─
地址： 新世界百貨4 / F

韓國最大書店
Kyobo Bookstore

韓國最大連鎖書店集團，佔據新世界一整層，並有齊文具精品和流行雜誌，儼如韓版誠品書店。

Kyobo特設電子書部。

人影剪影Bookmark ₩8,000。

─ Info ─
地址： 新世界百貨5 / F
網址： www.kyobobook.co.kr

新派汗蒸幕樂園
Spa Land Centum City
(스파랜드센텀시티)

傳統韓式汗蒸幕通常又舊又老土，位於新世界百貨的「Spa Land」卻擁有5星級酒店的裝潢，設計時尚開揚。設有22個溫泉池、13個不同主題的汗蒸幕，包括人體音律、色光、金字塔、冰鎮等，還有大型露天足浴區、三溫暖、美食餐廳、娛樂區等一站式設施，儼如水療主題樂園。

MAP: P.364 B1

收費：
成人 平日₩12,000，周末及公眾假期₩14,000；
學生 平日₩9,000，周末及公眾假期₩11,000
0900前或2000後入場 平日₩7,000，周末及公眾假期₩9,000
*未滿13歲不得入內；18歲以下只能在家長陪同下於2200後入場。
#每次入場只限4小時；超時加收₩3,000，消費超過₩10,000則可使用6小時。

園內設有22個溫泉池，泉水從地下1,000米深井中抽取，溫度由攝氏19至65度不等。

大型露天足浴區媲美水療中心，環境綠意盎然，令人感覺放鬆。

挑高樓底的大堂豪華如星級酒店，更備有ATM提款機、Locker等設施。

13個不同主題的汗蒸幕，包括首次引進韓國的SEV室、金字塔、人體音律等主題。

新世界1樓Prada旁邊有側門，可直接通往Spa Land。

Info
地址：新世界百貨Centum City 1 - 3樓
센텀시티 1~3층
電話：051 - 745 - 2900
營業時間：Spa Land 0900-2200
（最後入場2100）
休息：每月一日不定休
（與百貨店休息日相同）
網址：www.shinsegae.com/store/spa/spa01.jsp?storeCode=D09

河豚專門店
금수복국
(錦繡河豚)

一般人只知道日本人愛吃河豚，其實日本下關一帶的河豚通通來自韓國，而釜山正是韓國的代表產地。1970年開業的「錦繡」，乃知名專門店，總店正位於海雲台。供應各式各樣的河豚料理，河豚刺身、河豚壽司、清燉、鍋物、炸的、烤的通通有齊，價格便宜抵吃，難怪連日本旅客也慕名而來。

MAP: P.364 D1

店內掛滿名畫家所繪的河豚畫，都相當精緻。

套餐복불복，包括石鍋河豚海鮮飯及河豚湯，一魚兩吃，份量超豐富，特別是熱呼呼上桌的石鍋河豚海鮮飯，香辣惹味。₩17,000

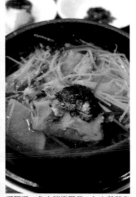

河豚湯，魚肉鮮嫩彈牙，加上芽菜和蘿蔔，令湯頭味道更清甜細膩，喝後全身滋潤。

從大街走至釜山銀行旁的小巷子，右轉即達錦繡河豚，更擁有偌大的私家停車場。

樓高兩層，下層主打韓式河豚料理，收費實惠，2樓則主打貴價的刺身。

Info
地址：釜山市海雲台中洞1394 - 65
부산시 해운대구 중동 1394 - 65
電話：051 - 742 - 3600
營業時間：24小時
平均消費：約₩15,000 / 位起
前往方法：釜山地鐵2號線「海雲台」站1號出口，步行約10分鐘。

藝術燈光秀
廣安大橋（광안대교）

MAP: P.364 B2

連接釜山市海雲台區和水營區，總長7.42公里，雙層複合式構造，是僅次於仁川大橋的韓國第2長大橋。廣安大橋也是韓國首座藝術性造型橋，橋上的燈光效果，能依照星期、季節而變換。旅客還可在橋上俯瞰釜山市東岸美景。

夜上，加上燈光效果的廣安大橋，景致更迷幻醉人。

Info
地址：釜山市水營區南川洞~海雲台區佑洞
　　　부산시 수영구 남천동 ~해운대구 우동
電話：051 - 780 - 0077
網址：www.bisco.or.kr/gwanganbridge
前往方法：釜山地鐵2號線「廣安」站3、5號出口，步行約5分鐘。

人氣活動場地
廣安里海水浴場
（광안리해수욕장）

位處海雲台海水浴場西面，灘長1.4公里、寬64公里，面積廣達82,000平方米的優質沙灘。附近開滿300多間的海產餐廳和特色咖啡店，還有巨型海鮮市場和廉價旅館。加上沙灘附近便是KBS、MBC電視台的分部，故經常舉辦大型活動，論人氣度，絕不輸海雲台海水浴場。

MAP: P.364 A2

沙灘上可飽覽廣安大橋景。

入口處還置有巨型雕塑為記。

Info
地址：釜山市水營區廣安2洞
　　　부산시 수영구 광안2동
網址：www.suyeong.go.kr/tour
前往方法：
釜山地鐵2號線「廣安」站3、5號出口，徒步約5分鐘。

道地便宜魚市場
MAP: P.364 A2
廣安生魚片中心
（광안리 민락회타운）

跟札嘎其齊名的海鮮市場，不過札嘎其遊客較多，而廣安則以本地人為主，七成漁販都是當地漁民，海鮮當天捕獲，特別新鮮，更道地更便宜。樓高10層，地下是海鮮市場，其他樓層則是生魚片餐廳。旅客可先到漁市場挑選，再拿到餐廳加工，或直接到餐廳點餐。由於中心座落廣安里海水浴場旁邊，居高臨下，每家餐廳都能俯瞰廣安里無敵海景。

廣安生魚片中心必吃推介包括鯛魚、比目魚、石斑等，價格比首爾便宜3至4成。

當地名產：海腸新鮮又肥美，據說有壯陽功效，但韓國人也不是人人接受到。

海鮮市場樓高10層，座落廣安里海水浴場旁邊，其實附近街道還有其他海鮮店。

廣安地方較札嘎其濕滑，由於少有遊客，故檔主大多不懂外語，溝通要靠身體語言。

地下海鮮市場約有40、50家海鮮攤，七成漁販都是當地漁民，海鮮都是當天捕獲。

Info
地址：釜山市水營區民樂洞181 - 143
　　　부산시 수영구 민락동 181 - 143
營業時間：1100 - 0200
前往方法：釜山地鐵2號線「廣安」站3、5號出口，往海水浴場方向徒步約5分鐘。

海景海鮮盛宴
해돋이횟집

MAP: P.364 A2

　　生魚片中心內約有20多家海鮮餐廳，每家都有免費廣安里海水浴場美景。其中4樓的「해돋이횟집」乃當地的士司機大哥推介，提供多款海鮮刺身套餐，最便宜的「C코스」收費₩30,000，份量豐富到足夠3人享用。海鮮新鮮甜美又足料，明碼實價，收費老實。

簡單以鹽水煮的鮑魚，入口已夠鮮甜，軟腍中帶嚼勁，佐以海鮮粥吃更佳。

C코스，包括一整條比目魚刺身、海菠蘿、海腸、鮑魚、海鮮粥、沙律和甜點等，份量豐富到足夠3人共享。那切至透光的比目魚刺身，口感彈牙爽脆，吃得出超新鮮的陣陣清香。₩30,000

最道地的吃法，是加上蒜片和辣椒醬，再以芝麻菜包裹，入口更清爽。

海菠蘿和海腸刺身，都口感爽脆非常，是韓國人的至愛，但香港人可能會嫌太腥。

單是飯前的配菜已夠大堆頭，留意當地的椰菜沙律是伴以辣椒醬來吃的。

餐廳由兩夫婦經營，一出電梯便見。

食客可自攜海鮮到餐廳加工，也可直接點餐，餐廳基本有齊各式海產。

餐廳擁有雙邊落地大玻璃窗，能飽覽廣安里海水浴場的遼闊美景，吃飯也更美味。

Info

地址：廣安生魚片中心4樓
　　　광안리 민락회타운
　　　4 / F
電話：051 - 755 - 5157
平均消費：
約₩15,000 / 位起

韓版聖托里尼
甘川洞文化村（감천동문화마을）

距離市中心約半小時車程的山丘，密密麻麻佈滿彩色小屋，美如水彩畫。色彩斑斕的山城背後，其實是昔日的難民村，原名「甘川洞太極村」。話説50年代韓戰爆發，首都漢城迅速淪陷，全國難民湧入釜山避難，由於土地與房屋不足，於是朝向陡斜的丘陵興建階梯式的村落。

戰後人口外移，遺下破舊的房子。2009年，當地政府推行活化舊區計劃「夢想釜山馬丘比丘」，村民與藝術團體合力改造成藝術村。800多棟矮小房舍，如同積木般層層疊疊，巷弄錯落如迷宮般，加上藝術家們的壁畫與裝飾，堪稱彩色版的「聖托里尼」（Santorini）。

MAP：P.382

──┃Info┃──

甘川洞文化村
地址：釜山市沙下區甘川洞10‑13
　　　부산시 사하구 감천동 10‑13
電話：051-204-1444
開放時間：（展場）約0900‑1800
網址：www.gamcheon.or.kr
前往方法：釜山地鐵1號線「土城」（109）站6號出口，在「釜山大學病院」前乘搭2號、1‑1或2‑2號區域巴士（小型巴士），於「甘川小學前（감정초등학교）」站下車即達，車程約20分鐘。*回程可在下車站對面乘搭，於「土城」站8號出口下車即可轉乘地鐵。

由於往甘川洞的山路相當狹窄，故2號公車採用小型巴士。

「甘川小學前」站下車後，沿水果店前的小路直行再左轉上坡路，便是文化村的入口。

俯瞰甘川洞美景
하늘마루（Haneul maru）

　　即是甘川洞文化村的旅客諮詢中心，一整排相連的單層平房，內裏設有藝術工作室和展場，賣點是頂層築有偌大的觀景平台「天之頂」，由於位處最高點，居高臨下整個甘川洞美景盡收眼底。中心同時有售地圖，也是其中一個集章點，旅客可在這裏領取第一張明信片。

MAP: P.382

狹長的觀景平台鋪設了人造草坪，還設有座椅供旅客休息。

旅客可在諮詢中心領取一張明信片，共有5款選擇，或者選擇沖曬一張自己的照片。

觀景平台居高臨下，能俯瞰整個甘川洞之餘，還可觀賞醉人的夕陽美景。

Haneul maru是一整排相連的單層平房，沿樓梯旁的樓梯拾級而上，即達觀景平台「天之頂」。

─Info─
編號：15

老澡堂休息站
감내어울터（甘內交流中心）

　　由舊公共澡堂改建而成的社區兼觀光中心，也是紀念蓋章收集點的最後一站，旅客可在此領取另一張明信片。內部置有生動的阿珠媽和泡浴大叔雕像，並提供甘川洞遊覽資訊。樓高5層，附設展廳、Café和活動室，頂樓還有偌大的觀景台，《Running Man》也曾在此取景拍攝。

MAP: P.382

中心經常舉辦甘川洞藝術家的作品展，喜歡的甚至可以買走。

蓋完最後一個蓋章後，可向櫃檯職員領取一張明信片，共有6款可供選擇。

中心樓高5層，內有展廳、Café和完善的洗手間，當地小學生下課後都會來玩。

內部以澡堂為主題佈置，入口處置有阿珠媽雕像，表情維妙維肖。

─Info─
地址：釜山市沙下區甘內1路200
　　　부산시 사하구 감내1로200
開放時間：0900 - 1800

釜山人的回憶
40階段文化觀光主題街
（40계단문화관광테마거리）

釜山地鐵中央站附近，有一條短短40級的階梯，卻是無數釜山人的集體回憶。韓戰時期，釜山成為臨時首都，大批難民湧入，救援物資都在鄰近碼頭的四十階段發放，於是成為尋找失散親人的勝地。為紀念這段歷史，2004年將附近一帶闢為主題街，並找來知名藝術家，以當時居民生活為題，製作一系列栩栩如生的銅雕，成為拍照熱點。

MAP: P.363 C1

階梯只有短短40級，卻滿載老一輩釜山人對於韓戰的回憶，樓梯前還豎有紀念碑。

整條主題街約450公尺長，民生雕塑約有4、5組，還有一般電車軌。

主題街一帶現在已變成繁華商業區，跟昔日的艱苦生活形成強烈對比。

所有雕塑都描繪當時難民的苦難生活，還附有介紹文字，栩栩如生。

---Info---
地址：釜山中區中央4街 27至53號
　　　　부산시 중구 중앙동4가 27번지～53번지
電話：051 - 600 - 4043
前往方法：釜山地鐵1號線「中央」站13號出口，步行約5分鐘。

韓戰難民生活展
40階段文化館 （40계단문화관）

位於主題街一隅，1993年成立，樓高6層，以介紹釜山近代發展，特別是韓戰期間的釜山情景，展出韓戰時期釜山難民的照片，以及民間物品，如昔日的學生課本、漫畫、鈔票等，都充滿生活感。

MAP: P.363 C1

四十階段因鄰近碼頭，昔日美軍的救援物（食物）資都在這裏發放。

中央站13號出口西行至街尾，再沿這旋轉梯拾級而上，即見玻璃外牆的文化館。

重現昔日釜山學生上課情景的微型模型，感覺有點像香港從前的天台小學。

館內展出大量民間搜集的文物，包括當時的學童裝備和英語課本。

---Info---
地址：釜山市中區東光洞5街44 - 3
　　　　부산시 중구 동광동 5가 44 - 3번지
電話：051 - 600 - 4541
開放時間：平日1000 - 1800；
　　　　　　周六・日1000 - 1700
休息：逢周一
門票：免費
網址：www.bsjunggu.go.kr/tour
前往方法：釜山地鐵1號線「中央」站13號出口，步行約5分鐘。

購物地標
樂天百貨光復店 （롯데백화점 부산점）

2009年開幕，乃釜山市的聞名購物地標，連地庫樓高10層，以「時尚複合店」為定位，集齊韓國及國際的人氣品牌，包括Uniqlo、ZARA、GAP等等。Aqua Mall內設有世界最大室內音樂幻彩噴泉，12樓更設有展望台，能俯瞰整個釜山市區美景。

MAP: P.363 C3

---Info---
地址：釜山市中區中央洞7街 20 - 1
　　　　부산시 중구 중앙대로 2
　　　　（중앙동7가）
電話：051 - 678 - 2500
營業時間：1030 - 2000
　　　　　　（Aqua Mall 1030 - 2200）
網址：www.lotteshopping.com
前往方法：釜山地鐵1號線「札嘎其」站10號出口直達。

太宗台地標
影島燈塔（영도등대）

　　1906年建成，純白色的燈塔乃太宗台地標，2004年重修後才開放公眾參觀，內有圖書館、影院及展覽廳。燈塔前有人魚雕像和燈塔形郵筒。塔底下隆起的波蝕地形，名為神仙岩，旅客可拾級而下徒步漫遊，崖邊還有海鮮大牌檔。

MAP: P.362 B4

純白色的燈塔座落陡峭的沿崖邊，沿塔旁石級可走到神仙岩，難得阿珠媽能在洶湧的岸邊架設帳篷賣海鮮。

神仙岩，形成於12萬年前的波蝕地形，上面還有韓版「望夫石」。

燈塔附近築有多條步道，沿途站滿巨型石雕，景致浪漫，到處都是雙雙對對的戀人。

影島燈塔的日落晚霞景致浪漫醉人，但回程時要注意遊園車班次。

├Info┤
地址：釜山市影島區展望路24（東三洞）
　　　부산시 영도구 전망로 24（동삼동）
電話：051-860-7866
開放時間：0400 - 0000
入場費：免費
網址：www.bisco.or.kr/taejongdae
前往方法：釜山地鐵1號線「南浦」（111）站6號出口前的巴士站，轉乘8、30、66或88號公車，直達「太宗台」終站，車程約半小時。

天空步道 **MAP: P.362 C4**
五六島Skywalk（오륙도스카이워크）

　　釜山南區海岸位於韓國東海與南海交界，受海浪長年侵蝕，形成像馬鞍般的小丘地形，更分裂出6個小島，昔日被稱為「乘頭馬」，一直是釜山釜山名勝。2013年更耗資14億韓元打造「天空步道」，轟立於35公尺的懸崖上，全長15公尺呈馬蹄型。行走其中，腳下是海浪澎湃的絕崖，放眼五六島美景盡入眼簾，風景超震撼！

入場遊客需穿上鞋套，腳下是滔天巨浪拍打的沿崖，真是步步驚心！

Tips
颱風天、下雨天暫停開放。

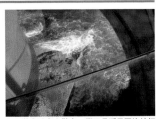

全長15公尺的玻璃步道，用55.49mm厚的高荷重防彈玻璃製做，可遙望旁邊的五六島。

Skywalk通往二妓台海岸設有5公里長的步道，沿途奇岩怪石、花團錦簇。

├Info┤
地址：釜山市南區五六島路137（龍湖洞）
　　　부산시 남구 오륙도로 137（용호동）
電話：051 - 607 - 6395
開放時間：0900 - 1800（夏季0900 - 1900）
網址：www.bsnamgu.go.kr
前往方法：釜山地鐵2號線「大淵」站，轉乘27號公車，至終點「五六島SK View」站下車。

Tips ★I Can

免費韓文體驗
博物館旁有2009年新設的「文化體驗館」，提供拓印、宮廷韓服試穿及茶道3種體驗活動，完全免費，並有解說員從旁協助。
開放時間：1000-1700

民族室，重現釜山開港前，東萊市場商店林立，百業興旺的盛況。

免費釜山民生展
釜山博物館
（부산박물관）

1978年開館，歷史悠久，分為1館及2002年新建的2館，共合7個常設展示室，展出22,000餘件，從史前石器時代、三國時代、統一新羅時代、日治時期，到近代的釜山歷史文物都應有盡有，尤其著重民間文化和生活。特別利用各式實景模型，重現昔日釜山人的種種生活實況，栩栩如生地活現眼前，最重要是展品眾多，卻都免費入場。 **MAP：P.362 B3**

韓戰時期，宣揚統一國家、反對休戰的宣傳海報，畫風帶美國色彩。

1978年落成的1館，左手邊另有入口通往「文化體驗館」。

除了古代，還有19世紀的現代釜山模型街，氣氛懷舊，乃拍照熱點。

戶外展示場有釜山及慶尚南道地區挖掘出土的佛像、碑石等，還有流丹紅葉陪襯。

朝鮮時代，韓國將軍戰時所穿着的盔甲。

東萊岸別神巫術，昔日釜山沿海居民都敬拜原始宗教，祭天地以求風調雨順。

19世紀初日治時期的小學教科書，強逼韓國人學習日語。

Info
地址：釜山市南區大淵4洞948-1（UN民生展路210）부산시 남구 유엔평화로 63（대연동）
電話：051 - 610 - 7150
開放時間：0900-1800
休息：逢周一及元旦
入場費：免費
網址：https://museum.busan.go.kr/busan/index
前往方法：釜山地鐵2號線「大淵」（대연／213）站3號出口，沿UN路向南步行約10分鐘。

地下街連接地鐵站出口,任何時間都熙來攘往,注意行人的速度超快。

人氣的連鎖韓妝店全部有齊,不少還會推出比首爾更實惠的推廣活動。

除了連鎖品牌,地下街還有大量小店,不乏本地年輕設計師的創作。

服飾與鞋履風格各式其式,特點是價格便宜。

購物不夜天
西面地下街

MAP: P.365 B1.C1

　　連接西面地鐵站和樂天百貨,跨越整條中央大路地下層的全天候購物版圖,人氣韓妝店、連鎖藥房、服飾店、電器店櫛比鱗次,一條街即可買齊韓國人氣手信。服飾潮流緊貼首爾之餘,售價卻更便宜,購買狂一定要來。

Info

地址: 釜山釜山鎮中央大路地下
　　　　釜山市釜山鎮區 중앙대로
營業時間: 約1000 - 2200
前往方法: 釜山地鐵1、2號線「西面」站2號出口直達。

釜山旗艦店
樂天百貨 (롯데백화점 부산본점)

MAP: P.365 A1.A2

　　樂天在釜山的旗艦店,連地庫樓高13層,附設樂天影城、美食街、名品街和地下Café街,旁邊還有樂天酒店。重點包括位於8樓的免稅店,以及B1的食品部連超市,要買雪花秀、The History of Whoo必到!

2至3樓女裝部,集齊韓國國內外的時尚品牌,相當好逛。

地下層通道置滿各式藝術雕塑,以及休息座椅。

B1的超市有齊韓國南部特產,濟州柑一箱只₩15,000。

西面樂天乃釜山的購物殿堂。

Info

地址: 釜山市釜山鎮區釜田洞 503 - 15號
　　　　부산시 부산진구 가야대로 772
　　　　(부전동)
電話: 051 - 810 - 2500
營業時間: 1030 - 2000
網址: www.lotteshopping.com
前往方法: 釜山地鐵1、2號線「西面」站7號出口有通道直達。

西面代表古着店
Unisex

MAP: P.365 D2

　　D city南部近田浦站一帶,近年開滿特色小店與咖啡店,成為釜山時尚型人的聚腳地,儼如韓國版的代官山,甚或台北的東區。藏身大廈地庫的Unisex乃區內名店,專售老闆倆從韓國、日本或歐洲搜集的Vintage服飾,走High end併街頭風格,充滿驚喜。

店舖隱藏在一棟舊商廈的地庫,但區內人人皆識。

所有古着都保存得相當好,且風格多樣。灰色針織外套₩29,000

老闆倆是對熱愛Fashion的情侶,內部佈置零亂中見型格。

Info

地址: 釜山市釜山鎮區田浦洞677 - 17 B1 / F
　　　　부산시 부산진구 전포동 677 - 17 B1 / F
營業時間: 1130 - 2200
前往方法: 釜山地鐵1、2號線「西面」站4號出口,步行約8分鐘。

釜山名物豬肉湯飯
MAP: P.365 B2

송정3대국밥（松江三代豬肉湯飯）

　　首爾等地的韓式湯飯只用牛肉或牛骨炮製，唯獨釜山人會以豬肉代替，便宜又有營養，終成當地庶民名吃。西面市場附近有一條「豬肉湯飯街」，當中以1946年開業的「松江」最馳名。奶白色的湯頭以豬骨和豬內臟熬成，100%無添加甜美，毫無肉腥味，日、韓電視台和雜誌都大力推介。

釜山湯飯特色在會加入米線和韓式蝦醬，令味道更鮮、口感更豐富。

豬肉湯飯（독지국밥），吃時按個人喜好加入韮菜、鹽和辣椒粉調味，湯頭鮮甜而毫無肉腥味，白切豬肉滑嫩而有咬口。₩5,500

據說這裏的豬肉湯一年365日都在煮，精華盡在其中。

街坊食堂式格局，老闆卻能操流利的英、日語，還細心地教筆者怎吃湯飯。

Info
地址：釜山市釜山鎮區釜田2洞255 - 15
　　　부산시 부산진구 부전2동 255 - 15
電話：051 - 806 - 5722
營業時間：24小時
平均消費：約₩8,500/位
前往方法：釜山地鐵1、2號線「西面」站3號出口，往南方向步行約8分鐘。

辣炒八爪魚

螞蟻家（개미집）

　　辣炒八爪魚乃釜山名吃，而當中最有名的正是「螞蟻家」。1975年始創於南浦洞，現在分店已遍布全市，韓國電視台也常有介紹。看着職員在你面前將肥美鮮嫩的八爪魚，連同年糕、粉絲、蒜蓉、辣醬等，由生炒至熟，耳邊傳來滋滋的聲響，單是撲鼻香氣已教人口水猛吞。 MAP: P.365 B3

Info
地址：釜山市釜山鎮區釜田2洞
　　　240 - 5
　　　부산시 부산진구 부전2동 240 - 5
電話：051 - 819 - 8809
營業時間：24小時
平均消費：約₩12,000/位
前往方法：釜山地鐵1、2號線「西面」站3號出口，往南方向步行約10分鐘。

最便宜的八爪魚鍋連白飯，收費₩6,000/位。

東釜山樂天以希臘聖托里尼島為概念設計，充滿度假風情。

亞洲最大OUTLET
東釜山樂天購物中心（롯데몰 동부산）

　　2014年12開幕，號稱全亞洲最大OUTLET，位於海東龍宮寺附近，以希臘島嶼聖托里尼島為概念設計，更找來金秀賢代言。分為16,700平方米的PREMIUM OUTLET，以及4,200平方米的LOTTE MALL兩部分，網羅407間折扣賣場，共551個國際及韓國品牌，平均5至9折，由服飾、韓妝，到生活雜貨一應俱全。還有樂天超市、大量食肆、燈塔、遊樂園等玩樂設施，足夠爆買一整天！ MAP：P.362 C3

回程可在正門右邊乘搭100或181號，往海雲臺地鐵站。

Nike Outlet的折扣不高，鞋款也偏舊，可以不理。

LOTTE MALL集合114個國際及韓國品牌，包括UNIQLO、K2等。

3樓設有美食區，多家釜山知名食店進駐，還有釜山特產食材店。

Info

地址：釜山市機張郡機張邑機張海岸路147
　　　부산시 기장군 기장읍 기장해안로 147
電話：051 - 901 - 2500
營業時間：周一至四 1030 - 2000；
　　　　　周五至日 1000 - 2100
網址：www.lotteshopping.com
前往方法：
1. 巴士
釜山地鐵2號線「海雲台」站1或7號出口前，轉乘100或181號巴士，至「樂天購物中心」站，車程約20分鐘，車費₩1,300。
2. 電車
由釜田火車站、BEXCO或新海雲台等站，乘新通車的「東海線」電車，至「奧西利亞」（오시리아）站，再步行約10分鐘，車程約22分鐘，票價₩1,400。

中央的露天遊樂園，有旋轉木馬等玩樂設施。

PREMIUM OUTLET地下的玫瑰花園，亮起無數Led白玫瑰。

位於頂層的Lobby明亮光猛，還可俯瞰整個釜田區市景。

交通方便

MAP: P.365 B1

Ibis Ambassador Busan City Centre Hotel
（이비스 앰배서더 부산시티센터）

全球知名的平價旅館品牌「ibis」，釜山店於2011年開幕，座落釜田站旁邊，距離西面露天市場及樂天百貨都只是10分鐘步程，購物娛樂交通都超便利。2013年更重新裝修，裝潢變得更Hip更時尚，同時保持品牌的溫馨舒適。房間雖小但五臟俱全，且價格合理。

全球的ibis分店裝潢都相若，釜山店空間感算不錯，而且設備簇新。

1樓Reception提供行李寄存，辦理Check in的Lobby則位於17樓，電梯需使用房卡開啟。

釜山店座落釜田站旁邊，徒步往購物區西面站也不過6、7分鐘。

位於頂樓的餐廳，早上提供自助早餐，同樣擁有釜田區市景觀。

---Info---

地址：573 - 7 Bujeon - dong, Busanjin - gu, Busan
부산광역시 부산진구 부전동 573 - 7
電話：051 - 930 - 1100
房價：Twin Room ₩73,150/晚起
網址：
https://ibis.ambatel.com/busan/main.amb
E - Mail：h7835 - res1@ambatel.com
前往方法：釜山地鐵1號線「釜田」站1號出口，步行約2分鐘。

內裝以原木色調為主，光線充足，附34吋LED TV、高速Wi-Fi等。

Shopping就腳

MAP: P.365 A2

Busan Business Hotel
（부산 비즈니스 호텔）

2015年5月新開幕的商務酒店，位於樂天百貨西面店旁邊，3分鐘步程便到西面站，食玩買與交通都方便得沒話説。連地庫樓高13層，242間客房，內裝簡潔亮麗而簇新，餐廳、咖啡店、宴會廳等配套齊備，最重要是房價合理。

牙刷、牙膏、洗髮乳、沐浴乳等都有供應。

連地庫樓高13層，位置就在樂天百貨西面店旁邊，超就腳！

Single Room採乾濕分離，洗手盤設於浴室外，反而更方便。

除了Single Room，其餘浴室都有浴缸，還有自動沖水的免治馬桶。

大堂空間闊落，提供行李寄存服務，職員英文程度也良好。

書枱有齊三腳、110V兩腳、USB和Lan線插座，超貼心。

Info

地址：釜山市釜山鎮區釜田洞67
부산시 부산진구 부전로67
電話：051-808-2000
房租：
Business Single₩8,200/晚起；
Standard Twin₩9,100/晚起
網址：www.busanbusinesshotel.com
前往方法：釜山地鐵1或2號線「西面」站7號出口，步行約3分鐘，西面樂天百貨旁邊。

首爾住宿推介！

旅遊韓國，除了傳統酒店、旅店，其實還有「傳統韓屋」、「One Room」、「考試院」等不同特色住宿，房租便宜又夠道地。旅客入住，最能體驗真正的韓國人生活！

韓屋 / One Room入住守則：
1. 入屋請脫鞋，韓國人習慣在室內穿着襪子。
2. 韓屋都築有「Ondol」暖炕，地板會發熱，冬天睡在地板其實更溫暖。
3. 傳統韓屋的洗手間皆建在房外，很多都需與其他住客共用。
4. 一般韓屋 / One Room都會供應毛巾、洗髮乳及牙膏，但牙刷、剃鬚刀則需自備。
5. 房內嚴禁吸煙，晚上也請輕聲説話及關門。

特色屋頂酒吧

明洞 Chill閒酒店

明洞樂天L7酒店 （롯데 L7호텔）

悠閒的酒店氛圍，座擁南山塔景觀的L7酒店除了房間設計時尚外，尚提供免費健身室及頂樓可眺望首爾景觀的foot spa供住客享用。而酒店另一特色便是屋頂酒吧，酒吧的所有食物均不使用任何調味料，而是使用新鮮採摘的麵條烹製而成。想放鬆hea一下絕對是不俗的選擇。

MAP: P.103 E4

設計高雅的前枱

可眺望首爾景觀的foot spa

Standard Double Room

Standard Twin Room

大堂的設計甚具玩味

─ Info ─

地址：首爾市中區退溪路137
　　　서울시중구퇴계로137
電話：02-6310-1000
房價：Standard Double Room
　　　約₩195,000起/晚
　　　Standard Twin Room
　　　約₩195,000起/晚
網址：https://www.lottehotel.com/
　　　myeongdong-l7/ko.html
前往方法：地鐵4號線「明洞」站9號出
　　　口（電梯在7號出口），步行
　　　約1分鐘。

MAP: P.216 B2

梨泰院 豪華典雅

Mondrian Seoul Itaewon
(몬드리안 서울 이태원)

　　位於梨泰院一隅，雖然不是位於熱鬧的交通輪紐，但就擁有美麗的風景。客房佈置豪華典雅，加上設於池畔的Altitude Pool & Lounge採半透視設計，客人可以在池畔的日光浴床上放鬆休息，並享用熱帶特色雞尾酒，令人身心舒暢。

室內泳池則與健身室相連

Altitude Pool & Lounge

標準King Size大床

酒店內的森林佈置

Info

地址：首爾市龍山區將軍路23
　　　서울시용산구장문로23
電話：02-2076-2000
房價：Pinnacle King - Altitude Pool Access
　　　約₩330,000起/晚
　　　Corner Suite 約₩383,000起/晚
　　　Cabana Suite約₩ 1,032,000起/晚
網址：https://ko.book.ennismore.com/
　　　hotels/mondrian/seoul
前往方法：地鐵6號線「綠莎坪」站3號出
　　　口，步行約15分鐘；或從4號出
　　　口轉乘740號巴士於「龍山區
　　　廳」站下車，步行約2分鐘。

位於酒店九樓的Café Stanford

明洞 樂天百貨就腳點

MAP: P.102 C2

Stanford Hotel Myeongdong
(스탠포드호텔 명동)

Standard Double Room

位於樂天百貨對面的酒店位置非常便利,在Apple Store正上方。於2021年9月年新開的。酒店值得一讚的是很貼心設有無障礙設施、備有輪椅以及有提供無障礙房間,方便與行動不便人士一起旅遊。

Standard Twin Room

Deluxe Double Room

Info

地址: 首爾中區南大門路 2街 9-1
　　　서울시 중구 남대문로2가9-1
電話: 02-6260-2000
房價: Standard Double Room
　　　約₩176,000起/晚
　　　Standard Twin Room
　　　約₩176,000起/晚
　　　Deluxe Double Room
　　　約₩275,000 起/晚
網址: http://www.stanfordmyeongdong.
　　　com
前往方法: 地鐵2號線「乙支路入口」站 6
　　　號出口,步行約2分鐘。

*官網圖片

Standard Double Room

明洞 性價比高三星酒店

MAP: P.136 A3

Nine Tree Premier Hotel Myeongdong II
(나인트리 프리미어 호텔 명동2)

tandard Twin Room

便利店、超市、Olive Young就在附近的九樹酒店位置非常優越,坐機場巴士落車後不用一分鐘便到達,地鐵明洞出口8號出,亦是步行一分鐘便到,超級方便。入夜後,明洞夜市就設在酒店數米外,好不熱鬧。酒店最特別之處是提供不同款式枕頭如鴨絨枕、磁性枕、記憶枕、白楊木枕等九款枕頭供客人免費借用,非常貼心。

Info

地址: 首爾市中區馬倫內路28
　　　서울 중구 마른내로 28
電話: 02-6967-0999
房價: Standard Double Room
　　　約₩159,800起/晚
　　　Standard Twin Room
　　　約₩159,800起/晚
網址: https://www.ninetreehotels.com/nth2
前往方法: 地鐵2或3號線「乙支路3街」站9
　　　號出口,步行約3分鐘。

*官網圖片

明洞 人氣水療套房酒店

MAP: P.103 F3

UH SUITE The Myeong-dong
（UH Suite더명동）

想在鬧市中享受一份恬靜，喜愛日韓式風格裝飾，這裏便是不二之選。這間榮獲2022年Agoda旅人之選大賞得主房間大又舒適、尚有日式風呂浴池，打咭一流。不過要留意酒店在官網較難預訂房間，需到旅遊服務平台作預訂。

Double Forest SPA

Private Pool Spa Suite

---Info---

地址：首爾市中區明洞8街49
　　　　서울시 중구 명동8길 49
電話：07-08-836-5799
房價：Private Pool Spa Suite（2人）
　　　　約₩250,000-₩399,000/晚
　　　　Double Forest Sps（2人）
　　　　約₩292,000-₩417,000/晚
網址：http://uhsuite.co.kr
前往方法：地鐵4號線「明洞」站10號出口，步行約1分鐘。

*房間圖片來自官方網頁

Family Residence Suite六人房

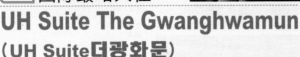

Family Residence Suite八人房

光化門 團隊最啱入住

UH Suite The Gwanghwamun
（UH Suite더광화문）

一行多人，鍾意開P便適合揀位於光化門的UH。房間有廚房，微波爐方便煮食，連燙衫設備 都有，非常細心。

MAP: P.167 D3

---Info---

地址：首爾市鐘路區郵政局路2街29
　　　　서울시 종로구 우정국로2길 29
電話：0507-1391-0136
房價：Family Residence Suite（6人房）
　　　　₩265,000起/晚
　　　　Family Residence Suite（8人房）
　　　　₩320,000起/晚
網址：http://uhsuite.co.kr
前往方法：地鐵1號線「鐘閣」站4號出口，步行約1分鐘。

*官網圖片

設計科幻的大堂

前台是由機械人負責接待,不過都有真人服務員在場。

明洞 自助恐龍機械人酒店

MAP: P.103 F3

Henn na Hotel Seoul Myeongdong
(헨나호텔 서울명동)

　　同小朋友嚟首爾或鍾意自助式服務的你,不妨考慮入住呢間酒店。因為有兩隻恐龍不斷在場上吼吼叫,兩個前台機械人幫你check in,再有送房機械人幫你將在房間裡使用 Giga Genie 訂購必要的便利設施送入房,一定令你樂不可支。

Standard Double Bedroom

Standard Twin Room

Info

地址: 首爾市中區明洞8街59
　　　서울중구명동8가길59
電話: 070-8057-1131
房價: Standard Twin Room
　　　約₩112,812起/晚
　　　Standard Double Bedroom
　　　₩128,350起/晚
網址: https://seoul.myeongdong.
　　　hennahotel.com
前往方法: 地鐵4號線「明洞」站10號出口,步行約2分鐘。
*房間圖片來自官方網頁

Standard Double Room

麻浦 商務最愛新酒店　　　MAP: 封底摺頁

Roynet Hotel Seoul Mapo
（로이넷호텔 서울 마포）

這是日本DAIWA集團在海外的第一間分店，難怪有住過的旅客評價房間帶日式感覺。酒店有24層高，共有341間客房，而且房間夠大，又有三腳插頭和USB位，因此備受商務旅客歡迎。值得一提的是，皇家套房可以欣賞到首爾最有名的漢江景色，正！

Standard Twin Room

— Info —

地址：首爾市麻浦區麻浦大路67
　　　서울 마포구 마포대로 67
電話：02-3702-0300
房價：Standard Double Room
　　　約₩250,000起/晚
　　　Standard Twin Room
　　　約₩300,000起/晚
網址：www.daiwaroynet.jp/ct/seoulmapo
前往方法：地鐵5或6號線、機場線、京義●
　　　中央線「孔德」站1號出口，步
　　　行約5分鐘。

*官網圖片

Superior Double Room

Deluxe Double Room

Deluxe Twin Room

Loft_Penthouse [A] 1

永登浦 巨星御用拍攝場

Hotel Loft

BLACKPINK、泫雅、少女時代，Bigbang G Dragon等都來過酒店場地拍攝節目、就連電視劇，雜誌訪問等亦在此取景，酒店的獨特風格除了深獲巨星及娛樂圈鍾愛外，2015年，更榮獲世界奢華酒店大獎精品酒店獎，每間房間也有獨立主題，設計時尚，酒店的設計師確實應記一功。　　　MAP: 封底摺頁

— Info —

地址：首爾市永登浦區仙遊洞2路72
　　　서울특별시 영등포구 선유동2로72
電話：02-2671-9995
房價：Superior Double Room約₩90,000
　　　起/晚；Deluxe Double Room約
　　　₩105,000/晚；Deluxe Twin Room
　　　約₩105,000起/晚；Penthouse [A] 1
　　　約₩350,000起/晚
網址：http://lofthotel.maru.net
前往方法：地鐵2、9號線「堂山」站12號出
　　　口，步行約5分鐘。

*官網圖片

Standard Twin Room

Standard Double Room

明洞 **抵住之選**

Nine Tree Myeongdong Hotel
（나인트리 호텔 명동）

Parnas Hotel集團旗下的明洞九樹酒店，共有144間房。賣點是近地鐵明洞站，一落街就是明洞小吃街和購物街，完全滿足食和買的需要。不單鄰近地鐵站，就是與機場巴士站的距離也十分接近，下車只需步行1分鐘便可到達。最重要是性價比高，以這個位置及這種酒店級數來説，其價格十分相宜。　**MAP: P.103 E4**

Info

地址：首爾市中區明洞10街51
　　　서울특별시중구명동10길51
電話：02-750-0999
房價：Standard Double Room
　　　137,700起/晚；
　　　Family Twin Room
　　　約₩173,600起/晚
網址：www.ninetreehotels.com/nth1
前往方法：地鐵4號線「明洞」站8號出口，
　　　　　步行約1分鐘。

酒店就位於連接1樓的扶手電梯旁，很易找到。

單人房連浴室

仁川 **膠囊體驗**

DARAKHYU Capsule Hotel by Walkrhill Incheon Airport （Terminal 1）（다락휴）

浴室的基本設備如洗頭水、護髮素和風筒都齊全。

MAP: P.001 仁川國際機場

凌晨機飛首爾，往往都要找地方先休息一會才可開始行程，這間位於仁川機場的膠囊酒店，是去傳統汗蒸幕睡覺之外的另一選擇。雖説是膠囊酒店，但其實並非像「躺官材」那種，而是一間間小型套房，有床有工作桌，但要共用洗手間，不過有些房間設有私人沐浴間（貴太約₩40,000至₩50,000），可算是小休片刻的好地方。要注意使用時間與一般酒店不同，入住和退房時分別間為白天0800-2000、過夜2000-0800，收費也有不同。

Info

地址：仁川機場第1航站樓交通中心1樓
　　　（正常區）
　　　인천국제공항제1터미널 교통센터 1
　　　층（일반구역）
電話：02-750-0999
房價：Single Bed & Shower白天約
　　　₩28,600、過夜約₩66,000起/
　　　晚；Double Bed & Shower白天約
　　　₩38,500、過夜約₩79,000起/晚
網址：https://www.walkerhill.com/
　　　darakhyu/t1/en/
前往方法：機鐵「仁川機場」站下車，乘自
　　　　　動電梯到1樓。

MAP: P.072 C2

弘大 話題藝術酒店

RYSE, Autograph Collection

大堂與Coffee House二合為一，階梯式的座位已成打卡勝地。

　　2018年新開業，座落弘大，是萬豪集團旗下的新型態文化酒店Autograph Collection，集時尚潮流、藝術與生活品味於一身。附設多家特色餐飲，強調時尚與文化交流，不時跟韓國潮流品牌合作，推出限定聯乘，甚至開設Pop - up store。272間客房，以Creator、Editor、Director、Producer、Artist、Executive Producer共6款主題設計，內裝時尚而舒適，自韓綜《歡迎，首次來韓國？》介紹後更爆紅！

Editor Room以編輯為主題設計，提供King sized大床、街牌IISE特別打造的浴衣。

3樓的Print Culture Lounge，除了書籍與黑膠唱片，還有自家出品的Rysograph式海報。

4樓有正宗泰菜餐廳Long Chim，由米芝蓮主廚 David Thompson主理。

Producer Suite，以製作人為主題，賣點是附設Full - size長餐枱。

RYSE特別邀請韓國潮流名店Worksout進駐，並推出多方品牌的聯乘。

Artist Room 邀請世界各地創作人設計，包括攝影師Laurent Segretier、藝術家Charles Munka等。

Info

地址： 首爾市麻浦區楊花路130
　　　 서울시 마포구 양화로 130
電話： 02 - 330 - 7700
房價： Creator約₩324,000起/晚；
　　　 Editor約₩333,000起/晚
網址： www.rysehotel.com
前往方法： 地鐵2號線「弘大入口」站9號出口，步行5分鐘。

位於大堂的The Lounge，主打手工朱古力、馬天尼和下午茶，落地玻璃窗外燈火通明的東大門，美不勝收！

東大門 東大門5星住宿

JW Marriott Dongdaemun Square Seoul
（JW메리어트호텔동대문）

2014年開幕，是東大門罕有的5星級型格酒店，更是首爾首家獲得LEED金級環保認證的酒店。位處東大門地鐵站旁邊，座擁韓國一號古蹟「興仁之門」（東大門）美景，附近便是時尚地標「東大門設計廣場」、Doota！、東大門市場等，購物娛樂超方便。內部的設施亦一應俱全，備有25米室內泳池、水療中心JW Spa，還有多家特色餐廳酒吧。170間客房，裝潢簡約精緻，其中19間行政天景客房，以偌大的天窗為賣點，更擁有專屬的行政酒廊，住客可在此享受從早餐、下午茶到Happy Hour。

MAP：P.137 D1

最基本的Deluxe King Guest Room亦夠空間感，設計舒適又優雅，戶戶座擁美景。

行政天景客房，每間都擁有偌大的天窗，「興仁之門」美景盡收眼底，房內更備有Nespresso咖啡機、Bose音響等設備。

半開放式的浴室設計簡潔，更覺空間闊落。

酒店外形低調中見時尚，跟一街之隔的時尚地標「東大門設計廣場」互相輝映。

Info

地址：首爾鐘路區鐘路6街289-3
　　　서울 종로구 종로6가 289-3
電話：02-2276-3000
房價：Deluxe 約₩345,000起/晚；
　　　Executive Sky View 約₩475,000起/晚
網址：www.jwmarriottdongdaemun.com
前往方法：地鐵1號線「東大門」站8號出口旁邊。

大堂放滿各式各樣的 Designer Chair，貫通兩層樓的巨型書櫃，放滿設計書籍，正是韓劇《秘密花園》的場景。

新沙洞 設計師的家

Hotel La Casa (라까사)

2011年開幕，為韓國生活家居品牌「Casamia」打造的首間精品酒店，座落江南區新沙洞林蔭大道旁邊，內部裝潢與家具全是品味之選。單是大堂那貫通兩層樓的巨型書櫃，以及一室Designer Chair已令人目瞪口呆，儼如設計師家具展，原來正是韓劇《秘密花園》中出現的書房。61間客房共有16種設計，都貫徹品牌風格：「Green+Natural」，家具擺設選用木材或皮革等天然材質，更不乏自家品牌，充滿家居感，簡潔而舒適。值得留意酒店早餐的自家製麵包，更被譽為全首爾最佳！

MAP: P.226 A2

其中一間Penhouse名為「Loft house」設計較Hip，睡房的框架大床尤其搶眼！

Business Twin也一樣時尚舒適，空間寬闊光猛，尤其喜歡窗邊的高背梳化。

最受歡迎的Casamia Suite只得3間，採半Studio Flat設計，全木地板加上天然材質的家具，感覺溫暖如家！

▌Info

地址： 首爾市江南區新沙洞 527 - 2
서울시 강남구 신사동 527 - 2
電話： 02-6711-9000
房價： Casamia Suite 約₩335,000起/晚；
Eastdouble 約₩165,000起/晚
網址： www.hotellacasa.kr
*包早餐，另加10%稅及10%服務費。
前往方法： 地鐵3號線「新沙」站8號出口，往
美星公寓方向直走約8 - 10分鐘。

韓國住宿注意：

1.自備牙刷！
基於環保原因，韓國法例禁止酒店旅館免費提供一次性的牙刷、刮鬍刀等消耗用品，旅客入住韓國的酒店，請自備牙刷、剃鬚刀。如真的忘記帶備，櫃台通常有發售，而毛巾、洗髮乳等一般都有提供。

2.小心地熱
韓國酒店，特別是傳統韓屋Guesthouse，房間都裝有地熱系統，地板會發熱，寒冬時踏在暖洋洋的地板，是非常舒服的。但要注意放在地面上的行李會否受熱，筆者就試過把朱古力放在地面的紙袋中，結果第二天全都溶掉了！

Deluxe Twin，最具代表性的房種，以「都市眺望」為主題設計，兩面對望的圓鏡，營造出無窮無盡的視覺奇觀。

市廳 **坐擁首爾廣場景觀**

The Plaza Hotel Seoul
（플라자호텔）

本是40多年歷史的老牌酒店，韓劇《冬季戀歌》、《我是金三順》、《夏日香氣》及《愛爾蘭》等都曾在此取景。2010年毅然關門半年重修，找來知名的意大利設計師Guido Ciompi操刀，搖身一變成時尚的Hip hotel！410間客房設計時尚，特別使用大量圓形的設計，加上燈光效果，令室內充滿時尚的科幻感。大堂放滿前衛的藝術品，還有6家知名餐飲和空中泳池，但最大賣點其實是景觀，座落首爾市廳對面，面向首爾廣場的大草地，景觀絕佳，首爾市夜景盡收眼底。 **MAP: P.166 C4**

Premier Suite，房內設施High - tech，床頭的電子控制台可一次過操控房間的所有燈光、電視、電話等。

浴室提供英國品牌Molton Brown的護理系列，高級的房形還有名牌Hermes。

位於地下的酒吧THE LOUNGE，擁有一條螺旋樓梯，設計充滿科幻感，就連縫隙都與燈光搭配。

╶ Info ╶

地址：首爾市中區小公路119（太平路2街）
　　　서울시 중구 소공로 119
電話：02 - 771 - 2200
房價：Deluxe Room 約₩260,000起/晚；
　　　Prestige Suite 約₩300,000起/晚
網址：www.hoteltheplaza.com
前往方法：地鐵1號或2號線「市廳」站6號出口旁邊。

ETUDE HOUSE主題房，以粉紅色和皇冠為主調，十足公主房一樣！

明洞 韓妝主題房

Skypark Central Myeongdong

明洞商圈內最大的連鎖酒店品牌，一共有4間分店之多，其中「Skypark Central」，屬於品牌的最高級。明洞是中價酒店的集中地，筆者最推薦的就是Skypark，愛它服務夠貼心，而且有特別為女住客而設的princess房間！

首先，女住客可獲贈免費Paper Mask、浴室的護理用品全是知名韓妝品牌，每個樓層都設有自助美甲枱。並特設Ladies Floor，與韓國知名化妝品牌ETUDE HOUSE和THE FACESHOP合作，佈置成韓妝主題房。甚至有免費穿梭巴士，凌晨1點載你到東門血拚，細心體貼如「都敏俊ssi」一樣！

MAP: P.103 D2

Tips

1. 女住客可獲贈免費Paper Mask。
2. 每個樓層均設吸煙室、自助美甲枱及電腦櫃台。
3. 提供免費穿梭巴士往返首爾車站、東大門及新羅免稅店。
4. 住客到「나우늘café」（木陰café）點餐，可享7折優惠。

女住客可獲贈韓妝品牌Paper Mask，價值雖然不高，但夠細心體貼！

位於明洞站9號出口旁的Skypark III，同樣設有Princess Suite主題房，基本的Standard Twin也設備完善。

Info

地址： 首爾市中區明洞9路16
서울시 중구 명동9길 16
電話： 02-6900-9531
房價： Standard Double 約₩200,000起/晚；Deluxe Twin約₩260,000起/晚；Princess Twin約₩260,000起/晚
*包早餐，另加10%稅。
網址： www.skyparkhotel.com
前往方法： 地鐵2號線「乙支路入口」站5號出口，徒步約3分鐘。

Standard B，酒店備有3款雙人房，內裝簇新，且簡潔而舒適。

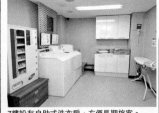

7樓設有自助式洗衣房，方便長期旅客。

房間內備有免費Wi-Fi、3腳插頭和獨立冷暖氣機，港客佳音。

酒店鄰近「乙支路入口」地鐵站和機場巴士站，交通方便。

Tips
1. 於官網訂房可享30% OFF折扣優惠。
2. 房間有免費Wi-Fi，大堂則有20分鐘免費。
3. 樓層分吸煙及非吸煙區兩種。

明洞 **日本旅客至愛**

Metro Hotel（메트로호텔）

　　明洞另一人氣酒店，5分鐘步程即可達「乙支路入口」站或樂天百貨，旺中帶靜，食買玩與交通都方便非常。雖然已有40多年歷史，但2009年經過翻新，故裝潢簇新。75間客房分為6種房型，格局像日式商務旅店，簡潔而舒適，房內備有免費Wi-Fi，還有自助式洗衣房和商務中心。值得一讚是服務員禮貌極佳，難怪甚受日本旅客喜愛。

MAP: P.103 D1

Info

地址： 首爾市中區明洞9甲路14（乙支路2街）
　　　　서울시 중구 을지로2가 199 - 33
電話： 02 - 752 - 1112
房價： Stand Queen 約₩121,000起/晚；
　　　　Deluxe Queen 約₩132,000起/晚
網址： www.metrohotel.co.kr /
*包早餐，另加10%税。
前往方法： 地鐵2號線「乙支路入口」站5或6
　　　　　　號出口，徒步約3分鐘。

梨泰院 **童話主題小精品**

IP Boutique Hotel
（IP부티크 호텔）

　　位於梨泰院的小巧精品酒店，2010年開幕，前身為「Itaewon Hotel」，乃韓國酒店集團Imperial Palace Hotel開設的概念酒店，以格林童話為主題，充滿俏皮的設計感，入口處置有木馬騎士，大堂還有鞦韆，處處見藝術擺設，儼如小型藝廊般。每個房間都有特色設計，以白色為基調，並巧妙地融合韓國傳統工藝的繽紛色彩，呼應名字中「小皇宮」的時尚與奢華。

MAP: P216 C2

大堂電梯外觀綴以金屬邊條和鉚釘裝飾，像極巨型的LVMonogram行李箱。

大堂為開放式休息區，置有各式造型的舒適梳化，還有一排鞦韆，充滿玩味。

酒店座落梨泰院中央，地下層附設自助餐餐廳Café Amiga。

Info

地址： 首爾市龍山區漢南洞737 - 32
　　　　서울시 용산구 한남동 737 - 32
電話： 02 - 3702 - 8000
房價： Superior Double 約₩107,414起/晚；
　　　　Deluxe Twin 約₩119,540起/晚
網址： www.ipboutiquehotel.com
前往方法： 地鐵9號線「梨泰院」站2號出
　　　　　　口，步行約10分鐘。

韓屋體驗！

[惠化] 住進韓人的家

Eugene's House／唯真的家
(유진하우스)

由1940年建造的老韓屋改建而成，推開大門，即見雅致的小庭園，園內置滿各式農具和大小醬缸，充滿切實的生活感，事實上館主金英研和女兒都住在這裏。共有13個房間，部分附設私家浴室，都擺滿老家具和飾品，早上還提供傳統韓式早餐，就像住進韓國朋友的家。館主曾在中國生活過7年，説得一口流利的國語，旅館亦提供泡菜製作、韓語學習等文化體驗，真正感受韓人生活。

MAP：P.208 A1

廊下走廊放滿舊農具，就像昔日的傳統農家一樣，加上斜斜的光線，更有生活感。

傳統韓屋的廂房都圍繞庭園而建，格局就像中式四合院，雨天看着雨水沿屋簷灑落，甚有詩意！

冬雪飄飄的韓屋，又是另一番景致。

═══Info═══

地址： 首爾市鐘路區惠化洞5-43號
　　　　 서울특별시 종로구 혜화동 5 - 43
電話： 010-3073-3338
房價：
套房（4人）約₩250,000起／晚；
2人房 約₩140,000起／晚
網址： https://eugenehouse.modoo.at
*房租包含早餐。

前往方法：
地鐵4號線「惠化」站1號出口，轉乘8號巴士（綠色），在「首爾科學高中」（서울과학고등학교）站下車，步行約3分鐘。

庭園內置滿大大小小的醬缸，旅館亦提供泡菜製作體驗。

13個房間面積和裝潢各異，部分需共用洗手間浴室。

旅館提供韓服穿着體驗，全套韓裝的洋人特別可愛。

房間內的家具和裝飾都是古董，散發歷史味道。

5間客房，都圍繞着古意的庭園而建，四季景致各異，晚上加上燈光，又增添一份神秘感。

北村 **獨立浴室 千金閨房**

KunDaeMunJip Hanok Guesthouse / 大門居（큰대문집）

位於北村內、1930年代建造的韓屋，以高過屋簷的厚重大門為標記，還有偌大的庭園。原是館主宋賢貞與好姊妹自住的地方，2011年改建成旅館，因此裝潢特別女性化且整潔。更是北村韓屋旅館中，少數每間房都擁有私家浴室，乃館主改建時特別費心規劃而來。5間客房各有特色，都置滿古家具與高級寢具，還掛有一套可供住客試穿的韓服，儼如昔日千金小姐的閨房。其中一家，更擁有落地玻璃窗和走廊陽台，景致一流！

`MAP: P.155 D4`

每間房都附設私家浴室，並提供洗髮乳、沐浴露和毛巾。

由於大門太有歷史價值，所以住客出入請用旁邊設有電子鎖的小門。

早餐是館主親手造的，菜式按時令轉換，秋天會有南瓜粥和煎餅。

103號房，特別擁有落地玻璃窗和走廊陽台，乃最受歡迎的一間。

每間房都掛有一套可供住客試穿的韓服，也可點綴房間。（穿着前請告訴屋主）

Info

地址：首爾市鐘路區桂洞2路7號（桂洞124）
　　　 서울시 종로구 계동2길7（계동124）

電話：02-762-6981

房價：
Room101（1人）約₩110,000 起/晚、
Room102（2人）約₩220,000 起/晚

網址：http://kundaemunjip-hanok-guesthouse.seoultophotels.com
*房租包含早餐。

前往方法：地鐵3號線「安國」站3號出口，左轉小路走，至Café GONDRY右轉旁邊小巷內。

屋主安英煥在韓國是致力推動韓屋保育的代表人物，故樂古齋改建時都不惜工本，以呈現古典原貌。

Tips
住宿需於一周前預約，用餐則於2日前預約。

北村 北村矜貴住宿
樂古齋(락고재)

　　北村最具代表性的高級旅館，韓劇《我是金三順》及綜藝節目《我們結婚了》都曾在此取景。韓屋前身為日治時期韓國民族歷史研究團體「震檀學會」的據點，已有130年歷史，更找來韓國知名木匠鄭永鎮改建。房價是全北村最貴，跟一般Guesthouse不同，偌大的庭園內有蓮花池、涼庭，環境古樸雅致，還有以柴火加熱的黃土汗蒸幕，只供住客享用。重點是晚上的正宗韓食，由屋主安英煥經營的韓正食餐廳「進士宅」供應，選用當季時令食材入饌，評價極高。 MAP: P.155 C4

偌大的庭園擁有蓮花池和木建涼庭，全是韓國古代工藝的結晶。

古典的大門兩旁是整齊的矮牆，如同古裝韓劇場景一樣。

Info

地址：首爾市鐘路區嘉會洞218
　　　　서울종로구가회동218
電話：02 - 742 - 3410（英語預約：011 - 286 - 1855）
房價：
內宅（3人房，包早餐）約₩390,000起/晚，旺季 約₩270,000起/晚；
1客廳2房（4-5人，包早餐）
約₩690,000起/晚
用餐：依菜單不同₩30,000 - 50,000 / 位
網址：http://rkj.co.kr
E-mail：http://rkj.co.kr/zh-seoul
*房租已包含早餐、晚餐及汗蒸幕享用。
前往方法：地鐵3號線「安國」站2號出口，步行約7分鐘。

走廊盡頭擺放的醬缸都擦得發亮，還有提供暖炕地熱的傳統爐槽。

造景庭院內種滿老松樹，每逢春天便開滿火紅色的花朵。

平價住宿推介！

公共空間十分寬敞。

明洞 超新便宜家庭式旅館

`MAP: P.103 D4`

約洛旅館Yolo Guest House
(욜로게스트하우스)

　　剛於2022年才開幕的超新旅館，房間均是以家庭式設計為主，適合預算較少的一家幾口家庭或想來個經濟旅遊的三五知己落腳。房間內衞浴設備齊全，旅館內亦設有洗衣、租用電腦及影印服務等，非常方便。另旅館附近亦有不少觀光景點，慳回不少交通時間。

有洗衣乾衣設施。

共享廚房空間。

有大餐桌用膳。

Standard Family Room

Triple Room

有香港人喜歡的吧位。

Superior Family Room

Info

地址：首爾市中區退溪路20納吉爾2-8
　　　서울 중구 퇴계로20나길 2-8
電話：010-2459-4993 / 02-3789-4993
房租：
Triple Room 約₩75,000起/晚
Standard Family Room約₩100,000起/晚
Superior Family Room約₩150,000 起/晚
網址：https://www.yologuesthouse.com
前往方法：地鐵4號線「明洞」站3號出口，
　　　　　　步行約7分鐘。

首爾住宿推介　平價住宿

Standard Double，King sized大床超舒適，免費Wi‐Fi、電視等也齊備。

MAP: P.199 C2

梨大／新村 住宅式設計

Ever8 Serviced Residence

近年首爾旅遊流行服務式住宅的旅店，房間面積大又租金便宜，最重要是附設私家廚房洗衣機，在海鮮市場買料回家煮幾味，或者半夜肚餓煮個即食麵吃都一流。2014年開幕的「Ever8」，座落梨大站附近，購物娛樂方便就腳。188間客房全住宅式設計，設施齊備又實用，酒店更備有Cafe、餐廳、健身室、會議室和花園，一家大小遊首爾首選！

「Ever8」特色是房內備有大量儲物櫃，就連雪櫃也超級巨型，旁邊還有張收納式餐枱。

附設獨立式浴室，雖然只設淋浴，但不似一般韓國旅店地板濕滑。

所有客房均附設開放式廚房，煮食爐、微波爐、洗衣機、廚具、餐具一應俱全。

酒店座落梨大站附近，只需5分鐘步程。

1樓設有咖啡店，原木櫃台配立體錯視壁畫，住客還有免費咖啡。

┌Info┐

地址：首爾市西大門區大峴洞104‐5
　　　서울시 서대문구 대현동 104‐5
電話：02‐6946‐0808
房租：
Standard Double約₩132,000起/晚；Deluxe Twin約₩143,000起/晚；Family Twin約₩154,000起/晚
網址：http://ever8.co.kr
前往方法：地鐵2號線「梨大」站1號出口，步行約5分鐘。

首爾住宿推介 平價住宿

從旅館大廳陽台放眼，明洞、南山一帶美景盡入眼簾，景觀媲美高級酒店。

提提你

何謂「One Room」？
現在韓國最流行，通常是Flat studio式設計，特點是有齊獨立浴室、開放式廚房和家具電器。月租₩35 - 60萬不等，部分需付按金，但現在競爭激烈，很多已不用收取，更會供遊客短期入住。

`明洞 / 南山` ## 超便宜One Room
Seoul Tower Ville (서울타워빌)

明洞商圈規模最大的One Room，Flat studio設計的房間內有齊獨立衛浴、開放式廚房（連廚具）、地熱冷氣、家具電器、免費Wi-Fi、飲水機等，還有私家洗衣機。房東會説英語，職員都通曉普通話，而且很好，會幫忙搬行李，甚至接送到機場巴士站。房間面積大且簇新，雙人房房租最便宜只₩2.5萬／位，位於南山首爾塔附近，景觀極佳，步行5分鐘即達明洞站，購物娛樂交通都超方便，但代價是座落山腰，回家需爬一段樓梯，幸好老闆每晚會在明洞站提供免費專車接送。

`MAP: P.121 A2`

Seoul Tower有A、B、C多棟，右邊的是公共大廳，旅客可在此借用電腦或寄存行李。

每間房的裝潢與簇新度不一，部分浴室或會狹小潮濕，幸運地這間浴室竟然有小浴缸！

開放式廚房內有齊冰箱、冷熱水機、爐具和碗筷也一應俱全，私家洗衣機還備有洗衣粉。

首爾住宿推介 平價住宿

Tips
1. 民宿位於山腰，每晚2030／2130／2230／2330／2430於明洞站3號出口，提供免費專車接送。
2. 有A、B、C多棟，房間大小與裝潢新度不一，但基本設施齊備。
3. 很多住客都是來首爾批發的買家，晚上進貨回來可能會有點吵，若不介意爬樓梯，住高樓層較靜，房間也較新淨。

最便宜的單人房面積也不小，同樣有齊獨立衛浴和開放式廚房，最窩心是有西式睡床，不似其他Guesthouse睡地板。

Info
地址：首爾市中區藝場洞8-14
　　　서울시 중구 예장동8-14
電話：02 - 319 - 2495
房價：1床房₩45,000起/晚；2床房₩60,000起/晚；4床房₩130,000起/晚
網址：www.stville.com
*房價以每位計算。
前往方法：地鐵4號線「明洞」站3號出口，步行約5分鐘，但需要爬一段樓梯。

連住7晚可享1天免費住宿。

全館設有免費Wi-Fi，地下大堂還有兩台公用電腦。

每間房都有私家浴室，面積不算大，但整潔，亦提供清潔毛巾。

客房分單人及雙人房，每間都有一堵Feature Wall，裝潢亮麗簇新，還附有化妝枱，女生至愛！

門前建有有蓋的小花園，附設座椅，方便要抽煙的住客。

南大門 簇新旅館

Seoul Backpackers (서울백팩커스)

　　位於南大門的Guesthouse，由一班年輕人管理，備受背包客推崇。樓高5層，一樓的共用區有免費電腦、茶水間、冰箱等，房內附獨立私家浴室，有齊化妝枱、電視機、冷氣、地熱和Wi-Fi，環境整潔簇新，最驚喜是大樓內設有電梯，不用怕費力搬行李。**MAP: P.129 B2**

地下茶水間內有公用的冰箱、水機和微波爐，還有免費自取的咖啡茶包、洗髮乳和肥皂供應。

旅館樓高5層，住客多是外籍旅客，每日至少有一位流利英語的職員當值。

Info

地址：首爾市中區南倉洞205 - 125號
　　　서울시 중구 남창동 205 - 125
電話：02 - 3672 - 1972
房價：Single room ₩50,000 / 房、
　　　Double room ₩60,000 / 房*
　　　Twin room ₩70,000 / 房*
網址：www.seoulbackpackers.com
E-mail：
webmaster@seoulbackpackers.com
*3人入住雙人房收費₩65,000 / 房、4人住房價₩85,000 / 房。
前往方法：「首爾」站8號出口徒步8分鐘；或「會賢」站4號出口徒步3分鐘即達。

特色住宿體驗——Temple Stay

韓國各地有不少寺廟提供寄宿體驗「Temple Stay」（템플스테이），住在寺廟裏，過短期的僧侶生活，一般都會接待外國旅客，體驗時間由數小時到7天都有。住宿期間不能使用手機，活動包括參禪（冥想）、禮佛，部分更會增設蓮花燈製作、茶道等文化體驗活動。

兩天一夜 英語講佛
奉恩寺 (봉은사)

　　推介位於首爾市三成洞的「奉恩寺」，設有專為外國旅客而設的寄宿體驗，佛學講道都有英語，溝通無障礙。兩天一夜的Temple Stay，每逢月尾最後一個周末舉行，每次10至30人。活動第一天於下午入寺，先進行入齋儀式，學習寺廟禮義，然後便開始學習佛學、鉢盂供養、茶道體驗等，晚上10點就寢。第2天早上4點起床，打掃、禮佛後便進行108拜與坐禪，最後還有蓮花燈製作或抄寫經文體驗，到9點半便結束。**MAP: 封底摺頁**

Tips

Temple Stay詳情

舉行時間：
每月最後一個周末
（1400至翌日0930）
收費：₩8,0000至
₩90,000

提提你

寺院寄宿禮儀

1. 寄宿時寺方通常會提供服裝，但進寺時請避免穿着裸露或華麗，並準備清潔的襪子。
2. 寺院是神聖的地方，請輕聲細語與行動。
3. 修行期間不能使用手機、相機等電子器材，也禁止喝酒、吃葷及吸煙。

Info

地址：首爾市江南區奉恩寺路531（三成洞）
　　　서울시 강남구 봉은사로 531 (삼성동)
電話：02 - 3218 - 4800
開放時間：0300 - 2200
網址：www.bongeunsa.org
前往方法：地鐵2號線「三成」站6號出口，往北走約8分鐘。

韓國旅遊須知

基本資料

　　韓國全名「大韓民國」（대한민국／ Republic of Korea），Korea名字源於古代的「高麗」王朝，香港人又會稱為「南韓」，而唯一與其有陸地接壤的就是「北韓」（朝鮮民主主義人民共和國，簡稱朝鮮）。韓國三面環海，首都首爾舊稱「漢城」，與朝鮮邊境板門店「三八線」距離只有57公里。

　　早在舊石器時代，朝鮮半島已有人類居住，經歷三國、高句麗、新羅、百濟、高麗及朝鮮等多個帝制朝代。19世紀初，曾被日本強佔殖民統治35年，二戰結束後分裂成南北韓，1948年大韓民國成立。1950年韓戰爆發，1953年兩韓簽訂《朝鮮停戰協定》，並以北緯38度為分界線。

時差

　　格林威治標準時間為GMT+9小時，比香港和台灣快1小時。

氣候

　　屬於大陸性氣候，且四季分明。夏季炎熱多雨，氣溫可高達攝氏30度以上；冬季因受西伯利亞冷空氣影響，寒冷而乾燥，氣溫低於攝氏零度以下，並會下雪，尤以1月最寒冷。

韓國氣象廳
網址：http://web.kma.go.kr/chn/index.jsp

通用語言

　　韓文，特別是首爾以外地區，英語極不流通。多得內地觀光客前往頻繁，熱門觀光點的商店和餐廳都有普通話服務員。

電壓與插頭

　　跟香港一樣電壓為220V，採用兩孔圓腳插頭，要注意韓國插座的基座為圓形，旅客請自備轉駁插頭。

韓國法定假期

日期	節日名稱
1月1日	元旦
農曆年三十至初三	春節
3月1日	三一獨立紀念日
農曆四月初八	釋迦誕辰日
5月5日	兒童節
6月6日	顯忠日
8月15日	光復節
10月3日	開天節
農曆八月十四至十六	中秋節
10月9日	韓文節
12月25日	聖誕節

通用貨幣

　　通用貨幣為「韓圜」（₩，원，Won），現時流通的紙幣分別有₩1,000、₩5,000、₩10,000及₩50,000共4種；而硬幣則有₩10、₩50、₩100、₩500共4種。

匯率

　　現時港元兌換韓圜匯率約為164，即HK$100=KRW₩16,400，或KRW₩1,000= HK$6.10。（僅供參考）
*本書所列價錢，除特別標明，均為韓圜（₩）。

提款

　　只要提款卡或信用卡上印有《VISA》、《PLUS》、《MasterCard》、《Maestro》、《Cirrus》、《AMERICAN EXPRESS》、《JCB》或《銀聯》標誌，即可在全韓的自動櫃員機（ATM）提取現金。櫃員機都備有中、英文介面，且24小時營業，但注意每日提款上限為100萬韓圜（部分更少），閣下的發卡銀行亦會收取手續費，每次HK$20 - 40不等，匯率則以提款當日計算。

注意：基於保安理由，香港旅客於海外使用櫃員機提款，必須預先在香港進行設定。設定可於櫃員機、網上或電話理財服務辦理，手續簡單，詳情可向所屬銀行查詢。

兌換

　　在韓國兌換匯率會比香港略高，仁川機場、各區銀行、酒店，甚至超市、便利店等均有提供外幣兌換服務，在機場禁區內的銀行兌換，更無需手續費。不過，講到匯率最抵，還是市區的民營兌換店，通常聚集於明洞、東大門一帶，每間匯率都不一樣，記得要格價。建議先在機場兌換少量，到市區再找兌換店。

可以在機場先兌換少量韓圜。

特別推薦明洞7 - 11便利店，附設兌換服務，匯率雖不是最高，但也是第2高，勝在方便就腳，而且安全可靠！

簽證

　　香港、澳門及台灣旅客可免簽證停留90天。持中國護照則可免簽證停留濟州30天。

入境須知

1. 申請K-ETA

　　自2021年9月1日起，即使可免簽證入境韓國，也必須先取得K-ETA許可。旅客可事先於官方網站（www.k-eta.go.kr）或下載手機應用程式（K-ETA）申請。申請時間可能超過72小時，請預留時間；申請費用為₩10,000，必須以信用咭支付；K-ETA許可有效期為兩年，出境後要再次申請。

　　由2023年4月1日至2024年12月31日期間，韓國政府特別批准包括香港、澳門及台灣在內的22個國家/地區免申請K-ETA。未申請K-ETA者，仍需填寫實體的「入境申報表」，如想省略此一步驟，仍可申請K-ETA，但需支付相關手續費。

K-ETA有提供包括中文的八個語言版本

大韓民國駐香港總領事館
地址：香港金鐘夏慤道16號遠東金融中心5樓
電話：(852) 2528 - 3666
網址：https://overseas.mofa.go.kr/hk-en/index.do

免稅煙酒限額
回程時注意，根據香港法例，凡年滿18歲的旅客，最多可以免稅攜帶1公升的飲用酒類入境、19支香煙或1支雪茄。

2. 填寫入境卡及海關申報表

　　在航班上，機艙服務員會派發「入境卡」，若已申請K-ETA，則毋須填寫；若沒有申請K-ETA，則需要填寫，然後在入境時遞交。另外，航班上也會派發「海關申報單」，若無申報物品，則不需填寫，並於取行李後由「無申報物品」（Nothing to Declare，綠色線）之通道入境。

外國人用的入境卡，背後有填寫方法。

3. 出境無需填寫「出國申告書」。過關檢查時，旅客需脫鞋通過X光檢查。

4. 入境審查/自助通關（SeS, Smart Entry Service）

　　在入境審查櫃枱前，須出示護照、進行指紋及臉容登錄手續，完成後便可通過入境。

　　所有年滿17歲以上，入境時完成指紋與臉部影像登錄的免簽證入境外國人，或持有簽證之短期滯留（90天以內）外國人，於指定之機場與港口（如仁川機場）出境時可適用自動通關。

　　自動出入境通關步驟：掃描護照 → 進入自動通關櫃枱 → 指紋辨識 → 臉部辨識 → 完成

仁川國際機場（인천국제공항）

　　2001年正式啟用，座落仁川市西側的永宗龍遊島，距離首爾市中心約70公里，擁有3條跑道，能24小時運作，2018年第2航廈啟用，令每年接待旅客人數提升至6,200萬人次，是亞洲第6繁忙的國際機場。第1航廈佔地近50萬平方公尺，第2航廈佔地約35萬平方公尺，兩廈設施完善，免稅商店、購物娛樂餐飲與旅客諮詢服務一應俱全，最少連續14年排名Skytrax「全球服務最佳機場」的頭五位。

進入禁區後，還有數之不盡的名牌店、化妝品店和各式餐飲。

若在市區的免稅店購買了進口商品，可憑單據到位於禁區內的免稅店提貨區領取。

仁川機場建築造價超過1兆韓圓，離境大堂有齊各大著名韓妝品牌和手信店，甚至有新世界百貨。

Info
地址：仁川市中區雲西洞
電話：02 - 1577 - 2600 / 1577 - 2600
網址：https://www.airport.kr

機場往返市區交通

1. 仁川國際機場鐵路A'REX Express（인천국제공항철도）

　　2007年通車，2010年延長至首爾站。全長63公里，擁有13個車站，分為普通列車（COMMUTER）和直通列車（EXPRESS）兩種。普通列車每小時5至8班，停經金浦機場、弘大等站，可轉乘地鐵及KTX，從仁川往首爾總站全程56分鐘；直通列車每小時1至2班，從仁川直達首爾只需59分鐘。

車程		票價
往金浦機場	約29 - 38分鐘	₩4,350
往弘大	約41分鐘	₩4,650
往首爾	普通車約56分鐘、直通車約43分鐘	普通車₩4,750；直通車成人₩9,500、小童₩7,500#

#可使用T - Money，購買單程車票需附加₩500按金（到站後會退還）。

首爾站預辦登機
若乘搭機場鐵路，旅客可於首爾站的機場航站樓，預先辦理登機手續、行李託運和出境審查，抵達仁川機場後不需再次通關，可由專用通道直接出境。

*暫時只乘搭大韓航空、濟州航空及韓亞航空。

服務時間：登機手續及行李託運0520-1900（飛機起飛前三小時停止辦理）；出境檢查0700-1900

Info

營運時間：0530 - 2217
網址：www.arex.or.kr

A'REX仁川機場站就位於仁川機場入境大堂地庫。

普通列車車廂採橫向式座位，備有中英韓語廣播及電子顯示板。

A'REX Express最高時速可達120km／h，粉藍色車身的普通列車，每小時開出5班。

直通列車車身為深藍色，獨立座椅舒適，行車穩定，並附設洗手間。

2.機場巴士

設有40多條路線往返首爾及全國各地，班次頻密，車上備有中英韓語廣播報站。分為一般及豪華巴士兩種，前者停靠車站較多，行駛時間較長，但車票便宜；後者停站較少，能直達著名及高級酒店。

購買位置：

Tips

購買車票後，請小心確認行車路線、乘車處位置及發車時間。

Info

車票：₩16,000至₩17,000
網址：www.airportlimousine.co.kr／ www.airport.kr/ap/ch/tpt/busRouteList.do

乘車處設有站牌，上車前將車票交予服務員，並告之下車位置即可。

售票亭位於入境大廳（1樓）4號及9號出口旁，3號、11號、12號出口旁亦設有諮詢中心。

主要機場巴士路線：

路線	巴士類型	主要停靠車站	候車位置
Gang Dong Gu (6006) 江南 江東方向 約25-40分鐘一班 車費：₩17,000	豪華巴士	狎鷗亭站、狎鷗亭羅德奧站、Prima Hotel、Riviera Hotel、COEX（三成站）、樂天世界（蠶室站）、夢村土城站、Jangmi Apartment	T1：1層4號； T2：B1層14號
Mianmok-dong (6013) 面木洞方向 約30-40分鐘一班 車費：成人₩17,000； 小童₩12,000	豪華巴士	聖水洞e-mart24前、聖水洞119消防站前、紫陽洞、建國大學、世宗大學、君子站、郡子行、長漢坪站、Gyeongnam Tourist Hotel、長安路口、面木洞Homeplus	T1：1層5號； T2：B1層30號
Myeong-dong (6001) 明洞方向 約20-30分鐘一班 車費：成人₩17,000； 小童₩12,000	豪華巴士	新龍山站、淑明女子大學站、Four Points by Sheraton Hotel（格月洞）、首爾站、會賢站、明洞站、退溪路3街站、忠武路站（PJ酒店）、Baiton Hotel、東大門歷史文化公園站、東橫INN、退溪路6街（東大門Skypark）	T1：1層5號； T2：B1層29號
Myeong-dong (6015) 明洞方向 約20-35分鐘一班 車費：成人₩17,000； 小童₩12,000	豪華巴士	麻浦站（Seoul Garden Hotel）、孔德站（Mapo Lotte City Hotel）、忠正路站、南大門市場（會賢站）、Ibis Ambatel Hotel、乙支路入口站（Seoul Royal Hotel）、國都酒店Kukdo Hotel（乙支4街站）、忠武路站（PJ酒店）、明洞站（世宗酒店）	T1：1層5號； T2：B1層28號
Jamsil (6705) 蠶室方向 約20-30分鐘一班 車費：₩18,000	豪華巴士	蠶室樂天世界酒店、江邊站（東首爾巴士客運站）、廣渡口站、華克山莊	T1：1層4號； T2：B1層19號
Yeouido (6007) 汝矣島方向 約1小時20-25分鐘一班 車費：成人₩17,000； 小童₩12,000	豪華巴士	堂山站、永登浦市場站、時代廣場萬怡酒店、永登浦站、首爾IFC、汝矣島站、肯辛頓酒店、國會議事堂站	T1：1層6號； T2：B1層27號
Cheongnyangni(6002) 清涼里方向 約1小時20-30分鐘一班 車費：成人₩17,000； 小童₩12,000	豪華巴士	合井站、弘大入口站（弘益大學站）、新村現代百貨、新村站、梨花女子大學、阿峴站、忠正路站、首爾歷史博物館、四季酒店、東大門、東廟站、新設洞、祭基站、清涼里站	T1：1層5號； T2：B1層30號

3.的士

的士站位於第1航廈1樓A-F入境大廳1、3-8、14出口5C、6C、6D（首爾的士）、7C、8C（模範的士／大型的士）、4C（Seoul Smart國際的士）；及第2航廈1樓A-B入境大廳4、5出口5C（首爾的士）、5D（模範的士／大型的士）、1C（Seoul Smart國際的士）。從機場往首爾市區，普通的士的車費約₩70,000至₩14,000不等，若同行有三至四人，亦屬化算。

前往地方	車費(約)
金浦機場	₩41,400
明洞	₩56,900
南大門	₩54,800
市廳	₩54,900
新沙洞	₩73,900
樂天世界	₩74,700

金浦國際機場（김포국제공항）

位於首爾漢江南岸，在仁川落成之前，原為首爾對外的航空交通樞紐，現在主要負責國內航線，但仍有少量航班飛往日本、台灣及中國內地等。

─Info─
地址：首爾市江西區機場洞150號
電話：02 - 2660 - 2114
網址：
www.airport.co.kr/gimpo/index.do
機場往返市區交通：
乘搭首爾地鐵5、9號線，或機場鐵路A'REX Express，至「金浦機場」站即達。

仁川往金浦機場交通

若從仁川往金浦機場轉乘內陸機，可乘機場鐵路或機場巴士直達。

	車程	票價
A'REX Express 仁川 → 金浦	約35分鐘（12分鐘一班）	₩4,350
機場巴士	約30分鐘（10 - 20分鐘一班）	₩8,000

韓國退稅攻略

旅客於貼有「Tax Free / Tax Refund」標誌的地方，購物滿₩30,000，即可辦理退稅。自2016年1月1日起，免稅範圍更擴展至市內20,000間免稅小店。

韓國的免稅制度分為「Duty Free」和「Tax Refund」兩種。前者是樂天、新世界等大企業營運的免稅店，商品都以免稅金額發售；後者則是貼有「Tax Free/Tax Refund」標誌的商戶，購物滿₩30,000，向店員出示護照，便可索取退稅申請書。而Refund方法，也有現場即時退款、機場或市區退稅處辦理3種，流程如下。

Ⅰ.即時退稅：

自2016年2月起實施的「現場退稅制度」，於貼有「Tax Refund」的商戶單筆購物滿₩3至20萬*（包含稅金），及整趟旅程總金額₩100萬內，向店員出示護照，即可以扣除附加稅的金額結算。首批提供服務的商戶包括樂天百貨、現代百貨、LOTTE Mart、ABC mart，以及著名旅遊區的韓妝店等等。

*若金額超出，旅客仍需前往機場領取退稅金額。

Tips
若退稅櫃檯已關門，只需填寫退稅申請書，並投入機場的指定信箱內，退稅金額將於1至2個月內退至信用卡銀行帳戶。

Ⅱ.機場退稅：

於貼有「TAX FREE」標誌的商戶，一天內於同一店內購物滿₩30,000，向店員出示護照，並索取退稅申請書，離境當日再到機場辦理退稅手續。

Step 1:
辦理check-in後，再到海關檢驗處，於退稅單據上加蓋「ALL GOODS EXPORTED」印章，請預留時間排隊。

Step 2:
機場也有大量自助退稅機，依指示素描護照及單據，可免去海關排隊。

Step 3:
過關後，即可前往「退稅櫃台/Cash Refund」，憑單據領回稅金，最高退稅率可達8.18%。

Ⅲ.市區退稅：

目前，全國各地旅遊熱點及機場港口，均設有自助退稅機，辦理需持有退稅單據、護照及信用卡，退稅金額會即時退到信用卡的銀行帳戶。

「KIOSK退稅機」可辦理Global旗下的退稅單。

退稅機有中文介面，但必須使用信用卡。

首爾市內交通

1.首爾地鐵

　　全名為「韓國首都圈電鐵」（수도권 전철）最早落成的1號線於1974年運營，目前由1至9號線、機場鐵路A'REX、仁川1及2號線、水仁盆唐線、新盆唐線、京義中央線、京春線、京江線等合共23條線路構成，載客量乃世界第2高。分別由3家企業營運，路線覆蓋首爾市及周邊首都圈，現在還在不斷擴建中。票價由基本的10公里₩1,250，以後每5公里增加₩100。各路線以不同顏色來區分，每個車站都有韓文和英文標示，部分觀光區車站更有中文站名。

Tips

車站號碼
行車路線看似繁複，其實每個地鐵站都有一個數字代號，方便不懂韓語的旅客查找及轉乘之用。

推介手機App「Subway」，只要在路線圖點選出發和目的地車站，便會自動計出最快或最少換乘的路線，還會提示你在幾號月台轉車，備有英文及日文（漢字）介面。

Info
營運時間：約0530 - 0000
票價：T-Money ₩1,250、現金 ₩1,350起
網址：www.seoulmetro.co.kr

T - Money

韓國的電子儲值交通卡，全名為「Smart T - Money」，適用於全國的地下鐵、巴士和便利店等，可享車資優惠，非常方便，強烈建議購買。備有普通卡、青少年／小童卡、配飾卡等卡型。最常用的KOREA TOUR CARD₩4,000（含₩500押金），不含任何車資，需另外充值可使用，充值金額由₩1,000至₩90,000。可於地鐵站內的票務處、自助販賣機或貼有T-money標誌的便利商店購買。

購票方法：

1. 採用輕觸式屏幕，先選擇操作語言（中英日韓）。

2. 點選T - money卡片圖示，選擇儲值金額，投入金額紙鈔即成。

3. 充值也只需點選金額，有₩1,000至₩90,000選擇。

外國遊客專用M - PASS

專為外國遊客使用，票價分為1日券、2日券、3日券、5日券、7日券等5種，可乘搭首爾地鐵1至9號線、仁川地鐵、機場地鐵一般列車（直通車除外）等首都圈地鐵，一天最多20次。儲值現金後，還能和T-Money一樣進行小額付款。購買時，須另付₩5,000押金，退還卡片後可領回₩4,500（扣除₩500手續費）及T-Money餘額。

售價：
1日券₩15,000、2日券₩23,000、3日券₩30,500、5日券₩47,500、7日券₩64,500

購買地點：
仁川國際機場1樓5號出口、10號出口前的Travel Information Center。
網址：http://tmoneympass.co.kr

用自助售賣機購買亦十分方便。

單程車票內含₩500押金，只要將車票投入保證金退款機後，便可取回。

入閘前請看清楚路線號碼，以及行車方向是否正確。

列車到站，請先在月台確定出口號碼，再按號碼找尋通往該出口的電梯。

車廂光猛闊落，內部禁止飲食，但途中偶有小販叫賣。

NAMANE卡

需要事先儲值即然後使用的預付卡。優點是不僅能用於大眾交通運輸，也能像簽帳卡一樣在實體店任何一處刷卡使用，而且可以在NAMANE APP內自行設計卡的封面，任何年齡都可使用。NAMANE卡內分為「交通餘額」與「支付餘額」的錢包，使用者可以透過手機APP隨意調動錢包的餘額，每項餘額的儲值上限為₩500,000。只須在在Google play或Apple App Store搜尋「나마네카드」或「NAMANE」即可下載NAMANE APP。完成安裝後，便可透過信用卡增值（信用卡會產生手續費）。此外，亦可於NAMANE自助發卡機取得實體卡，並以現金或信用卡替卡增值。持有實體卡後，亦可於地鐵站的交通卡增值機或CU便利店以現金增值交通餘額。
網址：www.namanecard.com

在實體機出口可同時設計卡片和增值。

首爾轉轉卡（Discover Seoul Pass）

外國人專用旅遊交通卡。購買後可於24、48或72小時內免費入場首爾市內多處景點，包括景福宮、三星美術館、首爾塔、COEX水族館等，更附送24小時免費首爾公共單車Seoul Bike及免費搭乘首爾觀光巴士（1天）優惠。此外，增值後可當交通卡使用，搭乘首爾市內的公車、地鐵等交通工具。卡的剩餘使用時間和各主要景點列表可透過APP連動使用並進行確認。

售價：
24小時券₩50,000、48小時券₩70,000、72小時券₩90,000
實體卡購買地點：
明洞旅遊資訊中心、東大門首爾觀光巴士、弘大旅遊資訊中心、東大門旅遊資訊中心、首爾觀光廣場旅遊資訊諮詢中心
網上購買實體卡：
（www.discoverseoulpass.com）
須帶同電郵或短訊的領取券以下地方換領：仁川國際機場第1航廈1樓9-10號出口（第2航廈1樓4-5號出口）之間的SK漫遊中心；明洞旅遊資訊中心
在手機APP購買：可立即使用

2.火車（Korail）

由「韓國鐵道公社」（Korail）營運，網絡四通八達，依車速分為高速列車「KTX」、「新村號」、「ITX-新村號」、最慢的「無窮花號」，以及2016年底開通的新高鐵SRT（Super Rapid Train），車資各異。以從首爾站至釜山站的「京釜線」，以及從龍山站至木浦站的「湖南線」為主軸。旅客可購買專為外國人而設的火車證「KR Pass」，分為「連續」及「彈性」兩種車票，前者是需要連續3天或5天使用；後者則可在10天內的任何2天或4天使用。

高速列車KTX

無窮花號列車

Info

KR Pass票價：
2天彈性　成人₩121,000，青年₩96,000，
小童₩61,000，團體（2-5人）₩111,000
3天連續　成人₩138,000，青年₩110,000，
小童₩69,000，團體（2-5人）₩128,000
4天彈性　成人₩193,000，青年₩154,000，
小童₩97,000，團體（2-5人）₩183,000
5天連續　成人₩210,000，青年₩168,000，
小童₩105,000，團體（2-5人）₩200,000
網址：www.korail.com

3.市內巴士（公車）

分為：行駛長距離的幹線（藍色）公車、連接幹線公車與地鐵或行駛近距離的支線（綠色）公車、快速連接首爾與首都圈城市的廣域（紅色）公車、循環（黃色）公車等四種。上車付款，到站可按鈴示意，若使用T - Money則上下車均需拍卡。

Info

車費：
首10公里₩950 - 1,150，
以後每5公里增加₩100
路線查詢：
https://bus.go.kr

東首爾綜合巴士客運站。

4.長途客運

分為「高速巴士」與「市外巴士」兩種，兩站通常是分開的，請事先確認車站位置。前者行駛高速公路，一般中途不停站；後者分普通與直通車，普通車會在所有客運站停車，直通車則直接往目的地。路線眾多，車資較低廉，還有深夜巴士，但車票會略貴。首爾市內一共有6個長途客運站，旅客最常用的是江邊站的「東首爾綜合巴士客運站」、江南的「首爾南部客運站」，以及「高速巴士客運站」。

巴士座位舒適，中途會停休息站一次給乘客上洗手間。

車票上印有發車時間、登車閘口及座位編號。

Info

東首爾綜合巴士客運站（동서울종합버스터미널）
路線：春川、束草、江陵、東海、釜山、全州、光州
網址：www.ti21.co.kr
前往方法：地鐵2號線「江邊」（214）站4號出口、過對面馬路即達。

高速巴士客運站（강남고속터미널）
路線：春川、原州、龍仁、束草、江陵、慶州、釜山
網址：www.kobus.co.kr
前往方法：地鐵3、7、9號線「高速巴士客運」（339 / 734 / 923）站，3、4、7或8號出口。

首爾南部客運站（서울남부터미널）
路線：東灘、天安、鎮海、昌寧、全州
網址：www.nambuterminal.co.kr
前往方法：地鐵3號線「南部巴士客運」（341）站5號出口。

5.的士（計程車）

分為一般、模範、大型（Jumbo）、國際、Call Van共五種。

- 一般的士：車身多為橙色，也有銀色和白色，車資最便宜，首2公里起錶₩4,800，其後每132公里（或每31秒）₩100。深夜時段收費較高：2300-0200加收40%，2200-2300及0200-0400加收20%。
- 模範的士：黑色車身，兩側印有「모델 택시（模範taxi）」的黃色長條，提供高品質服務，車資稍貴，但氣冏不加收車資，首3公里起錶₩7,000，其後每151公里（或每36秒）收₩200。
- 大型的士：屬八人座的休旅車，收費跟模範的士相若，提供外語即時翻譯服務，並設收據列印與信用卡結帳。
- 國際的士：車身為黑色或橙色，車身印有「International Taxi」字樣，一般採預約制，司機能操中英日等外語，按A至E五個區域收費，由₩100,000至₩140,000不等。（預約網址：https://www.intltaxi.co.kr）
- Call Van：車身或標誌上寫有「VAN」或「CALL VAN」字樣，外觀跟大型的士相若，車資須與司機商議。

跟司機溝通不了，怎辦？

若跟司機完全沒辦法溝通，可致電1588 - 5644的即時外語翻譯支援服務，備有中、英文選擇。
外語翻譯支援：1588 - 5644

6.租車自駕

香港屬日內瓦公約簽署國，只要持有「國際駕駛許可證」（國際車牌），即可在韓國駕車。以最便宜的Hyundai Avante為例，租金約₩131,000 / 日，租賃天數愈多愈便宜。車上備有GPS系統，費用已包含保險。釜山和濟州機場都有各大租車公司櫃位，但暑假旺季最好預先在網頁預訂。

申請國際車牌手續與文件
需持有有效的「香港駕駛執照」，並填妥運輸署的「TD51」表格，郵寄或親身前往運輸署皆可。親身遞交可即日獲發證件；郵遞則需10個工作天。
所需文件：
1.）駕駛執照正本；
2.）（50mm x 40mm）近照2張；
3.）身份證副本；
4.）住址證明。
費用：HK$80
有效期：1年
網址：www.td.gov.hk

通訊方法

I.電話

韓國的電話制式基本上與香港相同，故香港的智能電話只要開通漫遊服務，或更換SIM卡就可以撥打韓國電話了。可在各大韓國電訊公司的網站預訂SIM卡（如Kt、SK、U+），抵達機場後在指定的櫃位領取實體卡，或直接在網上購買eSIM，掃描QR code便可激活（參閱：https://esimkorea.net）。

致電方法：

韓國的的國際長途電話編號為「82」，頭一組數字為區號，如首爾是02、仁川是032、江原道是033、京畿道是031、釜山是051、濟州是064。從香港致電韓國，必須先撥「82」，然後後區號，但不用撥「0」字，最後才是電話號碼。相反，從韓國致電回港，先撥網絡供應商號碼，再撥香港長途電話編號「852」，接着撥電話號碼即可。若從韓國致電韓國號碼，只需先撥區號，如02 - xxxx - xxxx。

*本書所列的韓國電話號碼，均以當地直撥方式列出。

韓國有用電話
旅遊諮詢（24小時）：1330
外語翻譯支援服務（24小時）：1588 - 5644
韓國觀光公社：02 - 757 - 0086
火警及急救：119
報案：112
中國駐大韓民國大使館：02 - 738 - 1038
（證件諮詢：060 - 704 - 5004）

II.上網

1.上網SIM卡

現在旅遊海外，上網打卡最重要。最划算又方便，首選上網SIM卡，韓國機場或部分便利店有售旅客專用的上網SIM卡，不過售價最便宜的，一定是香港深水埗鴨寮街的SIM卡攤。另外，各大電訊商也有推出不同的SIM卡上網卡，售價視乎日期和網絡而定，例如自由鳥的4G無限數據HK$15/日，KT的4G無限數據HK$108/3日。一插即用，且設定方法簡單。

上網SIM卡價格不定，請親身到深水埗格價。

2.Pocket Wi-Fi

即是Wi-Fi蛋，可同時與多位朋友分享，省卻換卡的麻煩。以4G無限數據隨身Wi-Fi蛋計，KT收費為HK$19/日，SK收費為HK$21/日。推介總公司位於日本的「Telecom Square」，網絡服務覆蓋全球22個國家，每日收費HK$60起，有多款機種型號選擇，訊號穩定又高速，更可在香港機場或7 - 11交收。

新 環保政策

韓國環境部自2018年起，實施多項環保政策，首爾市尤其嚴格執行，旅客遊韓時敬請注意！

● 減塑：
1.全國16家連鎖咖啡店、5家連鎖快餐店已不再使用即棄塑膠餐具，Starbucks也改用紙飲管。
2.旅客若選擇外賣，切勿在食店內進食，食客在店內使用即棄的外賣餐具，或會連累店家被罰款。
3.全國11,000間大型超級市場和18,000間麵包店，不再提供免費的即棄膠袋，旅客請自備購物袋，Lotte mart等提供收費紙袋。

● 電子支付：
1.全國103家Starbucks分店，只收電子支付、信用卡和Starbucks card。
2.韓國很多快餐食肆已使用電子的自助點餐機，部分只收信用卡，付現金需到櫃台。

● 戶外禁煙區：
1.全國所有公共場所的室內均全面禁煙，違例者罰款₩10萬。
2.明洞、弘大麻浦區、江南地區等地，已劃出近千個「戶外禁煙區」，範圍也不斷擴大，旅客請到指定地點吸煙。
3.首爾市政府更即將立法，禁止邊走邊吸煙。

明洞、江南一帶的商貿及旅遊區，很多地方都已劃為戶外禁煙區，旅客可利用路上的特別吸煙間。

韓國用餐禮儀

1. 中國人吃飯時端着飯碗吃才叫禮貌，但韓國則剛剛相反，端着碗吃會被視為沒教養。
2. 雖然韓國的食具皆以金屬製，但吃飯時不要互相碰撞發出聲音，更不宜高談闊論。
3. 韓國人只會用湯匙來舀飯或湯，筷子則用來夾餸菜，飯碗習慣放在客人的左側。
4. 切勿隨意把枱上小菜的位置調換，或者把碗碟疊起，都會被視為無禮。若枱面空碗碟太多，可叫侍應收拾。
5. 進入室內要脫鞋，但要穿上襪子才禮貌。
6. 到傳統餐廳吃飯，男生應盤腿席地而坐，女性則可雙腳放側，臺勵點一隻腳盤着，一隻腳立起。
7. 在餐廳吃烤肉時，年輕人習慣由男生烤肉，女生只需坐着等吃（不過婚後情況便倒轉了）。

喝酒禮儀

1. 喝酒時，不能自斟自酌，應該互相斟酒以視友好。
2. 斟酒時，必需以右手拿瓶，接受者則要雙手捧杯。
3. 韓國人講究長幼有序，喝酒時，長輩或職位高的人先斟。
4. 晚輩喝酒時，更要轉過身別過臉去，以視對長輩尊敬。

韓式杯麵吃法

1. 杯麵 + 芝士

杯麵加芝士的韓式吃法，早已街知巷聞，能減低辣度，加添鹹香味，喜歡的還可再打入生雞蛋，會令麵更滑。

2. 杯麵湯 + 飯糰

吃完麵的剩湯千萬不要浪費，先倒掉一半湯，然後加入原個連紫菜的即食飯糰，細心拌勻即成部隊鍋飯，口感有點似意大利飯。

炸彈酒（폭탄주）

韓國年輕人流行的喝酒方法，簡單來說即是混酒。將一小杯烈酒混進大杯啤酒中，由於酒精強烈容易使人大醉，威力堪比炸彈而得名。不同比例或酒類配搭有不同名稱，變化多達36種。像一小杯燒酒加大杯啤酒稱為「手榴彈」，小杯威士忌加大杯啤酒稱為「原子彈」。起源眾說紛紜，有說源於昔日美軍，喝威士忌時沒下酒菜，便以啤酒為「佐酒配菜」。但要注意，混酒會使人體快速吸收酒精，容易引發心血管疾病，酒量淺者勿試！

有用韓文

日常會話：

中文	韓文	發音
你好	안녕하세요.	an nyung ha se yo
謝謝	감사합니다.	kam sa ham ni ta
再見！	안녕히 가세요!	an nyung hi ka se yo
對不起！	미안합니다!	mi an ham ni ta
是	네!	ne
不是	아니요!	a ni yo
有	있어요.	it so yo
沒有	없어요.	op so yo
這個	이것	e geot
多少錢？	얼마에요?	or ma ae yo
便宜一點。	깎아 주세요.	gga a ju se io
請救救我吧！	살려주세요.	sa leo ju se io

飲食：

中文	韓文	中文	韓文
韓國菜：		**烤肉：**	
蔘雞湯	삼계탕	牛排骨	소갈비
海帶湯	미역국	牛小腸	곱창
一隻雞	닭한마리	牛百葉	양깃머리
部隊鍋	부대찌개	豬五花肉	생오겹살
泡菜鍋	김치찌개	豬三層肉	생삼겹살
韓定食	한정식	豬頸肉	항정살
韓式炸雞	양념치킨		
冷麵	냉면		
炸醬麵	짜장면		
鮑魚粥	전복죽		
安東辣雞	안동찜닭		
配菜	반찬		
小吃：		**飲料：**	
血腸	순대	熱水	더운물
炒年糕	떡볶이	冷水	찬물
紫菜包飯	김밥	人參茶	인삼차
拌飯	비빔밥	綠茶	녹차
海鮮蔥餅	해물파전	可口可樂	코카콜라
泡麵	라면	米酒	막걸리
		燒酒	소주
		人參酒	인삼주국

行程建議

4日3夜

周末快閃之旅

Day 1：香港 → 仁川機場
入住弘大酒店 → 延南洞 → 京義線林道 → 弘大酒吧街

Day 2：江南區
樂天世界 → 樂天世界塔觀景台 →
狎鷗亭、新沙洞Shopping

Day 3：京畿道一天遊
小法國 → 南怡島

Day 4：東大門/明洞Shopping → 首爾站Lotte Mart掃貨
仁川機場 → 香港

5日4夜

閨蜜打卡掃貨團

Day 1：香港 → 仁川機場
狎鷗亭、新沙洞Shopping → 論峴站沙灘珍珠歎海鮮

Day 2：景福宮免費韓服體驗 → 北村韓屋村 →
南山N SEOUL TOWER → 明洞掃韓妝

Day 3：梨花校服租借校服 → 樂天世界打卡 → 三城STARFIELD
LIBRARY打卡 → 交還校服 → 高速巴士客運站地下街掃貨

Day 4：廣藏市場 → 東大門瘋狂掃貨 → 太極堂打卡

Day 5：梨大、弘大閒逛 → Myth Jokbal豬腳晚餐 →
首爾站Lotte Mart掃貨
仁川機場 → 香港

5日4夜

追星打卡之旅

Day 1：香港 → 仁川機場
明洞Shopping → 《來自星星的你》學林茶坊晚餐

Day 2：三成SM TOWN朝聖 → Starfield COEX閒逛 →
STARFIELD LIBRARY → 樂天世界塔觀景台

Day 3：江陵、束草韓劇景點
大埔港水產市場 → 《鬼怪》文津海水浴場（BTS防彈少
年團公車站）→ 安木海邊 → 正東津

Day 4：COMMON GROUND貨櫃村 → 漢江公園漫步（外賣炸雞
啤酒）

Day 5：首爾路7017 → 首爾站Lotte Mart掃貨
仁川機場 → 香港

行程建議

4日3夜
仁川之旅
Day 1：香港 → 仁川機場
《黑暗榮耀》青蘿湖公園 → 月尾島遊樂場 → 海濱酒吧街
Day 2：中華街 → 共和春炸醬麵 → 童話村打卡 → Incheon Art Platform打卡
Day 3：漫遊松島中央公園 → 現代Premium Outlet松島店用膳及 Shopping → Triple Street掃貨
Day 4：新蒲國際市場購物及用餐
仁川機場 → 香港

5日4夜
親子之旅
Day 1：香港 → 仁川機場
弘大Shopping → 魔女宅急便主題餐廳Koriko Café
Day 2：入住春川LEGOLAND Hotel
Day 3：羊駝世界 → 南怡島
Day 4：愛寶樂園玩足一天
Day 5：明洞Shopping → Café Swith SOL打卡
仁川機場 → 香港

4日3夜
文化之旅
Day 1：香港 → 仁川機場
入住弘大 → 延南洞韓屋cafe清水堂共鳴打卡
Day 2：Onion Café打卡兼食早餐 → 北村韓屋打卡 → 大瓦房食醬油蟹 → 仁寺洞人人廣場Ssamzigil
Day 3：遊覽青瓦台 → 租借韓服 → 景福宮 → 歸還韓服 → 土俗村食人參雞
Day 4：明洞Shopping → 東大門DDP設計廣場 → 鐘路廣藏市場生牛肉拌飯 → 東大門批發市場
Day 5：東大門汗蒸幕
仁川機場 → 香港

韓國旅遊必備App：

1. 韓巢地圖

　　中文版的韓國地圖網，只要輸入中文或韓文地址，即有交通路線建議，還可用關鍵字搜尋，人氣景點更有簡介。

語言：中、韓
下載：Google Play、App Store

2. Naver Map

　　由於Google Map在韓國不流行，亦不好用，於是我們在韓國找地點，就要用當地的人氣地圖App，當中以Naver Map比較流行和易用。大家只需要透過其中文介面便可以免費登記成為會員，在地圖上儲存你的目的地。功能上基本和Google Map一樣有那麼多，包括最重要的點對點交通查詢，除了韓國地下鐵乘搭方案，也有巴士乘搭方案，對於仍有有不少地方沒有鐵路的韓國來說，真的幫了大忙。

語言：中、英、韓
下載：Google Play、App Store

3. Mango Plate（망고플레이트）

　　就像是韓國版的OpenRice、食べログ，提供韓國餐廳搜索服務，有齊餐廳的營業時間、地址、電話、基本菜單和費用等資料，更有用家的食評和評分。可以按地區、食品類別進行搜尋，但建議使用英文或韓文和搜索，得出的推介結果會多一些。

語言：中、英、韓
下載：Google Play、App Store

4. Subway Korea

　　一App有齊首爾、釜山、大邱、光州等的地鐵圖，韓、英、日文介面，按圖選擇出發和到達點，即有完整交通路線。

語言：英、日、韓
下載：Google Play、App Store

5. Seoul Subway

　　首爾地鐵官方App，針對外國人而設，提供線路圖、路線搜索、利用信息、實時列車信息、旅遊線路圖等資料，資訊較Subway Korea更詳細，全英語操作，方便旅行時對照。

語言：英、韓
下載：Google Play、App Store

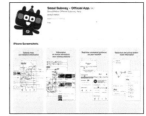

6. Visit Seoul

　　由首爾觀光財團推出的當地旅遊App，資料十分齊全，提供基本旅遊資料和一般景點、娛樂、購物、美食、住宿等資訊外，也有主題路線推介、醫療觀光、徒步觀光、韓流觀光等資訊。

語言：中、英、日、韓
下載：Google Play、App Store

7. Phrasebook

　　多國語言旅遊會話App，包括韓文，由日常會話、問路、餐廳點菜，到shopping都有介紹，還有真人語音發聲。

語言：多國，包括英、日、韓、德、意
下載：Google Play、App Store